Food
Mafia

Marita Vollborn und Vlad Georgescu sind Buchautoren und freie Wissenschafts- und Medizinjournalisten. Seit 1994 arbeiten sie für Focus, Spiegel online, Süddeutsche Zeitung und andere Medien. Beide kennen die Nahrungsmittelindustrie und ihre Produkte gut: Marita Vollborn war als Lebensmitteltechnologin für einen internationalen Konzern tätig, Vlad Georgescu beschäftigte sich als Chemiker mit Schadstoffen und Belastungssubstanzen.

MARITA VOLLBORN,
VLAD D. GEORGESCU

FOOD MAFIA

WEHREN SIE SICH
gegen die skrupellosen Methoden
der Lebensmittelindustrie

CAMPUS VERLAG
FRANKFURT/NEW YORK

ISBN 978-3-593-50122-2

Umschlaggestaltung: Anne Strasser, Hamburg
Umschlagmotiv: © Shutterstock
Satz: Fotosatz L. Huhn, Linsengericht
Gesetzt aus: Scala und Frutiker
Druck und Bindung: Beltz Bad Langensalza GmbH, Bad Langensalza
Printed in Germany

Dieses Buch ist auch als E-Book erschienen.
www.campus.de

INHALT

NAHRUNGSMITTEL ALS GESCHÄFT

»Wer die Nahrungsmittelversorgung kontrolliert,
kontrolliert die Menschen. Wer die Energie kontrolliert,
kontrolliert die Kontinente. Wer das Geld kontrolliert,
der beherrscht die Welt.«
Henry Kissinger

Die Lebensmittelindustrie bereits im Titel eines Buches mit dem Begriff Mafia in Verbindung zu bringen mag auf den ersten Blick überzogen erscheinen. Und tatsächlich geht es hier nicht um die klassischen Mechanismen der Organisierten Kriminalität. Steckten sie hinter den von uns beschriebenen Machenschaften, könnten wir uns als Verbraucher wohl eher zurücklehnen – bestünde doch die Hoffnung auf funktionierende staatliche Strukturen, die helfen würden, die unlauteren und illegalen Geschäfte zu torpedieren und zu unterbinden.

So aber verbirgt sich hinter der Food-Mafia ein perfides Netzwerk aus Unternehmensvertretern, Lobbyisten, Funktionären und gewogenen Volksvertretern, das mittlerweile weite Teile der Landwirtschafts- und Ernährungspolitik umsponnen hat. Ob Nanofood, Klonfleisch oder die faktisch fehlende Lebensmittelkontrolle, die Food-Mafia bestimmt ohne unser Wissen, was wir essen sollen und was nicht. Dabei nimmt sie die Gesundheitsrisiken der Konsumenten willentlich in Kauf. Und anders als die Akteure der Organisierten Kriminalität tritt die Food-Mafia als Club der Saubermänner in Erscheinung – mit dem Ziel, private und Konzerninteressen mit allen Mitteln durchzusetzen. Denn es geht um sehr viel Geld.

Die deutsche Ernährungsindustrie ist mit einem Umsatz von 175,23 Milliarden Euro in 2013[1] der viertgrößte deutsche Gewerbezweig nach der Automobilindustrie, dem Maschinenbau und der chemischen Industrie. Wachstumstreiber ist mit einem Anteil von 30 Prozent[2] das Exportgeschäft; Deutschland ist der drittgrößte Lebensmittelexporteur am Weltmarkt. Unisono erklären Wirtschaftskapitäne und Spitzenpolitiker Wachstum und Export als Stabilisatoren eines konkurrenzstarken Deutschland. Was sie verschweigen, sind die immensen volkswirtschaftlichen Gesamtkosten und die problematischen Auswirkungen der derzeitigen Agrarproduktion, die unaufhaltsam steigen. So muss die EU, allein um ihren Viehbestand zu ernähren, Unmengen an Soja importieren: Sie nimmt damit in anderen Teilen der Welt rund 35 Millionen Hektar in Anspruch, was ungefähr der Fläche Deutschlands entspricht.[3] Der hohe Ressourcenverbrauch der Landwirtschaft auch innerhalb der EU-Länder, die Verschmutzung der Umwelt, die industrielle Tierproduktion mit ihren krankheitsanfälligen Hochleistungsrassen und dem massiven Medikamenteneinsatz lassen die gesellschaftlichen Kosten klettern – Kosten, die, wie die Agrarsubventionen, der Steuerzahler zu decken hat. Und doch hat sich die Politik, eigentlich zuständig für den Erhalt von Werten, für den Schutz sozialer und kultureller Standards, für eine Risikominimierung und für Strategien, die eine langfristige Sicherung der Lebensgrundlagen verspricht, sowohl auf deutscher als auch auf europäischer Ebene in großen Teilen den Interessen der landwirtschaftlichen Großunternehmen und der Ernährungsindustrie verschrieben.

Kaum ein anderer Bereich dokumentiert das Versagen der Politik zum Nachteil der Verbraucher derart augenfällig wie das transatlantische Freihandelsabkommen (Transatlantic Trade and Investment Partnership, TTIP), das durchaus geeignet ist, demokratische Strukturen auszuhebeln und gewohnte Qualitätsstandards von Lebensmitteln zu minimieren.

Copy & Paste galt nicht nur ehemaligen hochrangigen deutschen Politikern als probates Mittel bei der Erstellung ihrer Dissertationen – Anträge von EU-Abgeordneten entsprechen teils im Wortlaut Lobbypapieren von Firmen und Verbänden.[4] Das Übernehmen ganzer Textpassagen in spätere Gesetzestexte garantiert multinational agierenden Unternehmen das Ausräumen etwaiger Unwägbarkeiten und rückt sie dem Ziel der Gewinnmaximierung um jeden Preis ein ganzes Stück näher. Solche Gesetze, die Privatinteressen zu juristischen Verbindlichkeiten festzurren, betreffen mehr als 505 Millionen EU-Bürger und schaden dem so gerne beschworenen Bild einer demokratisch regierten Europäischen Union.

Nicht nur in Deutschland und Europa, auch weltweit fordert die unfaire Ausgestaltung der EU-Agrarpolitik mit ihrem Fokus auf die Steigerung der Produktivität und des Exports zahlreiche Opfer. Subventionen werden ineffektiv verteilt – das Gemeinwohl und der Umweltschutz spielen nur eine untergeordnete Rolle. Hohe Zuschüsse erhalten nach wie vor besonders jene Betriebe, die aufgrund ihrer Größe, ihres Technisierungsgrades oder ihrer Spezialisierung auch ohne Beihilfen überleben könnten; bestehende Ungleichgewichte werden somit nicht ausgeglichen, sondern verstärkt. Darüber hinaus stören subventionierte Exporte die Weltmärkte. So verschärfen sich die Probleme, die mit dieser einseitigen ökonomischen Ausrichtung der eigentlich multifaktoriellen Landwirtschaft verbunden sind:[5] Das Höfesterben setzt sich unvermindert fort, das Einkommen eines europäischen Landwirts beträgt durchschnittlich nur noch 33 Prozent des eines Arbeiters[6], die Beschäftigungszahlen in der Landwirtschaft schwinden so kontinuierlich wie die Erzeugerpreise für Agrarprodukte, die Massentierhaltung fordert ihren Tribut, Umweltprobleme wie das Schrumpfen der Artenvielfalt, die mangelnde Qualität von Oberflächengewässern und der Rückgang der Bodenfruchtbarkeit nehmen zu, Verbraucherinteressen nehmen Schaden, und statt Hunger und Armut in der Welt zu bekämpfen, zerstört die Agrarpolitik der EU die Existenz zahlreicher Bauern in den Entwicklungsländern, weil diese ihre Erzeugnisse nicht zu jenen Preisen der aus Steuermitteln finanzierten europäischen Dumpingprodukte anbieten können.

Natürlich stellt sich bei all dem die Frage, inwiefern es gerechtfertigt ist, den Ernährungssektor mit derart hohen steuerfinanzierten Summen zu subventionieren, zumal nicht deutlich wird, welche gesellschaftliche Leistungen er erbringt. Allein 2013 vergab die EU insgesamt 6,2 Milliarden Euro Direktzahlungen, darunter wiederum an umstrittene Firmen wie den Chemieriesen BASF, die Energiekonzerne Eon und RWE sowie den Panzerbauer Rheinmetall.[7] Und wieder kassierten die Größten am meisten: die Agrargenossenschaft Rhönperle (Thüringen) etwa drei Millionen Euro, ebenso wie einer der großen deutschen Eierproduzenten, der Spreenhagener Vermehrungsbetrieb für Legehennen. Außerdem durften sich Zuckergigant Südzucker über mehr als zwei Millionen Euro und das Deutsche Milchkontor, stärkster deutscher Molkereikonzern, über 700 000 Euro freuen.[8] Zwei Prozent aller Betriebe verwöhnte die EU mit 30 Prozent der Gesamtsumme; drei Viertel aller Subventionsempfänger mussten sich mit erheblich weniger zufrieden geben – etwa 290 Euro pro Hektar.[9] Nicht mehr als »eine Art Hartz IV für Bauern«[10] sind die Subventionen für kleinere Betriebe. Die Einführung einer Obergrenze für die Flächengröße, ab der keine EU-Mittel mehr gewährt werden, lehnte die EU ab, sodass vor allem Besitzer großer Flächen mit über tausend Hektar profitierten. Doch welchen Beitrag leisten die Nutznießer der Steuermittel zur Lösung der anstehenden gesellschaftlichen Probleme, an denen sie überdies eine Mitverantwortung tragen? Und: Bekommen die Verbraucher im Gegenzug die Art von Landwirtschaft und Lebensmittelerzeugung, die sie wollen?

Angst, Verunsicherung und Täuschung sind die Mittel, die die Interessenvertreter des Agrobusiness nutzen, um ihre Ziele der Profitmaximierung und der Rechtfertigung des bestehenden Systems durchzusetzen. Sie suggerieren Verbrauchern, dass nur die aktuelle Lebensmittelerzeugung mit ihrer zweifelhaften Wachstums-Vigilanz den Lebensstandard halten und weiter steigern kann. Andernfalls drohten Preisanstieg, Versorgungsnot und, infolge der nachlassenden Wirtschaftsleistung Deutschlands, Einkommens- oder gar Arbeitsplatzverlust. In Anbetracht solcher Szenarien fügen sich viele Konsumenten und nehmen in Kauf, was sie im Gros doch ablehnen. Findige Marketingstrategen der Agrar- und Lebensmittelindustrie haben längst einen Weg gefunden, diese Ambivalenz im Sinne der Unternehmen aufzulösen. In Fernsehspots und Hochglanzanzeigen malen sie das Bild der perfekten Idylle, um ihre industriell erzeugten Produkte an den Mann oder die Frau zu bekommen: Da weiden glückliche Milchkühe auf kräutersatten Blumenwiesen, rühren Dorfschönheiten in fruchtstrotzenden Joghurtcremes oder werkeln putzige grüne Zwerge zwischen Wäldern an knallgrünen Erbsenschoten; die Zusatzbezeichnung »Land« für Milchprodukte, Wurst oder Käse hat Hochkonjunktur. Diese Strategie der Irreführung wird politisch nicht nur geduldet, sondern auch unterstützt. So erlaubt die beim Bundesministerium für Ernährung und Landwirtschaft (BMEL) angesiedelte staatliche Lebensmittelbuch-Kommission, in der neben Vertretern aus der Lebensmittelüberwachung, aus Wissenschaft und Verbraucherorganisationen auch solche aus der Lebensmittelbranche sitzen, derartige Produktbezeichnungen. Entsprechend dürfen nach wie vor Teeverpackungen mit Mirabellen oder Birnen bedruckt werden, obwohl sie nicht die Spur dieser Früchte enthalten, darf Zitronenlimonade so heißen, auch wenn sie keine Zitrone enthält, und darf »Alaska-Seelachs« lediglich aus gefärbtem Lachs-Ersatz bestehen.[11]

Zahlreiche, vor allem konservative und liberale Politiker fühlen sich nach wie vor den finanzstärksten und einflussreichsten Unternehmen und Verbänden verpflichtet: unter anderem dem Deutschen Raiffeisenverband (DRV) und dem Deutschen Bauernverband (DBV). Damit sichern sie sich nicht nur einen erklecklichen Nebenverdienst, sondern verschaffen der Agrarindustrie Gehör und Einfluss auf höchster politischer Ebene. Ohnehin ist der Deutsche Raiffeisenverband (DRV) auf dem besten Wege, den gleichen massiven politischen wie wirtschaftlichen Einfluss zu gewinnen wie sein Pendant in Österreich schon heute besitzt, wo er bereits demokratiegefährdende Strukturen aufweist.

Die Ernährungswirtschaft fürchtet zu Recht den Konsumenten als Wolf im Schafspelz: Er hat die Macht, eine Agrarwende herbeizuführen und die Industrie zum Einlenken zu bewegen. Daher ist dieses Buch auch ein Buch für engagierte Menschen: Wir zeigen Beispiele, wie man sich gegen die Food-Mafia wehrt – und warum es wichtig ist, über die Änderung seines Kaufverhaltens hinaus für einen Wandel in der Lebensmittelproduktion zu kämpfen.

1 UNERSÄTTLICHE KONZERNE

Wer George Orwells Roman 1984 kennt, der dürfte sich angesichts der fortschreitenden Oligopolbildung in der Lebensmittelbranche an den »Großen Bruder« erinnert fühlen. Allerdings ist im Gegensatz zu Orwells erdachten Auswüchsen einer Schicksal spielenden gesellschaftspolitischen Allmacht unsere heutige Welt durch mehr oder weniger freiwillige Realitäten gekennzeichnet, die wohl auch der Schriftsteller nie für möglich gehalten hätte: auf der einen Seite die bis zu einer wirtschaftlichen Exekutive wuchernde Präsenz global agierender Konzerne, auf der anderen Seite der zu Wachstumshörigkeit erzogene Konsument, der seinem Kauflaster freudig durch Schnäppchenjagden frönt und weder die Entscheidungen seiner gewählten Volksvertreter noch jene der Wirtschaftsbosse und Verbandsfunktionäre infrage stellt. Denn längst geht es nicht mehr nur um einzelne Unternehmen, deren Geschäftspraktiken fragwürdig sind, sondern um Monopolisten, die in einem weltweiten Netzwerk von Tochterunternehmen und Beteiligungen versponnen sind und sich über alle Branchengrenzen hinweg einverleiben, was Maximalprofite verspricht, ohne je für die negativen Begleiterscheinungen dieser ressourcenfeindlichen Expansion zur Rechenschaft gezogen, geschweige denn zur Kasse gebeten zu werden.

Die enorme Markenvielfalt in den Supermarktregalen täuscht darüber hinweg, dass die gesamte Nahrungsmittelkette längst ein Opfer der Monopolisierung geworden ist. Eine Studie der OECD kam bereits 2003 zu dem Schluss, dass in Zukunft »nur vier oder fünf Supermarktketten ... international tätig sein« und »20 bis 25 multinationale Unternehmen ... den Lebensmittelsektor weltweit dominieren« werden.[12]

Beherrschen einige wenige Unternehmen den Markt, schränkt das auch die freie Wahl der Verbraucher ein: Weil er keine Unterschiede innerhalb der Produktgruppen feststellen kann, wird er auch nicht nach bestimmten Kriterien wie Herstellungsmethoden, Zutaten, Umwelt-

Tabelle 1 Weltmarktanteil der zehn größten Konzerne

Sektor	Weltmarktanteil der Top 10 (%)	Weltmarktführer
Futtermittel	16	Charoen Pokphand, Thailand
Tierzüchtung	99	Erich Wesjohann, Deutschland
Saatgut	74	Monsanto, USA
Pestizide	90	Syngenta, Schweiz
Düngemittel	55	Yara, Norwegen
Handel mit Getreide, Soja	75	Cargill, USA
Verarbeitung	28	Nestlé, Schweiz
Einzelhandel	11	Walmart, USA

Quelle: Susanne Gura, »Agropoly. Die Macht der Konzerne über die Lebensmittelproduktion«, Hirschluch, 15.10.2011

oder Tierwohlaspekten auswählen können. Verschleiern gehört zu einer der wesentlichen Strategien der Branche. Obwohl sie das Gegenteil beteuern, haben die Konzerne keinerlei Interesse an gut informierten Konsumenten. Schließlich verdienen sie ihr Geld mit dem Versprechen der Gaumenfreuden ohne Reue und ohne negative Folgen: Pro Jahr setzen beispielsweise allein Nestlé, Unilever, Danone, Friesland/Campina und der Fleischkonzern Vion zusammen 140 Milliarden Euro um.[13] Oxfam, ein Verbund aus verschiedenen Hilfs- und Entwicklungsorganisationen, der sich für eine gerechtere Welt ohne Armut einsetzt, errechnete für die zehn weltgrößten Lebensmittel- und Getränkehersteller[14] Einnahmen von zusammen mehr als 1,1 Milliarde Euro pro Tag. So kann sich Coca Cola rühmen, dass in jeder Sekunde 19 400 Softdrinks konsumiert werden.[15]

Die Politik macht sich immer häufiger zum Büttel der Großindustrie, ob durch entsprechende Entscheidungen oder durch die freigiebige Vergabe von Subventionen. Beispielsweise zählen zu den größten Profiteuren von Exportsubventionen Zucker-, Milch-, Fleisch- und andere Lebensmittelkonzerne wie Vion (6,7 Millionen Euro), Südzucker (35 Millionen Euro), August Storck (3,3 Millionen Euro), Tönnies-Fleisch (2,7 Millionen Euro), Nordmilch (1,8 Millionen Euro), Kraft Foods (250 000 Euro), Zott und Nestlé (je 250 000 Euro) sowie das unter anderem in der Verwertung pflanzlicher und tierischer Restprodukte tätige Familiengroßunternehmen Rethmann (2,6 Millionen).[16] Statt die Millionen an Steuergeldern Millionären zu schenken, könnte sich die Politik für eine grundlegende Umverteilung von Agrarsubventionen einsetzen, um die Landwirtschaft umweltfreundlicher und die Tierhaltung artgemäßer zu gestalten und dafür zu sorgen, dass Bauernhöfe mit vielen Arbeitsplätzen überlebensfähig bleiben.

Ohnehin bewegen sich Lebensmittelkonzerne oft auf moralisch wie ethisch dünnem Eis. Immer wieder werden sie von Verbraucherschützern wegen ihrer aggressiven Werbung gerügt oder aufgerufen, sich mehr und ehrlicher um gesundheitliche Aspekte in der Nahrung zu kümmern. Der Grat zwischen Übertreibung und Irreführung ist oft sehr schmal; besonders umstritten sind gesundheitsbezogene Werbeaussagen und das Umgarnen von Kindern. Vor allem die rapide Ausbreitung von Zivilisationskrankheiten wie Diabetes, Schlaganfall, bestimmten Krebsarten und Herzkrankheiten, die eine starke ernährungsphysiologische Komponente haben, bereitet Medizinern zunehmend Sorgen und belastet die Gesundheitssysteme. Grund genug für ein internationales Wissenschaftlerteam, die Zusammenhänge zwischen Konsum und Krankheit zu untersuchen. Jüngsten Schätzungen zufolge starben 2010 34,5 Millionen Menschen an nichtübertragbaren Krankheiten, bis 2010 könnten es bereits 50 Millionen Tote sein. In ihren Ergebnissen, die sie im renommierten medizinischen Fachblatt The Lancet veröffentlichten, kommen die Forscher zu dem Schluss, dass internationale Lebensmittelkonzerne mit ihren Produkten als maßgebliche treibende Faktoren für diese Epidemie mitverantwortlich sind, während sie gleichzeitig vom steigenden Verbrauch dieser ungesunden Nahrungsmittel profitieren. Die Lebensmittelindustrie als »Menschen-Mäster«? Das Urteil der Forscher ist eindeutig: Die Konzerne untergraben systematisch die Gesundheitspolitik und wenden die gleichen Methoden an wie die Tabakindustrie.[17] Sie erklären die bisherige Strategie der Selbstverpflichtung und Aufklärung für gescheitert. Auch mit den Großkonzernen über Obergrenzen von Zucker, Fett und Salz in ihren

Produkten zu verhandeln halten sie für sinnlos: »Eine Selbstverpflichtung ist, als würden Sie Einbrecher damit beauftragen, ein Türschloss einzubauen«, schreiben sie.[18]

Als es 2010 darum ging, europaweit Produkte hinsichtlich ihres Zucker-, Fett- und Salzgehalts mithilfe einer Lebensmittel-Ampel klar zu kennzeichnen, setzte sich die Industrie durch. Das EU-Parlament knickte ein und votierte gegen die Ampel, obwohl es sich dabei um ein leicht verständliches System handelte: Grün sollte dem Verbraucher zeigen, dass wenig Zucker, Fett oder Salz enthalten sind, gelb sollte für einen mittleren und rot für einen hohen Gehalt stehen. 2009 hatten die gesetzlichen Krankenkassen die Bundesregierung und die zuständigen EU-Parlamentarier in einem Brief aufgefordert, sich für das Ampel-System stark zu machen: »Die Intransparenz über die Zusammensetzung eines ständig wachsenden Lebensmittelangebots und die hinzukommenden irreführenden Werbeversprechen der Hersteller konterkarieren unser Engagement für einen gesunden Lebensstil«, schrieben sie in einem offenen Brief.[19] Als wirkungsvoller als eine Gesundheitsreform schätzte die Allgemeine Ortskrankenkasse (AOK) die Lebensmittel-Ampel ein. Sie hatte Eltern nach ihrem Wissen über Getränke befragt und festgestellt, dass nur knapp ein Viertel den Zuckergehalt von Cola und anderen Softdrinks korrekt beurteilte. Auch wünschten sich mehr als 90 Prozent aller Eltern eine einfache Kennzeichnung, um auf den ersten Blick erkennen zu können, was gut für ihre Sprösslinge ist. Allein in Deutschland verursachen ernährungsbedingte Krankheiten 70 Milliarden Euro pro Jahr, gab die AOK zu bedenken. Wenige Monate nach den Krankenkassen ersuchten auch der deutsche Berufsverband der Kinder- und Jugendärzte sowie die Vereinigung der europäischen Kinderärzte bei den Politikern um ihren Einsatz im Dienste der Gesundheit: »Wir bitten Sie dringend, nicht nur die Interessen der Nahrungsmittelindustrie zu unterstützen.«[20] Doch umsonst – die Konzerne trugen den Sieg davon. Wieder einmal hatte sich für sie der massive monetäre Einsatz gerechnet: Eine Milliarde Euro hatte die Branche nach eigenen Angaben in den Feldzug gegen die Ampel gesteckt. Die Fraktionen von CDU/CSU und FDP hatten die Argumente der Industrie sowohl in den internen Verhandlungen als auch in den Ausschusssitzungen permanent wiederholt[21]; die Berichterstatterin Renate Sommer (CDU/EVP) hatte die Argumentationslinie der Industrie fast im Wortlaut übernommen.[22] Das verwundert nicht weiter, betrachtet man die Front an Lobbyisten, die in Brüssel für die Sache ihrer Brötchengeber kämpft: 15 000 bis 30 000 Mann zählt das Lobby-Heer, was bedeutet, dass auf einen EU-Parlamentarier zwischen 20 und 40 Lobbyisten kommen.[23] Siebzig Prozent davon vertreten die Interessen von Unternehmen und Wirtschaftsverbänden. Sie bezahlen nicht nur professionelle Lobbyagenturen dafür, in die Politik einzugreifen, kritisiert der gemeinnützige Verein LobbyControl, auch genießen sie privilegierte Zugänge zu den Kommissaren, beeinflussen Richtlinien, bevor diese überhaupt entstanden sind, und überhäufen die Abgeordneten mit ihren Änderungsanträgen für Gesetzesvorlagen. Zu den bewährten Mitteln zählen neben der Inanspruchnahme spezialisierter Anwaltskanzleien die sogenannten »Denkfabriken« (»Think Tanks«), Institutionen also, die durch Erforschung und Bewerbung bestimmter Konzepte und Strategien Einfluss auf die Meinungsbildung nehmen. Solche »Denkfabriken«, die als Stiftung, Verein, GmbH oder informelle Gruppe organisiert sein können, beschäftigen helle Köpfe: Fachleute aus den jeweiligen Bereichen, darüber hinaus Werbe- und Kommunikationsprofis. Eine bekannte »Denkfabrik« der Lebensmittelindustrie auf europäischer Ebene ist zum Beispiel das European Food Information Council.[24] Für die ehemalige Bundesverfassungsrichterin Christine Hohmann-Dennhardt ist besonders das Subtile am Lobbyismus kennzeichnend: Sich die Gunst von Politikern und Journalisten zu erkaufen gehöre ebenso dazu, wie einzelne Experten bis hin zu ganzen Kommissionen zu stellen. Dass der in barer Münze veräußerte Sachverstand von Eigeninteresse geleitet ist oder dass das staatliche Interesse mit dem privaten Interesse von Unternehmen gleichgesetzt wird, führten dazu, dass es immer undurchsichtiger werde, wer eigentlich der Urheber welcher Gesetzesentwürfe ist.[25]

Wenn es ums große Geldverdienen geht, greifen Konzerne mitunter auch zu gesetzeswidrigen Praktiken. Nur selten werden solche Methoden publik – und falls doch, handelt es sich meist um Insiderinformationen. So geschehen 2011 und 2013, als Großunternehmen der Lebensmittelbranche Preisabsprachen getroffen hatten und erwischt wurden. 2011 hatten dem Bundeskartellamt zufolge Dr. Oetker, Kraft und Unilever durch einen unzulässigen Informationsaustausch den

Wettbewerb unter anderem bei Süßwaren, Speiseeis und Tiefkühlpizza beeinträchtigt: Über Jahre hinweg hatten sich Firmenvertreter in einem regelmäßig stattfindenden Gesprächskreis getroffen, um sich gegenseitig über den Stand und den Verlauf von Verhandlungen mit großen Einzelhändlern auszutauschen. Dabei seien auch beabsichtigte Preiserhöhungen zur Sprache gekommen – Grund für das Kartellamt, Bußgelder in Höhe von 38 Millionen Euro zu verhängen. Als Kronzeuge trat der Süßwarenhersteller Mars auf.[26] Im Zuge der Ermittlungen wurden die Kartellwächter offenbar noch bei anderen Firmen fündig, denn zwei Jahre später verhängte die Behörde Bußgelder in Höhe von 60 Millionen Euro gegen elf weitere Unternehmen, darunter die großen Süßwarenhersteller Nestlé (»Kitkat«, »Lion«), Kraft Foods (»Milka«, »Toblerone«), Haribo und Ritter Sport sowie gegen Mitglieder des Arbeitskreises Konditionenvereinigung des Bundesverbandes der Deutschen Süßwarenindustrie. »Statt einer unternehmerischen Lösung entschied man sich ... für ein illegales Vorgehen«, kommentierte das Kartellamt die Preisabsprachen.[27]

Es gibt nichts, das man nicht kaufen kann – am allerwenigsten Meinung. Das machten die Lebensmittelgiganten 2012 in den USA vor, als sie Agrarkonzerne ins Boot holten, um gegen die Kennzeichnung von Gentech-Zutaten in den USA zu Felde zu ziehen. Während die Gegner lediglich mit einem Budget von acht Millionen US-Dollar aufwarten konnten, ließen es sich Nestlé, Coca Cola, PepsiCo, Monsanto, BASF, Bayer und andere rund 40 Millionen US-Dollar kosten, die Bevölkerung vor einer Kennzeichnung des Genfood zu warnen: Die Lebensmittel würden erheblich teurer werden, weil die Verbraucher den höheren Aufwand für eine Trennung von gentechnisch veränderten und konventionellen Nahrungsmitteln bezahlen müssten – und das, obgleich die Produkte völlig unbedenklich wären.[28] Die aggressive Medienkampagne brachte in Kalifornien den erhofften, wenn auch knapp errungenen Erfolg. Dort stimmten 47 Prozent der Bevölkerung für eine Kennzeichnung, 53 Prozent sprachen sich dagegen aus. Nichtsdestotrotz einigten sich ein halbes Jahr später Republikaner und Demokraten im Bundesstaat Connecticut darauf, eine Gentech-Kennzeichnung einzuführen. Allerdings wird das Gesetz nur dann in Kraft treten, wenn noch mindestens vier andere Bundesstaaten ein ähnliches Gesetz erlassen – eine Hintertüre für die Unternehmen also und für die Politiker eine Möglichkeit, dennoch ihr Gesicht zu wahren. Denn Umfragen in den USA zufolge sind 72 Prozent der Bürger für eine Kennzeichnung[29,] ein klares Votum gegen Gentech im Essen. Falls das Gesetz umgesetzt werden sollte, wäre Connecticut der erste US-Bundesstaat, der auf Produkten mit gentechnisch veränderten Zutaten den Zusatz »Produced with Genetic Engineering« vorschreiben würde. Im November 2013 schließlich folgte eine Abstimmung im US-Bundesstaat Washington nach ähnlichem Muster wie zuvor schon in Kalifornien und Connecticut. Bis wenige Tage vor dem Entscheid hatten die Befürworter der Label it-Initiative vorn gelegen, doch die Geldwelle von Monsanto, DuPont Pioneer, Dow AgroScience, Bayer CropScience und anderen überrollte die Argumente der Gegner: 22 Millionen US-Dollar hatten die Konzerne in die Anti-Label-Kampagne gepumpt; acht Millionen konnten die Fürsprecher aufbringen. Hätten die Konzerne unterlegen, wäre wohl eine USA-weite, verpflichtende Kennzeichnung unausweichlich gewesen.[30]

Die Volksentscheide in den USA zeichnen ein ganz anderes Bild, als es europäische Medien gerne kolportieren: Ganz offensichtlich ist ein großer Teil der amerikanischen Verbraucher nämlich keineswegs eine tumbe Masse konsumsüchtiger Schwergewichtler, sondern durchaus kritischen Denkens fähig und nicht gewillt, sich von Nahrungsmittel- und Agrokonzernen Kaufentscheidungen diktieren zu lassen. Das Thema ist stark ins Bewusstsein der amerikanischen Esser gerückt und lässt sich nicht mehr ignorieren. Es ist durchaus denkbar, dass andere Supermarktketten nachziehen, nachdem die weltweit größte Öko-Kette Whole Foods angekündigt hatte, bis 2018 eine Gentech-Kennzeichnung für ihr gesamtes Sortiment einzufordern.

Die Saatgut- und Food-Multis setzen alles daran, Konsumenten die Augen zu verbinden und über die Gefahren der Gentechnik den Mantel des Schweigens zu decken (siehe Kapitel 4). Ihr Etappensieg in den USA kann aber nicht darüber hinwegtäuschen, dass ihnen überall auf der Welt ein scharfer Gegenwind entgegenbläst. Dass dieser nicht nur an ihrem Sauberkeits-Image rüttelt, sondern auch an ihrer Omnipotenz zweifeln lässt, zeigen schon die mächtigen Allianzen, derer sich die Konzerne bedienen müssen, um gegen »Verbrauchers Wille« vorzugehen. Heute sind es 64 Länder, für die sie ihre Export-Lebensmittel mit einem entsprechenden Label kennzeichnen müssen, falls sie gentechnisch veränderte Zutaten enthalten – und morgen?

Verbraucherschutz ade

Transatlantisches Freihandelsabkommen: Konzerninteresse contra Verbraucherrechte

Öffentlichkeit unerwünscht: Schon das sollte skeptisch stimmen. Hinter verschlossenen Türen verhandeln allein Privilegierte über das Transatlantisches Freihandelsabkommen (Transatlantic Trade and Investement Partnership, TTIP) zwischen der EU und den USA. Sechzig Experten sollen zu den Gesprächsrunden in Brüssel geladen sein. Wer diese Leute sind und nach welchen Kriterien sie ausgesucht wurden, erfährt offiziell niemand. »Wir wissen aus internen Dokumenten der Europäischen Kommission, dass sie sich in der wichtigen Phase der Verhandlungsvorbereitung fast ausschließlich mit Konzernen und ihren Lobbygruppen getroffen hat«, sagt Pia Eberhard von der Gruppe Corporate Europe Observatory,[31] die sich die Überwachung von Lobbyisten zum Ziel gemacht hat. Geheimniskrämerei ist oberstes Gebot. Einem Beschluss[32] der EU-Kommission zufolge sind alle Verhandlungsleitlinien »EU-restricted«, was bedeutet, dass nur oberste Bundes- und Landesbehörden darauf zugreifen dürfen.[33] Ausgeschlossen hat der Rat auch, dass die Öffentlichkeit informiert werden darf. Nur wenn er sich eines anderen besinnt und einstimmig für die Veröffentlichung votiert, können Bürger wie Parteimitglieder oder Wissenschaftler Kenntnis erhalten.[34] Eine solche Entscheidung lässt allerdings bislang auf sich warten, und auch die Bundesregierung, die sich durchaus für Transparenz einsetzen könnte, scheint keinerlei Interesse daran zu haben, sich in die Karten schauen zu lassen. Öffentlich gibt sich die EU als Verteidigerin Europas, erkennt aber ihren Bürgern Mündigkeit ab. Ein solches Vorgehen belastet das Vertrauen der Bevölkerung sowohl in die Regierungen als auch in die EU, erweckt es doch den Eindruck einer Hinterzimmerpolitik, die sich den Argumenten von Lobbyisten öffnet, jenen der NGOs und Bürgern aber verschließt. Stattdessen werden Bekenntnisse allgemeiner Natur und Durchhalteparolen verbreitet: Propaganda, die das Ganze in keinem besseren Licht erscheinen lässt. So wird Bundeskanzlerin Angela Merkel (CDU) nicht müde, vor einem Scheitern des TTIP zu warnen.[35] »Ein solches Freihandelsabkommen wäre ein Riesenschritt nach vorne, der auch Wachstum in allen Bereichen fördern und neue Arbeitsplätze schaffen würde«, wird sie auf den Seiten der Bundesregierung zitiert[36], »Deshalb haben wir uns vorgenommen, diese Verhandlungen schnell zu beginnen und auch sehr ambitioniert zu führen.« Das TTIP soll die größte Freihandelszone der Welt schaffen. Der Handel zwischen den Staaten soll erleichtert werden, indem Zölle und andere Hemmnisse abgebaut werden. Was kaum kommuniziert wird: Bereits heute sind die Zölle mit 2,8 Prozent für den Industriesektor[37] und für andere Bereiche mit durchschnittlich rund vier Prozent ohnehin niedrig. Worum es in erster Linie geht, sollte nachdenklich stimmen, denn zur Disposition stehen vor allem die Standards im Verbraucher-, Umwelt- und Datenschutz, zur Produktsicherheit und zu Arbeitnehmerrechten.

Die Befürworter und Unterstützer des TTIP berufen sich auf Studien, wie sie die Bertelsmann Stiftung beim Münchner ifo-Institut in Auftrag gegeben hat. Professor Gabriel Felbermayr, Hauptautor der Studie, geht von einer Verdoppelung des Handelsvolumens zwischen den USA und Europa aus. Gleichzeitig ist von einem Anstieg des Pro-Kopf-Einkommens die Rede: 4,95 Prozent in Europa und 13,4 Prozent in den USA sollen es sein. Die Studie »Abbau der Hindernisse für den transatlantischen Handel« des Londoner Centre for Economic Policy Research (CEPR) bläst ins gleiche Horn. Es prophezeit ein kontinuierliches Wirtschaftswachstum von rund 0,5 Prozent (65 Milliarden Euro) pro Jahr, und ihre Schlussfolgerung dürfte den Regierungen der hoch verschuldeten Euro-Zone besonders wohl in den Ohren klingen. Denn das Plus an Wachstum würde laut CEPR zustande kommen, ohne die öffentlichen Ausgaben und Kreditnahmen zu erhöhen: ein Konjunkturschub ganz ohne zusätzliche Steuergelder und Schulden also. Damit nicht genug. Käme das TTIP zustande, würden zwei Millionen neue Arbeitsplätze entstehen, behauptet die Bertelsmann Stiftung; das verfügbare Einkommen einer vierköpfigen Familie würde sich um durchschnittlich 545 Euro jährlich erhöhen, ergänzt die Europäische Kommission.[38]

Die Zahlen klingen derart gut, dass man geneigt ist, den Silberstreif am Horizont der überschuldeten Euro-Zone tatsächlich als gegeben hinzunehmen. Doch bei näherer Betrachtung macht sich Ernüchterung breit. Denn sowohl Institute als auch EU streichen nur die optimistischen Prognosen heraus – und das lässt Zweifel an ihrer Glaubwürdigkeit aufkommen. Optimistisch bedeutet in diesem Zusammenhang ein Szenario des harmonischen Gleichklangs auf allen Ebenen: Sämtliche Zölle zwischen EU und USA müssten fallen, es käme zu einer weitgehenden Angleichung von Produkt-, Arbeits-, Verbraucherschutz- und Umweltstandards, und die Auswirkungen dieser Veränderungen müssten sehr groß sein. Schon ein mittleres Szenario relativiert den Wachstumseffekt. Er würde dann 0,1 Prozent betragen – nicht jährlich, sondern in einem Zeitraum von zehn Jahren. Ähnliches gilt für den von Bertelsmann verkündeten Arbeitsplatzsegen. In einem vorsichtigen Szenario geht die Studie von einem Rückgang der Arbeitslosenquote in Deutschland um 0,11 Prozent aus – wiederum nicht jährlich, sondern insgesamt. Eine recht bescheidene Aussicht. Selbst ein Plus von zwei Millionen Arbeitsplätzen erscheint angesichts der Bevölkerungszahl einer zukünftigen transatlantischen Freihandelszone von 312 Millionen US-Bürgern und 504 Millionen Europäern marginal. Auch deckt sich die Behauptung, ein erleichterter Handel wirke sich positiv auf die Zahl der Arbeitnehmer aus, nicht mit den Erfahrungen aus früheren Handelsabkommen. Mehr Handel bedeutet nicht automatisch mehr Stellen, sondern nur, dass es zu einer stärkeren Arbeitsteilung und damit zu einer höheren Effizienz kommt. In diesem Fall könne nur eine stärkere Nachfrage mehr Beschäftigung bewirken, meint Professor Christoph Scherrer, Leiter des Fachgebiets Globalisierung und Politik an der Universität Kassel. Scherrer sorgt sich um die zukünftigen Arbeitsbedingungen in Deutschland, falls die Standards an jene in den USA angepasst würden. Beschäftigte in den USA haben weniger Rechte und verdienen weniger; ein Betriebsrätesystem wie in Deutschland lehnen die Amerikaner ab. Scherrer hält sogar Arbeitsplatzverluste für möglich, wenn deutsche Firmen das amerikanische Prinzip übernehmen oder in die USA abwandern und dort produzieren würden.[39]

Bertelsmann muss sich daher den Vorwurf gefallen lassen, im Eigeninteresse zu argumentieren. Indem der Konzern die unrealistischen, aber vielversprechenden Zahlen aus den Untersuchungen filtert und präsentiert, verfolgt er klare Ziele: »Als eines der größten Medienimperien Europas liegt Bertelsmann vor allem der stärkere Schutz geistigen Eigentums am Herzen, der durch das Abkommen erreicht werden soll.«[40] Schönfärberei hinsichtlich Beschäftigungszuwachs und Wirtschaftswachstum kennen die Europäer indes schon aus politischen Sonntagsreden. Sie sollen vor allem eines bewirken: die Bürger gefügig machen. Doch das geplante Freihandelsabkommen birgt enorme Risiken – für jeden Einzelnen wie für die Demokratie.

Die Veränderungen betreffen rund 850 Millionen Menschen, und wer in erster Linie profitiert, ist unschwer zu erraten. Die britisch-amerikanische Firma FTI Consulting etwa (im Jahr 2013 bei der Begleitung von Fusionen und Übernahmen die Nummer eins in Europa) beziffert das Gewinnplus für die Automobilindustrie in der Freihandelszone auf zwölf Milliarden Euro pro Jahr, das der Chemieindustrie auf sieben Milliarden Euro. Schon an dritter Stelle folgt die Nahrungsmittelindustrie mit einem geschätzten Gewinnplus von fünf Milliarden Euro.[41] Kleine und mittlere Unternehmen, die bereits heute der zunehmenden Konzentration und Marktmacht der multinationalen Giganten kaum etwas entgegenzusetzen haben, würden noch mehr durch Preisdrückerei und Knebelverträge in die Abhängigkeit getrieben werden können. Zum Beispiel dürften für die Milchbauern und Schweinemäster schwere Zeiten anbrechen (siehe Kapitel 3 und Kapitel 6); die bäuerliche Landwirtschaft würde noch mehr hinter der industriemäßigen Pflanzen- und Tierproduktion zurückstecken müssen, und die Nahrungsmittelindustrie würde ihren aggressiven Expansionskurs fortsetzen – mit all seinen negativen Folgen.

Weil die Prämisse in einer Erleichterung des Warenverkehrs liegt, ist zu erwarten, dass sich eine Harmonisierung der Standards an den Interessen der Konzerne und Finanzinvestoren orientiert. Der wirtschaftsfreundlichste Standard jedoch ist jener, der am niedrigsten liegt – das Freihandelsabkommen würde Europa somit als riesigen Absatzmarkt für Produkte mit Qualitätsstandards des kleinsten gemeinsamen Nenners erschließen. Noch gilt in der Europäischen Union das Vorsorgeprinzip: Wo es wissenschaftliche Unsicherheiten gibt, sollen Risiken vermieden werden.[42] In den USA ist das Gegenteil der Fall. Hier dürfen Firmen so lange ihr Produkt vertreiben, bis ein Risiko zweifelsfrei festgestellt ist. Das erklärt beispielsweise, warum Produkte der Grünen Gentechnologie so weit verbreitet sind. In einem Mammutanteil amerikanischer Nahrungsmittel, die Soja oder Mais enthalten, stecken gentechnisch veränderte Bestandteile: 90 Prozent aller in den USA angebauten Sorten sind GVO – Gentechnisch veränderte Organismen. Damit nicht genug. Mit einem gleichen Anteil von 90 Prozent ist Monsanto uneingeschränkter Herrscher über sämtliche transgene Pflanzen weltweit. Dass der Konzern die globale Landwirtschaft unter seine Kontrolle zu bringen versucht, ist ein offenes Geheimnis. Wie weit er es damit bereits gebracht hat, zeigt die personelle Verquickung von Politik und Wirtschaft in den USA. So galt Monsanto unter Kritikern schon in den 2000er Jahren als »ein Pensionat für ehemalige Clinton-Mitarbeiter«[43] und hält seine Türen seit je für ehemals hochrangige Beamte offen. Zum Beispiel war William D. Rückelhaus zunächst Verwaltungsleiter der behördlichen Lebensmittelüberwachungs- und Arzneimittelzulassungsbehörde der USA, Food and Drug Administration (FDA) und dann Vorstandsmitglied bei Monsanto, und auch für Linda J. Fischer hatte es offensichtlich nichts Anrüchiges, als stellvertretende Direktorin der US-amerikanischen Umweltschutzbehörde Environmental Protection Agency (EPA) zu arbeiten, um dann den Posten als Vizepräsidentin der Öffentlichkeitsarbeit bei Monsanto anzunehmen.[44] Die Liste ließe sich weiter fortführen, gipfelt aber in einem (vorläufigen) Höhepunkt, als im März 2013 der US-Kongress und der US-Senat ein Gesetzespaket zur Lebensmittelsicherheit verabschiedeten. Enthalten war der »Monsanto Protection Act«, ein Zusatz zum Übergangshaushaltsgesetz[45], der es Monsanto erlauben sollte, sich über sämtliche Entscheidungen amerikanischer Gerichte hinwegzusetzen: eine Generalerlaubnis für den Anbau, Verkauf und die experimentelle Freisetzung gentechnisch veränderter Organismen also. Das offensichtlich von Monsanto für Monsanto geschriebene Gesetz wurde von Präsident Barack Obama unterzeichnet, schockierte aber Fachleute wie Kritiker derart, dass eine Welle der Empörung losbrach. Im September 2013 schließlich passierte das Gesetzespaket für weitere drei Monate den US-Kongress, jedoch verweigerte der US-Senat seine Zustimmung und strich den »Monsanto Protection Act« komplett.[46] Der Druck der Gentech-Lobby mit Monsanto, Bayer Crop-

Science, BASF, Syngenta, DuPont und Dow Chemical als Vorhut und der nachgelagerten Lebensmittelindustrie mit Nestlé, Unilever, Coca Cola, PepsiCo, Danone & Co auf die Politik ist enorm groß und droht, das Freihandelsabkommen im Sinne der Konzerne zu gestalten. Sie wollen vor allem eines: Produkte der Grünen Gentechnik in den europäischen Markt pressen.

Kommt das Freihandelsabkommen nach dem Gusto der Agrar- und Lebensmittelindustrie zustande, opfert Deutschland die Konsumentenrechte auf dem Altar der Profitgier und ignoriert den Widerstand der Bevölkerung. So könnten nicht nur Genfood und Klonfood die europäischen Supermarktregale füllen, sondern der Weg wäre auch frei für Zusatzstoffe in Lebensmitteln, die in den USA zugelassen, aber hierzulande verboten sind. Geradezu klassisch sind die Beispiele des zum Zwecke der Desinfektion in Chlor gebadeten Hühnerfleischs und das Wachstumshormone enthaltende Kotelett oder Steak, die im Zuge des Freihandelsabkommens in Europas Supermärkten landen könnten. Zumindest was Letzteres betrifft, hat EU-Handelskommissar Karel de Gucht im Frühjahr 2014 eingelenkt. Die EU wolle Hormonfleisch vom Freihandelsabkommen ausnehmen; TTIP solle »kein Unterbietungsabkommen«[47] werden. Ob er Wort hält und ob es sich dabei um das einzige Zugeständnis an den Verbraucherschutz handeln wird, ist ungewiss. Fest steht, dass die EU-Standards in vielen Bereichen strenger sind als die amerikanischen, was eine Verschlechterung des Schutzes von Mensch und Umwelt zur Folge hätte.[48] Zur Disposition stehen außerdem nationale Regelungen nicht nur für Lebensmittel, sondern auch für Pharmazeutika, Nanotechnik, Medizinprodukte, für den Datenverkehr, den Finanzmarkt und E-Commerce. Denkbar ist, dass sich die EU und die USA auf eine »gegenseitige Anerkennung« verständigen: Solange US-amerikanische Produkte den Standards der USA entsprechen, dürfen sie in Europa vertrieben werden. Für europäische Produkte gilt im Umkehrschluss, dass sie, wenn sie im amerikanischen Binnenmarkt angeboten werden, europäische Standards erfüllen müssen. Was zunächst unbürokratisch wirkt, hat sowohl für Konsumenten als auch für Produzenten einen Haken. »Verbraucher könnten sich ... bei Lebensmitteln nicht auf einheitliche Hygiene- und Sicherheitsstandards verlassen ...«, schreibt der Bundesverband der Verbraucherzentrale, und

»Produzenten, für die strenge heimische Regeln gelten, könnten Wettbewerbsnachteile erleiden«[49].

Beim Freihandelsabkommen geht es jedoch nicht nur um »entgrenzten« Freihandel, Arbeitsplätze und ungleiche Chancen, um Chlorhähnchen, Klonfleisch oder gentechnisch veränderte Maisflocken im Müsli. Es geht um die Zukunft der Demokratie. Die »neue Weltwirtschaftsordnung«, wie sie von der EU beschworen wird, kostet vor allem eines: Mitbestimmung. Wo Staaten mit international agierenden Konzernen ohne Kontrolle und Mitsprache kollaborieren, ist der Schritt zur kapitalistischen Selbstverwaltung nicht mehr weit. Eine kapitalistische Selbstverwaltung wiederum hebelt die Demokratie aus, schreibt der Philosoph Werner Rügemer, und nicht nur der Sozialstaat und die Sozialpartnerschaft werden abgebaut, sondern auch der Rechtsstaat.[50]

Dass Rügemer mit seiner These nicht weit von der Realität entfernt ist, zeigt das im Rahmen des Freihandelsabkommens geplante »Investor-Staat-Schiedsgerichtsverfahren« (Investor-State-Dispute-Settlement, ISDS). Hierbei handelt es sich um eine Art paralleles Rechtssystem, das mit unserem bekannten nicht mehr viel gemein hat. Das ISDS soll der Streitschlichtung zwischen Investoren und Staat dienen. Sobald sich ein Investor benachteiligt fühlt (zum Beispiel, wenn ein Staat neue Standards zum Schutz der Verbraucher oder der Umwelt festlegt), kann er den Staat verklagen. Dieses ad hoc eingerichtete Sondertribunal besteht beispielsweise aus einem Abgesandten des betroffenen Staates, einem Vertreter des Unternehmens und einer Person, auf die sich beide Parteien einigen. Der Bundesverband der Deutschen Industrie (BDI) und spezialisierte Anwaltskanzleien unterstützen aus nachvollziehbaren Gründen ein ISDS. Anfechtbar sind die Urteile des Gremiums nicht mehr – eine Berufung ist nicht zulässig.[51] Hintergrund ist der sogenannte Investitionsschutz für Unternehmen, der vor einer sogenannten indirekten Enteignung schützen soll. So lässt sich faktisch als »indirekte Enteignung« alles interpretieren, was die Gewinne oder die Gewinnerwartungen eines Konzerns negativ beeinträchtigen könnte. Wenn also ein Unternehmen seine potenziellen oder vermuteten Gewinne geschmälert sieht, kann es vor ein Schiedsgericht ziehen, um seine massiven Schadenersatzforderungen durchzusetzen. Jede Maßnahme, jede Verordnung, jedes Gesetz eines

Staates, das dem Firmeninteresse zuwiderläuft, könnte zu einem Rechtsstreit führen.

Weit hergeholt ist diese Befürchtung nicht, denn solche Tribunale gibt es bereits. Fünfzehn Rechtsanwaltskanzleien haben sich auf derlei Streitigkeiten spezialisiert, es geht bereits heute um Streitwerte von 14 Milliarden US-Dollar.[52] Nur zwei Beispiele: Im Rahmen des Freihandelsabkommens NAFTA zwischen den USA, Kanada und Mexico hatte die US-Firma Lone Pine eine Probebohrungslizenz in einer kanadischen Provinz erworben. Zwischenzeitlich erließ die betroffene Provinz aber ein Moratorium gegen das Fracking von Schiefergas und Öl. Lone Pine hat daraufhin den kanadischen Staat vor einem internationalen Schiedsgericht verklagt und fordert nun eine Entschädigung von 250 Millionen US-Dollar für den zu erwartenden Gewinnausfall.[53] Deutschland hat ähnliche Erfahrungen gemacht, als der schwedische Stromkonzern 2012 die Bundesregierung beim Internationalen Zentrum zur Beilegung von Investitionsstreitigkeiten (ICSID), Washington, auf 3,5 Milliarden Euro Schadenersatz verklagte, weil diese aufgrund des Atomausstiegs darauf gedrungen hatte, die Atomkraftwerke Krümmel und Brunsbüttel abzustellen. Ähnliches ist in jedem anderen Wirtschaftssektor denkbar. So könnte ein US-amerikanisches Lebensmittelunternehmen den deutschen Staat verklagen, wenn die Behörden den Verkauf seiner Fertiggerichte aussetzen, um die Bevölkerung vor umstrittenen Zusatzstoffen zu schützen. Wenn milliardenschwere multinationale Unternehmen gegen hoch verschuldete Staaten klagen, ist der Sieger unschwer auszumachen. Die Kosten tragen selbstverständlich die Steuerzahler.

»Investor-Staat-Schiedsgerichtsverfahren« schränken die Handlungs- und Gestaltungsfähigkeit von Staaten stark ein, und das aus mehreren Gründen. Zum einen agieren sie außerhalb der staatlichen Gerichtssysteme und über sie hinweg – die ordentliche Gerichtsbarkeit wird quasi ausgeschaltet. Zum anderen sind sie extrem anfällig für Korruption, sie sind nicht kontrollierbar, und die Gefahr ist groß, dass sich die Global Player geradezu ermächtigt fühlen, bisher geltende Gesetze zu übertreten. Sollten sich ISDS durchsetzen, bedeutet das eine rechtliche Stärkung der Großkonzerne gegenüber den Rechten von Staaten und jenen der Bevölkerung.

Damit nicht genug. Die EU und die USA planen auch, »Stakeholdern«[54] ein verbindliches Mitspracherecht bei der Erstellung von Gesetzesentwürfen noch vor dem Beginn des Gesetzgebungsprozesses zu erlauben. Die Nichtregierungsorganisation Corporate Europe Observatory hatte entsprechende Dokumente veröffentlicht.[55] Solche Konsultationsprozesse geben Konzernen die Möglichkeit, schon vorab unliebsame Regelungen zu streichen. Zwar können sich theoretisch auch NGOs, Bürger-, Umwelt- und Verbraucherschutzinitiativen zu Wort melden. Doch die Wirklichkeit sieht anders aus, wie die starke Lobbyaktivität in Brüssel heute schon zeigt, und die Zahl der Lobbyisten übersteigt jene der Parlamentarier um ein Vielfaches.

Im Zuge der Verhandlungen geht es offensichtlich auch um die Auslagerung des Verbraucherschutzes an eine für die Verhandlungspartner diesseits und jenseits des Atlantiks zuständige Behörde: eine transatlantische Superbehörde, an die unliebsame Verbraucherschutzfragen abgeschoben werden können, befürchten Kritiker[56]. Demnach könnten US-Handelskammer und EU-Kommission in einen Dialog treten, noch bevor es künftig zu Verordnungen oder Richtlinien käme, um »Handelshindernisse« erst gar nicht entstehen zu lassen. Sollten sie sich nicht einigen können, werden die betreffenden Themen an die besagte Superbehörde weitergeleitet, den »Regulativen Rat«. Dieses Delegieren würde es ermöglichen, die strittigen Fragen so lange aufzuschieben, bis das Abkommen unterschrieben ist. Wenn das erst einmal der Fall sei, gebe es kein Zurück mehr – der Verbraucherschutz wäre faktisch über Bord geworfen.[57]

Lebensmitteleinzelhandel – der Lotse in den Abgrund

Das Aldi-Prinzip der ersten Stunde ist legendär: ein kleines Warenangebot zum niedrigen Preis. Nachdem die Aldi-Brüder Karl und Theo 1945 den elterlichen Betrieb übernommen hatten, bauten sie den Handel kontinuierlich aus. Sie gelten als Begründer der Discount-Supermärkte in Deutschland (Albrecht-Diskont) – ein Siegeszug des Billigpreissortiments, das Karl und Theo im Laufe der Jahrzehnte mit einem von Forbes geschätzten Vermögen von 18,2 Milliarden beziehungsweise 16,7 Milliarden US-Dollar zu den zwei reichsten Deutschen machte. Mit seinen rund 2500 Filialen im Bereich Aldi Nord, seinen 1800 Filialen im Bereich Aldi Süd, den etwa 8000 Filialen in Europa und 1500 in Australien und den USA sowie den zahlreichen Tochterunternehmen hat es der Konzern auf Platz vier der Top 10 im deutschen Lebensmittelhandel gebracht (siehe Tabelle 2).

Vielen gilt Aldi als Deutscher Meister, wenn es darum geht, möglichst viel Ware auf möglichst wenig Platz möglichst schnell zu verhökern. Nicht nur in Deutschland, weltweit greift diese Strategie. Land für Land fügt der geheimnisumwitterte Handelsriese seinem Imperium zu. Dabei ist und bleibt der Konzern eine Blackbox: Ebenso wenig wie seit eh über die Firmengründer bekannt ist, informiert Aldi über Umsatz und Gewinn oder äußern sich Geschäftspartner, und ebenso stillschweigend arbeiten in der Regel Kassierer, Einkaufschefs und Geschäftsführer. Inzwischen ist Aldi im deutschen Sprachraum zum Synonym für billiges Einkaufen geworden, aber auch für einen rüden Umgang mit Mitarbeitern, für Mobbing, Misshandlung und Überwachung, für die Tolerierung von Ausbeutung in der Rohstoffgewinnung und für Umweltzerstörung. Dass Aldi keinerlei Faible für Betriebsräte hat, ist ohnehin ein offenes Geheimnis. Aldi Süd gilt faktisch als betriebsratsfreie Zone. Immer wieder berichten Medien über geschasste Mitarbeiter, die versucht hatten, sich zu organisieren.[58] Als die *Süddeutsche Zeitung* 2004 einen Artikel darüber veröffentlichte, wie Mitarbeiter in einer Aldi-Filiale im Münchener Süden einen Betriebsrat wählen wollten, strafte der Konzern die Zeitung, indem er keine Anzeigen mehr schaltete. Der *Süddeutschen* entgingen damit Einnahmen von 1,5 Millionen Euro.[59] In seinem Buch *Aldi – einfach billig* hatte Andreas Straub, Ex-Manager der Bezirksebene, über die Rücksichtslosigkeit seines ehemaligen Arbeitgebers im Umgang mit dem Personal berichtet. Die Reaktion des Konzerns folgte auf dem Fuße. »Im Unternehmen herrscht weder ein System von Einschüchterung, Kontrolle und Misstrauen, noch werden langjährige Mitarbeiter entlassen und durch günstigere ersetzt«, konterte eine Sprecherin von Aldi Süd nach Erscheinen des Buches.[60]

Ungeachtet dessen ist die Liebe der Deutschen zum ungekrönten

Tabelle 2 Top 10 Lebensmittelhandel in Deutschland 2013

Rang	Unternehmen	Food-Umsatz 2012 (in Mio Euro, brutto)	Veränderung zum Vorjahr in %	Anteil Food in %
1	Edeka	44567	+4,4	90,5
2	Rewe	26225	+4,5	71,3
3	Schwarz-Gruppe	24084	+3,7	81,1
4	Aldi-Gruppe			
	Aldi Süd			
	Aldi Nord			
5	Metro	11311	-0,9	37,3
6	Lekkerland	8182	+3,3	99,0
7	dm	4600	+14,4	90,0
8	Rossmann	4005	+15,0	90,0
9	Bartels-Langness	2802	+6,1	77,7
10	Transgourmet (D)	2596	+0,2	86,4

Quelle: TradeDimensions März 2013

Schnäppchen-König ungebrochen, wie es scheint. Das jedenfalls legt die Benchmarkstudie Fanfocus des Mainzer Marktforschungsinstituts forum! vom November 2013 nahe. Demnach zählen sich 31 Prozent der Aldi-Süd-Kunden beziehungsweise 24 Prozent der Aldi-Nord-Kunden zu Fans der Discounter-Gruppe, mehr als bei jedem anderen Lebensmittelhändler. Aldi-Hauptkonkurrent Lidl kam den Befragungen zufolge auf eine relativ geringe Fanquote von 20 Prozent. Das SB-Warenhaus Kaufland (Fanquote: 23 Prozent) und die Supermarktkette Penny (23 Prozent) können dagegen beinahe mithalten. Mit 15 Prozent weit abgeschlagen ist Vollsortimenter Rewe.[61] Offensichtlich vergisst und verzeiht so mancher deutsche Verbraucher schnell, wenn Problematisches den eigenen Alltag nicht tangiert: Beim Einkauf zählt für diese Konsumentengruppe weder Lebensmittelskandal noch Moral, sondern allein der Preis.

Dabei forciert jeder Cent, der unreflektiert in die Kassen des Handels wandert, eine fatale Entwicklung, die sich am Ende auf das Leben aller auswirkt. Denn eine ähnliche Dynamik, wie sie in den anderen Sektoren der Nahrungsmittelkette zu beobachten ist, vollzieht sich auch im Handel: Das ungebremste Profitstreben zerstört nicht nur Kultur und Lebensstile, führt zu niedrigen Löhnen, zu einer Minimalisierung von Arbeitnehmerrechten und zur Preisgabe von Werten wie einer gesunden Umwelt und der für die jeweilige Region typischen lokalen, territorialen, wirtschaftlichen und sozialen Gefüge (siehe Kapitel 3), sondern auch zu einer Monopolisierung, die keinerlei Wettbewerb mehr zulässt. Nach Ansicht des Europäischen Wirtschafts- und Sozialausschusses (EWSA) ist die Handelsbranche einer der Bereiche mit der stärksten Konzentration. In jedem Mitgliedsstaat wird der Markt von nur drei bis fünf Unternehmen kontrolliert, bei denen es sich oftmals um multinationale Konzerne handelt.[62]

Während früher ungezählte Tante-Emma-Läden jeden Stadtteil, jedes Dorf mit Waren des täglichen Bedarfs versorgten, kontrollieren heutzutage zwischen Flensburg und Sonthofen gewaltige Einkaufskonzerne den Markt. Das spiegelt sich auch in Zahlen wider: Weniger als ein Prozent der gesamten Versorgungskette machen kleine Läden aus. Das Sterben der kleinen und mittleren Lebensmittelgeschäfte hat epidemische Ausmaße: Zwischen 1990 und 1997 ließen etwa 22 000 ihre Rollläden herunter, und bis zum Jahr 2005 machten jeden Tag sieben Läden dicht, errechnete das Frankfurter Marktforschungsinstitut Nielsen.[63]

Mit der Konzentration großer Konzerne und der Marktliberalisierung, die es zusätzlich ausländischen Handelsgiganten erlaubte, ihre Absatzmärkte gen Europa auszuweiten, mutierte auch der Lebensmittelhandel. Waren die Händler vordem abhängig von den Herstellern, haben sich die Machtverhältnisse inzwischen umgekehrt. Sehr viele Produzenten buhlen um die Gunst einiger weniger Handelsunternehmen. In Deutschland haben vier Unternehmen im Lebensmitteleinzelhandel mit 85 Prozent Marktanteil das Sagen, davon kontrollieren allein Edeka und Rewe etwa 60 Prozent. Ihnen steht ein heterogenes Heer an Herstellern gegenüber, rund 6 000 Produzenten, von kleinen und mittelständischen bis hin zu Global Playern.[64] Unlautere Praktiken sind europaweit an der Tagesordnung, unter anderem:

- erpresserisches Geschäftsgebaren,
- Preise, die unter jenen liegen, mit denen die Erzeuger ihre Waren herstellen,
- Preise, die zulasten des Erzeugers erst zu einem späteren Zeitpunkt festgelegt werden, und
- schmiergeldähnliche Zahlungen.[65]

Immer wieder lässt das Bundeskartellamt Geschäftsräume von Handels- und Lebensmittelunternehmen untersuchen, weil es Hinweise auf Verstöße gegen geltendes Recht gibt. 2009 hatte das Kartellamt gegen die Kaffeeröster Melitta, Tchibo und Dallmayr wegen illegaler Preisabsprachen bei der Belieferung des Einzelhandels Strafgelder in Höhe von knapp 160 Millionen Euro verhängt; Kraft Foods (Jacobs Kaffee) war um ein Bußgeld herumgekommen, weil das Unternehmen mit den Fahndern zusammengearbeitet hatte. 2010 deckte das Kartellamt weitere verbotene Preisabsprachen bei der Belieferung von Großverbrauchern auf – Melitta, Tchibo und Kraft Foods sollten 30 Millionen Euro zahlen. Ein Jahr später ahndete das Kartellamt das gleiche Vergehen mit neun Millionen Euro gegen zwei Hersteller von Instant-Cappuccino: Kraft Foods und Krüger. Diesmal kam Melitta ungeschoren davon, weil sich das Unternehmen selbst angezeigt hatte.[66] Im gleichen Jahr organisierten die Fahnder Razzien bei Rewe, Edeka, Lidl, Metro und anderen. 2013 schließlich mahnte das Bundeskartellamt den größten deutschen Lebensmittelhändler Edeka ab. Bei der Übernahme des Discounters Plus im Jahr 2009 hatte Edeka Sonderkonditionen von rund 500 Lieferanten aus unterschiedlichen Warenbereichen gefordert: günstige Bezugskonditionen und längere Zahlungsziele, die harmlos klingenden, aber gesetzeswidrigen sogenannten »Hochzeitsrabatte«: Forderungen ohne Gegenleistung also. Außerdem hatte Edeka von den Lieferanten die Zahlung von Geldbeträgen unter Titeln wie »Synergiebonus«, »Partnerschaftsvergütung« oder »Sortimentserweiterungsbonus« verlangt.[67] Solche Geschäftspraktiken sind ein Ausdruck für die Nachfragemacht der Handelskonzerne, die sie missbräuchlich gegenüber ihren Lieferanten ausnutzen. Doch nicht nur die Lieferanten sind die Geschädigten, sondern auch die kleineren Handelsunternehmen – sie können mit dem Handelsgoliath kaum mehr mithalten.

Mit sozialer Marktwirtschaft und fairem Handel hat das schon lange nichts mehr zu tun. Das baulich begrenzte Platzangebot in den Filialen und eine wachsende Menge an (vermeintlichen) Produktneuerungen verschärfen den Ton zwischen Händlern und Lieferanten noch. Listungsgebühren in Millionenhöhe sind die Regel, um überhaupt einen Platz im Regal zu ergattern. Auch ist es gang und gäbe, für privilegierte Plätze zu bezahlen: Will man sein Produkt zwischen all den anderen perfekt positioniert sehen, lässt man sich das etwas kosten. Unter welchem Posten auch immer diese fragwürdigen Vereinbarungen auftauchen (ob als Werbekostenzuschuss, Provision, Aktionsrabatt oder Rückvergütung) – an die große Glocke werden sie nicht gehängt: In der Regel wissen die Vertriebsleiter, seltener auch die Marktleiter Bescheid. Perfide ist dieses Vorgehen für den Verbraucher, der sich im Netz eines perfekten Marketings verfängt und den Blick für die Realität verliert. Denn das künstliche Hervorheben und ausufernde Bewerben eines Produkts soll manipulieren: »Positionierung ist nicht das, was man mit einem Produkt tut, sondern was man mit der Gedankenwelt des potenziellen Käufers tut. Das heißt, ein Produkt wird in der Gedankenwelt des potenziellen Käufers positioniert«, schreiben Philip Kotler und Friedhelm Bliemel in ihrem Buch *Marketing-Management*.[68]

Handelsunternehmen sind dreist, wenn es darum geht, bei den Herstellern immer neue Quellen anzuzapfen. Mancher erhebt einen »Europa-Bonus«, auch wenn die Waren des betreffenden Produzenten gar nicht in Europa verkauft werden. Andere ersinnen Zuschläge, wie beispielsweise einen Abendzuschlag infolge der Verlängerung der Ladenöffnungszeiten. Oder es werden Bettelbriefe zu Jubiläen aller Art verschickt, in denen man mit der festen finanziellen Unterstützung seiner Handelspartner rechnet. So geschehen 1997, als sich Edeka-Chef Horst Neuhaus zum 90. Geburtstag seines Unternehmens von seinen Handelspartnern eine besondere monetäre Zuwendung wünschte: »einen einmaligen Betrag von 50 000 Mark«, wie es in dem Schreiben hieß, dem auch gleich Spendenzettel beigefügt waren.[69]

Der Platz im Regal ist hart umkämpft – und gewinnen können diesen Kampf nur die Großen auf nationaler wie internationaler Ebene. Der US-amerikanische Gigant Walmart ist unangefochtener Spitzenreiter und diktiert seinen Lieferanten alles – vom Preis bis zur Verpackung. Er kann Einnahmen vorweisen, die über dem Bruttosozialprodukt Österreichs liegen (408 Milliarden US-Dollar, Stand 2010). Platz zwei bis vier belegen die US-amerikanische Großhandelskette Cosco (89 Milliarden US-Dollar), der US-Konzern Kroger, mit 82 Milliarden US-Dollar die weltgrößte Lebensmittel-Supermarktkette, das größte Einzelhandelsunternehmen Europas, der französische Handelskonzern Carrefour (79 Milliarden Euro), und die größte britische Handelskette Tesco (61 Milliarden Pfund Sterling).[70] Platz sieben des Welt-Rankings nimmt die Düsseldorfer Metro AG ein. Sie betreibt mit ihren vielen Vertriebslinien (zum Beispiel Media Markt, real, Metro) mehr als 2 200 Standorte in 32 Ländern der Welt und hat 2013 46 Milliarden Euro umgesetzt.

Größter Verbund im deutschen Einzelhandel ist seit der Übernahme von Spar die Edeka-Gruppe mit einem jährlichen Umsatz von rund 46 Milliarden Euro (Stand 2011). 2005 übernahm Edeka auch den Discounter Netto und eröffnete sich damit den Eintritt ins Niedrigpreissegment. Noch kurz zuvor hatte das Unternehmen einen Joghurt von Müller Milch aus dem Sortiment gestrichen, nachdem dieser bei Discountern für die Hälfte zu haben war. Zur Begründung hieß es damals, Edeka bevorzuge Ware, »die nicht beim Discounter verramscht« werde.[71] Die Edeka-Gruppe ist Eigentum von Genossenschaften, in denen sich selbstständige Einzelhändler zusammengeschlossen haben.

Jahrzehntelang hatte sich das Marketing der großen Einzelhandelsunternehmen fast ausschließlich auf den Verkaufspreis fokussiert – das Preis-Leistungs-Verhältnis spielte keine Rolle. Das hatte Folgen: Die Lebensmittelproduzenten tauschten aus Kostengründen natürliche Inhaltsstoffe gegen Ersatzstoffe aus, was letztlich zu Qualitätseinbußen führte. Verbraucher, die durchaus bereit waren, für qualitativ hochwertigere Produkte tiefer in die Tasche zu greifen, hatten dadurch keine Wahlmöglichkeit mehr, weil sie solche Nahrungsmittel nicht mehr im Sortiment finden konnten.

Die »Aldisierung« des Landes, die Hatz nach Billigem, hat Deutschland verändert. Marktbeherrschendes Phänomen sind noch immer Rabattschlachten, Sonderaktionen und preisaggressive Werbung – Maßnahmen, die in einem übersättigten Markt der Kauflust der Konsumenten entgegenwirken und dem zunehmenden Konkurrenzdruck der Discounter, die sich Stück für Stück Marktanteile einverleiben, begegnen sollen.

»Aldisierung« oder, allgemeiner, »Discountisierung der Gesellschaft«[72] ist ein Schlagwort geworden, das nicht nur den Hang selbst einkommensstärkerer Käuferschichten zum Billigprodukt meint, sondern auch die damit verbundenen gesellschaftlichen Auswirkungen problematischer Art einschließt: die Verödung der Innenstädte, die Veränderung der Beschäftigungsstruktur hin zu Niedriglohn, ungelernten Tätigkeiten und Arbeitslosigkeit, die sich ausbreitende »Servicewüste« in Deutschland und die Akzeptanz einer Kultur, die vom Hamsterrad »Konsum – Wegwerfen – Konsum« angetrieben wird. Deutschland ist Kampfzone geworden; der Drei-Fronten-Krieg, der zwischen Herstellern und Handelskonzernen genauso wie zwischen den Herstellern und zwischen den Händlern untereinander tobt, ist um einen neuen Käufertypus entbrannt. Marktforscher beobachten, dass Verbraucher polarisiert einkaufen: Sie sparen an einer Stelle, um an anderer für teure Markenprodukte mehr Geld auszugeben. »Smart Shopping« nennen Fachleute das beliebige Kombinieren von Markenartikeln mit billigen No-Name-Produkten.

Im Interesse dieses »hybriden Käufers«[73], dessen Konsummaxime sich mit der Bezeichnung »Aldi & Audi«[74] schnittig charakterisieren lässt, hat sich die Etablierung von Handelsmarken als erfolgreiche Strategie erwiesen. Handelsmarken umfassen einzelne Produkte oder Produktreihen, die Eigentum des jeweiligen Handelsunternehmens sind, und die auch nur im eigenen Vertriebssystem abgesetzt werden. Aldi war der Vorreiter in Sachen Verbreitung und Akzeptanz von Handelsmarken. Mit der Behauptung, Qualität müsse nicht viel kosten, schaffte es der Konzern, den Weg für Handelsmarken zu ebnen und die Vorbehalte der Verbraucher zu zerstreuen. Untersuchungen von Stiftung Warentest und Ökotest, die den Eigenmarken keine schlechtere Qualität im Vergleich zu ausgewählten Markenartikeln bescheinigten, stützten diese Botschaft noch. Einer Umfrage des Instituts Allensbach zufolge meint gut ein Drittel der Deutschen ohnehin, der Kauf von Markenartikeln lohne sich nicht.[75] Sie halten Handelsmarken und Markenartikel für gleichwertig – ja teilweise sogar identisch: Bekannte Hersteller, so ihre Überzeugung, produzierten diese ohnehin. Damit liegen sie nicht ganz falsch. So wird beispielsweise die ja!-Konfitüre bei Rewe von Zentis hergestellt, die Gut & Günstig-Sahne bei Edeka von Hansano/Arla Foods, Basta-Gewürze bei Norma von Ostmann und die »Scholetta

Schoko Miniküsse« bei Aldi vom Süßwarenkonzern August Storck. Heute machen Handelsmarken etwa 40 Prozent des Umsatzes im deutschen Lebensmitteleinzelhandel aus. Die Verbreitung von Handelsmarken ist für die Produzenten ein zweischneidiges Schwert. Einerseits können sie ihre Linien voll auslasten und sichern sich damit ein zweites Standbein.[76] Andererseits rauben die oft nur kopierten Billig-Pendants den Herstellermarken deutliche Marktanteile. Denn die Handelsketten haben entdeckt, dass ihr Vorstoß ins Premiumsegment Käufers Liebäugeln mit Gourmetprodukten entgegenkommt: In Zeiten der Krise mag so mancher Verbraucher vor größeren Anschaffungen zurückschrecken, sich alltägliche kulinarische Höhepunkte zum erträglichen Preis aber gönnen, glaubt das rheingold Institut für Marktanalysen.[77] Gewinner und Verlierer sind schon heute auszumachen. Während sich wohl niemand vorstellen kann, dass Produkte von Coca Cola oder PepsiCo, Unilever, Mars oder Nestlé aus den Regalen verschwinden werden, wird es jene treffen, die zwar qualitativ mithalten können, aber aus kleineren Firmen stammen – der Trend der Oligopolbildung, der Machtkonzentration, wird sich noch verstärken: Kleinen und mittelständischen Unternehmen droht eine düstere Zukunft, und die Kluft zwischen oben und unten wird sich verbreitern.

Die Dominanz einer Handvoll oligopolistischer Unternehmen macht es Lieferanten unmöglich, Verträge auf Augenhöhe abzuschließen, kritisiert auch der Europäische Wirtschafts- und Sozialausschuss (EWSA). Besondere Sorge bereitet dem Ausschuss die Übermacht der großen Einzelhandelsunternehmen in den postkommunistischen Ländern Mittel- und Osteuropas, wo fast ausschließlich ausländische Einzelhandelsunternehmen den Markt beherrschen, die überdies vor allem Beziehungen zu eigenen Lieferanten aus ihren Heimatländern unterhalten. Besorgniserregend ist dieser Umstand vor allem deshalb, weil der gesamte Agrar- und Lebensmittelsektor der betreffenden Länder bereits im Untergang begriffen ist. Laut EWSA haben die Regierungen dieser Staaten den Exodus bereits zur »nationalen Frage« erhoben.[78] Er verlangt daher von der Europäischen Kommission, Gesetze zu erlassen, die europaweit einen unverfälschten Wettbewerb fördern.

2012 forderte das EU-Parlament den Lebensmittelhandel in einer Resolution zu mehr Fairness auf und dazu, seine Nachfragemacht durch eine freiwillige Vereinbarung zu begrenzen. Nicht nur müssten umstrittene Praktiken definiert und kontrolliert, sondern sie sollten auch geahndet werden. Andernfalls drohte die Mehrheit der Abgeordneten mit gesetzlich festgelegten Preisgrenzen, stellte Vorschriften zur Sortimentsgestaltung und sogar eine Festlegung der Gewinnhöchstmargen in Aussicht.[79] Bislang hatten immer Lösungsansätze Priorität, die auf einen Konsens aller Beteiligten zielten: Man setzte auf Freiwilligkeit und Einsicht. Doch es ist geradezu absurd anzunehmen, dass die Branche zur Selbstregulierung fähig ist. Denn schon der Blick auf die bisherige Entwicklung belegt den Irrweg der Konsenshypothese. Für die im Agrar- und Lebensmittelsektor tätigen kleinen und mittleren Unternehmen (KMU) verschlechtert sich seit Jahren das wirtschaftliche Klima. Auch verschärfen sich die Arbeitsbedingungen und das Arbeitsklima für die Beschäftigten. Immer mehr Arbeitsplätze fallen weg: Zum Beispiel gingen in den Jahren 1992 bis 1997 in der deutschen Ernährungsindustrie 50 000 Jobs verloren[80], allein 2004 waren es 18 000. Und während sich die Gewinne in den Händen einiger weniger maximieren, werden die gesellschaftlichen Schäden dezentralisiert. Die Selbstregulierung im Lebensmittelhandel funktioniert schon längst nicht mehr – Verhaltenskodizes sind selten das Papier wert, auf dem sie stehen. Der Glaube an ein ernst gemeintes Einlenken vonseiten des Handels setzt daher eine gute Portion Naivität voraus. Denn private Selbstregulierungsgremien verfolgen nicht in erster Linie Gemeinwohlinteressen, sondern Eigeninteressen.[81]

Die Landwirtschaft in den Fängen des Agrobusiness

Raiffeisen: vom Bauernfreund zum Bauernfeind?

Hunger war der Auslöser, eine soziale Idee bildete die Basis: Schon während der Hungersnot 1846 hatte der Weyersbuscher Bürgermeister Friedrich Wilhelm Raiffeisen (1818–1888) Brot für die Armen backen lassen und ein Jahr später einen Brotverein ins Leben gerufen. Raiffeisen hatte stets ein offenes Ohr für das Leid der Landbevölkerung, das sich durch Missernten noch vergrößerte. Um den Bauern aus der Abhängigkeit von Wucherern zu helfen, gründete er den Flammersfelder Hülfsverein, in dem die Landwirte Geld ansparen, günstig Vieh kaufen und landwirtschaftliches Gerät leihen konnten. Raiffeisen widmete sich sein ganzes Leben dem Aufbau seiner Genossenschaft. Was ihn trieb, waren Hilfsbereitschaft und Philanthropie. Er schrieb: »Wir betonen ... ausdrücklich die christliche Nächstenliebe, welche in der Gottesliebe und in der Christenpflicht wurzelt, daraus ihre Nahrung zieht und, je mehr geübt, umso kräftiger, umso nachhaltiger wird.«[82] Nach dem Leitspruch »Einer für alle, alle für einen« gewährte die aus mindestens sieben unbemittelten Bauern bestehende dörfliche Genossenschaft sogenannte Grüne Kredite: Der Bauer konnte Saatgut und Dünger mit der späteren Ernte bezahlen. Das Geld für Darlehen lieferten die Spareinlagen wohlhabender Bürger und niedrig verzinsliche Anleihen zur Kapitalbeschaffung.[83] Seit 1935 ist das pferdeköpfige Giebelkreuz als Markenzeichen der Genossenschaft gebräuchlich.

Eine einzigartige wirtschaftliche Erfolgsgeschichte hatte ihren Anfang genommen. Während die Zahl der Bauernhöfe stetig schwand, stieg jene der Mitglieder dagegen an. Aus kleinen Selbsthilfegruppen verarmter Bauern wurde im Laufe von nur hundert Jahren eines der einflussreichsten und wirtschaftlich stärksten Firmengeflechte Europas. Weltweit tragen rund 330 000 Firmen den Zusatz »Raiffeisen« in ihrem Namen. Grund für den triumphalen Einzug in alle Bereiche des täglichen Lebens waren die permanenten Expansionsbestrebungen der Genossenschaften; zentralisierte Machtgefüge und Monopolisierung ließen ein Imperium heranwachsen, dessen Triebfeder das Streben nach Maximalprofit ist. Nicht zuletzt deshalb treten zunehmend Kritiker auf den Plan: Sie bemängeln nicht nur die Abhängigkeit der Bauern vom »Giebelkreuz-Konzern« mangels Alternative, sondern auch dessen zunehmenden Einfluss auf die Politik.

Zu welchen Auswüchsen das führen kann, zeigt ein Blick über die Ländergrenze Deutschlands hinweg nach Österreich. Dort ist der Raiffeisenkonzern zu einem Dominator herangewachsen, der inzwischen demokratiegefährdende Strukturen aufweist. Nicht nur Bürger und renitente Bauern, auch Politiker warnen eindringlich vor der Gier des »Giebelkreuz-Kraken«[84]. Derzeit hält Raiffeisen Österreich rund 740 maßgebliche Unternehmensbeteiligungen. Lutz Holzinger und Clemens Staudinger haben in ihrem *Schwarzbuch Raiffeisen* die vielfältigen Verflechtungen von Raiffeisen Österreich dargestellt:

- Lagerhausgenossenschaften kontrollieren zwei Drittel der Ernte der wichtigsten Feldfrüchte.
- Über Tochterunternehmen beherrscht der Konzern zu 100 Prozent die Zuckerwirtschaft vom Saatgut bis zur Verarbeitung und kann damit den Preis bestimmen.
- Die Raiffeisenmolkereigruppe hat 95 Prozent Marktanteil bei Frischmilch, 95 Prozent bei Butter, 85 Prozent bei Schnittkäse.
- Im Mühlen- (und damit Mehl-)sektor steht der Konzern an vierter Stelle in Europa.
- Raiffeisen hält große Anteile an Lebensmittelunternehmen, z. B. Efko (Gemüse), Landhof/Loidl (Wurstwaren), Cerny (Fisch und Salinen) Austria (Salz).

Der Konzern hat ein flächendeckendes Netzwerk aus Banken aufgebaut. Fast jeder zweite Österreicher ist Kunde bei einer der rund 550 Raiffeisenbanken. Zusätzlich erleichtern Raiffeisen-Landesbanken in den Landeshauptstädten und die Raiffeisen Zentralbank RZB, die unlängst mit der Raiffeisen Bank International RBI fusioniert ist, verschiedene Transaktionen.

Zur Sicherung seines Einflussbereichs hält Raiffeisen zahlreiche Anteile an Medien. Im Print-Bereich ist der Konzern u. a. beteiligt an der Tageszeitung *Kurier* und an der Verlagsgruppe News (z. B. mit den Zeitschriften *News, Profil, Trend, Format, TV-Media*). Die Finanzierung der Tageszeitung *Österreich* wird hauptsächlich von der Raiffeisen-Landesbank Niederösterreich getragen. Mit 40 Prozent ist Raiffeisen am ORS (Österreichische Rundfunksender GmbH & Co KG) beteiligt, einem ORF-Tochterunternehmen, und hält darüber hinaus Anteile bei Sat.1, der Nachrichtenagentur APA, bei »Krone Hit Radio« und anderen.

Raiffeisen hat 50 Prozent der Anteile an EPA-Media inne, die 45 000 Plakatwände besitzt und damit größter Plakatvertreiber Österreichs ist. Auch auf dem Immobilienmarkt ist Raiffeisen aktiv. Der Konzern vermittelt Immobilien (Raiffeisen-Immobilien-Vermittlungs Ges.m.b.H) und baut Häuser (Raiffeisen evolution, Eigenwerbung: »Wir sind die wertvollste Wohnbaumarke Östereichs«). Ein anderes Geschäftsfeld des umtriebigen Konzerns ist das Glücksspiel. Über eine Beteiligungsgesellschaft hält Raiffeisen ein Drittel der Aktien der Casinos Austria AG. Auch Versicherungen werden von Raiffeisen vertrieben. Die Raiffeisen Versicherung AG ist ein Bankenversicherer und hundertprozentige Tochter der UNIQA Versicherungen. Von UNIQA wiederum ist die Raiffeisenbankengruppe einer der Hauptaktionäre. Zum Privatkundengeschäft zählen unter anderem Kfz- und Sachversicherungen sowie Lebens- und Unfallversicherungen.[85]

An Raiffeisen führt in Österreich kein Weg vorbei – der Konzern ist inzwischen die größte Unternehmensgruppe im Land. Keine Regierung kommt ohne die Nähe zu Raiffeisen aus.[86] 2013 sollte Michaela Steinacker Wirtschaftsministerin werden. Sie agierte bis dahin als Geschäftsleiterin der Raiffeisen Holding Niederösterreich-Wien; bei der Holding laufen sämtliche Bank-, Industrie- und Medienbeteiligungen zusammen. Heute ist sie als Generalbevollmächtigte und Beiratsvorsitzende für Immobilien der Raiffeisen evolution project development GmbH tätig und sitzt im Österreichischen Nationalrat als Abgeordnete.

Schon die ehemaligen Finanzminister Josef Riegler und Josef Pröll entstammten dem Raiffeisen-Umfeld. Zu den erfolgreichsten und politisch einflussreichsten Raiffeisen-Gefolgsleuten zählt auch Michael Höllerer, der das Bankenwesen bei Raiffeisen erlernte und später politisch aktiv wurde. Im Bundesministerium für Finanzen (BMF) war er maßgeblich an der Ausarbeitung eines Gesetzes zur Neuordnung der Bankenaufsicht beteiligt. 2002 wechselte er in die neu geschaffene Finanzmarktaufsichtsbehörde (FMA): »Der Raiffeisen-Banker schreibt die Gesetze für die Kontrolle und wird dann selbst Kontrolleur«, kommentierten die Wirtschaftsnachrichten.[87] 2006 kehrte er für zwei Jahre in den Schoß des Konzerns zurück und wurde Vorstandssekretär bei der Raiffeisen Zentralbank (RZB). Im Zuge der Bankenkrise bat ihn schließlich Finanzminister Josef Pröll, Neffe des Ministerpräsidenten Niederösterreichs, Erwin Pröll, ins Kabinett. Das Ziel: Schadensbegrenzung für die Banken. Das Konzept zur Teilverstaatlichung der maroden Österreichischen Volksbanken (ÖVAG), an denen im Übrigen auch Raiffeisen beteiligt ist, wird Michael Höllerer zugeschrieben. Eine Milliarde Euro kostete allein dieses Unterfangen die österreichischen Steuerzahler. Hinzu kamen weitere Milliardenbeiträge aus Steuergeldern für die Skandal-Bank Hypo Alpe Adria sowie die Raiffeisen Zentralbank. Auch nach Ablösung des Finanzministers Josef Pröll durch seine Nachfolgerin Maria Fekter – die eine ähnliche Politik wie Wolfgang Schäuble (CDU) betreibt – diente Höllerer dem Staat als oberster Bankenexperte: Er war zuständig für den Kapitalmarkt, für Finanzmärkte, Beteiligungen und internationale Finanzinstitutionen.[88]

Das Beispiel zeigt die Dimension des massiven Einflusses. Weniger spektakulär, aber trotzdem nicht weniger einflussreich, sind Raiffeisen-Vertreter auf andere Weise politisch aktiv. Sie agieren als Räte in den Landwirtschaftskammern, stellen sieben Nationalräte, drei Bundesräte und eine EU-Abgeordnete. »Wer zahlt, schafft an«, urteilt Buchautor Clemens Staudinger in einem Interview mit news.at und erinnerte daran, dass Raiffeisen die Kandidatur Erwin Prölls zum Bundespräsidenten finanziell nicht unterstützen wollte – Pröll kandidierte nicht und reagiert »heute noch verschnupft«.[89] Als News am 24. Juni 2013 diesen erstaunlich kritischen Beitrag veröffentlichte, rief das offenbar umgehend die Konzernwächter auf den Plan. Innerhalb weniger Stunden war der Text nicht mehr auffindbar, wurde aber über den Medien-Watch-Blog »Kobuk«, der von Studenten der Lehrveranstaltung »Multimedia-Journalismus« am Publizistikinstitut der Universität Wien ins Leben gerufen wurde, konserviert und weiter verbreitet. Eine Intervention des Konzerns (immerhin ist Raiffeisen zu 25,3 Prozent Eigner am News Verlag) durch die Hintertür ist denkbar, was eine Bemerkung des Raiffeisen-Chefs Erwin Hameseder im Monatsmagazin *Datum* nahelegt: »Ein Eingreifen direkt bei den Redakteuren gibt es bei mir nicht ... Ich spreche mit den Führungspersonen, also Herausgebern und Chefredakteuren. Die gehen dann damit um.«[90]

Raiffeisen steht wie kein anderer Konzern für Agrobusiness – das Gesamtsystem sämtlicher vor- und nachgelagerter Bereiche der landwirtschaftlichen Produktion inklusive Input-Industrie[91], Erzeugung, Nahrungsmittelwirtschaft und Handel. Das Prinzip der Monopolbildung und der Durchsetzungsfähigkeit der Macht gehört zum Geschäftsmodell von Raiffeisen; oberste Priorität hat das Profitprinzip: zu Minimalpreisen einkaufen, zu Maximalpreisen verkaufen. Raiffeisen ist eine politikbestimmende Kraft, die Lobbying überflüssig macht, denn wo

Funktionäre in Führungspositionen sitzen, muss nicht mehr agitiert werden.

In Deutschland offenbart erst ein zweiter Blick die mittlerweile massiven Verflechtungen und den enormen politischen Einfluss von Raiffeisen. Öffentlich tritt Raiffeisen selten in Erscheinung: Der Riese agiert im Stillen. In Deutschland zählt Raiffeisen etwa 1,5 Millionen Mitglieder in rund 2 500 landwirtschaftlichen Waren- und Dienstleistungsgenossenschaften. Raiffeisen-Genossenschaften erzielten 2012 einen Gesamtumsatz von 50 Milliarden Euro.[92] Mehr als 1 100 Genossenschaftsbanken sind zudem für etwa 30 Millionen Kunden tätig und verfügen über eine kumulierte Bilanzsumme von über einer Billion Euro. Seit der Finanzkrise erleben die Volks- und Raiffeisenbanken einen wahren Ansturm; die Zahl der Mitglieder und Kunden wächst unaufhörlich.[93]

Umsatzstärkste Sparte von Raiffeisen sind mit etwa 40 Milliarden Euro die Bezugs- und Absatzgeschäfte mit Getreide, Saatgut, Pflanzenschutz, Düngemitteln, Agrartechnik, Ölsaaten, nachwachsenden Rohstoffen und Kartoffeln. Darüber hinaus betreibt Raiffeisen zahlreiche (gleichnamige) Märkte, Fachhandlungen für Baustoffe und Tankstellen – ein Geschäftsfeld der Diversifikation, das nach eigenem Bekunden zunehmend an Bedeutung gewinnt und bereits heute bei einigen Unternehmen die Hälfte des Umsatzes ausmacht.[94] In Deutschland betätigen sich unter dem Dach des Deutschen Genossenschafts- und Raiffeisenverbandes e.V. (DRGV), der aus einem Zusammenschluss der beiden vormaligen genossenschaftlichen Spitzenverbände Deutscher Raiffeisenverband e.V. und Deutscher Genossenschaftsverband e.V. hervorgegangen ist, fünf Hauptgenossenschaften[95]:

- Die AGRAVIS Raiffeisen AG mit Sitz in Münster und Hannover bietet ihre Leistungen weiträumig in Nordrhein-Westfalen, Niedersachsen, Sachsen-Anhalt, Brandenburg, Schleswig-Holstein und Mecklenburg-Vorpommern an. 2012 setzte sie 7,1 Milliarden Euro um, ihre Schwerpunkte sind Getreide, Futtermittel, Ölsaaten, Pflanzenschutz, Saatgut sowie Agrartechnik, Baustoffhandel und Energie
- Die BayWa Aktiengesellschaft, München, mit einem Umsatz von 10,5 Milliarden Euro (2012), unterhält 3 000 Vertriebsstandorte in 17 Ländern. Schwerpunkte sind Dienstleistungen in den Bereichen

Agrar, Energie und Bau sowie Groß- und Einzelhandel. Im Agrarsektor ist BayWa einer der größten Vollsortimenter Europas. Außerdem ist der Konzern im Immobilienhandel tätig, ist Gesellschafter an Lebensmittelunternehmen und Autohäusern. Ein weiteres Geschäftsfeld sind Finanzbeteiligungen. Hauptvertriebsgebiete im Bereich Energie sind Bayern und Österreich. BayWa betreibt 230 Tankstellen in Deutschland (BayWa und AVIA) und 500 in Österreich (GENOL).

- Die Raiffeisen-Warenzentrale Kurhessen-Thüringen GmbH, Kassel, unterhält mit ihren Geschäftsbereichen Agrar, Landtechnik, Energie und Baustoffe deutschlandweit 180 Niederlassungen und erwirtschaftete 2012 eine Milliarde Euro. Auch die RWZ betätigt sich auf dem Immobilienmarkt und ist an zahlreichen Tochterunternehmen beteiligt.

- Die Raiffeisen-Warenzentrale Rhein-Main e.G., Köln, ist die drittgrößte der im Agrarhandel tätigen genossenschaftlichen Warenzentralen. Sie ist in acht Vertriebsgruppen unterteilt, die sich über Rheinland-Pfalz, das Saarland, Nordrhein-Westfalen, Hessen, Thüringen und Sachsen über 200 Standorte erstrecken. Etwa 70 000 Landwirte, Gärtner und Winzer sind Mitglieder. Sie erwirtschaftete 2012 einen Umsatz von rund zwei Milliarden Euro.

- Die Raiffeisen Zentralgenossenschaft e.G. Karlsruhe mit ihrer Beschränkung auf Baden verfügt über das flächenmäßig kleinste Vertriebsgebiet unter den Hauptgenossenschaften. Mit ihren Raiffeisen-typischen Tätigkeitsfeldern von Saatgut, Dünger, Pflanzenschutzmittel, Futtermittel, Erntevermarktung, Landtechnik, Baustoffen, Energie und Einzelhandel erreichte sie 2012 einen Umsatz von 1,6 Milliarden Euro. In den 1990er Jahren erweiterte sie ihre geschäftlichen Beziehungen durch Kooperationen in Frankreich, der Schweiz und Österreich.[96]

Ein *Schwarzbuch Raiffeisen* für Deutschland lässt zwar noch auf sich warten – indes wird beim Blick auf die vielfältigen Aktivitäten klar, wohin auch hierzulande die Reise geht, denn das Geflecht aus Tochterunternehmen und Beteiligungen ist kaum mehr zu durchdringen. Auch politisch mischt der Gigant längst auf höchster Ebene mit. Er positioniert nicht nur seine Vertreter in den Parlamenten, er äußert sich auch dann laut, wenn es um die Sicherung zukünftiger Pfründe geht. Weil die deutsche Agrar- und Ernährungswirtschaft erheblich vom freien Warenverkehr im EU-Binnenmarkt und von der gemeinsamen Währung profitiert, widmet der Raiffeisenverband der Europawahl im Mai 2014 höchste Aufmerksamkeit. »Entschieden voranzutreiben« seien die Wirtschafts- und Finanzpolitik sowie die Energiepolitik, fordert er ebenso wie ein offensiveres Eintreten für die Exportinteressen im Agrarsektor.

Wenig Interpretationsspielraum bietet der Hinweis des DRV, dass 2013 weltweit auf einer Fläche, die der fünffachen Deutschlands entspricht, 250 gentechnisch veränderte Pflanzen angebaut wurden: »Somit gilt für rund 200 GVO in der EU Nulltoleranz, obwohl sie in Drittländern sicherheitsbewertet sind. Das zeigt das ganze Dilemma auf, dem die Handelsunternehmen ausgesetzt sind.«[97]

Auch der neue Zuschnitt verschiedener Bundesministerien entsprach bislang nicht den Erwartungen des Deutschen Raiffeisenverbandes (DRV), heißt es in einer Stellungnahme vom Dezember 2013.[98] Besonders ärgert den Verband die Ansiedlung des Verbraucherschutzes beim Bundesministerium für Justiz und nicht, wie bisher, beim Bundesministerium für Ernährung und Landwirtschaft. Stattdessen lobte der Verband die Nominierung Hans-Peter Friedrichs (CSU) zum Bundeslandwirtschaftsminister und »setzt auf weiterhin konstruktive Zusammenarbeit«. Die Vermutung liegt nahe, dass das alte Netzwerk durch die neue Konstellation an einigen Stellen gerissen war.

Politiker im Dienste der Agrarlobby

Eine Studie, die der Agrarökonom Veikko Heintz im Auftrag von Bündnis 90/Die Grünen erstellt hat, geht von einer engen Vernetzung des Bauernverbandes (DBV), seiner Unterorganisationen, des Raiffeisen Verbandes (DRV) und der CDU/CSU aus: Von 20 in den Parlamenten vertretenen DBV-Funktionären sind 16 Mitglieder der CDU/CSU, zwei sind Mitglieder der FDP, jeweils ein Funktionär ist Mitglied der SPD und der Freien Wähler.

Der Deutsche Raiffeisenverband, Dachverband und Interessenvertreter der genossenschaftlich organisierten Unternehmen der deutschen

Agrar- und Ernährungswirtschaft, sitzt mit acht Funktionären, die sämtlich der CDU/CSU angehören, in den Parlamenten.[99] Ausgeweitet wird der Geltungsbereich der Agrarmächtigen von Union, Raiffeisenverband und Bauernverband noch dadurch, dass viele Parlamentsvertreter Mehrfachfunktionäre sind. Drei Abgeordnete des Agrarausschusses des Bundestages[100] haben mindestens fünf Funktionen beim Bauernverband und/oder beim Raiffeisenverband inne. Macht und Einfluss sind bei solcherlei Konstellationen programmiert, und auch fürs private Auskommen ist gesorgt: Zu den zehn Spitzenverdienern aus Nebentätigkeiten gehören drei Agrarpolitiker und -Funktionäre. Neben ihren Abgeordnetendiäten haben die CDU/CSU-Agrarier Franz-Josef Holzenkamp aus Niedersachsen, Norbert Schindler aus Rheinland-Pfalz und Johannes Röring aus Nordrhein-Westfalen allein in der zweiten Amtszeit Angela Merkels mindestens 200 000 Euro aus anderen Tätigkeiten bezogen.[101] Holzenkamp ist nicht nur als Parlamentarier Mitglied des Agrarausschusses und stellvertretendes Mitglied des Haushaltsausschusses, sondern seit 2012 auch noch in Nebentätigkeit Aufsichtsratsvorsitzender von Agravis, das mit einem Jahresumsatz von 7,1 Milliarden Euro (Stand 2012) zu den größten Agrarhandelsunternehmen in Norddeutschland zählt, sowie zusätzlich Vorstandsbeirat des Versicherungskonzerns LVM, eines der fünf größten Kfz-Versicherer und eines der 20 wichtigsten Erstversicherer in Deutschland. Zusätzlich engagierte sich Holzenkamp in folgenden Unternehmen bzw. ist bis heute aktiv:

• Marketinggesellschaft der niedersächsischen Land- und Ernährungswirtschaft e.V.,
• Arbeitgeberverband Agrar Nordwest e.V. (bis 2011),
• Qualitätspartnerschaft Nord-West-GmbH (bis 2011),
• LVM Landwirtschaftlicher Versicherungsverein und
• Substratwerk Garther Heide.[102]

Bis 2013 wurde Holzenkamp auch noch als Vizepräsident des niedersächsischen Landvolkes entlohnt. Gleichzeitig ist der Lobbyist selbstständiger Landwirt und beteiligt an der Christoph Holzenkamp GbR, der Wiltrud Holzenkamp GbR und der WKA Holzenkamp GmbH & Co. KG,

Garthe.[103] Ganz ähnlich verquickt sind Haupt- und Nebenberuf von Norbert Schindler. Als Parlamentarier arbeitet er im Finanzausschuss und als stellvertretendes Mitglied im Agrarausschuss. Gleichzeitig fungiert er als Vizepräsident des Deutschen Bauernverbandes, der noch immer über 80 Prozent der rund 370 000 landwirtschaftlichen Betriebe vertritt, ist Präsident des Bauern- und Winzerverbandes Rheinland-Pfalz Süd sowie Präsident der Landwirtschaftskammer Rheinland-Pfalz.[104]

Johannes Röring rundet die Troika der mächtigsten Agrarlobbyisten im Bundestag ab. Wirtschaftlich sehr engagiert im Bereich Agroenergie[105], ist er unter anderem Mitglied im Beirat für Wirtschaftsförderung des Kreises Borken und Vorsitzender des Fachbeirates QS. QS, ein Siegel der konventionellen Lebensmittelwirtschaft, das von den größten Verbänden und Unternehmen der Branche getragen wird[106], gaukelt den Verbrauchern eine besondere Qualität vor, obwohl die Standards sich kaum von den ohnehin eher bescheidenen der gesetzlichen Vorschriften abheben. Darüber hinaus hat Röring seit 2012 das Präsidentenamt des Westfälisch-Lippischen Landwirtschaftsverbandes (WLV) inne. Im WLV sind nicht nur praktisch alle Land- und Forstwirte der Region organisiert, der Verband versteht sich auch »als die berufsständige Vertretung der mit der Land- und Forstwirtschaft verbundenen Wirtschaftsunternehmen und sonstigen Organisationen«[107]. Mit der RWE-Tochter Innogy hatte der WLV 2009 eine XXL-Biogasanlage im Kreis Borken geplant, die mit Gülle betrieben werden sollte. Europas größte Anlage sollte mit bis zu 700 000 Kubikmetern Gülle gefüttert werden. Setzt man eine Güllemenge pro Kuh und Jahr von 20 Kubikmetern voraus, müssten 35 000 konventionell gehaltene Rinder jährlich für Gülle-Nachschub sorgen – und geschätzte 250 bis 350 Betriebe müssten liefern. Doch es regte sich Unbehagen im Borkener Umland, selbst bei den Bauern. Die Kritiker gehen davon aus, dass die Anlage die großen Mastbetriebe fördert und das Gülleproblem verschärft, statt es aus der Welt zu schaffen.[108] Das »angestoßene Projekt« komme voran, meldete der WLV-Kreisverband Borken im Winter 2013/2014 zwar: »Die mittlerweile projektverantwortlichen Landwirte verfolgen als NDM GmbH & Co KG mit zunehmender Dynamik die Projektrealisierung«, heißt es in einer Mitteilung.[109] Doch der an sozialistische Agitation erinnernde Wortlaut kann nicht darüber hinwegtäuschen, dass für die Mega-Biogasanlage aufgrund erheblicher

Widerstände in Bevölkerung und Bauernschaft nach vier Jahren noch immer kein Spatenstich getan ist.

Und so bleibt ein übler Beigeschmack, wenn gewählte Volksvertreter gleichzeitig lukrativen »Nebenjobs« nachgehen – für Unternehmen und Verbände, die im Eigeninteresse wirtschaften und eben nicht im Interesse der Allgemeinheit. Abgeordnete, die in wichtigen Ausschüssen arbeiten wie im Agrarausschuss, der beratend und sogar federführend an allen Gesetzentwürfen, Anträgen, Berichten sowie EU-Vorlagen zu sämtlichen Themen aus den Bereichen Landwirtschaft und Ernährung tätig ist, und gleichzeitig Geschäftsführer und Verbandsfunktionäre sind, platzieren an relevanten Stellen der Ministerialbürokratie und der Politik gut aufbereitete Informationen: Grundsatzpapiere, statistisches Zahlenmaterial aus Unternehmen und Expertisen zu möglichen Auswirkungen auf gesetzliche Regulierungen. Sie liefern damit Argumentationshilfen, um Interessen jenseits von Volkes Wille und demokratischer Legitimation durchzusetzen. Die Politik hat sich zunehmend abhängig gemacht vom Informationsfluss derart starker Interessengruppen; das kann sogar so weit gehen, dass komplette Referentenentwürfe für bestimmte Gesetzgebungen an die relevanten Abteilungen geleitet werden. Lobbyismus ist die fünfte Gewalt im Staat.[110] Die Grenze zwischen Haupt- und Nebentätigkeit bei Holzenkamp, Schindler und Röring verschwimmen, urteilte der agrarpolitische Sprecher von Bündnis90/Die Grünen Friedrich Ostendorff 2012 und fordert das Lichten des Dickichts.[111] Ob sich allerdings der intransparente Filz zwischen CDU/CSU, Bauernverband und Agrarwirtschaft entwirren lässt, bleibt äußerst fraglich. Nichts deutet darauf hin, dass die Regierung willens wäre, verbindliche Transparenzregeln für Abgeordnete aufzustellen oder gar ein Lobbyregister einzuführen – wohl, weil man dann gegen sich selbst aktiv werden müsste.

Die derzeitige Landwirtschaftspolitik des Bundes ist dem Wachstumswahn geschuldet und sieht sich offenbar in der Pflicht, im Sinne der Agrar- und Lebensmittellobby zu handeln. Forderungen wie die nach »zuverlässigen gesetzlichen Rahmenbedingungen«, um die internationale Wettbewerbsfähigkeit des deutschen Agrobusiness zu sichern, wie sie von Raiffeisen-Präsident Manfred Nüssel im Februar 2014 vor deutschen Parlamentariern ausgesprochen wurde, verhallen daher nicht ungehört. Der Deutsche Raiffeisen Verband (DRV) als einer der Vertreter des Grain Club, einer Allianz aus Verbänden der Lebensmittel- und Futtermittelwirtschaft, kämpft seit Langem für liberalisierte EU-Märkte. Beim Gespräch mit den Abgeordneten machte der Club sein Begehren deutlich: »Lebens- und futtermittelrechtliche Regelungen in Deutschland sind auf höchstem Niveau und müssen strikt an den Vorgaben der Europäischen Union ausgerichtet werden«, heißt es in einer Pressemitteilung, »Einseitige nationale Verschärfungen leisten ... keinen Mehrwert zum Verbraucherschutz, sondern schwächen die Wettbewerbsfähigkeit der deutschen Unternehmen.«[112] Die Marschrichtung ist klar, hatte doch schon das einst so strenge deutsche Lebensmittelrecht dank EU-Harmonisierung heftig Federn lassen müssen[113] – der Verbraucherschutz war gegenüber wirtschaftlichen Interessen stets nachrangig. Jüngstes Beispiel ist der Honig, bei dem zukünftig niemand mehr unterscheiden kann, ob er Pollen gentechnisch veränderter Pflanzen enthält oder nicht. Obwohl sich 80 Prozent der Deutschen gegen GVO-Lebensmittel aussprechen und der Europäische Gerichtshof bereits 2011 entschieden hatte, dass Honig mit GVO-Pollen gekennzeichnet werden muss, war der Ausschuss für Umweltfragen, Volksgesundheit und Lebensmittelsicherheit der EU unter dem Druck der Industrielobby und konservativer Politiker im März 2014 eingeknickt und hatte von einer Kennzeichnungspflicht abgesehen.

Typisch für gesetzliche Regelungen der EU ist, dass das Europaparlament eine Art Rahmen setzt, dessen Ausgestaltung den einzelnen Ländern obliegt. Je näher die Gesetze der einzelnen Staaten diesem Rahmen kommen, desto mehr profitiert in der Regel die Wirtschaft. Eine mehr auf das Verbraucherwohl ausgerichtete Kennzeichnung und Überwachung von Lebens- und Futtermitteln ist daher nicht nur dem Grain Club ein Dorn im Auge – obwohl die unvermindert anhaltenden Skandale um Gammel- und Pferdefleisch, Dioxin, EHEC, Hormone, Antibiotika oder Glykol in Nahrungs- und Genussmitteln für eine dringend notwendige Verbesserung der bisherigen Maßnahmen sprechen. Nur natürlich erscheint daher, dass sich die Agro- und Lebensmittelindustrie gemeinsam mit dem Handel vehement gegen jede Verschärfung der bisherigen Regelungen wehren – besonders dann, wenn sie sich an den Kosten beteiligen sollen. So war die Initiative der EU, im Zuge der geplanten Neuregelung zu Kontrollen von Lebens- und Futtermitteln eine Gebührenpflicht für amtliche Lebensmittelkontrollen einzuführen, auf heftigen Widerstand nicht nur beim Raiffeisen Verband, beim Handelsverband Deutschland (HDE) und beim Bundesverband des Deutschen Lebensmittelhandels (BVLH) gestoßen. Hoheitliche Aufgaben müssten aus Steuermitteln finanziert werden; die amtliche Lebensmittelüberwachung sei Teil der öffentlichen Daseinsvorsorge und dürfe nicht auf die Unternehmen abgewälzt werden, hieß es.[114] Was diese Argumentation ausblendet: Kein anderer Bereich des Verbraucherschutzes wird derart vernachlässigt wie der Lebensmittelbereich. Bei der Überwachung herrschen desaströse Zustände, sodass die Einhaltung bestehender Gesetze und Verordnungen von den Überwachungsbehörden nicht effektiv kontrolliert wird. Nur sehr selten werden bei Verstößen Sanktionen verhängt (siehe Kapitel 5). Das Verursacherprinzip gilt bei Lebensmitteln nicht; die gesundheitlichen und gesellschaftlichen Folgen sowie die Kosten dafür zahlt die Allgemeinheit.

An die Kandare genommen: der Bauernverband als Agitator

Von der Hungerküche zur Fresswelle – dieses Bild kennzeichnete die ersten Jahrzehnte nach Ende des Zweiten Weltkrieges. Gut und reichlich sollte das Essen sein, die Milliarden aus Übersee kurbelten das Wirtschaftswachstum an, der Verbrauch an Lebensmitteln stieg ebenso wie die Begierde, bekannte Nahrungsmittel durch fremde zu ersetzen und alles Neue in den Speiseplan zu integrieren: Palmfett statt Schweineschmalz, Margarine statt Butter, Ketchup, Konserven und Südfrüchte auf den Tellern. Der Gedanke des »American way of life« hielt Einzug in das Alltagsleben der Deutschen: Wer genug Biss hatte und harte Arbeit nicht scheute, konnte alles schaffen. Ein neues, auf Konsum ausgerichtetes Lebensgefühl erfasste die Bevölkerung. Man war stolz auf das Erreichte; Kaufen und Verbrauchen galten zunehmend als Garanten für Glück und Zufriedenheit.

Gleichzeitig nahm in den 1960er-Jahren der Strukturwandel in der Landwirtschaft seinen Lauf. Er führte zu einer zunehmenden Entfremdung von den Grundlagen unserer Nahrung – nicht zuletzt bei den Bauern, die, ursprünglich für die Versorgung der Bevölkerung mit Lebensmitteln zuständig, im Laufe der Zeit zu Rohstofflieferanten für die Industrie wurden. Ertragsmaximierung hatte Priorität; industrielle Düngemittel, synthetische Pflanzenschutzmittel und neue Sorten dienten der schnellen Steigerung der Hektarerträge. Der Zukauf dieser Produktionsmittel machte die Bauern abhängig von Agrokonzernen und deren Beratern und forcierte die Rationalisierung. Arbeitskräfte, die fehlten oder eingespart werden sollten, wurden durch Maschinen und Geräte ersetzt. Das wiederum führte zu einer Spezialisierung auf wenige Kulturen und zu einer Vergrößerung der Flächen – mit den bekannten negativen Folgen enger Fruchtfolgen und ausgeräumter Landschaften. In ähnlicher Weise vollzog sich die Industrialisierung in der Tierproduktion weg von der tiergerechten, aber arbeitsintensiven Haltung hin zur Mechanisierung ganzer Produktionsabläufe. Der Erwerb importierter Futtermittel ersetzte immer mehr die hofeigene Futtergrundlage. Mit der Errichtung riesiger, von landwirtschaftlichen Nutzflächen unabhängiger Stallanlagen fand eine vollständige Entkoppelung der Tier- von der Pflanzenproduktion statt. Nicht nur die Abhängigkeit der Landwirte von den vorgelagerten Industriezweigen stieg, sondern auch jene von den Abnehmern ihrer Produkte: vom Handel und von den Unternehmen, die ihre Erzeugnisse weiterverarbeiteten. Als die Sättigungsgrenze bei den Verbrauchern erreicht war, es schließlich zu Überproduktion und Agrarüberschüssen kam, verschärfte sich deren Machtstellung gegenüber den Bauern noch. Der Staat trug ein Übriges zu dieser Entwicklung bei. Er förderte massiv vor allem genossenschaftliche Firmen im Landhandel, in der Schlachterei-, Molkerei- und Futtermittelwirtschaft, sodass diese zu Großunternehmen heranwuchsen, schreibt Eckehard Niemann in *Die stille Macht – Lobbyismus in Deutschland*. Das »Marktstrukturgesetz«[115] bewirkte eine immer engere Bindung und damit Abhängigkeit der Bauern von diesen Großgenossenschaften, »die immer weniger basisdemokratisch zu kontrollieren waren und bald ein unternehmerisches Eigeninteresse entfalteten«.[116]

Mit der Errichtung der Europäischen Wirtschaftsgemeinschaft (EWG) Ende der 1950er-Jahre begann eine neue Epoche der deutschen Agrarpolitik: Sie wurde zunehmend von der Agrarpolitik der Europäischen Gemeinschaft bestimmt. Die Rationalisierung der Landwirtschaft stand im Vordergrund, auch wandelte sich das Prinzip der Förderung. Sortiert nach den Kriterien »entwicklungsfähig« beziehungsweise »nicht entwicklungsfähig« kamen vor allem erstere Betriebe in den Genuss von Subventionen. Der ab 1969 amtierende Präsident des Deutschen Bauernverbandes (DBV), Constantin Freiherr Heereman von Zuydtwyck (CDU), stand wie kein anderer für einen Wandel in der Politik des Verbandes: Statt sich wie bisher dafür einzusetzen, dass die Bauern hohe Preise für ihre Erzeugnisse erzielen, sollte der DBV von nun an möglichst gute Rahmenbedingungen für den Strukturwandel aushandeln. Somit ließ der DBV die Vertretung aller Bauern fallen und setzte sich stattdessen für eine Minderheit von Wachstumsbetrieben ein. Gleichzeitig suchte Heereman »mit Hinweis auf das gemeinsame ›Bekenntnis zum Eigentum‹«[117] den Schulterschluss ausgerechnet mit solchen Verbänden, deren Interessen jenen der Bauern de facto gegenüberstehen: des Bundesverbandes der Deutschen Industrie (BDI) und der Genossenschaften. Dort bekleidete Heereman zahlreiche Posten wie beispielsweise im Aufsichtsrat des Düngemittel- und Pestizidkonzerns Bayer.

Um große und kostengünstige Absatzräume zu schaffen, baute die Europäische Union Zölle für Agrargüter ab, sodass diese frei gehandelt werden konnten. Die »Marktordnungen« der EU sorgten für den Schutz europäischer Agrarprodukte vor den niedrigen Dumping-Weltmarktpreisen auch zu Zeiten der Überschussproduktion, indem Zölle auf Importe erhoben wurden. Außerdem garantierte die EU der Ernährungsbranche Mindestpreise für bestimmte Agrarprodukte durch Interventionskäufe von Überschüssen und deren massiv subventionierten Export oder die Vernichtung und Lagerung des Überhangs. Nur galten diese EU-Zahlungen eben nicht für die Erzeugnisse der Bauern, sondern für die wichtigsten Produkte der Großgenossenschaften und der Ernährungsindustrie. Nicht die Bauern erhielten die Zahlungen für die Milch ihrer Kühe, sondern die Unternehmen der Milchindustrie und die Molkereien für ihren Käse, ihr Milchpulver und ihre Butter; nicht die Erzeuger des Getreides bekamen finanzielle Zuwendungen, sondern der Landhandel, und nicht die Mäster konnten sich über die Gelder für ihre Bullen freuen, sondern die Großschlachtereien für ihre Rinderhälften[118]: Die EU-Milliarden kamen dem Agrobusiness zugute, nicht den Bauern. Sie profitierten nicht, finanzierten aber durch die niedrigen

Erzeugerpreise, die sie erhielten, Wachstum, Verdrängungskämpfe und Fusionen der nachgelagerten Bereiche, moniert Eckehard Niemann. Gleichzeitig mussten sie immer mehr für ihre Genossenschaftsanteile einzahlen und sich immer stärker an die Genossenschaften binden, um ihre Erzeugnisse absetzen zu können.

Noch heute tritt der Bauernverband mit den gängigen Totschlagargumenten vor die Öffentlichkeit, um die Unterordnung bäuerlicher Interessen unter diejenigen der Agro- und Lebensmittelindustrie zu rechtfertigen. Da wird elaboriert, dass die globale Wettbewerbsfähigkeit und die Versorgungssicherheit der Bevölkerung mit qualitativ hochwertigen Nahrungsmitteln gewährleistet werden müssten, dass der Export deutscher Agrargüter den Landwirten eine wirtschaftlich rosige Zukunft verheiße und dass, vor allem, nur eine gemeinsame Front aus Agrosektor und Ernährungsindustrie der Allmacht des Handels Einhalt gebieten könne. Was bei aller Wortgewalt häufig untergeht, ist die Tatsache, dass der Bauernverband nie ernsthaft und mit Verve um höhere Erzeugerpreise gekämpft hat und das bis heute nicht tut. Im Gegenteil. 1998 hatten sich die Präsidenten des Raiffeisen- und Bauernverbandes für eine »zeitgemäße Interpretation des genossenschaftlichen Förderauftrags« ausgesprochen: Die von den Genossenschaften ausgezahlten Erzeugerpreise dürften nicht mehr das vorrangige Kriterium sein, sondern gleichrangig mit Marktinvestitionen und der Kapitalausstattung der Genossenschaftler.[119]

Im Gegensatz zu anderen Ländern gibt es in Deutschland keine Vielfalt in puncto Interessenvertretungen von Bauern: Der Deutsche Bauernverband (DBV) erhebt Vertretungsanspruch für rund 90 Prozent aller Landwirte, er zählt mehr als 430 000 Mitglieder in über 400 Kreisverbänden. Die Loyalität seiner Mitglieder sucht er sich durch sein umfassendes mediales Netzwerk zu sichern. Im Aufsichtsrat des Deutschen Landwirtschaftsverlages (DLV, 65 Millionen Euro Umsatz in 2012) saßen bis vor Kurzem neben dem Verleger Dr. Dirk Ippen der ehemalige Präsident des Deutschen und Bayerischen Bauernverbandes, Gerd Sonnleitner[120], sowie Werner Hilse, Präsident des Landvolkes Niedersachsen, des niedersächsischen Bauernverbandes; inzwischen ist Gerd Sonnleitner ausgeschieden. Der DLV hat zahlreiche Beteiligungen an anderen Verlagen, so dem Landleben Verlag (Hannover, München), dem Deutschen Bauernverlag (Berlin, Bonn), dem OIKOS Verlagshaus (Warschau) und dem DLV Agrodelo (Moskau). Auch der Landwirtschaftsverlag Münster-Hilstrup (88 Millionen Euro Umsatz in 2012) ist fest in Genossenschafts- und DBV-Hand. Gesellschafter ist neben dem Rheinisch-Westfälischen Genossenschaftsverband und dem Westfälisch-Lippischen Landwirtschaftsverband die Stiftung Westfälische Landschaft, Münster, deren Vorsitzender DBV-Vize Franz-Josef Möllers ist.[121] Eine Vielzahl von Zeitungen und Zeitschriften sollen für konformistischen Gleichklang in den Reihen der Landwirte, Förster, Imker, Landtechniker, der Jäger und der gärtnerisch Interessierten sorgen wie zum Beispiel *dlz agrarmagazin, Bayerisches Landwirtschaftliches Wochenblatt, Fleischrinder Journal, die biene, Landtechnik, Pirsch* oder auch *Landlust* und *Im Garten*. Der DLV-Verlag gibt 38 deutschsprachige Titel, fünf polnische und einen russischen Titel heraus; der Landwirtschaftsverlag Münster-Hilstrup publiziert 27 Titel, darüber hinaus sechs Online-Medien und zahlreiche Bücher, CDs und Videos. Was in den DBV-nahen Wochen- und Monatsblättern nicht steht, erfährt der Landwirt in der Regel auch nicht aus der Fachpresse, denn auch die Deutsche Landwirtschaftliche Gemeinschaft (DLG) veröffentlicht ihre Mitteilungen im Programm des Landwirtschaftsverlages Münster-Hiltrup.[122]

Entscheidend für den weitreichenden Einfluss des Bauernverbandes sind sein Meinungsmonopol und sein Alleinvertretungsanspruch. Seit den 1950er-Jahren versuchte der DBV systematisch, konkurrierende bäuerliche Interessenvertretungen auszubremsen: so die »Deutsche Bauernschaft – Gesamtverband landwirtschaftlicher Familienbetriebe« des SPD-Agrarexperten Martin Schmidt-Gellersen in den 1950er-Jahren, die »Notgemeinschaften« in einigen Teilen Niedersachsens und Schleswig-Holsteins in den 1960er-Jahren, ebenso wie einige aufmüpfige Landjugendverbände in den 1970er-Jahren.[123] Obwohl es Alternativen gibt wie zum Beispiel die Arbeitsgemeinschaft bäuerliche Landwirtschaft (AbL), den Deutschen Bauernbund (DBB), den Bundesverband deutscher Landwirte (VDL) oder die Verbände des Ökologischen Landbaus, lehnen sich viele Bauern nach wie vor an die starke Schulter des mächtigen DBV – nicht zuletzt dann, wenn desinformierte Politiker, übereifrige Medienvertreter oder fundamentalistische Natur- und Tierschützer die Bauernschaft unisono an den Pranger stellen oder der Bauernverband die hohe Arbeitsbelastung der Landwirte, die zunehmende Bürokratisierung des landwirtschaftlichen Alltags durch Auflagen und Schreibarbeit zum öffentlichen Thema macht oder die Angst vor »nationalen Alleingängen« in der Umwelt-, Tier-, Landschafts- und Verbraucherschutzpolitik und den damit vermeintlich verbundenen wirtschaftlichen Nachteilen schürt.

Zucht und Ordnung: gestern für den Fortschritt, heute für die Raffgier

Hybridzüchtung – das war der Schlüssel, der das Tor zur industriemäßigen Landwirtschaft aufgestoßen hat. Hybridsorten und -rassen versprechen höhere Erträge als die Elternlinien, egal, ob es sich dabei um Pflanzen oder Tiere handelt. Man findet Hybride bei Mais, Raps, Sonnenblumen, Zuckerrüben oder Roggen ebenso wie bei Hühnern, Puten, Rindern oder Schweinen.

Vereinfacht erklärt werden bei der Hybridzüchtung gesondert gezüchtete Inzuchtlinien miteinander gekreuzt. Deren Nachkommen aus der ersten Generation (F1), die sogenannten Bastarde oder Hybriden, zeichnen sich durch gesteigerte Leistungen und eine Kombination erwünschter Eigenschaften aus. Maishybriden liefern eine verlockend große Ausbeute an Kolben, Hybridhühner setzen massive Brustmuskel an oder legen permanent Eier, und Hybridschweine sind enorm fruchtbar und legen schnell fettarme Masse zu. Diesen Effekt nennt man Heterosis. Weil der Heterosis-Effekt aber verloren geht, sobald man die Hybriden weitervermehrt, müssen immer wieder neue F1-Hybriden produziert werden.

Pflanzen

Seit Ende der 1990er-Jahre versuchen die Pflanzenzüchter, darunter Syngenta, die Europlant Pflanzenzucht GmbH, die BayWa AG Züchtervertrieb und die ZG Raiffeisen eG, Bauern mehr als nur einmal Geld abzuknöpfen: Die Landwirte sollen nicht nur, wie seinerzeit üblich, einmalig zahlen, wenn sie Saatgut erwerben, sondern jedes weitere Anbaujahr. Dass die Saatgutunternehmen das Grundprinzip der Pflanzenproduktion »Säen, Ernten, von der Ernte etwas aufbewahren, um es im nächsten Jahr wieder auszusäen« für sich ausnutzen und Lizenzgebühren für den Nachbau kassieren wollen, ist für die Arbeitsgemeinschaft bäuerliche Landwirtschaft (AbL) nicht akzeptabel. Sie hat deshalb eine Interessengemeinschaft gegen die Nachbaugesetze und Nachbaugebühren gegründet, um die Landwirte gegen die von den Pflanzenzüchtern eigens eingerichtete Gebührenorganisation »Saatgut-Treuhand-Verwaltungs-GmbH (STV)«[124] zu schützen. Die STV übt massiv Druck aus, indem sie beim Bundesgerichtshof in Karlruhe sowie beim Europäischen Gerichtshof in Luxemburg Klagen auf Auskunft anstrengt: Sie will erreichen, dass die Landwirte dazu gezwungen werden, die STV darüber zu informieren, welche Ackerfrüchte sie anbauen. Die bislang sieben Auskunftsklageverfahren beim Bundesgerichtshof und die drei beim Europäischen Gerichtshof hat die Interessengemeinschaft gewonnen – womit die pauschale Auskunftspflicht der Landwirte über national und EU-geschützte Sorten vorerst abgewendet ist.[125]

Das Saatgut ist die wichtigste Grundlage unserer Lebensmittelerzeugung. Noch sind 80 Prozent des weltweiten Marktes nicht kommerzialisiert, und deutsche Landwirte bauen rund die Hälfte aller Getreidearten nach. Aber die Konzerne erhöhen den Druck. Indem sie Patente auf Saatgut erheben, können sie vor Gerichten Schadenersatzforderungen geltend machen oder den Nachbau auf dem Rechtsweg verhindern. Weil aber Rechtsstreitigkeiten langwierig sind und Patente nur eine bestimmte Laufzeit haben, suchen sie nach Alternativen. Eine aus Unternehmersicht elegante Lösung ist die Kreation von genmanipulierten Pflanzen, die nicht fähig sind, sich fortzupflanzen – ohne Nachkommen ist natürlich auch ein Nachbau ausgeschlossen. Tatsächlich gibt es solche Pflanzen schon. Zum Schutz der US-amerikanischen Landwirtschaft und mit dem Ziel, »neue Märkte in Ländern der Zweiten und Dritten Welt zu erobern«[126], entwickelte das Landwirtschaftsministerium der USA (USDA) zusammen mit dem amerikanischen Saatgutkonzern Delta and Pine Land eine Technologie zur Saatgutsterilität. Das Patent für das »Technology Protection System« wurde von der kanadischen Nichtregierungsorganisation Rural Advancement Foundation (RAFI; heute ETC Group) heftig attackiert und als »Terminator-Technologie« bekannt gemacht. Terminator-Saatgut wächst zwar, ist aber nicht in der Lage, keimfähige Samen hervorzubringen. Noch ist es nicht zugelassen, schon weil sich international Widerstand regte. Nicht nur die Ethikkommission der UN-Welternährungsorganisation FAO hat Terminator-Saatgut als inakzeptabel eingestuft. Auch die Vertragsstaaten der UN-Konvention über die biologische Vielfalt haben im Jahr 2000 ein entsprechendes Moratorium beschlossen, und einzelne Staaten wie Brasilien und Indien haben Verbote erlassen.[127] Dass die umstrittene Technologie aufgegeben wird – davon kann indes keine Rede sein. Nur die Argumentation hat sich gewandelt: Die weltweite Kontamination mit gentechnisch verändertem Erbgut durch den Anbau von GVO-Kulturen könne mithilfe des Terminator-Saatguts entgegengewirkt werden. Damit bedient sich die Branche eines entscheidenden Einwandes der Gegner Grüner Gentechnik und nutzt sie zum eigenen Vorteil. Terminator-Saatgut sichert einen enormen ökonomischen Vorteil gegenüber Mitbewerbern. Würde es sich durchsetzen können, nähme die Konzentration einer Herstellerminorität noch mehr zu.

Dass der Einfluss der Landwirte und Verbraucher im gleichen Maß schwindet, wie die Macht einiger weniger, global agierender Konzerne steigt, wird in den Medien selten dauerhaft thematisiert. Nicht vielen Verbrauchern ist klar, welche extremen Auswirkungen solche Konzentrationsbewegungen haben. Hier beherrscht nur eine Handvoll Giganten den gesamten Weltmarkt, und ein Ende dieser fatalen Dynamik ist nicht abzusehen. Die drei umsatzstärksten Unternehmen, Monsanto, DuPont und Syngenta, haben unter sich 53 Prozent des Marktes aufgeteilt.[128] Seit Jahren schon setzen große Firmen alles daran, Pflanzen und Tiere patentieren zu lassen – das »Patent auf Leben« gehört zu den umstrittensten Aktivitäten der Branche. Allein im zweiten Halbjahr 2012 wurden beim Deutschen Patent- und Markenamt (DPMA) und beim Europäischen Patentamt (EPA) 176 für die Landwirtschaft relevante Biopatente beantragt. Im gleichen Zeitraum erteilten die Ämter 82 Patente, darunter spezielle Zuchtmethoden für Tiere und Pflanzen – von der insektenresistenten Paprika bis hin zur besonders widerstandsfähigen Tomate.[129] Einem Arbeitspapier der Welternährungsorganisation FAO zufolge plant die Industrie das große Geschäft mit Patenten auf konventionell gezüchtete Pflanzen, das heißt Pflanzen, die nicht mithilfe der Gentechnik verändert sind, sondern durch die altbekannten Züchtungsverfahren wie zum Beispiel Kreuzung und Auslese. Bis zum Jahr 2020 soll der weltweite Umsatz von derzeit 700 Millionen US-Dollar auf drei Milliarden Dollar gesteigert werden. Dabei stützen sich die betreffenden Unternehmen ausdrücklich auf die Patente, die vom Europäischen Patentamt erteilt werden.[130]

Im Juni 2013 erhielt die Monsanto-Tochter Seminis vom Europäischen Patentamt erneut ein Patent auf eine Pflanze aus traditioneller Zucht: auf den »geköpften Brokkoli« (EP 1597965), der wegen seines längeren Strunks leichter zu ernten ist. Die Firmen beantragen also zunehmend Patente auf Pflanzen der klassischen Züchtung: auf Gurken, Tomaten, Kürbisse und Melonen. Doch auch das reicht den Megakonzernen nicht. Sie wollen die gesamte Wertschöpfungskette der Lebensmittelerzeugung kontrollieren, indem sie nicht nur Patente auf Pflanzen, sondern auch auf Futtermittel, auf Tiere, die diese Futtermittel fressen, und Produkte, die mit deren Hilfe oder aus ihnen erzeugt werden wie Fleisch, Milch und Eier, erheben. 2010 hat Monsanto zum Beispiel Schutzrechte für Kekse und Margarine angemeldet, in denen sein gentechnisch verändertes Soja verarbeitet werden soll.[131] Auch die Patentierung von Tieren schreitet unaufhaltsam voran. Bereits 2001 hatte die kanadische Firma Seabright vom Europäischen Patentamt ein Patent auf Lachse und andere Fische erhalten: Das Patent EP 578653 betrifft Fische, die aus genmanipulierten Eiern gezüchtet werden und durch das fremde Erbmaterial zusätzliche Wachstumshormone bilden – sie können die achtfache Größe ihrer natürlichen Artgenossen erreichen.[132]

Sollte den Konzernen kein Riegel vorgeschoben werden, droht der Welt eine Katastrophe: Die Herstellung von Lebensmitteln liegt dann in den Händen einiger weniger Megakonzerne. Lokale Pflanzenarten und -sorten werden verdrängt, und Landwirte haben keine Möglichkeit, nicht-patentiertes Saatgut zu erwerben – sie werden restlos abhängig von den Multis der Branche. Eine Wahl bleibt dann auch den Konsumenten nicht mehr; sie müssen essen und trinken, was ihnen Monsanto & Co auftischen.

Unter den zehn größten Saatgutkonzernen sind fünf Chemieriesen, denn mit Gentechnik kann Saatgut resistent gemacht werden gegen das Herbizid desselben Konzerns; Herbizidresistenz macht den weit überwiegenden Teil des Gentechnik-Saatgutes aus.[133] Daher scheint die Konsequenz einer Kopplung von Grüner Gentechnik und Pestizidentwicklung nur logisch. Syngenta führt mit Umsätzen von zehn Milliarden US-Dollar und einem Anteil von 23 Prozent den Pestizidmarkt an, und schon an zweiter und dritter Stelle folgen die deutschen Konzerne Bayer und BASF mit 17 beziehungsweise 12 Prozent. Auch sie widmen sich intensiv der Grünen Gentechnik, um Saatgut bereitzustellen, das zu ihren Spritzmitteln passt. Der weltweit meistverkaufte Wirkstoff für Pflanzenschutzmittel Glyphosat stammt aus den Laboren des US-amerikanischen Agrar- und Biotechnologiegiganten Monsanto.[134] Nur sechs Unternehmen kontrollieren 77 Prozent der Patente auf sogenannte klimabereite Pflanzen, die gegenüber Trockenheit, Hitze, Staunässe, Kälte oder Salz toleranter sind als andere: DuPont, BASF, Monsanto, Syngenta, Bayer und Dow Chemical – wenige also, die zu Zeiten von Klimawandel und zunehmenden Witterungs- und Standortextremen einen entscheidenden Einfluss darauf haben werden, was angebaut und die Welt ernähren wird.

Die biologische Vielfalt ist unser kostbarstes Gut, kein Verlust ist verschmerzbar. Anfangs war es noch die Biodiversität der Erde, deren Erlöschen als mächtiger eingeschätzt wird als das Aussterben der Dinosaurier vor 65 Millionen Jahren. Diesem Sterben durch Habitatzerstörung, Verfolgung, Umweltgifte oder eingeschleppte Prädatoren und Pathogene gesellt sich der aus Profitgier schrumpfende Genpool hinzu: Nutzpflanzensorten und Nutztierrassen sterben durch die stetig fortschreitende Marktkonzentration weniger Monopole aus. Drei Viertel aller Kulturpflanzensorten sind bereits verschwunden, ebenso wie mehrere tausend Nutztierrassen. Bei Letzteren beschleunigt sich die Verlustrate auf etwa eine Rasse pro Monat.[135] Beim Saatgut beherrschen nur drei Unternehmen über die Hälfte des kommerziellen Marktes: die amerikanischen Konzerne Monsanto und DuPont sowie Syngenta aus der Schweiz; allein Monsanto hält mit einem Anteil gentechnisch veränderter und konventioneller Pflanzen einen Anteil von 26 Prozent.[136] Nicht besser ist es um die Tierproduktion bestellt. Ein Drittel der Weltproduktion des Schweinefleisches, die Hälfte der Eier, zwei Drittel der Milchproduktion und drei Viertel des Geflügelfleisches stammen von wenigen Rassen beziehungsweise Linien ab.[137]

Schwein

In Sachen Schweinezucht haben die Europäer die Nase vorn. Die Pig Improvement Company (PIC) GmbH, das größte Zuchtunternehmen in

Deutschland und Europa mit Sitz in Schleswig, betreibt zusammen mit dem britischen Rinderzuchtkonzern ABS Global und dem US-amerikanischen Aquakulturunternehmen SyAqua den weltgrößten Tiergenetikkonzern Genus plc. Ihr folgen zwei niederländische Giganten: TOPIGS, das seinen Stammsitz in Vught hat, mit 85 Prozent Marktanteil unangefochtener Spitzenreiter in den Niederlanden, sowie Hypor mit Hauptsitz in Boxmeer, die Tochter von Hendrix Genetics, einem Global Player, der neben der Zucht von Schweinen unter anderem auch diejenige von Legehennen, Puten und Fischen dominiert. Beim Schweinefleisch, das weltweit am meisten verzehrt wird, wird ein Drittel industriell produziert – das »Material« hierfür liefern im Wesentlichen also drei Marktgiganten.[138]

Rind

Genus plc. beherrscht über seine Tochter ABS Global den Markt für Rinderzucht. Die Nummer zwei ist das zum holländischen Konzern Koepon Holding gehörende Unternehmen Alta Genetics. Monsanto, dessen Hauptgeschäftsfelder eigentlich konventionelles sowie gentechnisch verändertes Saatgut und Pestizide sind, hat sich über Kooperationsverträge mit Alta Genetics bereits den Zugriff auf wichtige Zuchtergebnisse gesichert. Monsanto besitzt bereits eine neue Technologie zur Sortierung von Rindersperma, mit dessen Hilfe eine Vorsortierung nach gewünschtem Geschlecht der Kälber erfolgen kann.[139]

Geflügel

Die Geflügelzucht ist fest in europäischer Hand. Der Spitzenreiter, die EW-Gruppe (früher: Erich Wesjohann Gruppe)[140], ist Marktführer bei allen Legehennen, die weiße Eier legen, außerdem in der Masthuhn- und Truthahngenetik. Die EW-Gruppe ist Eigentümerin der Lohmann Tierzucht GmbH, Cuxhaven, von H&N, Redmond/USA, Aviagen in Huntsville/USA sowie Newbridge/Großbritannien. Unter den Top 10 der Geflügelzüchter deckt die EW-Gruppe 99 Prozent ab.[141] Sie unterhält eigene Vermehrungsbetriebe, vertreibt aber größtenteils an Aufzuchtbetriebe in mehr als 120 Staaten.

Den Zuchtmarkt für Hennen, die braune Eier legen, beherrscht mit rund 65 Prozent der holländische Konzern Hendrix Genetics, gleichzeitig Eigentümer von Euribrid. Euribrid liefert die Genetik für Masthühner und Puten und ist zudem zweitgrößter Schweinezüchter. Der französische Konzern Groupe Grimaud steht an dritter Stelle der Geflügelgenetiker. Sein Tochterunternehmen Hubbard besitzt die exklusiven Rechte an den Genom-Daten der US-Genfirma MetaMorphix. Der weltweit größte Hühner- und Fleischvermarkter Tyson, USA, ist mit seinem Tochterunternehmen Cobb Vantress ebenfalls global in der Hühnerzucht aktiv.[142]

Die Beschränkung der Zucht auf eine Handvoll Sorten und Rassen birgt bekanntlich enorme Risiken. Nicht nur gehen genetische Ressourcen irreversibel für die medizinische und agrarische Forschung verloren. Auch zahlt der Verbraucher die ausgelagerten Kosten des exzessiven Wachstums und der Unersättlichkeit der Großkonzerne. Einerseits kauft er billige Lebensmittel, andererseits zahlt er für Schäden an Umwelt und Landschaft, für Maßnahmen der Tierseuchenbekämpfung und der Gesundheitsvorsorge doppelt. Viele Politiker und Funktionäre machen sich zu Helfershelfern des nimmersatten Agrobusiness, indem sie zulassen, dass mit Steuergeldern Lohndumping, Preisverfall, Tierleid, Höfesterben und, in anderen Teilen der Welt, Hunger und wirtschaftlicher Ruin der Bauern vor Ort subventioniert werden.

Schlachtunternehmen: Eine Branche wetzt die Messer

Von Haus aus ist Werner Hilse Schweinemäster. Für ihn liegt die Zukunft der Landwirtschaft in hohen Tierzahlen und modernster Technik. Hilses Wort hat Gewicht: Er ist nicht nur einer der Vizepräsidenten des Deutschen Bauernverbandes (DBV) und im Vorstand der Deutschen Landwirtschaft-Gesellschaft (DLG), sondern auch Präsident des Landesbauernverbandes Landvolk Niedersachsen. Hilse bewirtschaftet im Landkreis Lüchow-Dannenberg einen 300-Hektar-Hof und damit eine Landfläche, die ihm gegenüber 90 Prozent aller anderen Schweinezüchter, die weniger Land besitzen als er, einen deutlichen wirtschaftlichen Vorteil verschafft. Denn nach wie vor hängt die Höhe der EU-Subventionen von der Fläche ab: Je größer die Fläche, desto mehr Geld fließt. 75000 Euro pro Jahr erhält Hilse allein aus diesem Topf. Seine wirtschaftlichen Verbindungen reichen bis nach Darnebeck, Sachsen-Anhalt. Dort wurde einem breiten Widerstand aus der Bevölkerung zum Trotz eine Putenmastanlage errichtet, die unter Gut Beetzendorf KG firmiert, eingetragen auf Hilses Frau Karin. Größter Investor der Beetzendorfer Puten GmbH & Co KG, die in 2005 einen Umsatz von einer Million Euro generierte, ist die Verwaltungsgesellschaft HMS Puten GmbH – als deren Hauptgeschäftsführerin wiederum Karin Hilse fungiert.[143]

Werner Hilse ist ein umtriebiger Mann. Er war langjähriger Vorsitzender der Union der Deutschen Kartoffelwirtschaft (UNIKA) und saß im Aufsichtsrat der Centralen Marketinggesellschaft der deutschen Agrarwirtschaft mbH (CMA), die mit den Zwangsbeiträgen aller Bauern Werbung für »deutsche Agrarprodukte« betrieb – eine Subventionierung der Verarbeitungs- und Handelsunternehmen, die sich im Gegenzug aber nicht in angemessenen Erzeugerpreisen für die Landwirte niederschlug. Bis heute sitzt er in den Gremien zahlreicher Unternehmen. Dazu zählen:

- Agravis Raiffeisen AG
- Stärkeproduzent AVEBE
- Deutscher Landwirtschaftsverlag
- LAND-DATA GmbH, Software- und Systemhaus für landwirtschaftliches Rechnungswesen
- Vereinigte Tierversicherungs-Gesellschaft
- QS Qualität und Sicherheit GmbH
- i.m.a. Information Medien Agrar
- Landwirtschaftliche Rentenbank
- Landvolkdienste GmbH, Versicherungsmaklerunternehmen

Die Frage stellt sich, wessen Interessen ein Vielfachfunktionär wie Werner Hilse eigentlich vertritt. Besonders deutlich wird das, wenn man Großmäster Hilses Verbindung zum zweitgrößten Schlachtbetrieb Deutschlands, Vion, betrachtet: Dort gehört er dem Aufsichtsrat an. In angemessenen Erzeugerpreisen für Fleisch hat sich dieser Posten indes nicht niedergeschlagen, wie die vergangenen Jahre gezeigt haben. Dagegen wird Vion wie andere Global Player der Lebensmittelbranche mit EU-Subventionen verwöhnt. Im Geschäftsbericht 2012 gibt Vion seine

Tabelle 3 Top 10 der deutschen Fleischbranche 2013

Rang	Rang top 100	Unternehmen/Gruppe	Umsatz (in Mio) 2011	Umsatz (in Mio) 2012
1	1	Tönnies-Gruppe	4600	5000
2	2	Vion Food Germany	3894	
3	3	Westfleisch	2206	2475
4	4	PHW-Gruppe	2227	2340
5	7	Heristo	1500	
6	9	Müller-Gruppe	717	852
7	11	Zur-Mühlen-Gruppe	825	825
8	12	Rothkötter-Gruppe	800	817
9	13	Sprehe-Gruppe	730	750
10	14	Brandenburg	608	660

Quelle: afz, 2. Oktober 2013 Nr. 40

Erträge aus Provisionen, Prämien und Subventionen mit 22,4 Millionen Euro an; allein an Exportrückerstattungen für Rindfleisch hat das Unternehmen 2005 rund 6,8 Millionen Euro von der EU erhalten. 2005 und 2006 kaufte der Konzern mehrere Schlachthöfe auf, darunter Nordfleisch und Südfleisch. Der internationale Lebensmittelkonzern (Eigenwerbung: »passion for better food«) erreicht Jahr für Jahr Spitzenumsätze, 2011 beispielsweise 9,5 Milliarden Euro.

Seit Jahrzehnten ist die Schlachtbranche auf Wachstumskurs. Metzgereien und kleine Schlachtunternehmen müssen längst um ihr Überleben bangen, während die Marktmacht der Big und Global Player steigt. Die Top 10 der deutschen Schlachtunternehmen schlachteten zusammen allein mehr als 75 Prozent der Schweine – rund 58 Millionen Tiere pro Jahr. In den vergangenen sieben Jahren konnten sie ihren Marktanteil um 16,6 Prozent steigern, ermittelte die Interessengemeinschaft der Schweinehalter Deutschlands (ISN). Besonders beängstigend ist der Hunger der drei größten deutschen Schlachtunternehmen Tönnies, Vion und Westfleisch: Sie schlachten inzwischen gut 52 Prozent aller Schweine in Deutschland. Unbestrittener Spitzenreiter ist die Tönnies-

Gruppe mit Sitz in Rheda-Wiedenbrück. Ihr Marktanteil liegt bei einem Viertel. Bezeichnend ist vor allem der Trend, die gesamte Kette der Fleischverarbeitung kontrollieren zu wollen: vom Lebendtier über den Schlachtkörper bis hin zu verpacktem Frischfleisch und Wurst. Selbst der Lebensmittelhandel wie Kaufland/Lidl, Edeka, Bauerngut, Birkenhof, Brandenburg oder Franken-Gut haben das lukrative Fleischgeschäft für sich entdeckt und eigene Fleischwerke aufgebaut.[144]

Was Wunder, wenn DBV-Funktionär Werner Hilse die »Erfolgsstory« der Schlachtbranche als beispielhaft lobt[145] und das Bestreben des niedersächsischen Landwirtschaftsministers Christian Meyer (Bündnis 90/Die Grünen), strengere Regeln für die Haltung landwirtschaftlicher Nutztiere einzuführen, als diffamierend und denunzierend geißelt[146]. Nach Meyers Plänen sollen Schlachtbetriebe und Veterinäre den Gesundheitszustand von Nutztieren erfassen, damit die Behörden dann entscheiden könnten, ob die Zahl der gehaltenen Tiere auf einem Betrieb angemessen ist oder begrenzt werden muss: Meyer will zukünftig nicht die Tiere den Ställen anpassen, »sondern die Haltung an die Bedürfnisse der Tiere«.[147]

Meyers Vorstoß ist auch ein Affront gegen die neue EU-Schlachtverordnung bei Schweinen. Anfang Oktober 2013 hatte das EU-Parlament den Vorschlag der EU-Kommission nach einer Lockerung der Gesundheitskontrollen in den Schlachtereien durchgewinkt: Demnach müsse das Fleisch nur noch dann angeschnitten werden, wenn ein Verdachtsfall vorliege. Die »visuelle Fleischbeschau« soll ab 1. Juni 2014 die bisherige eingehende Untersuchung ablösen. Statt wie bisher das Herz, die Zunge, die Luftröhre, die Lymphknoten und die Lunge eingehend abzutasten und anzuschneiden, um auch innere Abweichungen erkennen zu können, soll nun eine oberflächliche Betrachtung am Fließband genügen. Nur falls dem Kontrolleur bei dieser Inaugenscheinnahme Veränderungen auffallen, soll der Tierkörper genauer untersucht werden. Dabei ist es ein offenes Geheimnis, dass schon die bisherigen Kontrollen nicht alle Defizite erkennen konnten. Zu Zeiten von Gammelfleisch & Co also eine verheerende Entscheidung, denn bei bestimmten Krankheiten genügt das Betrachten nicht. So kann zum Beispiel ein Schnitt ins Herz zeigen, ob sich ein Schwein mit dem (auf den Menschen übertragbaren) Rotlauf-Bakterium *Erysipelothrix rhusiopathiae* infiziert hat. Das Argument der EU-Kommission, das Abtasten und Anschneiden forciere die Übertragung von Erregern von einem Schlachtkörper auf den anderen, will die Bundestierärztekammer nicht gelten lassen: Vorgeschrieben ist ein regelmäßiger Wechsel der Messer.[148] Zudem verlässt die EU-Kommission den Pfad der Logik, wenn sie eine Kontamination durch Anfassen befürchtet: Unwillkürlich räumt sie damit ein, dass es in den Schlachthöfen gesundheitlich bedenkliche Tiere gibt. Eine Politik nach dem Motto »Nur nicht anfassen – dann merkt auch keiner etwas« kann wohl kaum im Sinne des Verbraucherschutzes sein.

Doch scheint sich die Lobbyarbeit des Verbandes der Fleischwirtschaft (VDF) ausgezahlt zu haben. In einem Papier an seine Mitglieder hatte er geschrieben: »In Abstimmung mit dem europäischen Dachverband UECBV hatten wir uns … direkt an Abgeordnete des Europäischen Parlaments gewandt und versucht, die Bedenken einiger Parlamentarier auszuräumen.«[149] Beifall erhielt der Plan, die Kontrolle am Schlachtband zurückzustutzen, schon 2008 in der ARD-Sendung PlusMinus am 9. Dezember. Der damalige Staatssekretär im Niedersächsischen Landwirtschaftsministerium, Friedrich-Otto Ripke (CDU), begrüßte diese »Verbesserung« als »Bürokratieabbau«.[150] Seit November 2013 ist Ripke Präsident des Interessenverbandes der niedersächsischen Geflügelwirtschaft (NGW), der mit etwa 1200 Mitgliedsunternehmen größten Lobbyorganisation der niedersächsischen Geflügelproduzenten[151] – ein geradezu klassisches Beispiel für einen erfolgreichen Wechsel von der Politik in die Wirtschaft. Ein solcher »Drehtür-Effekt« (wie ihn bereits zahlreiche Politiker von Gerhard Schröder, SPD, über den Wirtschaftsminister a.D. des Saarlandes, Christoph Hartmann, FDP, bis zum ehemaligen brandenburgischen Wirtschaftsminister Ulrich Junghanns, CDU, erfolgreich absolviert haben) hat für das Unternehmen eine ganze Reihe an Vorteilen. So bringt der neue Mitarbeiter seine vielfältigen politischen Kontakte ein und ermöglicht seinem neuen Arbeitgeber Einblick in politische Abläufe und Beziehungen. Die Initiative Lobbycontrol hält bereits einen Verdacht auf unternehmensfreundliche Entscheidungen für demokratieschädlich; im Übrigen gilt diese Form der Vorteilsbeschaffung bis heute nicht als Korruption.[152] Lobbycontrol listet auf seiner Internetseite Lobbypedia die Wechsel der Politiker von 1991 an bis heute auf.[153]

Geplant ist eine laxere Fleischkontrolle auch für andere Tierarten: bis Sommer 2014 für Geflügel und in der zweiten Jahreshälfte dann auch für Rindfleisch. Wird die EU-Verordnung 854/2004 ab Juni 2014 greifen, spart sie der Fleischbranche bares Geld, denn je schneller die Bänder laufen und je seltener der Ablauf durch Stopps infolge von Kontrollen gestört wird, desto besser.

Dabei steht es um den Ruf der Fleischindustrie nicht zum Besten – und das nicht erst im Zuge von Lebensmittelskandalen. Während die Unternehmen nämlich satte Gewinne einstreichen, geizen sie bei jenen, die ihren Profit erarbeiten. Im Fleischsektor ist Deutschland Niedriglohnland Nummer eins: Deutsche Arbeitskräfte verdienen zwischen 17 und 42 Prozent weniger als ihre Kollegen in den Nachbarstaaten.[154] Keine Ausnahme war bislang auch die Ausbeutung von osteuropäischen Leiharbeitern, die über Vermittlerfirmen mit Stundenlöhnen von fünf Euro brutto abgespeist werden, per »Arbeit auf Abruf« bereitstehen müssen und ohne Versicherung am Band stehen. Schlachthöfe haben bis zu 90 Prozent ihrer Arbeitnehmer mit »Werkverträgen« abgespeist: Diese verdienten im Schnitt sechs Euro pro Stunde weniger als die Stammbelegschaft.[155] Einen guten Ruf hat die deutsche Fleischindustrie nämlich auch in den europäischen Nachbarstaaten nicht. Der Grund: Dank billiger Arbeitskräfte kann sie verarbeitetes Fleisch günstiger anbieten als die europäische Konkurrenz. Tatsächlich schlachtet Deutschland beispielsweise 15 Prozent mehr Schweine als deutsche Verbraucher verzehren – Masttiere werden zum Schlachten aus dem benachbarten Ausland nach Deutschland gebracht, um dann wieder exportiert zu werden. Daher hatten Belgien und Frankreich Beschwerde bei der EU-Kommission eingelegt, weil die eigenen Schlachthöfe nicht nur Marktanteile verloren hatten, sondern teils sogar schließen mussten.[156] Nach Jahrzehnten der »Werkverträge«, der Leiharbeit und des Lohndumpings mussten sich Vion, Danish Crown, PHW (Wiesenhof), Westfleisch & Co nun dem Druck beugen: Ein Stufenplan zur Einführung eines Mindestlohns[157] soll die überbordende Lohndrückerei beenden.

Der Mäster und sein täglich Brot

Ob sich der vorgeschriebene Mindestlohn auch darauf auswirkt, dass die Mäster mehr für ihre Tiere bekommen, ist eher fraglich. Denn die zunehmende Konzentration der Schlachtbranche und der Preiskampf der Discounter drücken die Erzeugerpreise. Nur den wenigsten Schnäppchenjägern unter den Verbrauchern ist klar, wie eng die Gewinnmargen der Erzeuger sind. Wer aber wenig für seine Masttiere bekommt, kann nichts in die Verbesserung der Haltungsbedingungen investieren. Auf der Strecke bleiben dann nicht nur das Tierwohl, sondern auch die Qualität des erzeugten Fleisches. Tierkrankheiten sind überdies ein enormer Kostenfaktor und bedrohen die Gesundheit des Menschen. Laut Welt-Tiergesundheitsorganisation gehen 75 Prozent aller Krankheiten des Menschen auf Tiere zurück. In Deutschland finanziert der Steuerzahler Tierkrankheiten zu 50 Prozent über die Tierseuchenkasse, auch ist er es, der die millionenschweren Subventionsleistungen für die konventionelle Schweinefleischproduktion aufbringt[158] – Zusatzkosten, die er an der Aldi-Kasse nicht bemerkt.

Doch geht es den Tierhaltern wirklich so schlecht? Was verdient zum Beispiel ein Schweinemäster an einem Kilogramm Fleisch?

Wie gut oder schlecht sich die Mast der Borstentiere rechnet, hängt im Wesentlichen von drei Faktoren ab: wie teuer die Ferkel sind, die der Mäster einkauft (oder selbst produziert), wie viel das Futter kostet und wie viel ihm die Schlachtereien für die abgelieferten Tiere zahlen. Um bei hohen Futtermittelkosten rentabel zu wirtschaften, müsste ein Ferkel 70 Euro Erlös bringen, und ein Mäster müsste zwei Euro je Kilogramm Schlachtgewicht bekommen. Doch davon ist die Realität weit entfernt. Zum Beispiel hat sich durch die hohen Futterkosten 2011 die Erzeugung eines Ferkels um zehn Euro verteuert.[159] Bei einem Schlachterlös von 1,40 bis 1,50 Euro je Kilogramm und Futterkosten von 27 Euro je Dezitonne dürften Ferkel nur 30 bis 40 Euro je Stück kosten. Erst wenn der Schlachterlös auf 1,60 Euro je Kilogramm steigt, kann der Mäster dem Ferkelerzeuger 50 Euro je Ferkel zahlen. Von Jahr zu Jahr schwanken die Erlöse; kritisch wird es für den Mäster bei einem Schlachterlös von unter 1,50 Euro pro Kilogramm. Im Durchschnitt aller EU-Länder war das Jahr 2013 das erfolgreichste für die europäischen Schweinemäster seit Einführung des Euro 2002. Sie erzielten 1,75 Euro je Kilogramm Schlachtgewicht, drei Prozent mehr gegenüber dem Vorjahr. [160] Die Unterschiede zwischen den einzelnen Bundesländern und Regionen sind meist deutlich. Auch sind Schwankungen des Schlachtpreises von

Woche zu Woche die Regel. Deutsche Mäster erzielten im Schnitt zwischen 1,63 und 1,68 Euro je Schlachtschwein.[161]

Zwar sind zwei Drittel des wirtschaftlichen Erfolgs durch das Stallsystem und das Geschick des Betriebsleiters bestimmt, doch kann er auf die Futtermittelpreise ebenso wenig Einfluss nehmen wie auf die Schlachterlöse. Wenn die Getreidepreise durch schlechte Ernten oder die Spekulationswut der Banken und Privatanleger steigen, schlägt sich das umgehend auf die Futterkosten nieder. 2008 beispielsweise zogen die Getreidepreise um bis zu 90 Prozent an; 2013 lagen die Körnermaiserträge 30 Prozent unter dem Vorjahresniveau. Dass Soja als wichtigster Eiweißlieferant verfüttert wird, verteuert das Futter zusätzlich. Gleichzeitig üben die großen europäischen Schlachtunternehmen eine enorme Marktmacht aus, und nicht nur die Schweinehalter sprechen inzwischen von Missbrauch[162]. So haben die vier größten Schlachtunternehmen Tönnies, Westfleisch, Vion und Danish Crown in Deutschland inzwischen einen Marktanteil von 76 Prozent, Tendenz steigend. Offensichtlich bestrebt, ihre Gewinnspanne in erster Linie über eine Senkung der Einkaufspreise zu erhöhen, drücken sie den Schlachterlös, den sie an die Mäster zahlen müssen. Ein Fünftel des Fleisches verkaufen die Schlachtunternehmen an den Lebensmitteleinzelhandel[163]. Die oft gerügte Dominanz des deutschen Lebensmitteleinzelhandels mit seinen Dumpingpreisen tut ein Übriges. Mit Sorge beobachtet auch das Bundeskartellamt die zunehmende Konzentration. Bereits 2011 kamen die größten Lebensmitteleinzelhändler in Deutschland (Edeka, Aldi Süd, Aldi Nord, Rewe, die Schwarz-Gruppe mit Lidl und Kaufland sowie die Metro Gruppe) zusammen auf einen Marktanteil von rund 85 Prozent, ermittelte das Deutsche Institut für Wirtschaftsforschung. Seit Jahren überbieten sich Discounter und Supermärkte mit Sonderangeboten. Drei Viertel des Schweinefleischs geht inzwischen als »Angebot« über die Ladentheke; 2006 war es noch die Hälfte.[164] Kampfpreise von 3,99 Euro für ein Kilogramm Nackensteak oder 1,69 Euro für ein Kilogramm Schweinehack dienen einzig dazu, Kunden in die Filialen zu locken. Auf der Strecke bleiben die Schweinehalter, die Tiere und letztlich auch die Verbraucher. Weil kein Schweinehalter von solchen Preisen leben kann, zahlen die Konsumenten für das vermeintliche Schnäppchen an anderer Stelle drauf: steuerfinanzierte Subventionen für die

Landwirtschaft, Umweltschäden, die zu sanieren sind, und nicht zuletzt die Zeche für den Sparzwang in der Landwirtschaft, der den Tieren die Gesundheit kostet und den übermäßigen Einsatz von Hormonen, Leistungsförderern, Antibiotika und anderen Medikamenten nach sich zieht. Letztlich forcieren ruinös niedrige Fleischpreise das Höfesterben, und übrig bleiben Großmästereien – mit all ihren negativen Auswirkungen (siehe Kapitel 3).

2 NANOFOOD

VERBRAUCHER ALS VERSUCHSKANINCHEN

Die Schokolade der Zukunft macht nicht dick – selbst der Verzehr von mehreren Tafeln täglich geht ohne Gewichtszunahme der Konsumenten einher. Was heute nach Science-Fiction klingt, ist ein reales Szenario – und wird in Laboren unter Ausschluss der Öffentlichkeit entwickelt. Tatsächlich ist die kalorienfreie Schokolade mit vollem Schoki-Geschmack nur eine Kreation der Nanofood-Branche. Weltweit mehr als 600 Lebensmittel zählen mittlerweile zum Repertoire einer Industrie, für die es weder gesetzliche Bestimmungen noch Kontrollmöglichkeiten gibt – und die für den Menschen teils lebensbedrohliche Risiken birgt. Hinzu kommen bis zu 500 Lebensmittelverpackungen, die aus Nanobeschichtungen und -materialien bestehen.[165]

Tatsächlich kommen die Substanzen in immer mehr Bereichen der Lebensmittelbranche vor – auch dort, wo wir sie gar nicht erwarten. So sollen sie in Erfrischungsgetränken, Chips oder Schokolade den Vitamingehalt erhöhen – ein beliebter Trick, um den Konsumenten den vermeintlich gesundheitsfördernden Nutzen der Produkte zu suggerieren. In Gemüsebrühe, Kochsalz, Gewürzmischungen und Puderzucker wird Nano-Siliziumdioxid als Rieselhilfe eingesetzt. Selbst in Fleisch und Backwaren fanden Wissenschaftler Nanopartikel – in Form von Kapseln mit Vitamin A und E oder Omega-3-Fettsäuren.

Die Winzlinge erweisen sich als nahezu unerschöpfliches Reservoire – und als ultimative Gelddruckmaschine zugleich. Denn ihre wahre Funktion besteht darin, die eingesetzten Mengen an Zusatzstoffen drastisch zu senken, und das bei gleicher oder sogar stärkerer Wirkung. Farbstoffe etwa leuchten, in geringen Mengen als Nanopartikel zugesetzt, ebenso gut wie herkömmliche Pendants in hoher Dosis. Getreu dem Motto »Aus nichts mach viel« setzt die Branche Nano dort ein, wo es nur geht. Selbst Kühlschränke sind mittlerweile oft mit einer Nanosilberbeschichtung ausgestattet, verkauft werden sie als besonders hygienisch – was zunächst auch stimmt. Nanosilberpartikel wirken nämlich stark antibakteriell, gegen derart beschichtete Geräte haben Keime & Co. keine Chance.

Der Lebensmittelindustrie wiederum verspricht die Technologie astronomische Gewinne. Entgegen der landläufigen Meinung erobert die Nanotechnik nicht nur die Supermarktregale, sondern auch die Landwirtschaft. Ohne es zu ahnen, bringen Bauern Dünger und Pestizide mit Nanopartikeln in den Boden ein, erhalten Nutztiere Futter mit Nanobestandteilen oder gelangen Getränke in nanobeschichteten Behältnissen in unsere Haushalte.

Nano – hinter diesen vier Buchstaben steckt weit mehr als eine PR-Kampagne der Lebensmittelhersteller und die Suche nach Profit. Hinter dem Begriff Nanofood steht die Verabschiedung von ethischen und moralischen Grenzen – keine andere Schlüsseltechnologie des 21. Jahrhunderts kann, im Bereich der Lebensmittel eingesetzt, so viel Schaden für den Menschen anrichten. Und keine neue Technologie zuvor wurde so wenig kontrolliert wie diese. Erlaubt man den Einsatz von Nanopartikeln in unserem täglichen Essen, könnte man auch den Konsum von Drogen freigeben – beide Substanzklassen können lebensgefährlich sein. Der Food-Mafia sind die Zusammenhänge durchaus bekannt, nur: Solange keine gesetzlichen Regelungen den Umgang mit den neuen Materialen regeln, sprudeln die Gewinne auf Kosten der Verbraucher weiter.

Doch was genau verbirgt sich hinter dem Begriff? Und was macht die Substanzen aus? Entscheidend ist die Größenordnung, um die es geht. Ein Nanometer ist genau ein Millionstel Millimeter. Sich darunter etwas vorzustellen fällt Laien schwer. Darum greift der BUND immer wieder zu anschaulichen Beispielen, wenn es darum geht, die Technologie Verbrauchern zu erklären: »Würde ein Mensch einen 1 nm kleinen Nanopartikel darstellen, wäre ein rotes Blutkörperchen 7 Kilometer lang.«[166] Neben der Gentechnologie gilt die Nanotechnologie als Schlüsseltechnologie des 21. Jahrhunderts. Die international tätige Consultingagentur Cientifica schätzte den Umsatz mit Nanofood allein im Jahr 2012 auf rund 6 Milliarden Dollar[167] – Tendenz steigend. Mutige Prognosen sagen Nanofood für die kommenden Jahre sogar einen 20-Milliarden-Dollar-Markt voraus – von vergleichsweise mageren 2,6 Milliarden im Jahr 2003. 1,13 Billionen Euro sollen es für die gesamte Nanotechnologie sein, mit der etwa 4000 Firmen und Forschungseinrichtungen befasst sind. Mehr als 200 Unternehmen weltweit arbeiten an Nanofood, vor allem in den USA, Japan und China, aber zunehmend auch in Europa.[168] Die Großen der Branche wie Heinz, Nestlé, Hershey Foods, Unilever und Keystone gehörten zu den Pionieren; Chemiefirmen wie Degussa, Henkel und Bayer haben sich längst als deren Partner etabliert.[169]

Als erster Industriekonzern errichtete Kraft im Jahr 1999 ein Labor für Nanofood – mittlerweile befasst sich das ebenfalls von Kraft ins Leben gerufene Konsortium Nanotek, an dem 15 Universitäten und nationale Forschungseinrichtungen der USA beteiligt waren, mit der Entwicklung von nanotechnologischen Verfahren für die Lebensmittelbranche. Derzeit sind weltweit rund 600 Nanolebensmittel auf dem Markt, wie der BUND in seiner Studie »Aus dem Labor auf dem Teller« dokumentiert.

Doch spätestens bis 2015 wird sich die Herstellung von Nahrungs- und Genussgütern durch den Einfluss der Nanotechnologie grundlegend gewandelt haben; Schätzungen gehen von einer Durchdringung des Produktionsprozesses von 40 Prozent und mehr aus. Die Landwirtschaft, als Rohstofflieferant Nummer eins mit der Lebensmittelindustrie aufs Engste verbunden, bleibt von diesem starken Trend nicht unberührt. So mancher Agrokonzern hält den Einfluss der Nanotechnologie hier für größer als die Mechanisierung oder die Grüne Revolution mit Agrarchemikalien und Hochleistungssorten.

Das Risiko für die Unternehmen bestehe deshalb nicht darin, die Nanotechnologie einzuführen, sondern den Zug zu verpassen, behaupten Unternehmensberater. Tatsächlich bedeutet mehr Nano für die Industrie unter anderem, Energie, Wasser und Hilfsstoffe einzusparen und effizientere Methoden anwenden zu können, was letztlich hilft, die Kosten zu senken. Aus Sicht eines Unternehmens sind das wichtige Kriterien, damit es konkurrenzfähig bleibt und seine Marktpräsenz keinen Schaden nimmt. Aus Verbrauchersicht aber wiegt die Ungewissheit schwer, denn nur allmählich beginnt sich die Wissenschaft für die Auswirkungen der Nanotechnologie zu interessieren, eine Sicherheitsforschung wird erst in Anfängen betrieben. Während ein Sterbenskranker wohl nicht lange zögern würde, ein innovatives nanotechnologisches Medikament einzunehmen, um sein Leben zu retten, stellt sich die Frage, inwieweit ein Gesunder Nanofood wirklich braucht. Noch vor zehn Jahren wusste niemand so genau, wie der menschliche Organismus auf regelmäßig zugeführte Nanopartikel reagiert, ob sie auf Dauer die Umwelt schädigen oder den Stoffwechsel anderer Lebewesen aus dem Lot bringen können. Heute steht fest: Die Gefahren für den menschlichen Organismus sind erheblich. Denn Partikel besitzen die heikle Eigenschaft, mit abnehmender Größe immer toxischer zu werden.

Nanopartikel gefährden die Plazenta

Forscher am Universitätshospital Zürich haben mit Wissenschaftlern der Schweizer Anstalt für Materialforschung (EMPA) bereits im Jahr 2010 nachgewiesen, dass Nanopartikel die Plazenta des Menschen durchdringen und auf diese Weise die Ungeborenen erreichen.[170] Auf kritische Berichte über die gesundheitsschädigende Wirkung von Nanopartikeln reagierten Lebensmittelhersteller noch vor wenigen Jahren harsch: Selbst große öffentlich-rechtliche Sender, die auf Nanofood aufmerksam machten, sahen sich mit Klagedrohungen konfrontiert. Doch seit der viel beachteten Schweizer Studie dürften die Drohgebärden der Vergangenheit angehören. Die Studie belegt: Der Transport von Nanoteilchen im menschlichen Körper erfolgt nahezu ungebremst und macht auch vor der Plazenta der werdenden Mutter nicht halt. Die im Fachblatt *Environmental Health Perspectives* veröffentlichte Studie zeigte damit in aller Deutlichkeit, wie sehr ungeborenes Leben durch die Nanotechnologie bedroht werden kann: Die Partikel dringen ungehindert in den Blutkreislauf der Ungeborenen.

Für ihre Studie brachten die Forscher um Peter Wick an der EMPA in Zusammenarbeit mit Ursula von Mandach am Universitätsspital Zürich fluoreszierende Nanopartikel aus Polystyrol in den Mutterkreislauf ein und beobachteten, ob diese auch in den fötalen Kreislauf gelangen. »Diese Polystyrolpartikel eignen sich dafür besonders gut, da sie im Gewebe keinen Stress auslösen und einfach nachweisbar sind«, erklärte Wick den eigentlichen Nanotrick. Tatsächlich injizierten die Wissenschaftler Partikel von 50 Nanometer bis zu einem halben Mikrometer. Besorgniserregende Erkenntnis: »Der Cutoff lag zwischen 200 und 300 Nanometern«, erklärte Wick. Demnach passierten alle Partikel unterhalb dieser Grenze die Plazenta und gingen »in den Kindskreislauf über«, wie die EMPA berichtet. Dass die Winzlinge »unterhalb einer bestimmten Größe in die Blutbahn des ungeborenen Kindes gelangen können, sei nicht unerwartet und müsse nun weiter erforscht werden«, fügten die Forscher hinzu.

Frauenärzte müssen womöglich umdenken und Patientinnen auf Nanoteilchen in Lebensmitteln aufmerksam machen. Den Druck der Lebensmittelindustrie brauchen Ärzte dabei kaum zu fürchten, im Gegenteil. Die rein medizinische Herangehensweise an die Nanofood-Problematik dürfte die Hersteller ohne Gesichtsverlust zum Umdenken bewegen. Denn einen massiven medizinischen Vorwurf kann die Lebensmittelindustrie nach wie vor nicht ausräumen: Klinische Studien nach den hohen Standards der Arzneimittelzulassungen (Phase I – III) gibt es für Nanoprodukte nicht.

Krebsrisiko – Nanomaterialien außer Kontrolle

Weil es keine klinischen Studien nach dem Muster der Pharmaindustrie gibt, weisen Nanofood-Hersteller immer wieder auf Laborversuche hin, die eine Unbedenklichkeit ihrer Produkte belegen sollen. Doch solche Daten, die lediglich im »Reagenzglas« gewonnen werden, sind praktisch wertlos. Denn sichere Aussagen über die krebserzeugende Wirkung von Nanomaterialien beim Menschen lassen sich anhand von Reagenzglasversuchen nicht treffen. Zu diesem Ergebnis kam der Forschungsbericht »Bedeutung von In-vitro-Methoden zur Beurteilung der chronischen Toxizität und Karzinogenität von Nanomaterialien, Feinstäuben und Fasern«, den die Bundesanstalt für Arbeitsschutz und Arbeitsmedizin (BAuA) im Jahr 2011 veröffentlichte.

Bittere Erkenntnis des Berichts war die Tatsache, dass »sich über alle Studien und Stäube hinweg keine klare Korrelation zwischen der Wahrscheinlichkeit positiver Befunde der In-vitro-Versuche und den Befunden aus Langzeit-Tierversuchen und epidemiologischen Befunden finden lässt«. Vereinfacht ausgedrückt: Laborergebnisse können keine Entwarnung geben, wenn man Aussagen zur Toxizität von Nanomaterialien machen will. Tatsächlich hatte die Auswertung von 179 Datensätzen »eher einen statistischen Zusammenhang mit der Art des Auftraggebers oder Labors (öffentlich oder privat) als mit chemisch-physikalischen Partikeleigenschaften« gezeigt, wie die Bundesanstalt mitteilte. Der Autor des Berichtes plädierte sogar dafür, »dass es angesichts der Datenlage und der Schwere einer Krebserkrankung verantwortungsbewusst sei, die vorliegenden Effektbefunde bei Ratten und bei historischen Expositionen in der Epidemiologie zum Maßstab des Handelns auch bei niedrigeren Expositionshöhen zu machen«. Womit er sagte: Selbst Grenzwerte bieten keine Sicherheit.

Nur einige Jahre zuvor hatten Ärzte aus China belegt, was hierzulande zunächst so gut wie niemand registrierte. Pekinger Medizinern war eher zufällig der Nachweis gelungen, dass eingeatmete Nanopartikel beim Menschen schwere Schäden in der Lunge auslösen und zum Tod der Patienten führen können. Zuvor hatten Ärzte am Pekinger Chaoyang Hospital Frauen behandelt, die an Kurzatmigkeit, Rippenfellergüssen und Herzbeutelergüssen litten. Doch die zwischen Januar 2007 und April 2008 eingelieferten Patientinnen waren jung und ansonsten kerngesund. Weder hatten sie jemals geraucht, noch kamen andere Risikofaktoren als Ursachen für die Erkrankungen infrage.

Die sieben Frauen hatten jedoch vor der Einweisung in die chinesische Eliteklinik eine wahre Odyssee durchlaufen: Von Antibiotika bis zu Wirkstoffen gegen Tuberkulose hatten Ärzte an anderen Krankenhäusern versucht, die kuriose Malaise zu kurieren – vergeblich. Der Vorstoß der Erkrankungen an Rippenfellergüssen nahm derart zu, dass die Mediziner die nationale Seuchenbehörde einschalteten – und anhand einer exakten Durchleuchtung der Lebensumstände der Frauen am Ende fündig wurden.

Winzige Polyacrylat-Nanopartikel, die die Frauen an ihrer gemeinsamen Arbeitsstelle inhaliert hatten, lösten nach Ansicht der Ärzte den GAU im Körper der Patientinnen aus. Trotz aller Bemühungen der chinesischen Mediziner überlebten zwei Frauen die Attacke der Nanopartikel nicht. Ihr Tod, so viel scheint bereits jetzt festzustehen, löste eine globale Wende bei der Risikobewertung der Nanotechnologie aus. Denn nie zuvor war es Wissenschaftlern gelungen, beim Menschen den kausalen Zusammenhang zwischen inhalierten Nanopartikeln und ihren toxischen Nebenwirkungen nachzuweisen. Zwar attestieren Tierversuche seit Jahren, dass die atomaren Winzlinge mitunter Nieren und Leber, ebenso wie die Lunge angreifen können. Schädigende Wirkungen bei exponierten Menschen indes waren bis dato zwar vermutet, aber nicht klinisch belegt worden.

Der Pekinger Nano-Fall beendete die Ära der vermeintlichen Sicherheit einer Technologie, die immer noch zu den vielversprechendsten des 21. Jahrhunderts zählt. Ungewohnt offen publizierten die Chinesen, was in Peking Ärzte in Angst und Schrecken versetzte: Inhalierte Nanopartikel scheinen die inneren Organe befallen zu können und dringen tief in die Zellen des Organismus ein. Wer die Studie liest, findet zwangsläufig Parallelen zu Michael Crichtons Bestseller *Beute*, in dem Nanoteilchen den Menschen befallen – doch anders als bei Crichton sind die Vorkommnisse in Peking Realität.

So führte die über einen Zeitraum von fünf Monaten erfolgte Inhalation der Nano-Polyacrylate neben den bereits erwähnten Leiden auch zur Ausbildung von Lungenfibrose bei den betroffenen Frauen. Ferner fanden die Forscher Polyacrylate in einer Größenordnung von 30 Nanometern im Karyo- und Zytoplasma des Lungengewebes ihrer Patientinnen. Damit nicht genug. Auch hafteten sich die Nanopartikel an die Membran der roten Blutkörperchen – was ebenfalls zum ersten Mal in einem klinischen Umfeld anhand realer Patientendaten nachgewiesen werden konnte. Ausgerechnet die geringe Größe der Partikel macht es den Medizinern schwer, dagegen anzukämpfen. »Die Patienten können Lungenfibrosen entwickeln, die gegenüber etlichen Therapieformen resistent sind«, mahnte Studienautor Yuguo Song im *European Respiratory Journal* (ERJ), wo die Studie am 19. August 2009 erschien.[171] Als besonders heikel galt Song zufolge vor allem ein Aspekt: Die krank machenden Polyacrylate dienten quasi als Nanoträger für Farben – die als industriell besonders wertvolle Beschichtungen in der Druckindustrie zum Einsatz kamen. Die Schockwellen erreichten auch Deutschland. Die Seiten der offiziellen Hauptstadtportals berlin.de zitierten das Umweltbundesamt: »Nach erschreckenden Studien raten Experten dringend von dem Einsatz von Nanotechnologie in Lebensmitteln, Kleidung und anderen

Produkten ab.« Keine geringere als die Deutsche Presse Agentur (DPA) hatte die Meldung über die Ticker gejagt.[172]

Schneller alt dank Nanofood?

Die Panik ist angebracht – und die Gründe dafür sind seit 2008 bekannt. In einer Präsentation des Bundesinstituts für Risikobewertung (BfR) mit dem Titel »Nanotechnologie und Lebensmittelsicherheit« schildert der zweifach promovierte Professor Alfonso Lampen von der Abteilung Lebensmittelsicherheit der BfR die Risiken von Nanomaterialien im Food-Bereich.

Zunächst liefert Lampen eine klare Definition des Marktes. Gleich in fünf Segmenten sind Nanolebensmittel nachweisbar: in der Landwirtschaft, in Produkten, in Materialverpackungen, bei der Sicherheit von Lebensmitteln und in Zusatzstoffen. Die Zusammenstellung verdient Beachtung, weil sie die Verzahnung der einzelnen Nanobereiche verdeutlicht. Die Landwirtschaft trägt demnach ebenso zu den Risiken bei wie – paradoxerweise – die Sicherheit von Lebensmitteln. Denn egal welches Segment man betrachtet, überall dort, wo Nano drin ist, stecken auch Risiken.

Was wie reine Theorie klingt, wird Laien schnell verständlich, wenn man sich einige Beispiel anschaut. Auf den ersten Blick überwiegen die Vorteile. Nanogrüntee soll beispielsweise die Verfügbarkeit des in Teeblättern enthaltenen Selens erhöhen. Das Bratöl »Canola Active Oil« wiederum wirbt mit den enthaltenen Nano-Phytosterolkapseln, die eine Cholesterinaufnahme des Körpers verhindern sollen. Nanovitamine, Nano-Calzium, Nano-Magnesium und Nano-Silizium als Nahrungsergänzungsmittel versprechen die schnelle Aufnahme durch den Organismus. Und Carotinoidpartikel im Nanomaßstab werden als besonders gesundheitsfördernd angepriesen.

Der Fantasie der Lebensmittelchemiker sind keine Grenzen gesetzt. So lassen sich die wasserunlöslichen Vitamine A, C, D, E und Ka mit sogenannten Nano-Mizellen einkapseln – wodurch sie schlagartig wasserlöslich werden. Das wiederum eröffnet Getränkeherstellern neue

Märkte, weil Säfte mit entsprechend nanobehandelten Vitaminzusätzen als besonders wirksam angepriesen werden können.

Die Anwendungsmöglichkeiten scheinen so gigantisch, dass die Studie von einem globalen Vermarktungspotenzial von über einer Trillion US-Dollar bis 2015 ausgeht. Und das, obwohl die meisten Risikofragen bereits 2008 gestellt und die Fakten bekannt waren. So wissen Forscher recht genau, dass synthetisch amorphe Kieselsäure, landläufig als Siliziumdioxid bekannt und als E 551 in Lebensmitteln zu finden, einerseits als Fließmittel in Tomatenpulver, Gewürzen oder Speisesalz zum Einsatz kommt, andererseits aber enorme Risiken birgt. Denn die lediglich 40 bis 70 Nanometer kleinen Siliziumdioxidpartikel sammeln sich im Zellkern einer jeden Zelle an und stören die Replikation und Transkription – die korrekte Weitergabe von Erbinformationen ist auf diese Weise ebenso gestört wie die Eiweißbiosysthese im Körper.

Ähnlich verhält es sich mit Titandioxid (E 171), das auf Schokoriegel aufgetragen werden kann, um die Bildung unliebsamer Grauschleier zu verhindern. Die Hersteller sehen darin kein Problem und verweisen darauf, dass ihre Produkte keine Nanopartikel enthalten. Lampen fordert in seiner BfR-Präsentation eine »Neubewertung bei Verwendung von Nanopartikeln«. Diese ist dringend angebracht. Denn alles, was als Nanopartikel in unsere Lebensmittel gelangt, kann extrem toxisch sein. Auch dann, wenn die Substanzen in ihrer normalen Größe keine Gefahr darstellen. Kupfer beispielsweise führt als Nanopartikel zu Leber- und Nierenschäden. Zur Liste der Schädigungen durch Kupfer-Nanopartikel zählen Nekrosis und Glomerulitis der Niere, Atrophie und Fibrosis der Milz sowie eine Schädigung der Leber. In Mikroform verabreicht löst Kupfer kein einziges dieser Symptome aus.

Nahezu unerforscht ist die Aufnahme von Nanopartikeln im Dick- und Dünndarm. Als gesichert gilt jedoch die Annahme, wonach Nanopartikel im Körper selbst die Blut-Hirn-Schranke überwinden können. Auf diese Weise gelangen höchst toxische Substanzen an Stellen unseres Organismus, wo ihre »normalen« Pendants niemals hinkommen würden. Doch diese toxischen Risiken und Nebenwirkungen sind noch nicht das Schlimmste, was uns die Food-Mafia zumutet. Es geht noch schlimmer: Der Trillionen-Dollar-Markt der Nanopartikel im Lebensmittelbereich lässt Menschen womöglich schneller altern.

Das jedenfalls lassen Versuche erahnen, die Forscherinnen des Leibniz Instituts für umweltmedizinische Forschung an der Heinrich-Heine-Universität Düsseldorf durchgeführt haben. Sie verfolgten markierte Silizium-Nanopartikel bis in einzelne Zellen des Fadenwurms Caenorhabditis elegans und stellten dabei eine vorzeitige Alterung der Tiere fest. Die Biologin Anna von Mikecz mischte den Würmern Fluoreszenz-markierte Nanopartikel unter das Futter und verfolgte den Weg der Teilchen in den lebenden Fadenwürmern. Die Siliziumdioxid-Partikel gelangten bis in einzelne Zellen des Darmepithels der Fadenwürmer, danach verteilten sie sich im Zytoplasma und im Zellkern, »wo sie amyloide Proteinverklumpungen auslösten«, wie die Forscherinnen berichteten. Diese Proteinklumpen treten jedoch sonst »typischerweise in alten Würmern« auf, sodass Mikecz und ihr Team wissen wollten, ob die mit Nanofood gefütterten Würmer »auch andere Anzeichen für frühzeitige Alterung aufwiesen«.

Dazu beobachteten sie die Nahrungsaufnahme, die sich bei alternden Fadenwürmern im Laufe der Lebenszeit stetig verlangsamt. Tatsächlich konnte gezeigt werden, dass sich Nanopartikel aus Siliziumdioxid nicht nur in dem Organ für die Nahrungsaufnahme anreichern, sondern dass dieses Organ dann genauso wie bei alten Würmern die Nahrung langsamer in den Darm pumpt. Damit lösen die Nanopartikel vorzeitig ein Verhalten aus, das normalerweise bei alten Fadenwürmern beobachtet wird. Eine derartige vorgezogene Alterung zeigte sich auch in den Fortpflanzungsorganen und beim Fortpflanzungsverhalten der Würmer. Die Forscher vermuten, dass vor allem neuromuskuläre Vorgänge betroffen sein könnten. »Da der Fadenwurm C. elegans ein einfaches Nervensystem aus 302 Zellen besitzt, das in seinen Grundzügen dem des Menschen stark ähnelt, ist es aussichtsreich, hier die molekularen Ursachen der Wirkung von Nanopartikeln weiter aufzuklären«, teilte das Institut im Januar 2014 mit.[173] Man könnte es direkter formulieren: Als Nanopartikel lässt E 551 die Tiere schneller altern.

Obwohl solche Erkenntnisse schon vor Jahren diskutiert wurden, passierte zum Schutz der Verbraucher bisher vor allem eins: nichts. Wer Nanolebensmittel und -produkte verkaufen will, kann das ungehindert tun. Kritik seitens der Politik? Wirksame Gesetze zum Schutz der Verbraucher? Fehlanzeige. So listete das amerikanische Institute of

Nanotechnology am 21. Februar 2013 die vielversprechendsten Anwendungsgebiete im Lebensmittelsektor auf. Zu den Top-Seller-Segmenten der Nanofood-Branche zählen danach Sportgetränke und spezielle Nahrungsmittel für Menschen mit viel Sinn für ihren Körper. Ironie des Schicksals: Ausgerechnet Fitnessfanatiker laufen Gefahr, durch den Konsum von sportunterstützenden Nanogetränken und Nanoriegeln ihre Gesundheit zu ruinieren. So bietet die US-Firma Advances Sports Nutrition (ASN) das sogenannte »High Performance Creatine (HPC)« an. Das Getränk vermag dank seiner Nanopartikel die Aufnahme von Kreatinin in den Muskelzellen zu steigern – was zunächst einen schöneren Körper beschert. Wie die Nanopartikel jedoch sonst noch im Organismus wirken, ist ebenso unbekannt wie deren Langzeitwirkung. Im Forschungsreport 2/2013 der Bundesforschungsinstitute stellten Wissenschaftler fest: »Das Wissen um das Verhalten und den Verbleib von synthetischen Nanomaterialien ist zurzeit noch ungenügend. Die wenigen Studien lassen kaum Rückschlüsse auf die reale Situation zu.« Trotzdem schätzen die Experten das wirtschaftliche Potenzial als groß ein: »Viele der weltweit größten Lebensmittelunternehmen unterstützen Forschungsprogramme zur Verwendung technisch hergestellter Nanomaterialien im Lebensmittelbereich«, schrieben die Autoren vom Max-Rubner-Institut.[174]

Sich auf politischer Ebene mit Nichtwissen herauszureden ist jedoch unangebracht. Denn die Publikation stammt aus der Feder von Wissenschaftlern im Dienst des Staates – und keinesfalls aus der Feder radikaler Ökofreaks. Was dem Papier zufolge nach der Aufnahme von Nanofood in unserem Körper geschieht, müsste nicht nur medizinisch Bewanderte erschaudern lassen. Zunächst erfolgt der Transport der Partikel durch die Zellen, von wo aus sie über den Blutkreislauf und das lymphatische System in den gesamten Körper verteilt werden. Auf ihrer Reise durch das Innere des menschlichen Körpers interagieren die Nanoteilchen mit »den unterschiedlichen Blutkomponenten, wie Plasmaprotein, Gerinnungsfaktoren, Thrombozyten, roten und weißen Blutkörperchen«, schreibt der Wissenschaftler Ralf Greiner in seiner MRI-Analyse.[175] Doch damit ist die unheilvolle Reise der Nanoteilchen noch lange nicht beendet. Denn je nach Art und Größe wandern die Partikel in Niere, Lunge und Knochenmark.

Der Segen der Winzlinge, nahezu ungehindert jede Stelle unseres Körpers zu erreichen, mag bei medizinischen Anwendungen für Patienten mit Krebs im Endstadium ein berechtigter Hoffnungsschimmer auf neue Therapien sein – in der Lebensmittelindustrie bergen Nanozusätze für die Verbraucher vor allem eins: ein enormes, weitgehend unerforschtes gesundheitliches Risiko. Der einzige Grund, die Substanzen weiter in Verkehr zu bringen, besteht in der Jagd nach Milliardenprofiten. Das unterscheidet die Food-Mafia in nichts von ihrem auf Drogen spezialisierten, illegalen Pendant. Doch während Schulkinder von engagierten Polizeibeamten über die Risiken des Konsums von Christal Meth aufgeklärt werden, verrät den Kids und Jugendlichen niemand, was der Konsum von Nano-Drinks nach sich ziehen kann. Harte Drogen mit Nanofood zu vergleichen mag provokant sein und Justiziare mancher Konzerne zu Höchstform auflassen lassen – aus ethischer Sicht besteht zwischen beiden Geschäftsmodellen kein großer Unterschied. Gewiss, Crack, Speed und Heroin sind illegal und lassen sich nicht im Supermarktregal auffinden. Warum sich das bei Nanofood nicht ähnlich verhält, bleibt ein Rätsel.

Will man den Vergleich zuspitzen, erweist sich der Handel mit Nanolebensmitteln sogar als das lukrativere Geschäft. Denn anders als harte Drogen lassen sich Nanozusätze nur extrem schwierig aufspüren. Hunde mit feinen Nasen im Einsatz gegen Kokaindealer auf Flughäfen sind Realität – dass Spürnasen der Lebensmittelbehörden im Einzelhandel nanotechnologisch hergestelltes E 551 von seinem normalen Pendant unterscheiden, bleibt Wunschdenken, wie das Max-Rubner-Institut zu verstehen gibt: »Der Nachweis eines spezifischen Nanomaterials in solch einer Lebensmittelmatrix ist heute nur in Ausnahmefällen möglich.«[176]

Das Fazit fällt demnach verheerend aus. Kontrollen? Nicht möglich. Risiken? Ohne Ende. Wirksame Kennzeichnungspflichten? Weit gefehlt. Und trotzdem setzt die Politik ganz unverblümt auf die Technologie im Lebensmittelbereich. Auf aufwendig mit staatlichen Geldern finanzierten Portalen wird Verbrauchern eine Sicherheit suggeriert, die es in Wirklichkeit nicht gibt. So heißt es auf den Seiten der »Informationsplattform Nano-Sicherheit.de« des Hessischen Ministeriums für Wirtschaft, Verkehr und Landesentwicklung in einer prominent platzierten News unter anderem, »dass bestimmte Nanopartikel, abhängig von ihrer Dosierung, leichte Entzündungen in der Lunge hervorrufen können. Zudem ergaben die Untersuchungen, dass zur Bewertung des toxischen Potenzials keine gesonderte Analyse jeder einzelnen Modifikation nötig ist, da die Oberflächenbeschaffenheit der Teilchen für ihr toxisches Potenzial nur eine untergeordnete Rolle spielt. Insgesamt sind weniger Partikel in der Lunge verblieben und in das Zellgewebe eingedrungen als erwartet.«[177]

Selbst die Produktionsprozesse gelten in derartigen Studien als sicher, wie der weitere Blick auf die gleiche Plattform attestiert:

»Im Auftrag des Bundesamts für Umwelt (BAFU) in der Schweiz analysierte die Eidgenössische Materialprüfungsanstalt Empa das Risiko eines Störfalls bei Herstellern von Nanomaterialien. Insbesondere wurde die Fragestellung, ob besondere Schutzmaßnahmen für Bevölkerung und Umwelt nötig wären, untersucht. Die vier häufig verwendeten Nanomaterialien Titandioxid, Zinkoxid, Kohlenstoffnanoröhrchen und Nano-Silber wurden in mehreren Betrieben geprüft ... Resultierend aus dieser Studie fand die Empa, dass zurzeit die herkömmlichen Sicherheitsmaßnahmen der Chemieindustrie auch für synthetisch hergestellte Nanomaterialien ausreichend seien«. Allerdings beziehen sich die Aussagen der Studie lediglich auf einen Störfall – keinesfalls aber auf eine anhaltende Exposition. Entsprechend positiv fällt die Empfehlung der Schweizer Behörde aus: »Eine Anpassung der Störfallverordnung bezüglich Nanomaterialien ist nicht erforderlich.«

Ist wenigstens in Sachen Produktion alles gut? Mitnichten. Wie komplex die Nanofabriken funktionieren und welche Gefahren schon die Herstellung von Nanomaterialien birgt, erfuhren Manager des Chemieriesen Bayer im Jahr 2011.

Nanopartikel als potenzielle Umweltkiller

Für Konzerne wie Bayer zählen sie zu den Vertretern einer neuen Materialgeneration, doch 2011 rückten Schweizer Forscher die sogenannten Kohlenstoff-Nanoröhrchen (CNT) in eine unliebsame Ecke: Eine Studie der Empa zeigte, dass CNT auf Grünalgen zwar nicht toxisch wirken, deren Wachstum aber hemmen, indem sie ihnen Licht und Platz nehmen. Die Schweizer Behörden rieten dazu, ungebundene Nanotubes nicht in die Umwelt freizusetzen. Auch andere Studien deuteten auf massive Risiken bei CNTs hin – politisch ließen sich die Forschungsergebnisse nicht mehr ignorieren.

CNTs sind bis zu 100 000-mal dünner als ein menschliches Haar und so leicht wie Plastik. Dennoch können sie zugfester sein als Stahl, härter als Diamant und leitfähiger als Kupfer. »Diese Eigenschaften machen sie zu einem Werkstoff mit Zukunft«, schreibt die Empa, und: »Ihr Einsatz wird daher vielfältig erforscht, etwa für Solarzellen, Kunststoffe, Batterien, in der Medizin sowie zur Reinigung von Trinkwasser.« Allerdings steige mit zunehmender industrieller Produktion in der Größenordnung von Hunderten von Tonnen jährlich auch die Menge an solchen Teilchen, die in die Umwelt gelangen kann. Einige Studien legen der Empa zufolge »den Verdacht nahe, dass bestimmte CNT in der Lunge ähnliche Schäden wie Asbestfasern auslösen können«.

Wie sich CNT verhalten, wenn sie in Gewässer gelangen, fand ein interdisziplinäres Team der Forschungsinstitute Empa und Agroscope ART in einer vom Schweizerischen Nationalfonds (SNF) finanzierten Studie an Grünalgen heraus. Dabei entwickelten die Forscher ein Standardverfahren für Chemikalien weiter, um Wachstum und Fotosynthese-Aktivität der Algen unter CNT-Belastung zu messen. Es zeigte sich, dass die Algen selbst bei hohen CNT-Konzentrationen ihre normale Fotosynthese-Aktivität beibehielten – jedoch verlangsamte sich ihr Wachstum. Auffällig war auch, dass sich die Algensuspension durch Zugabe der CNT verdunkelte und dass die Algen mit den Nanoröhrchen verklumpten – obwohl nichts darauf hinwies, dass die Nanoröhrchen von den Algen aufgenommen werden.

»Die ForscherInnen vermuteten deshalb, dass die Algen langsamer wachsen, weil sie durch die CNT ›zusammenkleben‹ und dadurch weniger Licht erhalten«, hieß es dazu in einer Pressemitteilung der Empa.

Bayer in der Zwickmühle

Für den Leverkusener Konzern wurde die Lage ob solcher News allmählich brisant – und erste Anzeichen eines Umdenkens waren 2011 erkennbar. Péter Krüger, Leiter der Arbeitsgruppe Nanotechnologie in der Bayer MaterialScience AG und Vorsitzender hochrangiger Nanoprojektgruppen, forderte beispielsweise bereits im Vorfeld der 4. NRW Nano-Konferenz Sicherheitsstandards im Umgang mit der neuen Technologie. Sein Credo:»Damit diese Welt Wirklichkeit wird, muss Nano sicher sein.« Der Vorstoß war mehr als bemerkenswert – aber war er auch mehr als reine PR?

Mit seiner Forderung stand Krüger hinter NRW-Innovationsministerin Svenja Schulze auf dem Programm der 4. NRW Nano-Konferenz. Dennoch sollten die von Bayer MaterialScience in einer eigenen Versuchsanlage produzierten Carbon Nanotubes (CNTs) in Lacken, beim Bau von Rotorblättern und in Sportartikeln wie Skiern oder Hockeyschlägern eingesetzt werden. Das Gefährdungspotenzial der neuen Stoffe bleibt weitgehend unbekannt, wie die Empa-Studie noch heute belegt. Doch selbst Tierversuche zeigen, dass bestimmte CNTs die Entstehung von Krebs ähnlich wie Asbestfasern begünstigen können.[178] DNA-Schäden der Aorta sind ebenso möglich wie eine Beeinträchtigung der Lungenfunktion.[179] Zudem können Nanotubes vom Körper sowohl über die Atemwege als auch über die Haut aufgenommen werden.

Doch der Konzern sah noch im November 2011 auf seiner eigenen Seite www.baytubes.com keine Probleme für die Bevölkerung und betonte das wirtschaftliche Potenzial der CNTs.[180] Aus Sicht der Umweltverbände hingegen war es bereits damals offensichtlich, dass eine Anlage dieser Größenordnung keine »Versuchsanlage« darstellte. Vor einer Genehmigung müsse der Betreiber darlegen, dass von der Anlage keine schädlichen Umwelteinwirkungen ausgehen, insbesondere welche Emissionen und Immissionen in welcher Höhe zu erwarten sind, welche Wirkungen auf Umwelt und Gesundheit damit verbunden sind, wie hoch die Belastung innerhalb der Anlage ist und welche Mengen dieses speziellen Feinstaubs bei einem Störfall austreten können.

Die am 4. November 2011 publizierten Schweizer Ergebnisse brachten letztendlich die Politik in NRW in Zugzwang.»Unsere Studie zeigt, wie schwierig es ist, die Wirkungen von Nanomaterialien auf Organismen detailliert zu verstehen«, betonte Empa- und ART-Forscherin Fabienne

Schwab. Bis umfassende Erkenntnisse auch für komplexere Organismen als Grünalgen sowie Langzeitstudien vorliegen, riet Empa-Forscher Bernd Nowack, »besonders ungebundene Nanopartikel nicht in die Umwelt freizusetzen«[181].

Hätte es nicht den engagierten und beherzten Einsatz von Wissenschaftlern und Nichtregierungsorganisationen gegeben wie die »Coordination gegen Bayer-Gefahren (CBG)«, ohne die die Problematik der CNT-Nanotubes niemals ins Bewusstsein der Politik vorgedrungen wäre, müssten die Menschen nicht nur in NRW mit dem Risiko austretender CNT-Partikel leben. So aber konnten auch bei Bayer verantwortungsbewusste Manager das tun, was die Öffentlichkeit und letztendlich die Wissenschaft von ihnen forderte – die Produktion der CNT-Nanotubes beenden. Wer heute die Site www.baytubes.com aufruft, gelangt zu Baylab Plastics – einer Infoseite des Bayer-Konzerns über die Vorzüge neuartiger Kunststoffprodukte. Zum Thema Nanotubes gibt es nicht mehr viel zu sagen – Bayer hat sich aufgrund der zu vielen Fragezeichen aus der Technologie verabschiedet.

Philipp Mimkes vom Vorstand der Coordination gegen Bayer-Gefahren kommentierte daher im Mai 2013: »Potenziell gefährliche Produkte sollten nur auf den Markt gebracht werden dürfen, wenn deren Ungefährlichkeit bewiesen ist – dies war bei Nanotubes nicht der Fall. Die von Bayer empfohlenen Grenzwerte, die von den Behörden übernommen wurden, müssen angesichts des Fehlens epidemiologischer Daten als willkürlich angesehen werden. Daher begrüßen wir den Verzicht auf eine großtechnische Produktion von CNT, auch wenn die Entscheidung auf rein kommerziellen Erwägungen beruht.«[182]

Die Entscheidung des Konzerns verdient Respekt, denn sie markiert womöglich einen Meilenstein im Umgang der Industrie mit neuen Technologien. Wenn die Risiken nicht zu leugnen und wissenschaftlich nachgewiesen werden können, so lautet das Resümee der CNT-Geschichte, lohnt der Ausstieg selbst dann, wenn enorme Profite verlockender wären. Immerhin verzichtete der Leverkusener Konzern auf die Fortführung der weltweit größten Produktionsanlage für Nanotubes. Daraus zu lernen wäre Politik und Nanoproduktherstellern im Lebensmittelbereich sehr empfohlen.

Klonfood – so what?

Neben Nanofood gibt es einen weiteren Bereich, der bar jedweder Kontrolle die Lebensmittelindustrie begeistert: das Geschäft mit Klonfleisch. Darunter versteht man das Fleisch von geklonten Tieren – Tieren mit identischem Erbgut. Was gruselig klingt, wird von Verbrauchern in Deutschland und dem Rest der EU eigentlich auch abgelehnt. Und zunächst scheinen sie bei den Politikern Gehör zu finden. Im Dezember 2013 teilte die EU-Kommission mit, was Millionen von Konsumenten hören wollten:»Die Vorschläge sehen zum einen ein Verbot der Klontechnik bei landwirtschaftlichen Nutztieren und ein Verbot des Inverkehrbringens von lebenden Klontieren und Klonembryonen vor. Zudem dürfen Lebensmittel von Klontieren, zum Beispiel Fleisch oder Milch, in der EU nicht auf den Markt gelangen.«[183]

Tatsächlich gilt das sogenannte reproduktive Klonen von Tieren als eine neue Technologie, bei der es sich nicht um genetisch veränderte Organismen (GVO) handelt. Beliebt ist die Technik bei Züchtern jedoch, weil»größere Mengen an Reproduktionsmaterial von besonders wertvollen Tieren« erhalten werden können. Zumindest bis Dezember 2013 schien auch die Rechtslage in der EU klar definiert: Für das Inverkehrbringen von Lebensmitteln von Klonen ist eine Zulassung erforderlich.[184] Wer sich die Mitteilung der Kommission im Detail durchliest, kann über die eindeutige Haltung nur staunen. So heißt es in dem geschichtsträchtigen Dokument:»Solange Bedenken in Bezug auf das Tierwohl bestehen, wird in der EU nicht zu landwirtschaftlichen Zwecken geklont, und es werden auch keine Klontiere importiert.«

Dass sich die Kommission um das Wohl unserer Nutztiere nicht wirklich kümmert, werden wir in diesem Buch noch im Detail aufzeigen – warum aber verkündete sie am 18. Dezember 2013 solche verbraucherfreundlichen Parolen? Womöglich aus einem guten Grund: Wenn es um den Import von Klonfleisch und anderen Lebensmitteln aus geklonten Tieren geht, hat die EU schon bald kaum noch etwas zu sagen. Zumindest dann nicht, wenn es sich um Importe aus den USA handelt. Denn das Freihandelsabkommen TTIP öffnet den amerikanischen Klonfood-Exporteuren die Tür nach Europa. Davor warnte die damalige deutsche Verbraucherschutzministerin Ilse Aichinger (CSU) bereits im

Juni 2012. Spiegel online hob die Ministerin gar in den Rang einer Revoluzzerin: »Aigner-Ministerium schießt gegen Handelspakt-Pläne.«[185] Doch die nicht gerade als antiamerikanisch gesinnte WELT schrieb, wie der Kampf am Ende ausgehen kann: »Verbraucherschutzministerin Aigner hält den Import von Klonfleisch aus den USA für denkbar – für den Fall, dass ein Freihandelsabkommen zwischen den USA und der EU zustande kommt.«

Nur zwei Jahre und eine Ukraine-Krise später stand fest: An die Blockade des ohnehin in vielerlei Hinsicht umstrittenen TTIP ist nicht mehr zu denken. Selbst die Bundesregierung scheint vollkommen überfordert, wenn es um die Inhalte des Abkommens geht.

In einer Antwort an die Fraktion Bündnis 90/Die Grünen räumte sie ein, keinen Zugang zu den von den USA vorgelegten Verhandlungsdokumenten zu haben. »Die Bundesregierung hat mehrfach darauf hingewiesen, dass dies für eine verantwortungsvolle Begleitung des Verhandlungsprozesses, wie es nach den EU-Verträgen in der Handelspolitik vorgesehen ist, unzureichend ist«, zitierte der Parlamentsdienst des deutschen Bundestags die Bundesregierung.[186]

Das von den USA erarbeitete TTIP unterliegt nicht den völkerrechtlichen Regeln der Gemeinsamen Außen- und Sicherheitspolitik (GASP) – und Deutschland würde de facto in Bezug auf nationale Regelungen weite Teile seiner Eigenständigkeit verlieren, sobald das Abkommen kommt.[187] Dass es kommt, bezweifelt niemand mehr. Bereits 2015 könnte es nach Angaben der Regierung abgeschlossen werden. Für Deutschland hätte es weitreichende Folgen, vor allem würden etliche Kompetenzen des Staates durch die Amerikaner de facto aufgehoben. So werden »Regelungen zur Marktöffnung im Dienstleistungsbereich« nach Angaben der Bundesregierung »Länderzuständigkeiten berühren, insbesondere mit Blick auf Regelungen des Berufsrechts«. Weiter heißt es in dem Papier: »Es könnten Regelungen im Bereich der Verkehrsdienstleistungen, des Investitionsschutzes bzw. zum Energiesektor betroffen sein.« Und vor allem werden weite Teile des Lebensmittelbereichs darunter leiden. Mithilfe des TTIP wird dann auch Klonfleisch in die Europäische Union und somit auch in die Bundesrepublik gelangen.

3 ETHIK ADE

WIE FLEISCHPRODUKTION BEI UNS WIRKLICH FUNKTIONIERT

Huhn

Das Küken ist Sinnbild des Frühlings und des Lebenswillens: Allein mit der Kraft seines Schnabels durchbricht es die Eierschale und kämpft sich ans Licht der Welt. Ihm gilt die Sympathie aller Osterfans und Kinder. Pittoreske Gefühle für die flaumigen Neuankömmlinge haben in der industriellen Fleisch- und Eierproduktion allerdings wenig Platz: Nachfrage, Angebot, Preiskampf und Profitstreben gehen hier eine besonders unheilige Allianz ein.

Das Haushuhn ist ein Multitalent, das uns seit etwa 8 000 Jahren mit Eiern, Fleisch und Federn versorgt. Seitdem in der Eisenzeit in Mitteleuropa Hühner zwischen den Siedlungshäusern der Menschen gackerten, hat die Art eine erstaunliche Wandlung erlebt. Es gibt eine Vielzahl von Rassen, die hauptsächlich auf das ostasiatische Rote Kammhuhn (Bankivahuhn), aber auch auf das Sonnerathuhn, das Lafayettehuhn und das Gabelschwanzhuhn zurückgehen; Spitzenreiter, was Legeleistung und Fleischansatz betrifft, sind Hybridzüchtungen aus der zweiten Hälfte des 20. Jahrhunderts, die hauptsächlich gewerblich genutzt werden.

Noch bis in die 1950er-Jahre hinein scharrten Henne und Hahn gemeinsam auf den Wiesen der Bauernhöfe oder Privatgärten, tummelten sich nachts, vor Fuchs und Marder geschützt, auf den Stangen des Hühnerhauses. Die Hennen legten Eier; ging die Legeleistung von etwa 120 Stück pro Jahr zurück, wanderten sie in den Suppentopf – die Hähne dagegen dienten der Mast und wurden als Festbraten verzehrt.

Mit den rund 1,4 Milliarden Dollar aus dem Marshallplan, der Westdeutschland einen enormen wirtschaftlichen Aufschwung bescherte, änderten sich auch die Art zu essen und die Einstellung gegenüber tierischen Produkten. Die Nachfrage nach Eiern und Hühnerfleisch stieg, eine rationalisierte Hühnerhaltung versprach gute Renditen. Nicht nur, dass die Massentierhaltung um 1960 ihren Anfang nahm, auch die Züchter reagierten. Mithilfe der Hybridzucht schufen sie Turbohühner, die als »Umsatztyp« lediglich dem Eierlegen dienen oder als »Ansatztyp« der Mast. »Legehybriden« produzieren bis zu 320 Eier pro Jahr, »Masthybriden« sind bereits nach 30 Tagen schlachtreif.

Hybridzucht Huhn

Es gibt Teilpopulationen innerhalb einer Rasse, die genetisch einheitlicher sind als andere Angehörige derselben Rasse. Solche sogenannten Zucht-linien werden in Inzucht (zum Beispiel Mutter mit Sohn oder Vater mit Toch-ter) vermehrt. Ziel ist es, bestimmte Merkmale eines Huhns reinerbig inner-halb der Linie zu erhalten. Eine Weiterzucht ist nur begrenzt möglich, weil die gewünschten Merkmale entsprechend der Aufspaltung nach den Men-delschen Gesetzen schnell verloren gingen. Nur wer auf die ursprünglichen Zuchtlinien zurückgreifen kann, ist dazu in der Lage – und das sind wenige multinational tätige Konzerne. In Deutschland existiert daher seit 1997 kein eigenständiges Zuchtunternehmen mehr.

(Quelle: BUND Industrielle Mastgeflügelproduktion)

Von Natur aus sind Hühner ein überaus quirliges Volk: Mehr als 60 Prozent ihres Tages sind sie aktiv. Kaum geht die Sonne auf, beginnen sie sich zu putzen, laufen umher, picken unentwegt und legen noch in den Vormittagsstunden ihre Eier. Danach folgt eine Ruhepause. Nach-mittags widmen sie sich der Gefiederpflege, nehmen ein Sand- oder Sonnenbad und ordnen ihre Federn. Neigt sich der Tag dem Ende zu, ziehen sie sich zurück. Genetisch veranlagt ist die Angst vor Feinden, sodass sie erhöhte Sitzgelegenheiten bevorzugen – was man »Aufbau-men« nennt. Hier sitzen sie dicht aneinander gedrängt, den Kopf unter den Flügeln versteckt, und schlafen. Hühner leben in Sozialverbänden aus vielen Hennen und wenigen Hähnen, die durch eine Rang- und Hackordnung bestimmt wird. Ein höherer Rang, der einen besseren Zugang zu Futter und einen besser geschützten Schlafplatz verspricht, wird verteidigt. Hähne wirken stabilisierend auf die Gruppe, sie mil-dern allein durch ihre Anwesenheit die Aggressivität der Hennen. In den späten Herbstmonaten setzt, bedingt durch die abnehmende Tageslänge, die Mauser ein, der Federwechsel. Das ist auch die Zeit, in der die Eierproduktion nachlässt: Die Eierstöcke können sich regenerieren. Nach drei bis vier Monaten beginnen die Hennen erneut mit dem Eierlegen.[188]

In der industriellen Landwirtschaft werden Hennen entweder künstlich besamt oder zu zehnt in einem Käfig mit einem Hahn gehalten. Die Eier werden nicht von den Hennen, sondern in Brütereien ausgebrütet. Da natürlicherweise nur die weiblichen Tiere Eier legen, werden die männlichen Küken aussortiert. Die weiblichen Küken erhalten ihre erste Impfung, werden in Kartons verpackt und an die Aufzuchtbetriebe verschickt. Um von vornherein zu verhindern, dass sich die Hennen später gegenseitig attackieren, wird den Küken mit einem speziellen Gerät, dem »heißen Messer«, der obere Teil des Schnabels kupiert, was mit akuten und chronischen Schmerzen verbunden ist und die spätere Nahrungsaufnahme erheblich erschwert. Ihrer Natur nach ziehen, hacken und reißen Hühner an ihrer Nahrung – sie bearbeiten fressbares Material regelrecht. Mit kupiertem Schnabel können sie das nicht mehr. Statt es aufzupicken, müssen sie das Futter nun schaufeln. Zudem ist eine Gefiederpflege nur noch schlecht möglich: Sie können das Federkleid weder streichen noch kämmen, auch das Zupfen an der Bürzeldrüse, aus der sie Fett zum Einfetten des Gefieders entnehmen, ist massiv erschwert.

Derzeit werden fast 100 Prozent aller Legehennen in konventioneller Haltung schnabelkupiert.[189] Österreich verzichtet inzwischen auf diesen schmerzhaften Eingriff; für ein bundesweites und verbindliches Ende des Schnabelkürzens bis Ende 2016 setzte sich Niedersachsens Landwirtschaftsminister Christian Meyer auf der Agrarministerkonferenz (AMK) im Sommer 2013 ein – bislang mit keinem konkreten Ergebnis.[190]

Das Futter, das die Tiere erhalten, ist von mehlartiger Konsistenz und dient lediglich der schnellen Sättigung, kommt dem Bedürfnis der Tiere nach entsprechender Beschäftigung allerdings in keiner Weise nach. Um von vornherein Erkrankungen zu verhindern, enthält es prophylaktische Mittel gegen Parasiten. Vierzehn weitere Impfungen folgen, bis die Tiere in die jeweiligen Haltungssysteme gebracht werden.

Die Eierindustrie ist vollständig automatisiert – Fütterung, Temperatur und Beleuchtung übernehmen Maschinen. Um die Mauser zu unterbinden, die ja gleichzeitig mit einem Rückgang der Legeleistung und schließlich mit dem Einstellen des Eierlegens verbunden ist, wird die Legeperiode mithilfe der Beleuchtung künstlich verlängert. Vierzehn Stunden Licht am Tag gaukeln den Hennen einen nicht enden wollenden Sommer vor. Die Einflussnahme über das Licht lässt sich allerdings nicht unendlich ausdehnen. Nach etwa einem Jahr verlangt der Körper der Hennen seinen Tribut, und die Mauser setzt trotzdem ein. Hochleistungshennen gelten bereits nach einem Jahr als unproduktiv, da sie nicht nur weniger Eier legen, sondern auch solche, die dünnschalig sind oder die am besten verkäufliche, mittlere Gewichtsklasse M (53 bis 63 Gramm) um zehn Gramm und mehr überschreiten. Nach etwa 15 Monaten werden die Tiere deshalb ausgemustert: Die komplette Herde wird durch Junghühner ersetzt. In Deutschland werden 98 Prozent aller Legehennen nur ein Legejahr genutzt.[191] Zu diesem Zeitpunkt sind bereits zehn Prozent der Tiere gestorben; viele leiden an der Berufskrankheit der Legehennen, der Eileiterentzündung (Salpingitis).[192]

Das sogenannte Ausstallen führt unmittelbar in den Schlachthof. Die Hühner enden in der Regel nicht etwa als Suppenhuhn. Denn zum einen sind sie auf Eierproduktion, nicht auf Fleischansatz gezüchtet und zum anderen derart ausgemergelt, dass die Schlachtkörperqualität stark zu wünschen übrig lässt. Nur wenige Verbraucher sind bereit, ein Suppenhuhn länger als üblich zu kochen – zwei Stunden dauert es in der Regel, aus dem zäheren Fleisch eine schmackhafte und gehaltvolle Bouillon zu zaubern. Leichter ist es, auf das billige Hühnerfleisch aus der Mast zurückzugreifen. Auch die Lebensmittelindustrie macht es nicht anders. Weil es für sie nicht lohnt, die Althennen zu verwerten, werden die Hühner bestenfalls zu Instant- und Fertigprodukten, meist aber zu Haustiernahrung und Tiermehl oder sogar in Biogasanlagen zu Strom vergoren.[193] Der Direktor der Schweizer Geflügelzuchtschule Aviforum, Ruedi Zweifel, appellierte in einem Interview an die Vernunft seiner Landsleute: »Wenn jede Familie in der Schweiz pro Jahr ein Suppenhuhn essen würde, dann wären unsere Probleme gelöst.«[194] Die Verwertung ausgemusterter Legehennen ist übrigens nicht nur ein Thema für konventionell gehaltene, sondern auch für Biohühner.

Die Gründe, eine ältere Hühnerpopulation durch eine jüngere zu ersetzen, sind also rein wirtschaftlicher Natur. Allerdings stören die Anschaffungskosten für Junghühner und die geringen Schlachthennen-Erlöse, was zur Überlegung geführt hat, die Mauser künstlich und zeitlich begrenzt zu induzieren. Das ist tatsächlich möglich, und zwar, indem man den Tieren beispielsweise bis zu zwei Wochen einen Großteil ihrer Nahrung oder zusätzlich sogar das Trinken verweigert. In dieser Zeit verlieren sie nicht nur ihre Federn, sondern etwa ein Drittel ihres Körpergewichts. Laut Fachliteratur liegt die Sterberate »im optimalen Fall« bei 1,25 Prozent.[195] Die auf künstlichem Weg herbeigeführte Mauser bewirkt, dass die Hühner eine oder sogar zwei Perioden weiter legen – und das mit Legemengen, die oft nur wenig unter den Maximalwerten der ersten Saison liegen. Für die USA schätzt man, dass bei 70 Prozent aller Legehennen eine Mauser durch Nahrungsentzug hervorgerufen wird. In der Schweiz darf die künstliche Mauser übrigens seit 2007 durchgeführt werden, wenn sie »tierschutzrechtlich verträglich« erfolgt – das bedeutet dann eine moderate Diät und einen Verzicht auf Wasserentzug. Nach Meinung des Sächsischen Staatsministeriums für Umwelt und Landwirtschaft kann besonders für Direktvermarkter und ökologisch wirtschaftende Betriebe eine zweite Legeperiode von Vorteil sein, vorausgesetzt, es handelt sich um einen gesunden und vitalen Bestand. Zwischen dem achten und zwölften Monat sollten die Hühner demnach drei Tage lang lediglich 25 bis 30 Gramm Futter bekommen, dann jeweils zehn Gramm pro Tag mehr, bis die Menge erreicht ist, die zur vollständigen Sättigung notwendig ist. Gleichzeitig sollte die Beleuchtung zwei Wochen lang auf zunächst vier Stunden reduziert und dann wieder schrittweise erhöht werden.[196] Hennen wurden 1960 1 385 Tage alt, heute sind es ohne künstlich erzeugte Mauser 480 Tage.

Die Legebatterie – eine Gruselgeschichte mit Happy End?

Bis 2009 mussten rund 28 Prozent aller in Deutschland gehaltenen Hühner ihr Leben in Käfigen fristen. Ein Leben im Käfig bedeutete: zu fünft bis siebt zusammengepfercht auf 550 Quadratzentimeter Fläche, weniger als eine DIN-A-4-Seite pro Tier, ohne Einstreu und ohne Nest, auf einer abgeschrägten Gitterfläche, damit die gelegten Eier abrollen und nicht mit Kot beschmutzt werden konnten. Durch ein Über- und Untereinanderreihen solcher Käfige entstehen Legebatterien, die unter diesem Begriff auch in die Negativschlagzeilen geraten sind. Deutschland hat die Haltung in konventionellen Batteriekäfigen zum 1. Januar 2010 verboten; das deutsche Landwirtschaftsministerium rühmt sich gerne damit, dass dies zwei Jahre früher geschah als von EU-Recht gefordert. Kleingruppen-, Boden- und Freilandhaltung sowie die Haltung in ökologisch bewirtschafteten Betrieben sollten Ersatz schaffen.

Seit 2012 gibt es nun keine Eier aus Käfighaltung mehr, glauben viele Verbraucher. Doch das ist ein Irrtum. Denn die in Deutschland noch bis ins Jahr 2023, in Einzelfällen bis 2025 zugelassene Haltung in »Kleingruppen«, bei der bis zu 60 Hühner in einem »ausgestalteten« Käfig untergebracht sind, bringt den Hühnern kaum Vorteile. So steht ihnen hier eine nur unwesentlich größere Fläche von zusätzlich rund fünf EC-Karten zur Verfügung, insgesamt zwischen 750 und 850 Quadratzentimeter. Nur um sich einmal um sich selbst drehen zu können, benötigt ein Huhn 1 300 Quadratzentimeter. Allein die Flügelspannweite eines Huhns beträgt etwa 80 Zentimeter – Hühner strecken sich gern, was ihnen bei diesem engen Besatz von elf bis 13 Hühnern pro Quadratmeter verwehrt ist. Auch haben die vorgeschriebenen Einbauelemente wie Sitzstangen, Scharrmatten und ein abgedunkelter Eiablageplatz lediglich Alibifunktion. Zum Beispiel sind die Käfige mit 45 bis 60 Zentimeter[197] so niedrig, dass die nur 20 Zentimeter über dem Boden befindlichen Sitzstangen das Aufbaumen behindern und den ohnehin nur marginal vorhandenen Zusatzraum noch mehr verkleinern; Hühner auf den oberen Stangen müssen sich ducken und werden von den unten sitzenden attackiert. Das Sandbad besteht aus einer Kunstrasenmatte, auf die Sand oder Sägespäne gestreut werden. Die Fläche ist so begrenzt und ungeeignet, dass die Hennen ihr Körperpflegebedürfnis gar nicht befriedigen können. Um die Eiablageplätze ist es nicht besser bestellt. Das sogenannte Gruppennest hat eine Fläche von 900 Quadratzentimeter, was anderthalb DIN-A-4-Seiten entspricht, und besteht entweder aus einem gummierten Gitterboden oder aus einer Plastikmatte hinter einem ebensolchen Vorhang. Einstreu enthält er nicht.

In der drangvollen Enge der Käfige entwickeln die Hennen neben Fehlverhalten auch gesundheitliche Schäden. Weil es ihnen an Bewegung fehlt, verfetten die Lebern der Tiere, und die Knochen verlieren ihre Festigkeit. Die hohe Eierleistung fördert Osteoporose, weil das zur Bildung der Eierschalen notwendige Kalzium auch den Knochen entzogen wird. Diese Entmineralisierung und die damit verbundene »Knochenweiche« erhöht das Risiko für Brüche, wenn die Tiere am Ende ihres Arbeitslebens für den Abtransport in den Schlachthof eingefangen werden müssen.[198] Zeit ihres Lebens leidet ein Teil der Tiere an schmerzhaften Veränderungen der Beine. So bilden sich an den Fußballen entzündliche, schmerzhafte Geschwüre. Auch sind Schwellungen des Kamms und Verletzungen an den Kehllappen keine Seltenheit. Zudem sind die Hennen nicht in der Lage, einander auszuweichen: Schwächere Tiere werden von stärkeren nach unten gedrückt. Das Drängeln und der damit verbundene ständige Kontakt mit den Gittern der Käfige führen zu schweren Gefiederschäden und zu Deformierungen des Brustbeins.[199]

Rennen und Sich-Strecken, Flattern und Fliegen, Scharren und Hudern, Picken und Putzen – sprich: das arttypische Verhalten – sind in der Kleingruppenhaltung nicht oder extrem begrenzt möglich, urteilt daher ein Gutachten der Fachhochschule Eberswalde im Auftrag des Ministeriums für Umwelt, Forsten und Verbraucherschutz Rheinland-Pfalz, das eine Normenkontrollklage[200] vor dem Bundesverfassungsgericht angestrebt hatte. Der Autor der Studie, Prof. Bernhard Hörning, warnt vor den Gefahren, die mit der Einschränkung der natürlichen Triebe verbunden sind: Die Frustration wandelt sich in Aggression gegenüber den Nachbartieren.[201] Bilder von geschundenen Körpern und kahlen Köpfen und Hälsen, weil die Hühner einander die Federn vom Leib picken, oder von blutigen Kloaken, die, weil die Tiere im Nest nach der Eiablage nicht ruhen können und das Nest mit noch ausgestülpter Kloake verlassen müssen, von den Nachbarinnen mit dem Schnabel attackiert werden, flimmerten vielfach über die Bildschirme. Selbst Kannibalismus ist unter solchen Umständen keine Seltenheit. Das Fatale: Ist der Kannibalismus einmal erlernt, ist es auch unter besten Haltungsbedingungen schwierig, ihn in den Griff zu bekommen – die Tiere können dann innerhalb weniger Stunden Artgenossinnen töten. Um solches Fehlverhalten zu unterbinden, schrauben die Betreiber so mancher Hühnerfarm die Lichtmenge noch weiter herab auf fünf bis zwei Lux, obwohl der Ständige Ausschuss zum Europäischen Tierhaltungsübereinkommen in Artikel 14 Abs. 1 seiner Empfehlung vom 28.11.1995 eine Mindestbeleuchtung von 20 Lux auf Augenhöhe der Hühner empfiehlt. Nach der Tierschutz-Nutztierhaltungsverordnung von 2006 sind für alle Gebäude, die nach dem 13. März 2002 in Betrieb genommen werden, Tageslichtställe mit Lichtöffnungen von drei Prozent der Stallgrundfläche und eine gleichmäßige Verteilung des Lichts vorgeschrieben. Ausgenommen werden können bestehende Gebäude, die jedoch eine vergleichbare künstliche Beleuchtung sicherstellen müssen.[202] Dauerhaftes Dämmerlicht bei fünf Lux schadet indes der Sehstärke, der Gesundheit und der Vitalität der Hennen. Zum Vergleich: Als Optimum gilt eine Lichtmenge in der Hellphase von 150 Lux, was in etwa der Wohnraumbeleuchtung entspricht.

Zum Inspizieren der Ställe benötigt man allerdings etwa 300 Lux – eine Beleuchtung, wie sie derjenigen in Verkaufsräumen entspricht, und wie sie die Arbeitsstättenrichtlinie für veterinärmedizinische Tätigkeiten aufführt. Gerade in der Legehennenhaltung klaffen zwischen Anspruch und Wirklichkeit allerdings Welten. In vielen Fällen stehen die Abläufe derart unter der Prämisse des Maximalprofits, dass die Betreiber das Wesentliche ignorieren: Hühner sind Lebewesen, für deren Gesundheit und Wohlbefinden der Mensch verantwortlich ist. In Großanlagen mit je 100000 Tieren je Stallgebäude, in denen die Kleingruppenkäfige bis zu 6,60 Meter Höhe in bis zu acht Etagen aufgestellt sind, würde eine gewissenhafte Tierbetreuung mehrere Stunden pro Tag erfordern. Gewissenhaft ausgeführt, benötigte der Tierpfleger dazu Helligkeit. Setzt man jedoch die Tiere 300 Lux aus, »würde ... in den artwidrigen Kleingruppenhaltungen der Kannibalismus ... dramatische Ausmaße annehmen«, schreiben die Agraringenieure Detlef W. Fölsch und Iris Weiland in einer Abhandlung des Kieler Vereins ProVieh.[203]

Überhaupt gelten Löhne als einer der größten Kostenblöcke bei der Legehennenhaltung. Sie zu minimieren liegt daher meist im Fokus konventionell wirtschaftender Unternehmen. »In ökonomischen Berechnungen zur Kleingruppenhaltung wird für die Betreuung von je 40000 Hennen eine Arbeitskraft kalkuliert. Das entspricht ca. einer halben Sekunde pro Henne und Tag oder knapp 30 Sekunden pro Käfig für 60 Hennen täglich«, konstatieren Fölsch und Weiland. Ein von ProVieh besuchter Praxisbetrieb mit Kleingruppenhaltung kalkuliert für seine etwa 12000 Tiere in fünf Käfigreihen jeweils eine Stunde drei Mal die Woche: Sechs Gänge mit jeweils zehn Käfigaußenseiten mal 45 Meter Ganglänge. Die Agrarwissenschaftler rechnen vor, dass der Tierpfleger lediglich drei Sekunden pro Meter Zeit hat, zwischen elf und 15 Tiere zu inspizieren – zu wenig, um Verletzungen zu erkennen.

Dass Eier gesund sind, ist unbestritten. Mittlerweile haben Studien sogar das weit verbreitete Urteil widerlegt, dass Eier den Cholesterinspiegel gefährlich erhöhen. Weil es 40-mal so viel Vitamin D wie Milch, wichtige B-Vitamine wie das die Sehkraft stärkende Lutein und Zeaxanthin enthält, bereichern Eier auch immer häufiger die Speisepläne der eher skeptischen Genießer. Das schlägt sich in den aktuellen Zahlen nieder: 2012 stieg die Eiererzeugung für den Konsum um fast sechs Prozent auf 12,25 Milliarden Stück; jeder Deutsche isst im Schnitt 217 Eier – fünf mehr als im Vorjahr. Im Vergleich zu 2010, als die deutsche Eierproduktion wegen der Umstellung der Haltungssysteme deutlich zurückging, konnte sie sogar um knapp 26 Prozent zulegen. Trotzdem kann Deutschland seinen Bedarf nur zu 68 Prozent selbst decken; etwa 8,5 Milliarden Eier und Eiprodukte werden importiert.

Nun hätten Verbraucher und Tierschützer allen Grund aufzuatmen, denn 2010 bezeichnet das Bundesverfassungsgericht die Kleingruppenkäfige als Verstoß gegen das Grundgesetz und gibt damit der Normenkontrollklage von Rheinland-Pfalz recht.[204] Während es die ehemalige Bundeslandwirtschaftsministerin Ilse Aigner (CSU) gerne gesehen hätte, dass die Kleingruppenhaltung noch bis 2035 erlaubt wäre, hatten 2012 die Länder Niedersachsen und Rheinland-Pfalz auf der Grundlage eines Gutachtens des Kuratoriums für Technik und Bauwesen in der Landwirtschaft (KTBL) einen Kompromissvorschlag vorgelegt, der eine Übergangsfrist bis 2023 vorsieht. Zwar stimmte der Bundesrat diesem Kompromiss auch zu. Allerdings weigerte sich Aigner, den Beschluss zu verkünden, was zur Folge hatte, dass seit 1. April 2012 Länderrecht gilt und jedes Bundesland selbst entscheiden kann.[205] »Frau Aigner –

Glucke der Agrarlobby verlängert Käfighaltung« titelte daraufhin erbost die SPD-Bundestagsfraktion in einer Pressemitteilung.[206]

Das Bundeslandwirtschaftsministerium klopft sich dagegen auf die Schulter. Mittlerweile seien 87 Prozent aller Legehennen in Boden-, Freiland- oder Öko-Haltung, heißt es auf der aktuellen Homepage[207]; nur noch 13 Prozent der Hühner müssten demnach in Kleingruppenkäfigen ausharren. Den Mammutanteil macht allerdings die ebenfalls nicht unumstrittene Bodenhaltung aus: Sie hat sich von 21,7 Prozent im Jahr 2008 auf 63,8 Prozent im Jahr 2012 fast verdreifacht. Freiland- und ökologische Haltung konnten dagegen nur um jeweils rund drei Prozentpunkte zulegen, Erstere von 11,1 Prozent auf 14,8 Prozent, Letztere von 5,1 Prozent auf 8 Prozent.[208]

Die vor dem Siegeszug der Legebatterie Ende der 1960er-Jahre am weitesten verbreitete Haltung, die Bodenhaltung, ist keineswegs so artgerecht, wie man es vermuten könnte, glaubte man den idyllisch anmutenden Bildern von pickenden Hennen auf sattgrünem Wiesengrund auf den Eierverpackungen. Die vorgeschriebene Fläche von 0,11 Quadratmeter pro Huhn ist zwar doppelt so groß wie bei herkömmlicher Käfighaltung, aber immer noch viel zu klein: Auf einem Quadratmeter Grundfläche müssen neun Hühner ihr Leben fristen. Auf den Sitzstangen werden rein rechnerisch jedem Huhn 15 Zentimeter Platz zugestanden.

Die Ställe sind in drei Funktionsbereiche gegliedert: das Legenest, der Abkotbereich, bestehend aus einem Gitter über einer sogenannten Kotgrube, und der Scharraum. Letzterer muss mindestens ein Drittel der gesamten Stallfläche einnehmen und mit Stroh, Hobelspänen, Sand oder anderen natürlichen Materialien eingestreut sein. Tränke und Fütterung befinden sich über der Kotgrube. Das Legenest verdient diese Bezeichnung eigentlich nicht – es besteht lediglich aus einem ein Quadratmeter großen Stück Kunstrasen und dient 120 Hennen als Eiablageplatz. Wenn in der Bodenhaltung mehrere Ebenen genutzt werden, handelt es sich um eine sogenannte Volierenhaltung. In diesem Fall dürfen sogar bis zu 18 Hennen pro Quadratmeter gehalten werden.

Selbst bei der Freilandhaltung dominieren Großbetriebe; die meisten Abläufe sind automatisiert. Mehr Stallfläche als bei der Bodenhaltung steht jedem Huhn hier auch nicht zur Verfügung, allerdings werden jedem Tier zusätzlich vier Quadratmeter Auslauf im Freien zugestanden. Dieser Auslauf muss überwiegend begrünt sein und Schutzmöglichkeiten bieten wie zum Beispiel Bäume oder Unterstände. Weil die Hühner voneinander mehr Abstand halten können, kommt es seltener zu Rangordnungskämpfen als in der Bodenhaltung. Die Tiere können ihren angeborenen Verhaltensweisen besser nachgehen, können ungehindert scharren und rennen oder nach Insekten, Sand und Steinchen[209] suchen. Den Trieb des Pickens ausleben zu können unterbindet die Aggression Artgenossinnen gegenüber. Schließlich picken bereits zwei Wochen alte Küken zwischen 10000 und 15000 Mal pro Tag nach Futter. So manche Freilandbetriebe ähneln allerdings eher denen der Bodenhaltung, weil sich viele Hühner aufgrund der Stallsituation gar nicht nach draußen trauen. Hühner meiden aus Angst vor Fressfeinden instinktiv größere Freiflächen; befindet sich zu weit vom Hauptstall entfernt ein Unterschlupf oder fehlt der Bewuchs, wagen sie sich nicht weiter als wenige Meter vor. Verfechter der Käfighaltung argumentieren gern, dass das Risiko von Darmerkrankungen steige, weil der Hühnerkot den Boden kontaminiere. Um dieses Problem von vornherein auszuschließen, kann die Auslauffläche in Teilstücke unterteilt und abschnittsweise freigegeben werden – so kann sich die Grasnarbe erholen, und der Boden wird entkeimt. Auch Roste vor den überdachten Stallöffnungen können da Abhilfe schaffen; diese tragen außerdem dazu bei, dass die Hühner bei feuchtem Wetter nicht zu viel Nässe in den Stall tragen.

Die EG-Verordnung Nr. 889/2008 regelt alle Stufen der pflanzlichen und tierischen Produktion, von der Bodenbewirtschaftung und der Tierhaltung bis zur Verarbeitung und zum Vertrieb biologischer Lebensmittel und ihrer Kontrolle. Hierin finden sich auch die Vorschriften für die Haltung von Legehennen. Die Vorgaben indes sind lascher als diejenigen etablierter Ökoverbände wie beispielsweise Demeter oder Bioland. Ein Vergleich: Während Demeter und Bioland die Anzahl an Legehennen pro Hektar und Jahr auf 140 begrenzen, sind laut Verordnung der Europäischen Union 230 zugelassen. In der EG-Ökohaltung steht jeder Henne eine etwas größere Stallfläche von 0,16 Quadratmeter zur Verfügung, das sind 4000 Quadratzentimeter mehr als in der Freiland- und Bodenhaltung – eine zusätzliche Fläche also, kleiner als ein Zeichenblock. Den entscheidenden Unterschied zwischen Ökohaltung und

Freiland- beziehungsweise Bodenhaltung macht allerdings das Futter, das ausschließlich ökologisch sein muss. Hochleistungsfutter mit synthetisch gewonnenen Zusatzstoffen ist ebenso tabu wie der Einsatz von Gentechnik. Mindestens 20 Prozent der Futtermittel müssen aus dem eigenen Betrieb oder aus regionalen, ebenfalls ökologisch wirtschaftenden Betrieben stammen; ist der Betrieb nicht in der Lage, den Bedarf an Eiweißfuttermitteln selbst zu decken, dürfen die Landwirte bis 2014 fünf Prozent aus konventioneller Landwirtschaft zukaufen.[210]

Das falsche Geschlecht: Über den Massentod männlicher Eintagsküken

Zwar ist es den Züchtern gelungen, die Dienste des Haushuhns in zwei Typen aufzusplitten – sie haben es allerdings nicht geschafft, den Hähnen das Eierlegen beizubringen. Das ist auch der Grund, warum bei den »Legehybriden« das bevorzugte Geschlecht das weibliche ist. Weil sie aufgrund ihres genetischen Erbes nicht genügend Brustfleisch ansetzen, sind männliche Tiere hier unerwünscht: Sie gelten als unrentabel und nicht lebenswert. Rund 40 Millionen männliche Küken jährlich werden in deutschen Brütereien gleich nach dem Schlüpfen getötet, weltweit sind es 2,5 Milliarden.

Um die als nutzlose Fresser betrachteten Hähne rechtzeitig aus dem Bestand zu eliminieren, wird das Geschlecht unmittelbar nach dem Schlüpfen bestimmt. Dieses sogenannte Sexen will geübt sein: Die winzigen Geschlechtsteile durch leichten Druck auf die Kloake möglichst zweifelsfrei zu identifizieren erfordert eine spezielle Ausbildung, eine hohe Fingerfertigkeit und viel Konzentration. Mittlerweile gibt es Neuzüchtungen, bei denen sich Männchen und Weibchen in der Gefiederfarbe unterscheiden, sodass praktisch auch Ungelernte mit dieser Aufgabe betraut werden können – was die Branche als Fortschritt feiert. Die Fließbandarbeit allerdings endet in jedem Fall blutig: Sämtliche männliche Küken werden entweder mit Kohlendioxid vergast, oder sie rutschen in einen Trichter mit rotierenden Messern, wo sie lebendigen Leibes geschreddert werden – Tiere als Abfallprodukt.

Was kaum ein Verbraucher weiß: Im Ökolandbau wird nicht anders verfahren. Auch hier setzen die Landwirte auf Hybridhennen, die sie von marktbeherrschenden Firmen kaufen, und auch hier gelten männliche Küken als Ausschuss. Erst nach dem Sortieren in den großen Brütereien entscheidet sich, ob die weiblichen Tiere als Bio-Legehennen gehalten werden oder in Kleingruppen- oder Bodenhaltung ihr Leben verbringen. 400 Millionen Bio-Eier essen die Deutschen jährlich, gelegt von rund 1,6 Millionen Bio-Legehennen. Zwei Millionen getötete Eintagesküken gehen pro Jahr auf das Konto der ökologischen Eierproduktion – ein Umstand, der so gar nicht zu den Idealen der Branche passen will. Das Dilemma hat wie so oft mit Bilanzen zu tun: Hennen der alten Rassen legen rund 200 Eier; ein Hof kann aber erst ab einer Eierleistung von etwa 270 Eiern wirtschaftlich arbeiten. Ethisch korrekte Geflügelproduktion ist jedoch teurer. Bis zu vier Cent mehr müsste jedes Ei im Laden kosten, um das Töten zu beenden. Doch sind wir Verbraucher bereit, diesen Preis zu zahlen?

Dass das Tierschutzrecht einen schweren Stand in Politik und Wirtschaft hat, ist kein Geheimnis. Umso erstaunlicher war daher 2013 der Vorstoß Nordrhein-Westfalens. Nachdem die Staatsanwaltschaft Münster in einem Verfahren gegen eine Kleinbrüterei im Kreis Coesfeld festgestellt hatte, dass das Töten männlicher Küken tierschutzwidrig sei, verbot Verbraucherschutzminister Johannes Remmel (Grüne) in einem Erlass kurzerhand die übliche Praxis. Das deutsche Tierschutzgesetz verbietet in Paragraf 17, Tiere »ohne vernünftigen Grund« zu töten oder ihnen »erhebliche Schmerzen und Leiden« zuzufügen. Als »vernünftigen Grund« definiert das Gesetz beispielsweise die Gewinnung von Lebensmitteln oder das Erlösen von Schmerzen. Geahndet wird ein Verstoß mit Freiheitsstrafe von bis zu drei Jahren.

Nordrhein-Westfalen ist, was die Zahl und Kapazität von Brütereien betrifft, im Vergleich zu anderen Bundesländern wie beispielsweise Niedersachsen eher unbedeutend. Die Betreiber fürchten nun Wettbewerbsnachteile und Betriebspleiten. Den Alleingang des Bundeslandes hält der Verband aller Wirtschaftsgeflügelhalter, die Niedersächsische Geflügelwirtschaft (NGW), für wenig sinnvoll. Auch der Deutsche Tierschutzbund meint, »dass die Brütereien in andere Bundesländer wechseln oder sich Tiere aus dem Ausland holen.«[211] Was nun mit den männlichen Tieren geschehen soll, weiß so recht niemand. Weil es sich um Legehybriden handelt, dürfte sich das Aufziehen der männlichen Küken aus Sicht der Betriebe kaum rechnen. Es steht außer Frage, dass ein einzelner Erlass tatsächlich wenig am Gesamtkonzept des Massentötens ändert – aber es ist ein erster Schritt in die richtige Richtung. Ob allerdings dem Pionier weitere Bundesländer folgen, ist fraglich. Zu groß ist der Einfluss der Marktriesen – die Landwirtschaft hat eine starke Lobby.

Jährlich die Hälfte der geschlüpften Küken aus rein kommerziellen Gründen zu töten stellt für Landwirte ein ethisches Problem dar, das es zu lösen gilt – will die Zunft nicht gänzlich ihr Gesicht verlieren. Dass dringend gehandelt werden muss, ist allen Beteiligten klar. Nur stellt sich die Frage: Wie soll man das tun? Die Hybridzüchtung hat hoch spezialisierte Linien geschaffen, Alternativen, mit denen sich vergleichbare wirtschaftliche Erfolge erzielen lassen, gibt es bislang nicht. Zwei Wege aus der Misere zeichnen sich ab: Mastversuche mit Legehennenhybriden und der Einsatz sogenannter Zweinutzungsrassen. Vorreiter sind Betriebe, die nach den Richtlinien der ökologischen Anbauverbände wirtschaften – ob und wann konventionelle Geflügelhalter nachziehen, ist abhängig vom kommerziellen Erfolg, von der Achtsamkeit der Verbraucher und nicht zuletzt von politischen Entscheidungen.

Das Dilemma der »Legehähne«

Will man die üblichen Legehybriden mästen, scheitert man an ihren genetischen Grenzen. Es gibt aber auch Hybridlinien, die etwas mehr Brustmuskulatur ansetzen als andere. Bisherige Versuche verliefen eher enttäuschend, denn die Menge an eingesetztem Futter im Vergleich zum erreichten Schlachtgewicht war zu hoch. Drei Beispiele listet das Fachmagazin *BioHandel* in seiner Ausgabe 9/2010 auf:

- Biobauern des Schweizer Verbandes KAGfreiland experimentieren seit 2003 mit der Hybridlinie Lohmann Silver. Nach zwei Wochen erreichten die Tiere ein Lebendgewicht von 1,8 Kilogramm.
- Demeter untersuchte ab 2009 die Eignung der Legelinie Lohmann Brown pluS. Für die gleiche Legeleistung anderer Legelinien benötigt diese zehn Prozent mehr Futter. Die ersten Hähnchen wurden nach zehn Wochen geschlachtet.

- Das Forschungsinstitut für den Biologischen Landbau (FiBL), der Verein für biologisch-dynamische Landwirtschaft und die Albert Lehmann Biofutter AG arbeiten mit der tschechischen Legelinie Sussex. Die Hennen legen fünf Prozent weniger Eier, die Hähne erreichen nach 15 Wochen ein Schlachtgewicht von etwa zwei Kilogramm.

Zu ähnlichen Ergebnissen kommt eine Untersuchung zweier Agrarwissenschaftler von der Hochschule Osnabrück vom Juni 2013, die die beiden Rassen Lohmann Brown und Lohmann Brown pluS unter ökologischen Bedingungen mästeten. Sie führten den berechneten Mehrkostenaufwand von etwa acht Euro pro Kilogramm Schlachtkörper (konventionelle Broiler kosten etwa zwei Euro pro Kilogramm) unter anderem auf die längere Mastdauer und die erhöhten Futtermengen zurück.[212] Doch gibt es aus ökonomischer Sicht tatsächlich nur Nachteile, oder fehlt es nicht auch an Fantasie, Konsumenten die kleineren Broiler schmackhaft zu machen? Für findige Marketingstrategen dürfte sich ein neues Betätigungsfeld auftun. Schließlich wächst die Zahl der kleinen Haushalte (und damit der potenziellen Abnehmer von Mini-Broilern) ungebrochen. Zudem haben, aufgerüttelt durch Lebensmittelskandale, grausame Bilder aus der Massentierhaltung und unfaire Produktions- und Vermarktungsbedingungen außerhalb Deutschlands, zunehmend mehr Verbraucher das Vertrauen in konventionelle Produkte verloren. Es sind besonders die Jungen, die mehr und mehr zu Ökoprodukten greifen. Laut Ökobarometer 2013 ist in der Gruppe der unter 30-Jährigen der Anteil jener, die oft Bioprodukte kaufen, im Vergleich zum Vorjahr um neun Prozent gestiegen. 22 Prozent sämtlicher Befragten kaufen häufig oder ausschließlich Biolebensmittel, immerhin die Hälfte, nämlich 52 Prozent, gelegentlich. Sie lobten nicht nur die nachhaltigen Erzeugungs- und Verarbeitungsprozesse, sondern schätzten auch die Qualität und den Geschmack der Produkte.[213] Dass Geschmack auch bei Hühnerfleisch ein nicht unwesentlicher Faktor ist, zeigten die beiden Osnabrücker Agrarforscher in ihrem Legehybrid-Mastversuch. Um Klarheit über sensorische Unterschiede zu bekommen, ließen sie nicht nur »ihre« Broiler verkosten, sondern zusätzlich auch konventionell erzeugte Masthähnchen. Die Probanden, die nicht wussten, welches Fleisch aus welcher Mast stammte, beurteilten das Fleisch der langsam wachsenden Hähnchen aus der Legelinie »als ›abweichend‹, ›charakteristisch‹ und in erster Linie ›vorzüglicher‹ als konventionelles Hähnchenfleisch«.[214] Diese Erkenntnis teilen auch andere Fachleute. Verschiedene Studien belegen, dass der Schlachtkörper langsam wachsender Broiler zwar leichter und die Brustmuskel schwächer ausgeprägt sind, dafür das Fleisch beim Aufbewahren und Zubereiten aber weniger Wasser verliert und aufgrund der besseren Textur nicht »labberig« schmeckt. Warum also nicht eine Vermarktung als eine Art »übergroße Wachtel«, die übrigens ein Schlachtgewicht von maximal 250 Gramm erreicht, in Betracht ziehen? Schließlich sind kleine Hühner mit einem Vermarktungsgewicht von weniger als 650 Gramm seit Langem als Delikatesse bekannt: In Norddeutschland heißen sie »Stubenküken«[215], im Französischen Poussin und in der Schweiz Mistkratzerli.

Das ethische Dilemma umgehend zu lösen hat sich die Bruderhahn Initiative Deutschland (B.I.D) auf die Fahnen geschrieben. 2012 gegründet, ziehen die Akteure der Initiative alle Brudertiere der Legehennen nach Demeter- beziehungsweise Bioland-Richtlinien auf. Nach etwa 22 Wochen sind die Tiere schlachtreif. Das Fleisch wird entweder verarbeitet oder, mit einem B.I.D-Siegel versehen, im Fachhandel zum Kauf angeboten. Weil die erhöhten Anforderungen an Futter, der Verzicht auf Antibiotika, die artgerechte Unterbringung und der Transport zum Schlachthof zu erheblichen Mehrkosten führen, gleichzeitig das Fleisch aber »zu bezahlbaren Preisen« abgegeben werden soll, veranschlagt die Initiative für jedes Ei im Laden zusätzlich vier Cent. Diese vier Cent werden zu 100 Prozent für die Aufzucht der Brudertiere und deren Vermarktung verwendet.[216] Etwa 170 Erzeuger und Händler haben sich Bruderhahn inzwischen angeschlossen; ein Appell ruft im Internet dazu auf, weitere ins Boot zu holen. Letztlich sei aber das Zweinutzungshuhn das Ziel, schreiben die Akteure auf ihren Internetseiten.

Zukunftsmusik: das Zweinutzungshuhn

Als Alternative zur Massentötung männlicher Küken scheint das Zweinutzungshuhn der praktikablere Weg. Hühnerrassen, bei der die weiblichen Tiere als Legehennen und die männlichen als Masthähnchen Verwendung finden, sind schon seit einigen Jahren ein Thema, mit dem sich die Forschung insbesondere im Ökolandbau beschäftigt. Eine Zweinutzungsrasse bietet einen Kompromiss zwischen Masteignung und Legeleistung.

Naturland unterhält ein Modellprojekt, in dem mehrere Biobetriebe Tiere der französischen Rasse Bresse, hierzulande wegen ihrer blauen Füße »Les Bleues« genannt, auf ihre Eignung testen. Die Hennen legen um die 250 Eier pro Jahr, die Hähne bringen als Broiler rund zwei Kilogramm auf die Waage. Bis zur zwölften Woche darf die Herde gemeinsam scharren, dann werden die Tiere nach Geschlecht getrennt. Ein »Les Bleues«-Hähnchen benötigt 80 Tage, um sein Schlachtgewicht zu erreichen. Die Produktionskosten sind deutlich erhöht, weshalb das Ei durchschnittlich zehn Cent mehr und das Kilogramm Fleisch zwei Euro pro Kilogramm Fleisch mehr kosten. [217]

Die französische Rasse »Les Marans« ist für eine Initiative des Verbundes Ökohöfe züchterisch interessant. Die Hennen legen zwischen 180 und 210 Eier, die Hähne erreichen bei einem hohen Futtermitteleinsatz von 4,8:1 nach 21 Wochen ihr Schlachtgewicht von drei Kilogramm. Die Eier sind dunkelrot gefärbt; die Landwirte können einen Preis zwischen 40 und 50 Cent erzielen.

Die Landwirtschaftliche Lehranstalt Triesdorf in Bayern züchtete die Rasse »Sulmtaler« weiter, die nun von den Hermannsdorfer Landwerkstätten (Biokreis) genutzt wird. »Sulmtaler« legen etwa 180 Eier pro Jahr und liefern ein besonders schmackhaftes Fleisch. Der Futtermittelverbrauch ist mit 5:1 ebenfalls hoch. [218]

Mastgeflügel – mehr oder weniger gesund?

Zum Mastgeflügel zählen neben den Masthühnern Enten, Gänse und Puten, Letztere auch als Truthähne bezeichnet. Puten übrigens stehen den Masthühnern in puncto Fleischansatz kaum nach. In nur 22 Wochen haben sie ihr Geburtsgewicht 400-fach gesteigert; 40 Prozent davon sind Brustfleisch.

Nicht von der Hand zu weisen sind die positiven ernährungsphysiologischen Eigenschaften von Geflügelfleisch. Das Huhn führt aus Sicht des gesundheitsbewussten Essers die Hitliste der Geflügelfleischlieferanten an. Es ist fett- und cholesterinarm, dafür eiweißreich und leicht verdaulich. Darüber hinaus enthält es viel Magnesium, was Herz und Muskeln stärkt und gegen Muskelkrämpfe wirkt. Von allen Geflügelfleischsorten enthält Hühnerfleisch die meiste Folsäure. Folsäure schützt gegen Arteriosklerose und ist für Schwangere besonders wichtig, da es Missbildungen beim Fötus und Fehlgeburten vorbeugt. Die Pute ist im Vergleich zu allen anderen Geflügelfleischsorten am cholesterinärmsten. Bei nur einem Gramm Fett enthält es stolze 21 Prozent Eiweiß. Es liefert das lebenswichtige Spurenelement Zink, das im menschlichen Stoffwechsel unentbehrlich ist: Ohne Zink funktionieren etwa 300 Enzyme, auch bekannt als Biokatalysatoren, nicht. Haut, Wachstum, Insulinspeicherung, Eiweißsynthese oder Immunsystem kämen ohne Zink nicht aus. Mit seiner roten Farbe und seinem kräftigen Geschmack bietet Straußenfleisch Abwechslung zum milden Fleisch von Huhn und Pute. Schon die Farbe macht deutlich: Hier ist Eisen enthalten, das Konzentrationsschwäche und Abgeschlagenheit vorbeugt. Ente und Gans bringen im Vergleich aller Geflügelfleischsorten das meiste Fett auf den Teller. So enthalten 100 Gramm Entenfleisch 17 Gramm Fett. Mit einem Gesamtanteil von 30 Prozent toppt die Gans diesen Wert noch. Während Entenfleisch kein besonders guter Vitamin- und Mineralstoffspender ist, liefert die Gans eine passable Menge an Vitamin A, das unter anderem Immunabwehr und Sehkraft stärkt und für Wachstum, Funktion und Aufbau von Haut, Schleimhäuten und Blutkörperchen zuständig ist.[219]

Geflügelfleisch enthält die Vitamine B1 (Thiamin), B2 (Riboflavin), B3 (Niacin) und B6. Die Vitamine der B-Gruppe sind für zahlreiche Stoffwechselvorgänge wichtig. Zum Beispiel hilft Vitamin B2, aus Eiweißen, Fetten und Kohlehydraten Energie zu gewinnen, und Vitamin B1 ist für die Funktion des Nervensystems wichtig. Weitere erwähnenswerte Inhaltsstoffe von Geflügelfleisch sind Eisen, Kalium und Zink. Eisen ist das wichtigste Spurenelement im menschlichen Körper. Indem es Sauerstoff an den Blutfarbstoff Hämoglobin in den roten Blutkörperchen bindet, gewährleistet es eine ausreichende Sauerstoffversorgung im Körper. Eisen aus Geflügelfleisch kann der Körper zudem gut verwerten. Das Spurenelement Zink wiederum ist ein Multitalent. Ohne Zink können viele lebenswichtige Prozesse im Körper nicht ablaufen,

Tabelle 4 Nährwert von Geflügelfleisch

Geflügelart	Eiweiß	Fett	Energie
	Gramm	Gramm	kcal/kJ
Ente	18,1	17,2	227/951
Gans	20,6	5,6	133/556
Huhn/Brathuhn (Keule)	110	3,1	110/461
Suppenhuhn	18,5	20,3	257/ 1074
Pute (ausgewachsen, Keule)	20,5	3,6	114/479
Jungpute	22,4	6,8	179/752
Taube	20,9	9,5	182/762
Wachtel	22,4	2,3	120/504

(Quelle: *GU Nährwerttabelle* und *Teubner Edition: Geflügel*)

darunter die Wundheilung und die Immunabwehr. Das in Geflügelfleisch reichlich enthaltene Kalium ist der wichtigste Mineralstoff im Innern unserer Zellen. Es sorgt für die Kommunikation zwischen den einzelnen Zellen: Erst dadurch können unsere Organe wie Herz, Nervensystem, Darm- und Skelettmuskulatur ihre Funktion erfüllen.

Ist demnach alles gut? Mitnichten. Mast – das bedeutet Turbowachstum innerhalb kürzester Zeit. Je nach geplantem Verwendungszweck dauert das Leben eines Masthuhns durchschnittlich 36 Tage: Sollen sie als Grillhähnchen am Spieß rotieren, haben sie bereits nach 29 Tagen Kurzmast ihr Schlachtgewicht von etwa 1,5 Kilogramm erreicht. Meist aber steht die pralle Brustmuskulatur im Fokus – dann wiegen sie nach 34 bis 42 Tagen Mittellangmast beziehungsweise Langmast zwei bis zweieinhalb Kilogramm. 6,5 Prozent seines Körpergewichts nimmt ein Masthuhn pro Tag zu.[220] Vergleicht man das mit einem Kind, das 25 Kilogramm auf die Waage bringt, würde es täglich mehr als anderthalb Kilogramm zulegen.

Wer einmal einen Mastbetrieb besucht hat, dem wird schnell die von Tierschützern beanstandete klaustrophobische Enge bewusst, in der die Tiere in Rekordzeit Fleisch ansetzen müssen. Konventionell arbeitende Mäster argumentieren, dass die deutschen Vorschriften diejenigen der

EU-Richtlinie 2007/43 in Bezug auf den Besatz noch übertreffen. Tatsächlich schreibt die EU eine Besatzdichte von bis zu 42 Kilogramm pro Quadratmeter für Masthühner vor, in Deutschland gelten 39 Kilogramm für die Langmast und 35 Kilogramm für die Kurzmast als bindend. Nach der EG Bioverordnung wirtschaftende Landwirte müssen sich an die Höchstmenge von 21 Kilogramm pro Quadratmeter halten. Auf den ersten Blick sind die Zahlen wenig plakativ. Deutlicher wird der Platzmangel, wenn man in Hühner pro Quadratmeter umrechnet. Geht man von einem Zielgewicht von 1,5 Kilogramm in der Kurzmast aus, müssen sich rund 24 Tiere einen Quadratmeter teilen. Bei zwei Kilogramm nach der Langmast sind es etwa 20 Tiere.

Ente und Gans

Enten und Gänse auf verlorenem Posten

Schon wegen ihrer Dimension dürfte die Hühnerhaltung am häufigsten im Blickfeld der Öffentlichkeit stehen, doch herrschen in der europäischen Enten- und Gänsemast in der Regel keine wesentlich anderen Bedingungen. Jeder Ablauf, jede Handreichung ist dem Diktat von Produktivität und Preiskalkül unterworfen – gespart wird, wo gespart werden kann. Die Leidtragenden sind die Tiere, die unter teils unzumutbaren Bedingungen leben.

Beispiel Entenhaltung

Entenfleisch stammt für den durchschnittlichen deutschen Esser ausschließlich aus der Massentierhaltung – das sind rund 18,5 Millionen Tiere.[221] Das Gros der Mäster wiederum ist abhängig von einzelnen Großkonzernen; sie liefern rund die Hälfte aller in Deutschland konsumierten Mastenten, der Rest wird importiert.[222] Investorenfreundliche Gesetze und Genehmigungsverfahren forcieren den Bau von Intensivställen, von denen dank ihrer Oligopolstellung in erster Linie einzelne Firmen wie Wiesenhof oder die PHW-Gruppe profitieren: Sie diktieren den Mästern die Preise für Küken und Futter und entscheiden schließlich über die Höhe der Gewinne.

Die unter den Bezeichnungen »Barbarieente«, »Warzenente« oder »Flugente« in den Handel gelangenden Moschusenten gehören neben den Pekingenten zu den am häufigsten verwendeten Entenarten. Pekingenten leben, nicht nach Geschlechtern getrennt, zumeist in geschlossenen, bis auf Tränkelinien und Futtersträngen strukturlosen Stallanlagen mit Fenstern oder in Offenställen mit natürlicher Licht- und Luftzufuhr in Gruppen von bis zu 15 000 Tieren. Besatzdichten von 20 Kilogramm je Quadratmeter – das entspricht etwa sechs Tieren – sind üblich. Den Boden bedeckt Einstreu.

Dagegen werden Moschusenten getrennt nach Geschlechtern gehalten. Gruppengrößen von 4000 männlichen Tieren und 13 000 weiblichen Tieren sind die Regel. Moschusenten haben noch weniger Platz als Pekingenten: Zugelassen sind hier 35 Kilogramm pro Quadratmeter, was zum Ende der Mast für sieben Erpel beziehungsweise 13 Enten auf jeweils einem Quadratmeter entspricht. Im Gegensatz zu Pekingenten steht Moschusenten keine Einstreu zur Verfügung; sie sitzen auf Gitter- oder Spaltenböden, durch die der Kot fällt. Weil die Gruppen zu groß sind, sie sich nicht zurückziehen und ihr arttypisches Verhalten ausleben können, entwickeln die Tiere eine übersteigerte Scheu, die schon bei geringsten Störungen zu panikartigen Fluchtversuchen führen kann. Damit nimmt die Gefahr zu, sich gegenseitig zu verletzen. Auch ist das »Gründeln« in der Einstreu mangels Badestelle ebenso häufig anzutreffen wie das gegenseitige Federrupfen, was sich, wie bei Hühnern, bis zum Kannibalismus steigern kann. Tritt dieser auf, wird die Lichtzufuhr so stark gedrosselt, dass die Tiere praktisch im Dunkeln leben müssen. Prophylaktisch werden Moschusenten die Schnäbel sowie die Krallen an den Füßen kupiert.[223]

Obwohl es sich bei beiden Arten um Wasservögel handelt, die ihrer Natur nach schwimmen, am Grund von Gewässern nach Nahrung suchen und regelmäßig ihr Gefieder benetzen müssen, haben sie keinerlei Zugang zu Wasser. Über Bodenstränge verbundene Rundtränken oder sogenannte Nippeltränken sollen ihren Durst löschen. Nippeltränken geben erst Wasser ab, wenn der Vogel die an der Spitze sitzenden, kaum einen halben Zentimeter großen Vorrichtungen, die »Nippel«, mit dem Schnabel berührt.

Die Züchtung auf schnellstmöglichen Fleischansatz und die artwidrigen Haltungsbedingungen führen zu schweren Gesundheitsschäden, darunter:

- Störung der Skelettreifung,
- Beinverletzungen,
- Wucherungen an Zehen und Ballen,
- Blasen an der Brust,
- Atemprobleme durch von Kot verschmierte Nasenlöcher.[224]

Beispiel Gänsehaltung

Gänsebraten und Sankt Martin – das gehört für viele Deutsche einfach zusammen. Kein anderes Nutztier hat eine derart an Traditionen gebundene Saison wie die Gans. Das hat vermutlich einen einfachen Grund, denn was früher eher eine Last war, avancierte im Laufe der Jahrhunderte zur Lust am guten Essen. Vielerorts gilt der 11. November nämlich als der Tag, an dem das Pachtjahr zu Ende geht und der Pachtzins fällig wird. In früheren Zeiten zahlte so mancher Bauer mit Naturalien – mit fetten Gänsen zum Beispiel, so nimmt man jedenfalls an. Daher könnte sich die Vorliebe für den besonderen Festtagsbraten erhalten haben, und so ist auch zu erklären, warum jeder Deutsche statistisch nur rund 300 Gramm Gänsefleisch pro Jahr isst. Dennoch reicht die Menge von etwa 4 500 erzeugten Tonnen pro Jahr bei Weitem nicht aus, um den Bedarf zu decken: Der Selbstversorgungsgrad liegt, je nach Quelle, zwischen eher mageren 13 und 17,5 Prozent.[225] Rund 85 Prozent der Gänse stammen aus der Intensivtierhaltung Polens und Ungarns.[226]

Gänse zählen, wie Enten auch, zum Wassergeflügel. Ihr gesamter Lebenslauf ist eng an das nasse Element gebunden. Können sie baden, gründeln und ihr Gefieder pflegen, wirkt sich das positiv auf ihr Wohlbefinden aus. Schon von alters her gelten Gänse als ausgezeichnete Nutztiere: Sie sind genügsam und unkompliziert in der Haltung, liefern Fleisch, Fett und Federn und bewachen, weil unbestechlich, einen Hof oft besser als ein Hund. Kleinbauern und Selbstversorger wissen noch heute die Fähigkeiten der Gans zu schätzen. Wie ein befiederter Rasenmäher zupft sich die Gans durchs Grün, erntet auf diese Weise zwischen 600 Gramm und einem Kilogramm Gras pro Tag – drei Gänse, so sagt man, fressen so viel wie ein Schaf. 400 Quadratmeter sind optimal für ein Gänsepaar.

Polen und Ungarn, aber auch Frankreich und Belgien sind nicht unbedingt dafür bekannt, Gänse unter besten Bedingungen zu mästen. Es ist immer das gleiche Leid, das die Tiere unter intensivierten Haltungsbedingungen, wie sie dort üblich sind, ertragen müssen. Zur extremen Enge kommen häufig noch das Stopfen und das Lebendrupfen, Zugang zu Wasser wird den Schwimmvögeln ohnehin verwehrt. Deshalb steht Gänsefleisch vor allem aus dem Ausland oft in der Kritik. Immer wieder machen Tierschützer Betriebe ausfindig, in denen das Geflügel dahinvegetiert. Verbrauchern werden dagegen Haltungsbedingungen vorgegaukelt, die nicht im Ansatz der Realität entsprechen. Bezeichnungen auf den Verpackungen wie »Landgans« oder »frische Bauerngans« entspringen der Fantasie der Vermarkter, die den Kunden neppen. Gesetzlich geschützt sind dagegen »aus Freilandhaltung« oder, sozusagen als Premiumversion der Mast, »aus ökologischer Tierhaltung«. Längst ist auch die geradezu klassische polnische »Hafermastgans« in Verruf geraten – sie stammt in der Regel ebenfalls aus Intensivmast. Dem verantwortungsvollen Verbraucher sei daher vom Kauf preisgünstiger Gänse, besonders wenn sie die Aufschrift »aus Fettleberproduktion« oder »Stopfgans« tragen, oder deren Schlachtkörper keine Leber enthält, abgeraten: Solche Tiere wurden meist zwangsernährt (siehe dazu Abschnitt Foie gras) oder unter Qual zur Schlachtreife getrimmt. Deutschlands Nachbarn wissen um das schlechte Image ihrer Gänse – und nicht alle können oder wollen ein wirtschaftliches Risiko eingehen. Allein Polen produziert pro Jahr etwa 20 000 Tonnen Gänsefleisch. Zwar ist Polen global gesehen einer der wichtigsten Produzenten von Gänsefleisch (zusammen mit Ungarn und Italien belegt es nach China, das mit rund 318 Millionen Tonnen – 81 Prozent – an der Spitze der Weltproduktion steht, Platz 2). Doch importiert Deutschland mit Abstand die meisten polnischen Gänse – 90 Prozent landen auf deutschen Tellern. Wenn also Verbraucher hierzulande polnische Gänse in den Tiefkühltruhen der Supermärkte liegen lassen, fällt eine wichtige Einnahmequelle weg, und so mischt sich Angst mit Ärger. Polnische Gänsezüchter sehen in den Negativschlagzeilen »eine von Interessen geleitete Diskreditierung«[227], heißt es auf der Infoseite Polen, einem Nachrichtenportal, und versuchen mit entsprechenden PR-Kampagnen gegen das Negativbild anzukämpfen. Dazu haben sie eine, aus Mitteln der Europäischen Union und des polnischen Staates mitfinanzierte, eigens eingerichtete Website eingerichtet, die den neuen Qualitätsstandard QAFP (Quality Assurance for Food Products) auf der Website www.guteganse.de vorstellt. An der Ausarbeitung von QAFP waren neben Vertretern der Geflügelbranche auch Wissenschaftler der Warminsko-Mazurski-Universität, Olsztyn, des Zootechnischen Instituts der Staatlichen Prüfungsanstalt sowie der Versuchsanstalt Kołuda Wielka beteiligt. Die Anerkennung nahm der Minister für Landwirtschaft und Entwicklung im ländlichen Raum 2011 vor. Ziel ist es, »Hähnchen- und Putenbrustfleisch sowie Schlachtkörper und Teilstücke der jungen polnischen Hafermastgans« als Premiumqualität zu vermarkten und diese »uneingeschränkt reproduzierbar« zu machen.[228] Allerdings: Konkret werden die Initiatoren auf ihren Internetseiten nicht – darüber, wie viel Platz den Tieren zur Verfügung steht, ob sie Zugang zu Freiland und Wasser haben oder wie sie gefüttert werden, schweigen sie.

Europaweit ist den wenigsten Gänsen das Glück des Weidegangs beschert. In Deutschland allerdings hat sich das Blatt in den vergangenen Jahren etwas gewendet. So ist die Weidehaltung von Gänsen inzwischen ein für Bauern attraktiver Nebenerwerb geworden: Priorität hat die Frischvermarktung, und oft können Käufer aus der Region direkt beim Landwirt »um die Ecke« bestellen. Es ist ein lukratives Geschäft, mit dem sich Spitzenerlöse erzielen lassen. So kostete das Kilogramm Gans im Direktverkauf durchschnittlich 11,80 Euro – allerdings innerhalb einer großen Spanne zwischen 8,50 Euro und 15,90 Euro. Im Einzelhandel dagegen zahlten Verbraucher im Schnitt 8,37 Euro je Kilogramm.[229] Die schnatternden Herden auf weiter Flur gehören daher vielerorts zum gängigen Landschaftsbild. Dennoch darf dieser Eindruck nicht darüber hinwegtäuschen, dass auch das Leben der Weidegänse einer strengen Kosten-Nutzen-Rechnung unterworfen ist. So werden auch sie, je nach Vermarktungsziel, nur eine bestimmte Anzahl an Wochen gemästet. Die sogenannte Mittelmast, auch Jungtier- oder Fleischmast genannt, dauert etwa 16 Wochen, die inzwischen häufigere Spät- oder Langmast zwischen 23 und 32 Wochen[230] – eine Schlachtung erfolgt also mehr als drei Monate früher als in der Selbstversorgerhaltung. Finden sich Gänse aus Deutschland in den Regalen der Supermärkte, erkennt der Käufer das an der Verpackung. Wenn die Bezeichnung »D/D/D« aufgedruckt ist, sind die Tiere hier geboren, aufgewachsen und auch geschlachtet worden.

Wenn es in Deutschland auch keine spezielle Haltungsverordnung für Wassergeflügel gibt, so bestehen doch auch hier Unterschiede zwischen konventioneller und ökologischer Haltung. In konventioneller Haltung leben im ersten Lebensmonat acht bis zehn und im zweiten vier bis sechs Küken auf einem Quadratmeter. Für Alt- und Zuchttiere gilt ein Platzangebot von zwei je Quadratmeter. Ein Drittel der gesamten Bodenfläche muss Fensterfläche sein. In der Regel kommen die Junggänse nach drei bis vier Wochen aus dem Aufzuchtstall ins Freiland. Zugang zu Bach oder Teich haben sie in der Regel nicht.

Anders Biogänse. Laut EG-Bioverordnung muss Wassergeflügel seiner angeborenen Liebe zum Nass nachgehen können, Auslauf bei jedem Wetter erhalten und ausschließlich mit Biofutter versorgt werden. Viele Biobauern setzen verstärkt auf alte, robuste Rassen. Nicht nur, dass diese weniger anfällig gegenüber Krankheiten sind. Der Erhalt bedrohter Rassen wie der »Diepholzer Gans«, der »Lippegans« oder der »Pommerngans« sorgt auch dafür, dass kulturelles Erbe und wichtige genetische Reserven nicht verloren gehen. Die artgemäße Tierhaltung lässt die Gänse ohne Stress wachsen und gedeihen. Das schmeckt man in der Regel auch: Indem sie im Freien ihre natürlichen Bedürfnisse befriedigen können und langsamer wachsen, ist das Gänsefleisch weniger wasserhaltig, weist einen geringeren Fettgehalt auf, dafür aber einen hohen Anteil an Bindegewebe.

Foie Gras: Feinschmeckers Qualprodukt

Sie hausen in engen Koben zusammengepfercht oder sogar in Einzelkäfigen, aus denen nur noch Hals und Kopf herausragen – unfähig, sich zu bewegen oder auch nur zu drehen. Ihr Körper dient einzig der Produktion eines Organs, das in den Sterne-dekorierten Gourmettempeln der Welt und bei Starköchen ganz oben auf der Liste der Gaumenkitzel steht:»foie gras«, zu Deutsch »fette Leber«, aufgedunsen durch Zwangsernährung.

Bei der grausamen Prozedur des »Stopfens« oder »Nudelns« wird den Enten oder Gänsen zwei- bis viermal pro Tag ein 30 bis zu 50 Zentimeter langes Metallrohr in den Schlund eingeführt, über das aus einem Vorratsbehälter unter Druck innerhalb weniger Sekunden ein Kraftfutter[231] in den Magen gepresst wird. Das Ziel: ein enormer Fett- und Massezuwachs der Lebern, die dann als Delikatesse »foie gras« teuer vermarktet werden. Durch das Stopfen schwellen die Lebern der Enten, die normalerweise 80 Gramm schwer sind, auf 500 bis 900 Gramm an; bei der Gans vergrößert sich die Leber von natürlicherweise 100 Gramm auf das Zehnfache.[232] Kurz vor dem Organversagen werden die Tiere geschlachtet.[233] Der Schlachtkörper ist lediglich eine Art Zweitverwertung.

In der Humanmedizin gilt eine Fettleber als pathologischer Zustand, wobei der Größenzuwachs der menschlichen mit dem einer Stopfleber in keiner Weise vergleichbar ist. Die massive Ausdehnung des Entgiftungsorgans lässt den Leib der Tiere schmerzhaft anschwellen, Atemnot, Herz-Kreislauf-Beschwerden und massive Stoffwechselprobleme sind die Folge. Durch das permanente Überfüllen des Magens werden die Tiere von Würgereflexen gequält, viele leiden unter Durchfall und blutigen Ausscheidungen. Ist der Futterbrei zu hoch dosiert, platzt der Magen, und sie verenden unter starken Schmerzen; bis zu vier Prozent des gesamten Besatzes überleben die Tortur nicht. Das brutale Einführen des Metallrohrs in die Speiseröhre ruft Prellungen, Entzündungen und Blutergüsse hervor. Die Hälse mancher Tiere werden so stark verletzt, dass sich regelrechte Löcher bilden, durch die das Wasser, das die Tiere trinken, nach dem Schlucken nach außen tropft.[234] »Meiner Meinung nach ist es ethisch nicht vertretbar, ein Tier vorsätzlich in einen kranken Zustand zu versetzen«, sagt dazu Ian J. H. Duncan vom Lehrstuhl für Tierschutz an der Universität Guelph, Ontario, Kanada[235] – und teilt offensichtlich nicht unbedingt die Meinung seiner Landsleute. Auch in seiner Heimat wird Stopfleber produziert und steht in der gehobenen Gastronomie auf der Speisekarte.

Wie stark das Wissen um die tierquälerische Fettleberproduktion auch in den höchsten Gourmet-Kreisen Nordamerikas verdrängt wird, zeigt der Eklat um Kanadas berühmten Koch Martin Picard. Seine Restaurants »Au Pied de Cochon« (»Zum Schweinefüßchen«) und »Cabane à Sucre« (»Zuckerhütte«) in Montreal und Mirabel sind Wallfahrtsorte für gutbetuchte Schlemmer. Nicht zuletzt deshalb engagierte ihn die National Capital Commission, um ein Festessen zur Eröffnung des Winterfestivals in Ottawa Anfang Februar 2011 zu kreieren. Allerdings bestand der Veranstalter wegen tierschutzrechtlicher Bedenken darauf, dass Picard auf seine Gänseleberpastete verzichte, woraufhin der Meisterkoch wissen ließ, dass er in diesem Fall von der Ausrichtung des Dinners Abstand nehme. Und wirklich: Der von der Prince-Edward-Insel kommende Starkoch Michael Smith sorgte an seiner Statt für das leibliche Wohl der Gäste. Unter den hauptstädtischen Küchenchefs machte sich Ärger breit. Doch der Zorn der Kollegen traf nicht etwa Picard, den das Leid der gestopften Kreaturen offensichtlich nicht rührte. Sie kündigten im kanadischen Rundfunk CBC an, während des Festes Gänseleberpastete anzubieten – obwohl sie diese sonst nicht auf der Karte hatten.[236]

Kanada gehört ebenso wenig zu den Ländern, die das Stopfen von Enten und Gänsen verboten haben, wie die Hauptproduzenten Frankreich, Ungarn und Bulgarien. Frankreich ist seit Langem der Dominator auf dem Weltmarkt für Stopfleber. Achtzig Prozent der Foie-Gras-Produktion weltweit stammen von hier. 2008 produzierte die Grand Nation 19 000 Tonnen. Auf Platz zwei steht Ungarn, wo schätzungsweise drei Millionen Fettlebergänse leben, 2000 Tonnen des überdimensionierten Organs werden von Ungarn nach Europa und Asien exportiert, vor allem aber nach Frankreich, Japan und Belgien. Auch Deutschland, Italien, Österreich, Dänemark, die Slowakei und Spanien sind Abnehmer. Für Europa ist das ein Armutszeugnis. Denn obwohl inzwischen 14 europäische und einige außereuropäische Länder[237] diese Form der Qualmast abgeschafft haben, darf der Handel Stopfleber importieren und auf den jeweiligen Binnenmärkten veräußern. Das gilt auch für Deutschland. Trotz offensichtlicher Doppelmoral sieht die Politik hierzulande keinerlei Handlungsbedarf. Auf Anfrage einer BUND-Akteurin ließ Bundeskanzlerin Angela Merkel

(CDU) im Dezember 2013 über ihr Presse- und Informationsamt wissen:

»Auch wenn die Herstellung von Gänsestopfleber in Deutschland nicht erlaubt ist, so ist der Vertrieb dieses Produkts jedoch zulässig. Deutschland könnte den Import von Gänsestopfleber auch gar nicht verbieten. Das wäre mit dem europäischen Binnenmarkt unvereinbar, da das Produkt in der EU zugelassen ist.«[238]

Diese Position überrascht, zumal es offensichtlich durchaus juristische Mittel und Wege zu geben scheint, die Einfuhr zu unterbinden. Zunächst einmal verstoßen Importeure gegen das deutsche Tierschutzgesetz; auch leistet ein deutscher Händler nach dem deutschen Strafgesetzbuch seinem ausländischen Stopfleberproduzenten nicht nur Beihilfe[239], indem er den fortwährenden Absatz in Deutschland ermöglicht. Er stiftet ihn auch zur Weiterproduktion an.[240] Nun könnte man einwenden, dass das Stopfen ja im Ausland stattfindet und dort straffrei ist. Doch das Strafgesetzbuch wird auch in diesem Punkt deutlich: »... für den in Deutschland handelnden Teilnehmer einer Auslandstat« gilt das deutsche Strafrecht, auch wenn die Tat nach dem Recht des Tatorts nicht mit Strafe bedroht ist: Die ausländische Straftat wird für Anstifter und Gehilfen im Inland wie eine inländische beurteilt.«[241] Die derzeitigen Einfuhrbestimmungen für Stopfleber würden demnach regelmäßig zur Verletzung der deutschen Strafgesetze führen.

Weil die Produktion von Stopflebererzeugnissen rechtswidrig ist, kann sie auch nicht mit dem Vertrag zur Gründung der Europäischen Gemeinschaft (EGV)[242] gerechtfertigt werden, der generell Einfuhrbeschränkungen zwischen Mitgliedstaaten verbietet. Denn er sieht dann Handelsbeschränkungen[243] vor, wenn sie »aus Gründen der öffentlichen Sicherheit, zum Schutz der Gesundheit und des Lebens von Menschen, Tieren oder Pflanzen ... gerechtfertigt sind«. Der EU-Verfassungsvertragsentwurf übernimmt diese Aussage und definiert die Ziele für den Binnenmarkt: »Bei der Festlegung und Durchführung der Politik der Union in den Bereichen Landwirtschaft ... Binnenmarkt ... tragen die Union und die Mitgliedsstaaten den Erfordernissen des Wohlergehens der Tiere als fühlende Wesen in vollem Umfang Rechnung.«[244]

Warum also hat Deutschland solche Hemmungen, der ethisch verwerflichen und hierzulande illegalen Stopfleberproduktion einen Riegel vorzuschieben, indem es sich vom Handel mit dem höchst umstrittenen Produkt »foie gras« verabschiedet? Liegt es am Gusto der Parlamentarier, an den Gaumenfreuden der honorigen Geschäftsleute und Bankmanager, die sich in der aufstrebenden Gourmet-Metropole Berlin – über der seit November 2013 übrigens beachtliche 19 Michelin-Sterne leuchten – auch weiterhin Gerichte wie »terrine of foie gras dusted in chocolate«, »foie gras topped with inner duck mousse« oder einfach ein »Duett von der Gänsestopfleber mit Stachelbeerchutney und hausgebackenem Brioche« schmecken lassen wollen? Der Grund ist wohl eher politisch-wirtschaftlicher Natur: Frankreich ist Deutschlands wichtigster Handelspartner und das Hauptabnehmerland deutscher Waren. Mit 161 Milliarden Euro erreichte das Handelsvolumen 2012 wiederum einen Spitzenwert, Tendenz steigend (Stand November 2013).[245] Frankreich aber wäre erbost, würde sich Deutschland in Sachen »fette Leber« europaweit für den Tierschutz stark machen. Schließlich hatte es schon einmal heftige Irritationen gegeben, weil 2011 der Veranstalter der weltgrößten Nahrungs- und Genussmittelmesse Anuga in Köln angekündigt hatte, »foie gras« aus dem Warenverzeichnis zu verbannen. Das Blut der Franzosen kam in Wallung, zumal die französische Nationalversammlung schon 2005 die Stopfleber zum *nationalen und gastronomischen Kulturerbe* erklärt hatte. Die Franzosen griffen tief in die diplomatische Trickkiste, um zu verhindern, dass ihr »Nationalprodukt« Stopfleber öffentlich gebranntmarkt wird:

- Der französische Staatssekretär Pierre Lellouche bestellte den deutschen Botschafter in Paris ein, um ihm eine Protestnote zu übergeben.
- Agrarminister Bruno Le Maire hatte seiner damaligen Amtskollegin Ilse Aigner (CSU) schriftlich angedroht, nicht zur Anuga-Eröffnung zu erscheinen.
- Alain Rousset, Präsident der Region Aquitaine, die landesweit die meisten Stopfleberprodukte herstellt, kündigte an, sämtliche landwirtschaftliche Firmen der Region zum Boykott gegen die Anuga aufrufen zu wollen.
- Der Verband der Stopfleberproduzenten gab bekannt, juristische Schritte einleiten zu wollen.[246]

Auf diesen heftigen Druck hin ruderte die Koelnmesse GmbH, als Privatunternehmen theoretisch niemandem Rechenschaft schuldig, zurück und versuchte dennoch, ihr Gesicht zu wahren. Zwar wurde die Produktbezeichnung »foie gras« tatsächlich aus dem Warenverzeichnis gestrichen. Einem Ausstellungsverbot kam das jedoch nicht gleich: Man wolle zwar keine »Plattform für foie gras« sein, ließ der Veranstalter wissen, aber wenn ein Aussteller neben anderen Produkten auch Stopfleber präsentiere, könne ihm die Messe dies nicht verbieten.[247]

Für Konsumenten, die es leid sind, Qualmast zu unterstützen, hat Vier Pfoten eine Liste mit EWG-Nummern[248] zusammengestellt, aus der ersichtlich ist, wer in Frankreich und Ungarn Stopflebern produziert. Ein Abgleich mit den Nummern, die auf den Geflügelprodukten stehen, informiert darüber, ob es sich um diejenigen aus der Liste handelt. Die Liste mag nicht vollständig sein, aber sie bietet eine erste Orientierung. Übrigens: Stopflebern aus artgerechter Geflügelhaltung gibt es nicht – und kann es auch nicht geben.

Die Gänsehölle: Daunen & Co.

Wie weit wir bereit sind zu gehen, um unsere Lebensqualität ins Luxuriöse zu steigern, belegt das Beispiel eines weiteren Gänse- oder Entenprodukts: der Daunen. Für uns zum Inbegriff von Wohligkeit geworden, treffen wir sie inzwischen in beinahe jedem Lebensbereich an: Sie sind in Jacken, Westen und Decken verarbeitet, wir betten unsere Köpfe auf Daunenkissen oder Kuscheln uns in alpiner Höhe in Daunenschlafsäcke, um der Kälte zu trotzen. Wissen wollen wir meist nicht, woher die Rohware für diese Produkte kommt und wie sie gewonnen wird – Hauptsache, sie ist stets verfügbar und nicht allzu teuer. Normalerweise lediglich als Dreingabe bei der Fleischproduktion anfallend, übersehen wir, aus welchen Quellen sie noch stammen können. Mit der Akzeptanz solcher Quellen aber tolerieren wir massives Leid, und selbst unser Nichtwissen entbehrt nicht der Verantwortung für die Tiere, denen wir unseren Komfort zu verdanken haben.

Schätzungen zufolge importiert Deutschland pro Jahr 10 000 Tonnen Daunen insbesondere aus Ungarn, Polen, China, Russland und Frankreich.

Prinzipiell wird zwischen zwei Arten der Daunengewinnung unterschieden: dem sogenannten Totrupf, eine Rupfung nach der Schlachtung des Tieres also, und dem sogenannten Lebendrupf, der während der Lebensphase des Tiers zwischen Februar und Oktober/November bis zu vier Mal erfolgen kann. Die beim Totrupf anfallenden Daunen sind sozusagen Sekundärprodukte: Das zur Fleischgewinnung gehaltene Tier wird nach dem Schlachten in einem meist trommelförmigen Edelstahlgehäuse mithilfe vieler rotierender »Rupffinger« aus Kunststoff innerhalb von etwa 30 Sekunden seiner Federn beraubt. Ganz anders beim Lebendrupf. Hier fangen Arbeiter die lebenden Gänse ein, biegen ihnen Flügel und Hals nach hinten, klemmen sich das schreiende Tier zwischen die Oberschenkel und reißen die Federn an Rumpf, Hals und Schenkel aus. Die Federn und Daunen sitzen fest in der Haut – ähnlich wie Menschenhaar. Nur hat ein Haar einen Durchmesser von maximal 0,12 Millimeter, eine Daune misst am Kiel dagegen schon das Zehnfache. Noch dicker sind die kleinen Federn, die als Deckgefieder über diesem aus Daunen bestehenden »Unterkleid« liegen. Wohl jeder Mensch weiß, wie schmerzhaft es ist, an den Haaren gezogen zu werden – und kann sich vorstellen, welche Schmerzen es verursacht, wenn es büschelweise ausgerissen wird.

Ein geübter Gänserupfer kann bis zu 100 Gänse am Tag rupfen. Geht man davon aus, dass in einem Kilogramm Daunen zwischen 250 000 und 400 000 Einzelfedern stecken und ein Akkordarbeiter pro gerupftes Tier maximal 140 Gramm Daunen und Federn »erntet«, sind das je Gans zwischen 35 000 und 56 000 Federn. Weil sie pro Stück bezahlt werden, gehen die Rupfer so schnell wie möglich vor. Die Brutalität fordert ihren Preis. Gebrochene Beine und Flügel sind keine Seltenheit, Haut- und Fleischteile werden mit abgerissen. Gleich zur Hand haben die Arbeiter Nadel und Faden, womit sie die offenen Wunden ohne Betäubung an Ort und Stelle vernähen. Wie grausam die Tortur für die Gänse ist, wird selbst für Unbedarfte augenscheinlich: Noch Stunden später drängen sich die Tiere in einer Ecke des Stalls zusammen, fressen nichts und bewegen sich nicht. Etwa fünf Wochen später wiederholt sich die Prozedur. In den Hauptproduktionsländern der Gänsefleischproduktion ist der Lebendrupf Standard.[249]

Zu trauriger Berühmtheit hat es der – tatsächlich so bezeichnete – »Pusztarupf« in Ungarn gebracht. Hier werden jährlich etwa 300 000

Gänse lebend gerupft – ein lohnendes Geschäft, weil nicht nur, wie beim Totrupf, einmal Federn anfallen, sondern gleich mehrere Male sowie schlussendlich noch der Schlachtkörper. Zwischen acht und 20 Euro bringt ein Kilogramm Daunen. Ein Schlupfloch in der EU-Gesetzgebung macht die permanente Tierquälerei möglich. Obwohl sich die Europäische Union grundsätzlich in der Pflicht sieht, das Tierwohl zu schützen,[250] und die Kommission bereits 2005 erwogen hatte, ein Vertragsverletzungsverfahren gegen Ungarn einzuleiten, ist bislang nichts geschehen. Im Gegenteil. Im November 2010 hatte ein Gutachten der Europäischen Behörde für Lebensmittelsicherheit (EFSA) – ob gewollt oder ungewollt, sei dahingestellt – der Branche einen Schutzschild vor den Angriffen aufgebrachter Tierschützer und Konsumenten beschert. Darin waren Sachverständige des Gremiums für Tiergesundheit und Tierschutz (AHAW) zum Schluss gekommen, dass die Federgewinnung an lebenden Gänsen in der Praxis durchgeführt werden könnte, *ohne* den Tieren Schmerzen, Leiden oder Verletzungen zuzufügen. Hierzu sollten jedoch nur lose Federn zum Zeitpunkt der Mauser durch »Bürst- und Kämmverfahren« entfernt werden; das Rupfen dagegen verursache unvermeidbar Schmerzen, gab das Gremium zu bedenken.[251] Zwar empfiehlt es ein Kontrollsystem, das die Einhaltung sicherstellen soll. Doch bis heute ist die EU dieses Kontrollsystem schuldig geblieben. Und mehr noch. Schon die Praktikabilität führt die Empfehlung des »Ausstreichens« oder »Ausbürstens« ad absurdum: Zum einen setzt der Federwechsel nicht bei allen Individuen eines Stalls gleichzeitig ein, sodass immer viele Tiere darunter sein werden, denen festsitzende Federn mit Gewalt ausgerissen würden. Zum anderen steht jeder konventionelle Gänsefarmer unter einem aufgezwungenen oder selbst verordneten Kosten-Nutzen-Diktat, und das würde ihn dazu bringen, sämtliche Tiere eines Stalls zeitgleich zu »beernten«. Der Sinn und die Umsetzbarkeit sowohl des Gutachtens als auch der Empfehlung dürfen daher zu Recht angezweifelt werden. Tatsächlich etwas ändern könnte nur ein wirksam umgesetztes EU-weites Erzeugungs-, Verarbeitungs- und Verkaufsverbot für Federn aus Lebendrupf sowie aller mit solchen Federn gefertigten Produkte. Das allerdings ist unter den jetzigen politischen Voraussetzungen offensichtlich utopisch. So nährt die EU das Bild des halbherzigen Papiertigers und den Verdacht, dass rein wirtschaftliche

Gründe bei der laxen Handhabung des Tierschutzes eine Rolle spielen: Falls ein Verbot konsequent durchgesetzt würde, woher sollte die Menge der für Bettwaren, Kleidung und Outdoor-Produkten benötigten Federn kommen sollen?

Der Lebendrupf bleibt daher offensichtlich legal und politisch toleriert. Gesellschaftlich jedoch nicht: Unmut regt sich, und selbst die 1964 durch einen Beschluss der Bundesregierung gegründete Stiftung Warentest will das Schweigen der Branche nicht hinnehmen. Im November 2013 gab sie in ihrem Daunen-Test verschiedenen Anbietern von Federbetten die Möglichkeit, ihre Vertriebswege offenzulegen. Sie wollte prüfen, inwiefern sich die Unternehmen an die Kriterien für soziale und ökologische Unternehmensführung (CSR) halten. Das Ergebnis fiel ernüchternd aus: »Kein einziger Anbieter hat belegt, von welchen Höfen seine Daunen kommen – nicht einmal jene, die dem Verbraucher mit Brief und Siegel garantieren, dass die verwendeten Daunen und Federn nicht von lebenden Tieren stammen«, beklagte sie in ihrem Fazit. Selbst der hoch gelobte »Traumpass«, der Lebendrupf ausschließen soll, habe sich als »wertlos« erwiesen.[252]

Für den Verband der Deutschen Daunen- und Federnindustrie e.V. (VDFi) ein Affront. Doch statt sich um Schadensbegrenzung zu bemühen, teilte der Verband verbale Fausthiebe aus. Als Antwort auf die selbst gestellte Frage »Wo aber hört Information auf und wo beginnt Manipulation?«, schrieb er:

»Selbst definierte Prüfmethoden beim Thema Qualität, ein nicht verlässlich reproduzierbares Untersuchungsprozedere, die Expertise eines zweifelhaften Enthüllungsjournalisten und ein Tierschutz-Wunschkriterienkatalog der test-Redaktion, der bestimmten Interessengruppen als Steilvorlage für Kampagnen dient – das sind die Hauptkritikpunkte des Verbandes der Deutschen Daunen- und Federnindustrie … Es ist an der Zeit, Aussagen und Prüfmethoden der Stiftung Warentest besonders kritisch zu hinterfragen.«[253]

Dabei schwelt die Auseinandersetzung zwischen Kritikern und Verteidigern des Status quo schon seit Jahren. Immer wieder tauchen Videos und Fotos malträtierter Kreaturen oder Aufnahmen fragwürdiger Kungeleien in den Medien auf, und immer wieder dementiert oder verharmlost die Branche.

98 Prozent des weltweiten Geschäftsbereichs der Bettfedernindustrie, erklärt der VDFi auf seiner Internetseite, würden »durch Aufkommen abgedeckt, das nach dem Schlachten von Enten und Gänsen anfällt, denn die Tiere werden einzig und allein dazu gehalten, die Ernährung der Weltbevölkerung zu sichern«.[254] Die verbleibenden zwei Prozent, räumt der Verband ein, stammten von lebenden Gänsen. Im heftigen Gegensatz zum oben zitierten Angriff auf Stiftung Warentest, die sich übrigens nicht durch Werbung, sondern durch den Verkauf ihrer Testschriften sowie durch eine zehnprozentige Ausgleichszahlung vom Staat finanziert und dem »Verbraucher durch die vergleichenden Tests von Waren und Dienstleistungen eine unabhängige und objektive Unterstützung« bieten will, steht die Aufforderung des Verbandes an alle, denen Ungereimtheiten im Geschäft mit den Federn auffallen. Falls sie Kenntnis von einer Federernte außerhalb der Mauser haben, sollten sie diesen »Verstoß gegen das Tierschutzgesetz polizeilich anzeigen«, damit solche Praktiken bestraft würden.[255] Auch der Verband der Europäischen Bettfedern- und Bettwarenindustrie e.V. (EDFA) hatte 2011 auf die wachsende Sensibilität der Verbraucher reagiert und europaweit ein Traceability-System etabliert, das die Verwendung tierquälerisch gewonnener Daunen und Federn ausschließen soll. Neunzig europäische Bettfedern- und Bettwarenunternehmen hatten eine Selbstverpflichtungserklärung unterschrieben und sich der Zertifizierung eines akkreditierten Prüfinstituts unterzogen. Demnach müssen Lieferanten »aus EU-Staaten, Ländern des Europarates und Drittländern« beurkunden, »dass ihre Ware von geschlachteten Tieren stammt oder dass eine gesetzlich zulässige Federentnahme während der Mauser« erfolgt ist. Neutrale Sachverständige und Organisationen testieren nach der Prüfung die Richtigkeit und Vollständigkeit der Unterlagen jedes Unternehmens zur Herkunft des eingesetzten Füllmaterials.[256] Nach Einschätzung von Stiftung Warentest klaffen Wille und Realität aber auseinander: Kein einziger Anbieter hätte zwei Jahre später den Ursprung seiner verwendeten Federn und Daunen nachweisen können oder wollen. Selbst das »Traumsiegel« machte da keine Ausnahme. Der EDFA nannte indes unternehmerische Gründe für die Haltung der Bettfedernindustrie. So müsse Stiftung Warentest zunächst Vertraulichkeit der wettbewerbssensiblen Daten zusichern, bevor die Lieferkette offen-

gelegt werden könne: »Die Forderung nach Transparenz ist ebenso berechtigt wie die, einen freien und fairen Wettbewerb zu ermöglichen und zu schützen«, schrieb er in einer Antwort auf unsere Anfrage[257].

Andererseits gibt es keine europaweit einheitliche Rechtsgrundlage in Bezug auf die Zwangsmast, sodass die Produktion von Stopfleber und deren Import in Europa sehr heterogen gehandhabt wird. Jedes Unternehmen entscheidet von seinem Verständnis her, welche Federware es kauft.[258] Der Kunde erfährt nicht, wer Federn aus Zwangsmast-Betrieben verwendet – und unterstützt mit seinem Kauf unbewusst diese tierquälerische Haltung. Unternehmen gehen in der Regel nicht offensiv mit dem Thema um, obwohl ein entsprechender Qualitätsnachweis auch als Wettbewerbsvorteil taugen könnte.

Das Problem kennt nicht nur die Bettfedernindustrie – die gesamte Outdoor-Branche ist betroffen. Viele Hersteller verarbeiten Federn, und offensichtlich gibt es Lücken in der Rückverfolgbarkeit, oder man verlässt sich auf die Zusage von Lieferanten. Northland beispielsweise bezieht Federn aus China, schließt in einem Interview mit dem TV-Magazin Fakt Lebendrupf jedoch kategorisch aus. Das chinesische Fernsehen wiederum berichtet immer wieder völlig unkritisch über die gewaltsame Federnernte.[259] Bergans hat nach eigenen Angaben von seinen Produzenten vor Ort schriftliche Garantienachweise darüber eingeholt, dass die Daunen weder aus dem Lebendrupf noch aus der Foie-gras-Produktion kommen. Jack Wolfskin hatte Daunen aus französischer Stopfleberproduktion in seinen Jacken, wollte bis 2013 aber davon absehen, solche Federn weiter zu verwenden. Aktuell arbeitet das Unternehmen mit Vier Pfoten und anderen Stakeholdern zusammen, um ein genaueres Prüfungsverfahren zu erarbeiten. Auch die US-amerikanische Firma Patagonia musste einräumen, dass die Daunen in ihrer Ware aus der Stopfleberproduktion stammten.[260] Auf der Outdoor-Fachmesse »OutDoor« in Friedrichshafen im Juli 2012 hatte die Tierschutzorganisation Vier Pfoten den beiden Textilherstellern The North Face und Patagonia den Anti-Tierschutzpreis »Die weinende Stopfgans«, eine Gans aus grauem Plexiglas mit der Aufschrift »The crying force-fed goose 2012«, überreicht. Die unbequeme Wahrheit scheint zu sein: Daunen aus Qualmast und Lebendrupf werden offensichtlich erheblich häufiger verwendet, als man gemeinhin glaubt.

Wer indes meint, Lebendrupf fände nur vor den Toren Deutschlands, aber nicht dahinter statt, der irrt. Vorläufiger Höhepunkt war 2009 der Skandal um den Eigentümer eines Mastbetriebs in Wistedt, Landkreis Harburg in Niedersachsen, der 1300 Gänse bei lebendigem Leib mit Maschinen rupfen ließ – für welches Unternehmen die Federn bestimmt waren, das ließ der »Moorhof«-Besitzer im Dunkeln. Für 20 000 Tiere zeichnete Geschäftsführer Rudolf Schwerk seinerzeit verantwortlich. Tierschützer hatten gegen die Firma Anzeige erstattet, die Staatsanwaltschaft nahm daraufhin ihre Arbeit auf. Die Ermittlungen ergaben, dass Schwerk offenbar seit Jahren unbehelligt von den Behörden Lebendrupf betrieb und diese Federn an die deutsche Daunenindustrie verkaufte, ohne dass die Amtsveterinäre die Tierquälerei je entdeckt hätten. Erst nachdem die Tierschützer den Fall publik gemacht hatten, erließ das Veterinäramt ein Tierhaltungsverbot. Schwerk, der sich bis dahin über EU-Fördergelder von jährlich rund 160 000 Euro freuen durfte, trat aus dem Bundesverband Bäuerliche Gänsehaltung aus und legte alle Ämter nieder. Nach 15 Monaten Verhandlung, die hinter verschlossenen Türen stattfand, wurde er zu einer Geldstrafe von 1 500 bis 3 000 Euro verurteilt – seine Familie durfte indes den Betrieb weiterführen und die Tiere in ihrer Obhut behalten.[261]

Wenig später, im Sommer 2010, bot eine ungarische Farm dem Hersteller Böhmerwald (»Betten bayerisch gut«) Daunen verschiedener Kategorien an, neben Schlachtrupf auch solche, die von lebenden Gänsen stammten: den ersten Rupf, den zweiten Rupf und den Mutterrupf. Bei der Lieferung im Herbst filmte die Tierschutzorganisation Vier Pfoten mit. Die Mitschnitte zeigen, dass Böhmerwald den Lebendrupf bestellt hatte, den ungarischen Lieferanten aber aufforderte, offiziell von Schlachtrupf zu sprechen. Auch in der Firma Rohdex, einem Zwischenhändler in Unterschleißheim, hatten Tierschützer ähnliche Aufnahmen gemacht; Rohdex sicherte sich jedoch ab, indem ein Tierarzt eine Bestätigung unterschrieb, wonach die Daunen während der Mauser gewonnen worden seien. Die von Report Mainz gezeigten Bilder riefen damals bei Prof. Theo Mantel, Präsident der Bundestierärztekammer, Abscheu hervor. Er sprach von »übelster Tierquälerei«: »Es sind ganze Hautlappen aufgerissen worden. Die Tatsache, dass hier genäht wird wie bei einem Kleidungsstück ... ist absolut abzulehnen.« Neben Bettengeschäften zählten auch Versandhäuser wie Otto, Amazon, Schwab und Baur zum Kundenkreis von Böhmerwald. Gegenüber Report Mainz kündigte Otto damals an, bis zur Klärung der Vorwürfe sämtliche Produkte der Firma aus dem Programm nehmen zu wollen.[262] Da Böhmerwald tatsächlich Daunen aus Lebendrupf verwendet hatte, ist die Firma bei Otto nach wie vor ausgelistet (Stand: Februar 2014). Zudem muss sich jeder Vertragspartner verpflichten, keine Federn und Daunen aus Lebendrupf oder Stopfleberproduktion zu verwenden.

Problematisch ist, dass Lebendrupf am verarbeiteten Produkt praktisch nicht nachzuweisen ist und dass sich der Käufer auf die Versicherungen der Unternehmen und ihre brancheninternen Standards verlassen muss. Wer ganz sichergehen will, keine Federn oder Daunen aus Lebendrupf oder Stopfleberproduktion zu kaufen, muss darauf verzichten.

Pute

Big, bigger, biggest

Ihre Urahnin gilt als behände, durchtrainierte Athletin. Sie war den ganzen Tag unterwegs, um im Unterholz nach Samen, Beeren und Nüssen zu stöbern, dann und wann ein Insekt aufzupicken oder Wurzeln auszugraben. Selbst das Fliegen beherrschte sie gut. Dann kam der Mensch mit seinem unstillbaren Appetit auf Fleisch und Profit, und aus dem Truthuhn von damals wurde per Hybridzucht ein lebender Halteapparat für eine riesenhafte Brustmuskulatur, der am Ende seiner Mast kaum mehr in der Lage ist, seine Beine und Flügel zu gebrauchen.

Die Pute von heute, selbst von Fachleuten als Produkt einer Qualzucht bezeichnet[263], versinnbildlicht wie kaum eine zweite Tierart, wie ein Lebewesen zum Material für Konsum und Lebensmittelindustrie degeneriert und missbraucht wird. Die Rasse »B.U.T. Big 6« ist eine Schöpfung der British United Turkeys, eines Unternehmens, das bis 2005 dem Pharmakonzern Merial gehörte, dann von der Firma Aviagen übernommen wurde und inzwischen Teil der deutschen Erich Wesjohann Gruppe (EW) ist. In nur 22 Wochen schießt das Gewicht dieses Turbotiers von etwa 60 Gramm nach dem Schlüpfen auf das 300-Fache zum Schlachtzeitpunkt hoch: mit 78 Prozent Fleischausbeute, fast 40 Prozent davon Brustfleisch.[264]

Schätzungsweise 37 Millionen Puten werden hierzulande jedes Jahr geschlachtet; das Statistische Bundesamt zählte für 2008 etwa 11 Millionen in Deutschland gehaltene Puten in durchschnittlich 2,9 Durchgängen jährlich.[265] Deutschlands Norden und Osten sind Putenrevier. Spitzenreiter ist Niedersachsen mit knapp fünf Millionen Puten, davon entfallen allein auf den Landkreis Cloppenburg 2,6 Millionen Tiere. Oldenburg (760 000) und der Landkreis Schwäbisch-Hall in Baden-Württemberg (528 000) folgen auf Platz 2 und 3. Fast 90 Prozent aller in der Bundesrepublik gehaltenen Puten leben in Betrieben mit mehr als 10 000 Tieren. Im Brandenburgischen Landkreis Ostprigniz-Ruppin gibt es Putenhalter, die jeweils durchschnittlich 51 000 Puten ihr Eigen nennen. Ähnlich gigantisch geht es in dem Sachsen-Anhalter Landkreis Börde und dem Altmarkkreis Salzwedel mit weit über 30 000 Tieren pro Betrieb zu.[266]

Für die Haltung von Puten gibt es keine rechtlich bindende Grundlage außer den allgemeinen Regelungen für Nutztiere.[267] Truthähne und -hennen, auch Puter und Puten genannt, fristen ihr Leben nach Geschlechtern getrennt in riesigen Hallen in Bodenhaltung. Außer der Einstreu, die aus Hobelspänen, Pellets, Stroh oder Gemischen daraus bestehen kann, sowie den Trink- und Fressvorrichtungen befindet sich nichts im Stall. Ähnlich wie bei anderem Geflügel kommen auch bei der Pute verschiedene Methoden der Mast zum Einsatz: der 22-Wochen-Rhythmus, der 18/19-Wochen-Rhythmus, der Acht-Wochen-Rhythmus, der 13-Wochen-Rhythmus oder die Kurzmast. Sie unterscheiden sich lediglich in Einzelheiten der Belegung; im Grunde haben sie alle ein gemeinsames Ziel: die Schlachtung der Hennen nach der 15. bis 17. Lebenswoche und die der Hähne nach der 19. bis 22. Lebenswoche. Gegen Ende der Mastperiode bedeckt ein Teppich aus schwerstgewichtigen Vögeln den Boden. Bis zu 52 Kilogramm bei Truthennen und bis zu 58 Kilogramm pro Quadratmeter bei Truthähnen erlaubt der Gesetzgeber, das sind etwa fünf weibliche beziehungsweise drei männliche Tiere auf der Fläche einer Telefonzelle. Eine Zahl, die sich offenbar im Laufe der Jahrzehnte dem wirtschaftlichen Kalkül angepasst hat und entsprechend immer weiter gestiegen ist. Während in der Literatur von 1969 nämlich die Höchstbesatzdichte noch bei 20 Kilogramm je Quadratmeter lag, kletterte sie bis 1975 auf 25 und bis 1986 auf 50 Kilogramm je Quadratmeter, bis sie den heutigen – bisherigen – Höchststand erreichte.[268]

Ursprünglich köchelte die Pute ähnlich selten in deutschen Backröhren wie die Gans: Sie war ein reines Saisonprodukt, das hauptsächlich in der kalten Jahreszeit, und dann als kompletter Braten, auf den Tisch kam. Erst die Idee, Puten in einzelnen Stücken zu verkaufen, brachte die Wende. Dank der Zerlegung erlebte die Putenproduktion einen Schub, der bis ins neue Jahrtausend anhielt und erst jetzt an Fahrt verliert. Als Konkurrenz zum Schweinefleisch, angeboten zu Discountpreisen, hat Putenfleisch mittlerweile in die meisten Küchen der Deutschen Einzug gehalten. Rein rechnerisch isst jeder Deutsche derzeit etwa sechs Kilogramm im Jahr. Zum Vergleich: 1972 waren es 600 Gramm, so viel, wie heute der Pro-Kopf-Verbrauch von Suppenhühnern ausmacht. Wenn es auch Wurstsorten in vielerlei Ausführungen gibt – den Hauptanteil macht mit mehr als 90 Prozent der Gesamtschlachtmenge noch immer die Frischware aus. Diese Zahl spiegelt sich auch in den von der Gesellschaft für Konsumforschung (GfK) ermittelten Haushaltseinkäufen von 2009 wieder: 95 Prozent aller Käufe betrafen Frischware, insgesamt knapp 87 000 Tonnen.[269]

Mit Puten lässt sich gutes Geld verdienen. Ob im Discounter, in Restaurants, Betriebsküchen oder Gourmet-Tempel: Putenfleisch ist en vogue, allzeit verfügbar, relativ günstig und versprach noch bis vor Kurzem wachsende Renditen. Für die Züchtung war völlig irrelevant, dass es sich um Lebewesen handelt, einzig der zu erzielende Nutzeffekt stand im Mittelpunkt aller züchterischen Bemühungen. Es genügten drei genetische Linien, um ein »Erzeugnis« zu erschaffen, das den Markt erobern und die Bedürfnisse der Putenindustrie befriedigen sollte: eine schwere, fleischbringende Hahnenlinie, eine Hennenlinie mit guten Reproduktionseigenschaften und eine weitere Hennenlinie, die auf Fleischertrag ausgelegt ist.[270] Dass dieses Ungetüm schwere Krankheitsbilder entwickelte, hat bis heute kaum Relevanz. Die exzessive Selektion auf möglichst viel Fleisch führte zu einem lebenden

Industrieprodukt mit »hausgemachten« körperlichen Schäden. Anders als andere Nutztiere sind Puten aufgrund ihres enormen Brustmuskels gar nicht mehr in der Lage, sich auf natürlichem Wege fortzupflanzen; sie müssen künstlich besamt werden. Großkonzerne wie Aviagen stehen an der Spitze der »Zuchtpyramide«: Auf deren »Material« sind die Putenmäster angewiesen; eine wirtschaftliche Unabhängigkeit ist de facto ausgeschlossen. So stallen sie die Turboputen zu vielen Tausend Tieren ein und lassen sie unter den typischen Bedingungen der industriellen Fleischproduktion (minimaler Tierschutz, maximale Ausbeute) aufwachsen. Unter solchen Bedingungen trägt die Qualzucht reiche Früchte. In einer Studie der Tierärztlichen Hochschule Hannover zeigten sich bei rund 97 Prozent der Tiere, die am Schlachtband untersucht wurden, knotige Veränderungen an den Fußballen.[271] Weil sich der Körperschwerpunkt während der Mast nach vorne und unten verlagert, entwickelt sich meist ab der zweiten Lebenswoche eine besondere Form der Beinschwäche, die Tibiale Dyschondroplasie (TD), abnorme Knorpelwucherungen, durch die im Extremfall der Oberschenkelkopf auseinandergedrückt wird. Die Knochenfestigkeit ist derart vermindert, dass sich die Beine unter der Last verbiegen. Weil der schwere Vogel seine Brust quasi zwischen den schwachen Beinen hin- und herwuchten muss, verbringt er die Zeit mit zunehmendem Mastgewicht fast ausschließlich liegend. Durch den permanenten Kontakt mit der Einstreu und dem hohen Druck entstehen Brustblasen, eitrige Entzündungen des Brustschleimbeutels also, darüber hinaus traumatische Veränderungen in der Brustregion, Hämatome und Dermatiden bis hin zu Brustläsionen.[272] Weil die Einstreu während einer gesamten Mastperiode nicht gewechselt, bestenfalls stellenweise mit einer frischen Auflage überdeckt und vom Kot der Tiere immer mehr durchfeuchtet wird, verschärft sich das Problem: Das aus den Exkrementen freigesetzte Ammoniak hat eine ätzende Wirkung. Drosselt der Mäster dann noch aus falsch verstandener Sparsamkeit die Lüftung, steigt der Ammoniakgehalt in der Luft derart an, dass die Atemwege der Tiere in Mitleidenschaft gezogen werden. Überhaupt gehören Lungenentzündung und Luftsackentzündungen zu den häufigsten inneren Krankheiten, dazu kommen Herzbeutelentzündungen und Krankheiten des Herz-Kreislauf-Systems.[273] Das Ziel, Verluste von vornherein zu minimieren, und die Bereitschaft, dafür Medikamente auch prophylaktisch einzusetzen, gehen dabei Hand in Hand. In den drei Monaten ihrer Lebenszeit erfährt eine durchschnittliche deutsche Mastpute knapp zehn Behandlungen mit Antibiotika. Weil mehrere Substanzen gleichzeitig eingesetzt werden, bekommt die Pute sogar im Durchschnitt 33,1 Gaben von Einzelwirkstoffen, heißt es in einer Studie des Niedersächsischen Landwirtschaftsministeriums unter Beteiligung der Tierärztlichen Hochschule Hannover.[274]

Die Biopute zwischen Anspruch und Realität

Nun sollte der gesunde Menschenverstand meinen, eine Veränderung der Haltungsbedingungen erleichterte den Puten das Leben, verhinderte Krankheiten, ließe den Einsatz von Antibiotika gen null gehen und bügelte die genetisch angelegte Krankheitspräferenz aus. Das mag bei anderen Nutztierarten fruchten – bei der Pute allerdings zielen viele gut gemeinte Maßnahmen ins Leere. Der Grund: Die Hybride B.U.T. Big6 hält mit bis zu 97 Prozent[275] unangefochten die Monopolstellung in deutschen Ställen – egal ob konventionell oder Bio, und B.U.T Big6-Puten sind »ein empfindliches System dicht an seiner biologischen Leistungsgrenze. Schon kleinste Managementfehler des Halters führen beim Tier zu massiven Gesundheitsschäden.«[276] Damit nicht genug. Weil die Tiere auf maximalen Fleischansatz getrimmt sind – sozusagen im wahrsten Sinne des Wortes an ihrem Erbe schwer zu tragen haben –, können sie mit einigen Verbesserungen, die ihnen eine Biohaltung beschert, nicht viel anfangen. Zum Beispiel werden sie zu schwer, um bis zum Schluss auf Sitzstangen zu flattern oder die Umgebung scharrend und kratzend zu erkunden. Biobetriebe bauen mittlerweile Rampen oder andere Aufstiegshilfen ein, damit die Tiere wenigstens Schritt für Schritt eine erhöhte Position erreichen können. Weil der immense Fleischzuwachs sie daran hindert, ihr artgerechtes Verhalten auszuleben und ihre Freiräume zu nutzen, neigen auch Bioputen zu Aggressionen wie Federpicken und Kannibalismus. Das in der konventionellen Mast fast zu 100 Prozent durchgeführte Verstümmeln des Oberschnabels, das Schnabelkürzen, ist in der Biohaltung tabu – gegen Artgenossen ausgetragener Frust kann daher durchaus zu blutigen Exzessen führen. Immerhin:

Eine Studie der Tierärztlichen Hochschule Hannover, in der es um den Vergleich beider Haltungsmethoden ging, konnte belegen, dass die Verletzungsrate bei Bioputen trotzdem um rund 12 Prozent geringer war als in konventioneller Haltung.

Auch die mangelnde Widerstandsfähigkeit erschwert die Haltung von Bioputen. Zu keiner Zeit hatte es zum Zuchtziel gehört, parallel zum Massezuwachs das Immunsystem der Tiere zu stärken – herausgekommen ist ein zartbesaitetes Geschöpf, das keine Zugluft verträgt, keine Temperaturschwankungen und keinen Nieselregen. Wind und Wetter können Big6 vorzeitig Kopf und Kragen kosten, ebenso wie kleine Infektionen, die anderes Federvieh nicht aus der Bahn werfen würden. Ohne Antibiotika kommt daher auch ein Biobetrieb nicht immer aus. Zwar erlaubt das Gesetz bei Bioputen nur eine einmalige Behandlung. Diese kann jedoch mehrere Wochen dauern und zahlreiche Antibiotikagaben umfassen – bis die Infektion im Bestand unter Kontrolle ist.

Letztlich gestaltet sich selbst das Futtermanagement unter Biomast schwieriger. Gerade in den ersten Wochen haben Intensivputen einen hohen Bedarf an den Eiweißbausteinen Lysin und Methionin, die natürlicherweise in Fleisch, Fisch, Ei, aber auch in Erbsen, Soja und Nüssen stecken. Verhältnismäßig arm an Lysin und Methionin sind Reis und Mais. In konventioneller Mast stellt die Versorgung kein Problem dar, da der Bedarf durch synthetische Aminosäuren gedeckt werden darf. In der Biohaltung sind diese künstlichen, oft gentechnisch hergestellten Stoffe jedoch nicht erlaubt; Mais- und Kartoffeleiweiß sowie Fischmehl müssen Abhilfe schaffen. Weil es aber Mais- und Kartoffeleiweiß nicht in ausreichender Menge in Ökoqualität gibt, dürfen Biomäster bis zu fünf Prozent aus konventioneller Landwirtschaft zufüttern. Wem eine optimale Fütterung nicht gelingt, der riskiert neben höheren Mortalitätsraten auch Verhaltensstörungen, denn nicht nur ein Mangel an Aminosäuren, sondern auch an Natrium und Magnesium beeinflusst den Gemütszustand der Puten negativ und macht sie aggressiver gegenüber Artgenossen.[277]

Leichter, beinstabiler, robuster, möglichst ohne Verhaltensauffälligkeiten und mit feinfaserigem Fleisch – so in etwa sieht die Wunsch-Pute für die ökologische Freilandhaltung aus. Viele Alternativen bietet der Markt aufgrund der Dominanz der Monopolisten da nicht. Die Bundesanstalt für Landwirtschaft und Ernährung führt in ihrer Liste gefährdeter einheimischer Nutztierrassen[278] zwei Putenrassen auf: die Bronzepute, deren männliche Vertreter bis zu 50 Kilogramm, die Hennen dagegen nur bis acht Kilogramm erreichen können, und die Cröllwitzer Pute, ein Leichtgewicht von zehn Kilogramm bei den Hähnen und fünf Kilogramm bei den Hennen. Tatsächlich könnte die Bronzepute ein Comeback erleben, gelten Öko-Mästern doch vor allem die weiblichen Exemplare als stresstolerant und langsam wachsend. Einziger Wermutstropfen sind die dunklen Punkte, die die Federkiele auf der Haut hinterlassen – absolut harmlos zwar, aber so mancher Verbraucher, den der Handel und sein landfernes Konsumleben dem Natürlichen entfremdet haben, könnte die gesprenkelte Haut aus rein ästhetischen Gründen ablehnen. Nachteilig auch, dass die potenziellen Kandidaten erheblich mehr Futter benötigen als die kränkelnden Turboputen, um letztlich weniger Fleisch anzusetzen als diese – eine Rechnung, die nur dann aufgehen kann, wenn Erzeuger, Verarbeiter und Verbraucher akzeptieren, dass Putenschnitzel kleiner und teurer werden, und die Züchtungsforschung mit öffentlichen Mitteln vorangetrieben wird, um das Verhältnis von Aufwand und Nutzen auf ein wirtschaftlich vernünftiges Maß herunterzubrechen.

Mastschwein

Gebärmaschine Zuchtsau

Nur noch wenige Stunden, und sie wird Mutter sein. Den siebten Tag verbringt die 220 Kilogramm schwere Sau jetzt schon in der Abferkelbucht, einem 1,80 Meter mal 2,30 Meter messenden Areal ohne jede Einstreu. Der Boden unter ihren Füßen besteht aus Kunststoffrosten, durch die ihre Exkremente in die darunterliegenden Güllekanäle fallen. Es ist warm, und es ist extrem eng: Ein aus Metallrohren bestehendes Gatter, das Ferkelschutzgitter, umfängt ihren Körper und hindert sie daran, sich umzudrehen oder herumzulaufen; selbst beim Hinlegen stößt sie an das Gestänge. Zwischen einem halben Meter und 65 Zentimeter breit ist der Liegebereich, der der Sau zur Verfügung steht, und damit gerade so breit, dass sie darauf Platz findet. Angetrieben von einer unstillbaren inneren Unruhe, zerrt und rüttelt sie an allem, was sie erreichen kann. Schließlich legt sie sich schwer atmend nieder, ein tiefes, langes Grunzen, und die Wehen pressen das erste Ferkel aus dem massigen Körper. Das glitschige Wesen rutscht über die gummierten Matten, nach einiger Zeit steht es mit wackeligen Beinen auf. Zwischen zehn und 30 Minuten dauert es normalerweise, bis das jeweils nächste Ferkel folgt. Noch während der Geburt versucht die Sau, mit den ersten frisch geborenen Ferkeln Kontakt aufzunehmen, richtet sich mühsam auf und drückt sich gegen die Metallbügel, um sich in ihre Richtung drehen zu können, scheitert aber an der Enge der »Eisernen Jungfrau«.

Sie ist nur eine von vielen, die an diesem Tag ihre Ferkel zur Welt bringt. 1600 Sauen leben im Stall, 75 davon stehen jede Woche in einer Abferkelbucht wie dieser. Das gleichzeitige Werfen seiner Zuchtsauen spart dem Landwirt vor allem eines: Arbeitszeit. Und die ist teuer, besonders unter dem Kostendruck einer Tierproduktion, deren vorrangiges Ziel die Masse ist. So rechnet der konventionell wirtschaftende Bauer eine Vollarbeitskraft für insgesamt 300 produktive Sauen ein, wenn er pro Sau und Jahr im Minimum 25 Ferkel verkaufen und dabei deutlich weniger als zehn Stunden pro Sau und Jahr an Arbeitszeit aufwenden will.[279] Dabei gilt es, die Natur zu überlisten, denn sie gibt normalerweise vor, wann ein Schwein in Hochzeitsstimmung ist – und danach richtet sich der Geburtstermin. Ein Bauer mit kleineren Beständen, der sich die Muße nimmt, kann die Schlüsselreize eines Ebers auf eine Sau nachahmen, braucht aber Geduld und Einfühlungsvermögen.

Auch das Licht im Stall spielt eine Rolle, ebenso eine besondere Fütterungsfolge von energiereichem Futter nach einem Hungertag sowie ein ausreichender Kontakt mit dem Eber.[280] Weil die Rauschzeit der Sauen unterschiedlich lang sein kann, variiert auch der Zeitpunkt des Eisprungs und damit der richtige Moment für die Befruchtung – ein Managementproblem, denn das Ziel einer ertragsorientierten Tierproduktion sind hohe Befruchtungsraten und damit viele Ferkel bei minimalem Aufwand. So steigt mit der Anzahl der Sauenplätze der Effizienzdruck, und in großen Beständen ist es die Regel, die biologischen Abläufe mithilfe von Hormonen gleichzuschalten. Auf dem Gebiet der ehemaligen DDR haben Hormone seit Jahrzehnten einen festen Platz;

in den Ferkelerzeugerbetrieben des Westens gewannen sie erst in den letzten Jahren an Bedeutung. In mittleren Beständen zwischen 200 und 600 Sauen überwiegen unter anderem Verfahren der künstlichen Brunstsynchronisation und Brunststimulation, in Großanlagen mit mehr als 600 Sauen setzen die Landwirte auf die Synchronisation des Eisprungs. Um zum Beispiel die Brunst hormonell zu synchronisieren, verabreichen Landwirte die Präparate üblicherweise 15 bis 18 Tage lang morgens mit dem Kraftfutter, zur Synchronisation des Eisprungs werden sie injiziert. Auch zur Einleitung und Beschleunigung der Geburt und zur Behandlung von Fruchtbarkeitsstörungen dienen Hormone; für die künstliche Besamung werden den Spermien der Eber Hormone zugesetzt, damit die Anzahl der befruchteten Eizellen und damit die der Ferkel steigt.

Ob Prostaglandin, Oxytocin, Pferdeserum-Gonadotropin (ein Hypophysenvorderlappen-Hormon) oder Humanes Choriongonadotropin (ein Glykoproteinhormon) – unter der Prämisse, natürliche Abläufe aus rein ökonomischen Gründen zu technologisieren, macht die intensive Tierproduktion Sauen mithilfe von Hormonen zu gleichgeschalteten Gebärmaschinen. Wie und wo auch immer sie verabreicht werden – die Bereitschaft, Hormone zu verwenden, wächst so unaufhaltsam wie der Trend zu immer größeren Betrieben.

2013 gab es rund 28000 Betriebe mit Schweinehaltung, darunter 11200 mit Zuchtsauen. Innerhalb nur eines Jahres hatten 22 Prozent aller Betriebe, die ein Jahr zuvor noch 100 Sauen hielten, die Sauenhaltung eingestellt. Andere dagegen stockten auf: Die Anzahl der Betriebe mit mindestens 500 Zuchtsauen stieg um knapp vier Prozent.[281] Zwar ist es in der Europäischen Union schon immer verboten, Hormone als Wachstumsförderer einzusetzen. Die mittlerweile gängige Hormongabe zur Gleichschaltung der Fruchtbarkeitszyklen und zur Maximierung der Ferkelanzahl stand dagegen nie zur Debatte. Wie viel die deutschen Landwirte pro Jahr nutzen, darüber gibt es keine aktuellen Zahlen. Die letzte belegbare – und wenig differenzierte – Zahl stammt aus dem Jahr 2003: Damals waren es laut Bundesverband für Tiergesundheit (BfT) 670 Kilogramm eingesetzter Hormonpräparate in der gesamten Veterinärmedizin.[282] Warum weder die Verbände noch die Industrie entsprechende Erhebungen der Öffentlichkeit zugänglich machen und warum die Politik nicht darauf dringt, darüber lässt sich nur spekulieren.

Problematisch sind Hormone aus der Schweinezucht vor allem deshalb, weil sie die Menge der über andere Wege die Umwelt kontaminierenden Gifte noch erhöhen. Über die Exkremente gelangen sie in die Gülle, von dort auf die Felder, in Bäche, Flüsse, Seen und ins Grundwasser. 85 Prozent der Wirkstoffe scheiden die Tiere aus.[283] Quasi ubiquitär verbreiten sich alle vom Tier aufgenommen Mittel, die sein Organismus nicht abgebaut hat, egal ob es sich dabei um Hormone oder Substanzen aus Medikamenten handelt. Längst ist bekannt, dass Umwelthormone alles andere als harmlos sind. Die auch als endokrine Disruptoren bezeichneten Stoffe können selbst in geringen Konzentrationen negative Wirkungen entfalten. Am bekanntesten ist sicher die Verweiblichung männlicher Fische durch Östrogenhormone. Ob der beim Menschen beobachtete Rückgang der Spermienzahl in den vergangenen Jahrzehnten, das Verfrühen der Pubertät und das vermehrte Auftreten von Brust- und Prostatakrebs mit der Exposition gegenüber Umwelthormonen in Zusammenhang gebracht werden kann, wird vermutet und derzeit intensiv erforscht. Sicher ist nur, dass der Cocktail aus Arzneimittelrückständen, Polychlorierten Biphenylen, Dioxinen, Furanen, Phthalaten aus der Industrie und den Haushalten und den auch in der Tierproduktion eingesetzten Östrogenen, Androgenen, Gestagenen und Nicht-Steroidhormonen alles andere als gesundheitsförderlich ist. Viele dieser Stoffe sind schwer abbaubar und reichern sich in den Nahrungsketten an; niemand kennt deren Wechselwirkungen mit anderen Substanzen und untereinander oder kann die Konzentrationen benennen, ab der sie einen Organismus schädigen. Selbst die nicht gerade für ihre zeitnahe Entschlusskraft bekannte EU kann sich diesen dringenden Fragen nicht weiter verschließen. Mit ihrer Initiative REACH (Registration, Evaluation, Authorisation of CHemicals) zur Registrierung, Bewertung, Zulassung und Beschränkung von Chemikalien will die Europäische Kommission die bestehenden Wissenslücken schließen und »einen verantwortlichen Umgang mit Chemikalien ... ermöglichen«. 2009 ins Leben gerufen, soll REACH über einen Zeitraum von elf Jahren Informationen über 30000 Stoffe sammeln.[284]

Dass Hormone ein potenzielles Umwelt- und Gesundheitsrisiko tragen, ist auch in Deutschland unumstritten. Doch das Thema taugt, weil bislang wissenschaftlich wie statistisch eher stiefmütterlich behandelt, je nach Interessenlage lediglich zu einem verbalen Schlagabtausch ohne jede Konstruktivität. So erinnerte das CDU/CSU-geführte Bundeslandwirtschaftsministerium im Januar 2014 daran, dass »die hormonelle Steuerung von Befruchtungs- und Geburtszeiten sowie ... die Gewinnung und Aufbereitung von Sperma, die künstliche Besamung und der Embryotransfer ... in Europa integraler und legaler Bestandteil der Nutztierhaltung« und nach EU-Recht »Hormone als Arzneimittel zu therapeutischen oder tierzüchterischen Behandlungen zugelassen (seien) ..., also der bestimmungsgemäße Einsatz der Präparate als unbedenklich bewertet« werde.[285] Auch der Deutsche Bauernverband e.V. (DBV), der mit zahlreichen Funktionären nicht nur im EU-Parlament, im Bundestag und in den Landtagen vertreten ist, sondern auch Unions-Abgeordnete stellt, die dem Agrarausschuss des Bundestages angehören und gleichzeitig Funktionen in Agrarunternehmen innehaben, hatte sich Kritik am Hormoneinsatz verbeten. Im Internet schreibt er: »Bei den verwendeten Hormonen in der Sauenhaltung handelt es sich mit einer Ausnahme um Eiweißverbindungen. Da sie sich in kurzer Zeit vollständig abbauen, kommen sie somit nicht in die Nahrungskette und gefährden nicht den Verbraucher.«[286] Das entspricht nicht ganz der Realität: Der Wirkstoff Altrenogest beispielsweise, der bei der Brunstsynchronisation von Jungsauen Anwendung findet, war in der Vergangenheit im Rahmen des Nationalen Rückstandskontrollplans gar nicht Gegenstand von Untersuchungen. »Insofern kann nicht, wie in der Stellungnahme des DBV, gefolgert werden, dass der Wirkstoff nicht in die Nahrungskette der Verbraucherinnen und Verbraucher gelangt«, erklärt hierzu das Niedersächsische Ministerium für Ernährung, Landwirtschaft und Verbraucherschutz.[287] Überhaupt entbehrt die vollmundige Behauptung des Bundeslandwirtschaftsministeriums, die Präparate seien unbedenklich, weil sie ihrer Bestimmung entsprechend verabreicht würden, der wissenschaftlichen Grundlage: Die Mehrzahl der Arzneimittel sind zu einem Zeitpunkt zugelassen worden, zu dem eine Risikobewertung nach dem heutigen Stand der Forschung gar nicht möglich war und nicht als notwendig erachtet wurde. Weil es an Einsicht, politischer Entschlusskraft und Forschungsgeldern mangelt, bleibt eine Hormongabe bei Zuchtsauen auch weiterhin eben nicht primär aus medizinischen, sondern aus wirtschaftlichen Überlegungen die Regel.

Eine Zuchtsau ist für die Agrarindustrie nichts als ein Produktionsmittel, das, um sich zu rentieren, rein rechnerisch 2,5 bis 3,8 Mal pro Jahr Ferkel zur Welt bringen muss.[288] Die Reproduktionsrate von Sauen hat sich im Laufe der letzten Jahre immer weiter erhöht. Während eine Muttersau 1996 noch durchschnittlich 19 Ferkel pro Jahr geworfen hatte, waren es 2006 schon 22.[289] Mittlerweile sind es 27 Ferkel und mehr; allein in Niedersachsen kommen Zuchtsauen in fünf Prozent der Betriebe auf bis zu 30 pro Jahr. In vielen Betrieben mithilfe von Hormonen auf Paarungsbereitschaft, Fruchtbarkeit und Höchstzahl an Föten getrimmt, werden sie üblicherweise, nachdem sie künstlich besamt wurden, noch vier Wochen im engen Kastenstand gehalten. Erst danach werden sie in eine Sauengruppe entlassen, wo sie bis eine Woche vor dem voraussichtlichen Abferkeltermin bleiben dürfen. Nach der Neuerung der Tierschutz-Nutztierhaltungsverordnung 2006 muss eine Gruppenbucht, die von sechs Sauen genutzt werden soll, eine Mindestseitenlänge von 2,80 Meter aufweisen – eine erwachsene Sau ist bis zu zwei Meter lang. Je nachdem, ob es sich um eine Jung- oder Altsau handelt und zu wie vielen sich die Tiere den Raum teilen müssen, stehen ihnen jeweils zwischen 1,85 und 2,50 Quadratmeter zur Verfügung. 15 Prozent ihres etwa einen Quadratmeter großen Liegebereichs dürfen Schlitze aufweisen, den übergroßen Teil der Gesamtfläche bedeckt ohnehin Spaltenboden. Vor der Novelle der Verordnung konnten sich Muttersauen nur etwa 205 Tage eines Jahres frei in einer Bucht bewegen, ab 2013 sind es 60 Tage mehr. 100 Tage des Jahres darf eine Sau also im körperengen Kastenstand fixiert werden, der ihr jede Bewegungsfreiheit nimmt.

Das Mutterdasein erleichtert der Sau das Leben nicht – im Gegenteil. Während der gesamten Säugephase – das sind in der konventionellen Landwirtschaft zwischen 21 und 28 Tagen – steht oder liegt sie unter den Bügeln des Ferkelschutzgitters. Der Metallkäfig unterbindet die enge Kontaktaufnahme zu den Ferkeln, sodass eine echte Interaktion nicht möglich ist. Die Jungen erreichen die Zitzen der Sau durch das Gitter. Der Boden, auf dem sich die Ferkel bewegen können, ist kaum anders beschaffen als der des Sauenbereichs – auch er besteht aus mit Spalten durchsetztem Beton oder Kunststoff; Einstreu gibt es keine. Zusätzlich steht den Ferkeln ein »Ferkelnest« zur Verfügung, das diese Bezeichnung kaum verdient. Mit einem Nest hat diese Vorrichtung nämlich wenig zu tun: Entweder es handelt sich um eine etwa 0,7 Quadratmeter große Heizplatte, auf der sich die Ferkel wärmen können, oder um einen von der Decke hängenden Kasten, der aus Platten besteht, die mit Strom oder Heißwasser beheizbar sind. In vielen Ställen kommen Infrarotlampen zum Einsatz, die die Liegefläche der Kleinen bestrahlen.

Rund 21 Tage benötigt die Gebärmutter einer Sau, um sich vollständig zurückzubilden. Wenig später wird ihr Körper planmäßig erneut Früchte tragen. Das ist auch die Zeit, in der die Ferkel von der Mutter zwangsweise getrennt, »abgesetzt« werden, wie es in der Praxis heißt. Würde der Mensch nicht eingreifen, würde die Sau ihre Jungen noch ungefähr drei Wochen weiter säugen. Kurz vor dem Absetzen der Ferkel wird die Sau bereits auf die nächste Trächtigkeit vorbereitet: Sie erhält oral Vitamin A, um den Eisprung zu stimulieren, und in vielen Fällen zusätzlich besagte Hormonpräparate mit dem Futter verabreicht. Der Kreislauf von Besamung, Trächtigkeit und Säugen beginnt von vorn. 65 Ferkel ist das Leben einer Traumsau wert – das sind fünf bis sechs Würfe.[290] Das französische Zuchtunternehmen ADN wirbt sogar damit, dass ihr Top-10-Kundenstamm durchschnittlich 32,3 Ferkel pro Sau und Jahr absetzt: Das sind 12,6 Ferkel pro Wurf und 74 abgesetzte Ferkel »pro ausscheidende Sau«[291]. Der kühl rechnende Landwirt weiß, dass die Sauen in ihrem dritten bis fünften Wurf ihr Leistungsmaximum mit der Höchstzahl an lebendgeborenen Ferkeln erreichen. Danach knickt die Leistungskurve ab, und die Sau wird ausgemustert. Nach etwas mehr als zwei Jahren endet sie im Schlachthof.

Nach wie vor stellen zahlenstarke Würfe und viermaliges »Abferkeln« die wichtigsten Leistungsparameter in deutschen Schweinezuchten und Ferkelerzeugerbetrieben dar. Welch abstruse Blüten das Hauptaugenmerk auf Höchstertrag auch in der Muttersauenzucht treiben kann, zeigt ein Beispiel aus der Edelschweinezucht GmbH Allmenhausen, Thüringen. Dort stellte die Zuchtsau »Alma« 2008 einen neuen Fruchtbarkeitsrekord auf: Im dritten Wurf brachte sie insgesamt 40 Ferkel zur Welt – offenbar Grund zu Stolz und Freude, folgt man einer Veröffentlichung in der Zeitschrift *Schweinezucht aktuell*. »Dies überraschte umso mehr«, schrieben der Geschäftsführer des Betriebs Detlef Kühmstedt und Zuchtexperte Professor Uwe Hühn, »als ›Allma‹ mit zehn Ferkeln im ersten Wurf und mit 12 Ferkeln im zweiten Wurf wenig spektakulär ins reproduktive Leben gestartet war.« »Allma« ist nicht die einzige Sau des Unternehmens, die derart viele Ferkel wirft. »Es gab in der Herde bereits Spitzenwürfe von 35 und 37 Ferkeln, doch 40 sind schon etwas Besonderes.«[292] Wohl gemerkt: Sauen haben nur zwei Reihen à sieben Zitzen. Es ist bekannt, dass eine Sau schon bei 14 Ferkeln kaum mehr in der Lage ist, alle gleichermaßen gut mit Milch zu versorgen. Auch »Allma« war da keine Ausnahme. Sie säugte 13 Ferkel; sieben weitere wurden anderen Zuchtsauen zugeteilt, die, weil hormonell behandelt, zur gleichen Zeit geworfen hatten. Summa summarum überlebten 20 Ferkel des Extremwurfs – die 20 anderen waren Ausschuss: Ferkel mit weniger als 400 Gramm Geburtsgewicht gelten als nicht aufzuchtfähig.

Ein Blick in die Statistik zeigt, wie rasant die Entwicklung bislang vonstatten ging. Während 1990 noch durchschnittlich 18,8 Ferkel pro Sau das Licht der Welt erblickten, waren es 2011 bereits 26,6 pro Jahr und Sau.[293] Die Verwendung von Hybridsauen aus Dänemark, den Niederlanden und Frankreich machten die immer höheren Geburtszahlen möglich. Auch »Allmas« Vater gehörte der Dänischen Landrasse an; ihre Mutter war eine »Large White«. Der Fokus auf ein Immer-Mehr birgt einige Probleme für die Ferkel:

- Mit steigender Ferkelzahl sinkt das durchschnittliche Gewicht der Kleinen. Das Gewicht entscheidet jedoch über die Überlebensfähigkeit der Ferkel.
- Die Geburtsgewichte der Ferkel eines Wurfes schwanken stark, weil die Gebärmutter die Föten nicht überall gleich gut ernähren kann.
- Die Sauen produzieren nicht genug Milch; die Ferkel sind mit Nährstoffen unterversorgt.
- Starke Ferkel erobern die Zitzen im vorderen Bereich, die am meisten Milch geben, als Stammplatz. Die leichteren kämpfen um die Zitzen im hinteren Bereich, die weniger Milch geben.[294]

Wenn sie nicht schon aufgrund ihres zu geringen Geburtsgewichts ausgemustert werden, kümmern die zu leichten Ferkel, sterben an Unterkühlung oder verhungern. Stehen, wie in »Allmas« Fall, potenzielle Ammensauen zu Verfügung, werden die überzähligen Ferkel fremden Müttern angelegt – in der Praxis »Wurfausgleich« genannt. Inzwischen gibt es technische Lösungen. Eines ist die Nursery (Kinderkrippe), ein in Deutschland erfundenes und in der Schweiz weiterentwickeltes System, das aus einem Fütterungsautomaten, einer beheizbaren Ferkelkiste und einem Kotbereich besteht. Es bietet Platz für 24 Ferkel. Ein weiteres sind die aus den USA stammenden Rescue Decks (Rettungsboxen), die mit Milchnippeln und Infrarotlicht ausgestattet sind. Drücken die Ferkel ihre Schnauzen an die Nippel, füllt sich die Schale mit Aufzuchtmilch. In Deutschland sind sie für zehn bis zwölf Tiere zugelassen.[295] Die mutterlose Aufzucht rechnet sich in erster Linie für Großbetriebe.

Auch die Muttersauen selbst leiden unter den Nachteilen der Hochleistungszucht. Hybridsauen bezahlen ihre hohe Fruchtbarkeit und Milchleistung mit schweren Gesundheitsschäden – und immer früher mit dem Leben. Mit dem Steigen der Ferkelzahl erhöhte sich nämlich auch die Ausmerzrate: Mittlerweile ist sie in den vergangenen Jahren auf über 40 Prozent gestiegen;[296] durchschnittlich 40 bis 60 Prozent aller Sauen verlassen jedes Jahr die Betriebe und werden geschlachtet.[297] Dass das Folgen für die Wirtschaftlichkeit hat, ist nur eine Seite der Medaille. So müssen Landwirte ihre Herde immer wieder um neue Sauen erweitern. Der Grund: Die Knochen halten mit dem schnellen Wachstum nicht mit, sie verlieren an Festigkeit und können sogar brechen. Überall in Deutschlands Ställen lahmen Zuchtsauen.

Eine Muttersau kann gar nicht so viel fressen, wie sie Nährstoffe für ihre vielen Ferkel zur Verfügung stellen muss. Vergleicht man die Leistung einer Sau während der Laktation mit der einer Milchkuh, wird die Dimension schnell klar. Der Gehalt an Inhaltsstoffen der Sauenmilch entspricht in etwa dem 1,7-fachen dem von Kuhmilch. Umgelegt auf die Körpermasse ergibt sich eine Menge von 50 bis 60 Liter Kuhmilch. Die Folge des Energiemangels: Nicht überlebensnotwendige Funktionen werden zurückgefahren – und dazu gehört die Fruchtbarkeit. So verschlechtert sich nicht nur die körperliche Verfassung der Sauen, auch kommen die Tiere später in die Rausche, es dauert länger, bis sie wieder trächtig werden, und es bilden sich weniger befruchtungsfähige Eizellen. Schließlich nimmt auch die Zahl der überlebenden Embryonen ab, was der Mensch nicht ursächlich bekämpft, sondern symptomatisch: mit Hormonen. Zusätzlich leiden die Tiere unter Entzündungen an Gesäuge und Gebärmutter. Dieser sogenannte MMA-Komplex (Mastitis-Metritis-Agalaktie)[298] wird auch als »Berufskrankheit« der Sauen bezeichnet. MMA ist ein multifaktorielles Geschehen, das durch verschiedene Keime verursacht wird. Die Krankheit ist weit verbreitet: Zwischen 25 und 80 Prozent der deutschen Bestände sind betroffen. Alles, woraus ein großer Infektionsdruck und eine verlängerte Geburtsdauer resultieren, gilt als Risikofaktor. Bewegungsarmut wirkt ebenso geburtsverlängernd wie ein zu geringer Rohfaseranteil im Futter. Bewegung fördert nicht nur die Darmmotorik und sorgt damit für eine leichtere Geburt, sie führt auch zu einer Stabilisierung des Kreislaufs während der Geburtsphase. Rohfaser wiederum stimuliert unter anderem die Sekretion der Verdauungssäfte, stabilisiert die Darmflora und kurbelt ebenfalls die Darmtätigkeit an, was bei der raschen Ausscheidung von Endotoxinen hilft, die ebenfalls an MMA beteiligt sind. Ähnliches gilt für Bakterien: MMA verursachende Keime können dank gesunder Darmtätigkeit nicht über den Geburtskanal oder über die Milchdrüsen in den Körper der Sau einwandern. Obwohl diese Zusammenhänge bekannt sind, werden sie in der hochtechnisierten Muttersauenhaltung nur begrenzt umgesetzt. Wie auch sollte ein Landwirt mit einer Anlage von mehreren Hundert bis Tausend Sauen auf eine Haltung umstellen, die es der einzelnen Sau ermöglicht, sich während der Geburt relativ frei zu bewegen, ohne zusätzlich zu investieren? Und wie könnte er die Fütterung mit Heu oder Getreidestroh, Luzerne oder Klee, Silage oder Wurzelgemüse bewerkstelligen, da diese entweder die Spaltenböden verstopfen, den ohnehin schon engen Kostenrahmen sprengen oder schlicht seine bestehenden Lagermöglichkeiten und Fütterungstechniken überfordern würden? Also belässt er es wider besseres Wissen bei der Fixierung der gebärenden Sauen und setzt dem Futter Holzfasern[299] zu. Weil MMA zu den gefürchtetsten Krankheiten im Sauenbestand zählt – Fachleute sprechen davon, dass sich bei Auftreten der wirtschaftliche Schaden mit der Wurfgröße multipliziert –, wird im Falle des Falles nicht an Medikamenten gespart. Üblich sind Gaben von Antibiotika, Kortison, Hormonen (Oxytocin und Prostaglandin), Kreislauf- und Schmerzmitteln, kombiniert mit einer mehrwöchigen Verabreichung von Futter, dem zusätzlich Medikamente beigemischt sind. Natürlich stellt sich auch hier die Frage, wie viel dieser therapeutischen Mixtur im tierischen Organismus abgebaut wird und wie viel über Exkremente, Gülle und Feld in die Oberflächengewässer und Nahrungsketten gelangt. Fakt ist vor allem eines: Es passiert.

Verkannt, verachtet, verstümmelt – wie Schweine wirklich sind, und was sie brauchen

Schwein sein zu dürfen – das ist nur den wenigsten Borstentieren in Deutschland vergönnt. Das schlechte Image des Schweins und die Verachtung ihm gegenüber hat die Jahrhunderte und Dynastien überdauert, und noch heute ist den meisten Menschen vollkommen egal, unter welchen Bedingungen das Schwein, dem das Steak auf ihren Tellern einst gehörte, gelebt hat. Dabei ist ein Schwein keineswegs das stupide und schmutzige Vieh, für das es viele halten – gerade gut genug, um als Spanferkel über offenem Feuer zu rösten oder für Mortadella verwurstet zu werden. Ein Schwein ist ein soziales Wesen, das träumt und auf seinen Namen hört. Letzteres hatten sich Forscher vom Leibniz-Institut für Nutztiere in Dummerstorf und vom Friedrich-Loeffler-Institut, einer Einrichtung des Bundesministeriums für Ernährung und Landwirtschaft, zunutze gemacht. Sie brachten ihren Schweinen zunächst dreisilbige Namen wie Brunhilde, Griselda oder Edelgard bei. Dann lehrten sie sie, nur zum Futterautomaten zu kommen, wenn ihr Name über einen Lautsprecher ertönte – eine wahre Herausforderung, denn Schweine sind üblicherweise »Synchronfresser«, sie vertilgen ihre dargebotene Mahlzeit stets hastig und zusammen, ein Schlangestehen kennen sie nicht. Im Dummerstorfer Experiment dagegen hetzten sie erst dann zum Trog, wenn sie ihren Namen hörten. Die nicht aufgerufene Sau blieb ruhig liegen, nicht einmal ihre Herzfrequenz veränderte sich.

Selbst die Regeln eines leichten Videospiels kann ein Schwein erfassen und sich einfache visuelle Zeichen und Codes merken, entdeckten Forscher der Penn State University. Wissenschaftler sind überzeugt, dass ein Schwein mehr Kommandos lernen kann als ein Hund und ebenso freundlich und loyal ist. Seit Jahren beschäftigen sie sich in entsprechenden Experimenten mit den Tieren. Sie stehen mit ihrer Meinung nicht allein. Ein Landwirt aus Dänemark kam in den 1990er-Jahren gar auf die Idee, die schlauen Tiere anzulernen. Er schaffte es, dass seine Schweine mithilfe eines Joysticks Belüftung und Temperatur im Stall selbst regelten.

Schweine wissen auch um ihr Ich – eine Eigenschaft, die man gemeinhin nur Delfinen, Elefanten und Primaten zugesteht: Sie erkennen sich selbst im Spiegel, berichtete 2009 das Magazin *Animal Behaviour*. Der Wiener Professor Johannes Baumgartner hat ausgemacht, dass Schweine außerdem über eine »Sprache« aus mindestens 20 verschiedenen Lauten verfügen, über die sie sich ihren Artgenossen mitteilen – vom Werben um einen Partner bis hin zu einer Äußerung wie »Ich habe Hunger«. Auch können sie ihre Konkurrenten bewusst hinters Licht führen. Die Übertölpelten wiederum lernen aus ihrem Verhalten und stellen es ab.[300]

Auch dass Schweine unsauber wären, ist ein Klischee. Das wohlbekannte Suhlen erfüllt einen wichtigen Zweck im Hinblick auf Reinlichkeit und Regulation der Körpertemperatur, denn Schweine besitzen keine funktionsfähigen Schweißdrüsen. Wird es in ihrer Umgebung über 20 Grad warm, leiden sie unter einem Hitzestau, den sie nur durch ein abkühlendes Bad in einem Wasser- oder Schlammloch abwenden können. Der vertrocknende Schlamm auf ihrer Haut dient noch einem weiteren Zweck. Zusätzlich schützt ein Schlammpanzer gegen Stechinsekten und vor einem Sonnenbrand. Außerdem ist Schlamm ein hervorragendes Mittel gegen Parasiten, die sich in der Haut verbissen haben: Scheuert sich das Schwein nach der Suhle an einem Baumstamm oder Pfahl, fördert das nicht nur sein Wohlbefinden, es wird gleichzeitig auch die Plagegeister los. Fatal nur, wenn ihm kein solches Bad zur Verfügung steht: Dann bleibt dem Schwein in seiner Not nichts anderes übrig, als in seinen Fäkalien zu suhlen – was der Mensch ihm als »Sauerei« übel nachredet. In modernen Produktionshallen sollen ausgeklügelte Belüftungs- und Temperatursysteme für Ausgleich sorgen. Doch Suhlen ist angeboren, und so bleibt auch dieser Trieb unbefriedigt.

Keineswegs leben Schweine, so man sie lässt, in einem Saustall. Sie können sogar stubenrein werden. Das gilt nicht nur für Schmusetiere à la Babe in menschlichen Behausungen, sondern ganz unabhängig vom Zutun des Menschen auch für ihren eigenen Lebensbereich. Denn weder Rind noch Huhn, Schaf oder Ziege legen einen Kotplatz an – das Schwein dagegen schon. Hat es genügend Platz, erleichtert es sich niemals dort, wo es frisst oder schläft. Schweine trennen ihre Lebensbereiche streng. Es gibt einen Ruhe- und einen Schlafplatz, einen Wühl- und Futterplatz und eben die Toilettenecke. Den Kotplatz legen sie so weit wie möglich von den anderen Funktionsbereichen entfernt an.[301] Die intensive Tierhaltung wird diesem Verhalten nicht im Ansatz gerecht. Hier leben hunderte und tausende Schweine in ständigem Kontakt zu ihren Ausscheidungen. Was entleert wird, treten die Tiere durch die Spaltenböden in die Güllekanäle darunter. Am schlimmsten trifft es die Muttersauen: Fixiert unter einem Ferkelschutzgitter, müssen sie auf ihrer Kotfläche sogar ihre Jungen zur Welt bringen und in konventionellen Betrieben drei Wochen lang auch dort säugen. Dass sie so lange wie möglich versuchen, den Geburtsort der Ferkel weder mit Kot noch mit Harn zu verschmutzen, konnten Schweizer Forscher nachweisen. Sie beobachteten, dass die Tiere ihren Harn nach der Geburt stundenlang zurückhielten; ließ man sie dann hinaus, urinierten sie sofort sehr ausgiebig.[302]

Ganz gleich, wie intensiv die Züchtung ausgesuchte Parameter des Schweins verändert hat – der Reinlichkeitsinstinkt eines Hybridschweins ist noch ebenso stark wie das der Wildformen. Das betrifft auch die vielen anderen natürlichen Verhaltensweisen. Könnten Schweine, wie sie wollten, würden sie in einem Familienverband, der Rotte, leben. Die kleinste Einheit eines solchen Verbandes besteht aus einer Bache, einem weiblichen Schwein, und ihren Frischlingen, den Ferkeln, sowie den weiblichen Tieren des vorigen Wurfs. In einer Rotte leben mehrere solcher kleineren Einheiten zusammen. Die männlichen Tiere, Eber genannt, sondern sich ab; sie sind die meiste Zeit des Jahres Einsiedler. Nur wenn eine Bache kurz vor der Geburt ihrer Frischlinge steht, meidet auch sie Gesellschaft, bringt ihre Jungen zur Welt und kehrt danach zurück. Wie bei anderen sozialen Tieren bestimmt auch bei Schweinen die Rangordnung die jeweilige Position ihrer Mitglieder. Unter den Ferkeln sind es die kräftigsten – sie besetzen die Zitzen im vorderen Bereich des Bauches. Rangstreitigkeiten unter älteren Tieren werden, wenn eine Gruppe sich neu bildet, innerhalb von Minuten bis wenigen Tagen ausgetragen, danach kehrt wieder Ruhe in die Rotte ein. Schweine mögen keine dauerhaften Auseinandersetzungen, ein Alphatier gibt es nicht. Als soziale Tiere sind sie bestrebt, die wichtigsten Dinge des Lebens gemeinsam zu tun: Sie fressen zusammen, erkunden zusammen die Umgebung, ruhen zusammen. In natürlicher Umgebung sind sie etwa acht Stunden des Tages mit der Nahrungssuche beschäftigt, wühlen und schnüffeln meist in den Vormittags- und in den Abendstunden. Die übrigen 16 Stunden dösen oder schlafen sie.

In der Intensivtierhaltung ist im wahrsten Sinne des Wortes kein Platz für dieses schweinetypische Gebaren. Seit Jahren wachsen die Bestände – der Trend zu immer mehr Tieren je Betrieb hält ungebrochen an. Es sind nur wenige Kompromisse, zu denen sich Politik und Lobbyverbände durchringen können, und die bewirken lediglich minimale Verbesserungen, wie das Beispiel Gruppenhaltung für tragende Sauen, die nach langem Ringen erst 2013 obligatorisch geworden ist, zeigt. Am Gesamtkonzept der Intensivtierhaltung ändert sich dagegen wenig. Daher bleibt im Großen und Ganzen alles beim Alten: die engen Ställe, keinerlei Auslauf, Fixierung. Und das hat Folgen.

Nehmen wir das Beispiel Fressen. Unter den derzeit üblichen Haltungsbedingungen hat sich die Nahrungsaufnahme innerhalb kürzester Zeit erledigt. Das Futter rauscht automatisch in die Tröge, Schnellfresser brauchen nicht lange, um es hinunterzuschlingen. Wenn es dann auch noch flüssig ist, kann eine Sau von 250 Kilogramm durchaus 20 Kilogramm binnen Minuten vertilgen. Das birgt gesundheitliche Risiken: Die Sau kann das Futter nicht richtig einspeicheln, es mangelt an Magensäure, um es aufzuspalten, und auch im Dünndarm ist die Verdauung mangelhaft. Ist in den kühlen Monaten das Futter dann auch noch zu kalt, kann es zu Magenverdrehungen und Magenschleimhautentzündungen kommen. Überhaupt bietet das »richtige« Schweinefutter mehr als nur Sättigung und Nährstoffversorgung: Es bietet Beschäftigung. Typisch ist, dass Schweine sich um ihre Nahrung bemühen müssen, sie müssen sie suchen oder wenigstens beißen oder kauen können. Wenn sie schon nach zehn Minuten satt sind und es nichts mehr zu tun gibt, steigt die Unzufriedenheit. Ihre Neugierde und ihr Erkundungsdrang sind auch unter Intensivbedingungen ungebrochen. Was aber gibt es in einem mit Schweinen überfüllten Stall, der lediglich aus Spaltenböden, nackten Wänden, Gittern, Futter- und Tränkeautomaten besteht, zu tun? So ufert die Langeweile in Stress aus und steigert sich bis hin zur Aggression: Notfalls werden die Ohren und Schwänze des Nachbarn untersucht, beknabbert und schließlich verletzt. Überbelegung, Nässe, Kälte, die Ammoniakdünste aus den Gülleschächten, der Befall mit Fliegen, zu wenig Wasser, falsche Zusammensetzung des Futters und einige Faktoren mehr können zu dem gefürchteten Kannibalismus unter Schweinen führen.[303] Doch anstatt die Grundübel in Angriff zu nehmen und die Fehler schon in der Haltung ganz junger Ferkel zu beheben, greift der Mensch zu einer Radikalmaßnahme, die zusätzliche Leiden für das Tier bedeutet: Er kupiert ihnen die Schwänze. So wird das Schwein auf das System zurechtgestutzt – und nicht das System den Bedürfnissen des Tieres angepasst. Dabei kann ein Blick auf den Schweineschwanz durchaus informativ sein, denn Fachleuten gilt ein intakter, aufrecht getragener Ringelschwanz als wichtigster Indikator für das Tierwohl.

Neugierig und verspielt, widmen sich Schweine unter natürlichen Bedingungen den ganzen Tag mit Ohren, Augen und Nase ihrem Lebensraum. Das Aktivitätsverhalten nimmt einen Anteil von 14 bis 30 Prozent des Gesamtverhaltens ein und wird maßgeblich durch Umwelt und Haltung beeinflusst.[304] Ähnlich wie es andere Tiere tun, machen sie ihrem Übermut und ihrem Bewegungsdrang Luft. Besonders bei Ferkeln, aber auch bei erwachsenen Schweinen lässt sich das gut beobachten: Sie wagen kleine Luftsprünge, rennen ein kurzes Stück, raufen sich ein wenig, pflügen den Boden mit ihren Rüsseln um und reißen Grasbüschel aus, die sie dann als »Beute« schütteln wie ein Hund.

Um die wenig bekannten Verhaltensweisen von Schweinen komplett zu machen: Schweinemütter bauen Nester für ihren Nachwuchs – nicht wie man sie von Vögeln kennt, aber Gebilde, die Wärme und Sicherheit spenden sollen. Stunden vor der Geburt werden die Sauen unruhig, sie tragen alles erreichbare Stroh zusammen und häufen es an einer ausgesuchten Stelle auf. Bis zu einen Meter hoch kann so ein Nest sein. In einem zu engen Stall oder einer Bucht ohne jede Einstreu, in der sie überdies unter dem Gestänge der »Eisernen Jungfrau« fixiert sind, können Sauen das natürlich nicht ausleben, und sie geraten zunehmend unter Stress. Stress wiederum verlängert den Geburtsvorgang unnötig.

So führt das menschengemachte Problem – die für die Sau fatale Haltung – in eine Sackgasse, an deren Ende die immer gleiche Entscheidung steht: Hormone und Medikamente einzusetzen, um weder das Leben der Muttersau noch das der Ferkel zu gefährden.

Die Verwendung des Ferkelschutzgitters wird oft damit erklärt, dass die Sau die Ferkel zu erdrücken droht, wenn sie sich hinlegt. Doch Schweinemütter sind fürsorglich, wachsam und behutsam. Neuere Untersuchungen zeigen, dass bei richtiger Gestaltung der Abferkelbuchten ohne Fixierung der Sau die Erdrückungsverluste nicht höher als in Kastenständen sind. Die Natur hat sich einiges einfallen lassen, damit so viele Nachkommen wie möglich überleben. So gruppieren die Sauen ihre Ferkel, bevor sie sich hinlegen, indem sie auf der Liegefläche intensiv wühlen, scharren und sich drehen. Auf diese Weise in Hab-Acht-Stellung versetzt, versammeln sich die Kleinen, und die Sau lässt sich vorsichtig neben ihnen nieder. Einige Schweinehalter montieren an den Wänden sogenannte Abweisbügel aus Metall. Oft sind die Ursachen für das Erdrücken nicht bei der Sau zu suchen, sondern bei den Ferkeln selbst. Ferkel, die einer langen Geburtsphase ausgesetzt waren, sind erschöpft. Die schwächsten unter ihnen erreichen den Normalwert der Körpertemperatur von 39 Grad Celsius erst nach Tagen. Je geringer ihr Geburtsgewicht war, desto größere Schwierigkeiten haben sie.[305] Mit zunehmender, per Zucht maximierter Zahl erhöht sich der Anteil untergewichtiger Ferkel; auch die Streuung der Gewichtsklassen wächst. Zu wenig Gewicht und die fehlende »Betriebstemperatur« lassen die Kleinen jedoch unbeteiligt und matt werden. Forscher fanden heraus, dass lebensschwache Ferkel vom Erdrückungstod eher bedroht sind als ihre kräftigen Geschwister: Weniger vital, gesellen sie sich nicht zu den anderen, wenn die Mutter im Begriff ist, sich hinzulegen. Sie halten sich irgendwo ungeschützt in der Bucht auf. Schweizer Wissenschaftler machen das als Grund dafür aus, dass in ihren Untersuchungen die Erdrückungsverluste in den Abferkelbuchten ohne Kastenstand um ein Prozent höher lagen als in Abferkelbuchten mit Kastenstand. Allerdings zählten sie gleich viele Ferkelverluste in beiden Haltungssystemen: Die lebensschwachen Ferkel wurden in den Buchten mit »Eiserner Jungfrau« zwar nicht erdrückt, starben aber zu einem späteren Zeitpunkt.[306] »In Betrieben ohne Fixation der Muttersau muss also nicht mit erhöhten Ferkelverlusten gerechnet werden«, resümieren die Schweizer.[307] Seit 2007 schreibt die Tierschutzverordnung des Alpenlandes Abferkelbuchten vor, in denen sich Muttersauen frei drehen können – Kastenstände sind tabu. In Deutschland dagegen sind mehr als 90 Prozent der Muttersauen während der Säugezeit fixiert. Die »Raidwanger Abferkelbucht« der Hochschule für Wirtschaft und Umwelt Nürtingen-Geislingen kommt den Bedürfnissen von Säuen und ihren Ferkeln schon erheblich näher. Sie ist mit einem für die Ferkel passierbaren Schutzgitter in einen Ferkel- und einen Sauenbereich geteilt, für die Sau stehen separat ein Fress-, Liege- und Kotbereich zur Verfügung. Ein Brett an der Wand verlangsamt das Ablegen der Sau und schafft als gleichzeitiger Sichtschutz zu den Nachbarbuchten ein Behaglichkeitsempfinden. Aus einer Strohraufe kann sie sich jederzeit frei bedienen, um ein Nest zu bauen oder sich zu beschäftigen. Die Geburt, während der sich die Sau frei bewegen kann, verlief rasch, Verdauungsprobleme hatten die Sauen nicht. Die Forscher schreiben:

»Die Mutter-Kind-Beziehung zwischen der Sau und den Ferkeln war gefestigter, weil die Sau nach der Geburt zu jedem einzelnen Ferkel Kontakt aufnehmen konnte. Die Bedeutung dieser Beziehung wird in der Anbinde- und Kastenhaltung unterschätzt. Nach unseren Untersuchungen ist sie jedoch ein wesentlicher Faktor im Zusammenhang mit den Erdrückungsverlusten. Eine Sau, die ... eine Beziehung zu ihren Ferkeln aufbauen kann, nimmt aktiver am Leben ihrer Ferkel teil. Sie beachtet beim Abliegen wesentlich aufmerksamer ihre Ferkel als eine Sau, die fixiert ist.«[308]

Wichtig für die Ferkel ist die erste, besonders gehaltvolle Milch der Sau, die sogenannte Biestmilch, auch Kolostrum oder Vormilch genannt, weil sie ohne eigene Immunabwehr zur Welt kommen und sofort einer Vielzahl lebensbedrohlicher Keime ausgesetzt sind. Vitale Ferkel suchen unmittelbar nach der Geburt die Zitzen der Sau und beginnen zu saugen. Auch sind die Erstgeborenen deutlich im Vorteil: Sie haben freie Auswahl und besetzen die am besten mit Milch versorgten Zitzen. Nicht ohne Folgen bleibt die Orientierung der Zucht auf die Maximierung der Ferkelzahl pro Wurf. Wirft die Sau viele Ferkel, steigt die Anzahl der zu schmächtigen Tiere. Kritisch werden Geburtsgewichte unter

400 Gramm, gewünscht sind dralle Ferkel von 1,5 Kilogramm und darüber. Auch wächst mit der Menge die Bandbreite der Gewichtsklasse, was ohne Mehraufwand kaum zu managen ist. Die meisten Saugferkelverluste kommen in den ersten drei Tagen nach der Geburt vor, die Schwachen trifft es in der Regel zuerst. Dänische Untersuchungen haben ergeben, dass bei der Hälfte der bis zu zwölf Stunden nach der Geburt gestorbenen Ferkel zu geringe Immunglobulingehalte im Blut festzustellen waren – ein Zeichen dafür, dass diese Ferkel nicht genug Vormilch bekommen hatten. Der Wurf müsste daher für einen Tag gesplittet werden: Während die eine Hälfte angelegt werden müsste, müsste die andere im Ferkelnest isoliert werden und umgekehrt. Wie aber sieht es mit der praktischen Umsetzung aus? Große Würfe sind gewollt, nicht aber die damit verbundenen Mehrkosten: Unter anderem müssen die Tiere beobachtet, sondiert, getrennt und wieder zusammengeführt werden – heute wird ein Mehr an menschlicher Arbeitskraft aber nicht akzeptiert. Auch das Problem, dass Jungsauen zwar in der Regel über ein gesünderes Gesäuge als ältere Sauen verfügen, die älteren dagegen mit Kolostrum punkten, das mehr Antikörper enthält und damit qualitativ hochwertiger ist, erfordert sensibles Handeln, das in der Eile der Zeit in modernen Anlagen kaum realisierbar erscheint. Nicht zu Unrecht stellt sich daher die Frage, ob zum Beispiel anderthalb Arbeitskräfte für die Betreuung von 300 Sauen und zusätzlich 3700 Mastschweinen wirklich ausreichen – und ob Hilfsarbeitskräfte und Minijober die notwendige Qualifikation mitbringen. Die Leidtragenden der immer weiter fortschreitenden Intensivierung und Ökonomisierung sind die Tiere und die Bauern mit weniger Tieren.

Armes Schwein: Schwanz ab, Zähne ab, Hoden ab

Schon in den ersten Tagen ihres Lebens müssen Schweine starke Nerven beweisen und Qualen erleiden, um sich an das moderne Haltungssystem anzupassen. Kaum auf der Welt, werden sie im Zuge des Wurfausgleichs per Schubkarre von ihrer Mutter zu einer Ammensau gefahren, es werden ihnen die Ringelschwänze abgeschnitten, die Zähne beschliffen, sie werden mehrfach geimpft, und den männlichen

Ferkeln werden die Hoden herausgeschnitten. Dank Kostendruck und Effizienzstreben stehen Schmerz und Stress am Beginn ihres Daseins, das einzig dazu dient, unsere Gier nach Fleisch zu befriedigen und die Gewinne der Züchtungsgiganten, Großschlachtereien und des Handels zu maximieren.

Schwänze kupieren

Innerhalb der ersten Tage nach der Geburt ist es in fast 100 Prozent der konventionellen Betrieben üblich, die Ferkel ihrer Ringelschwänze zu berauben: Mithilfe einer Zange wird ihnen ohne Betäubung ein Teil ihres Schwanzes kupiert. Wie viel das ist, liegt im Ermessen des Ferkelproduzenten oder desjenigen, der ihm die Ferkel abkauft. Während man früher um das äußere Drittel kürzte, sind es heute zwei Drittel. Erwartungsgemäß berufen sich die Interessenverbände auf die Notwendigkeit der Maßnahme. Das Kupieren sei das einzig probate Mittel, um Schwanzbeißen und Kannibalismus vorzubeugen, behaupten sie. Sie haben recht – blendet man die wahren Ursachen für das gegenseitige Verstümmeln aus. Denn konventionell gehaltenen Schweinen mangelt es an Grundsätzlichem – an bequemen Ruheplätzen, an Licht und frischer Luft, an Beschäftigung, auch an der Versorgung mit dem richtigen Futter und Wasser zur richtigen Zeit hapert es. Schon 2011 war die EFSA in einem Gutachten zu dem Schluss gekommen, dass Schwanzbeißen eine Verhaltensstörung und ein Ausdruck von Frustration ist. »Das Bedürfnis von Schweinen nach explorativem Schnüffeln und Wühlen gilt als eines der Hauptmotive«, heißt es darin. Auch sei das Schwanzkupieren nicht nur kurzfristig mit Schmerzen verbunden, »sondern ... langfristig aufgrund von Schmerzen durch Neurombildung ...«. Dass das Kupieren der Ringelschwänze längst eine Alltäglichkeit geworden ist, widerspricht zudem geltendem Recht:

»Ein Kupieren der Schwänze ... darf nicht routinemäßig durchgeführt werden. Bevor solche Eingriffe vorgenommen werden, sind andere Maßnahmen zu treffen, um Schwanzbeißen und andere Verhaltensstörungen zu vermeiden ...«, heißt es in der Richtlinie 2008/120/EG des Rates Anhang I, Kapitel I über Mindestanforderungen für den Schutz von Schweinen.

Das deutsche Tierschutzgesetz erlaubt den Eingriff nur im Einzelfall. »Der Eingriff muss im Einzelfall für die vorgesehene Nutzung des Tieres zu dessen Schutz oder zum Schutz anderer Tiere unerlässlich sein ... Als Einzelfall können auch Tiergruppen sowie der Gesamtbestand angesehen werden.« (Tierschutzgesetz § 6 Abs. 1 Nr. 3, in Bezug auf § 5 Abs. 3 Nr. 3)

Zwar hatte die EU bereits 1994 das routinemäßige Kupieren verboten, sah aber bislang großzügig über die europaweit gängige Praxis hinweg – zu viele Fragen, zu wenige Antworten, war offiziell immer wieder zu lesen. 2011 begab sich dann der oberste Tierarzt des Landes Nordrhein-Westfalen, Professor Friedhelm Jaeger, auf Spurensuche, zwei Jahre später stellte er seine Ergebnisse in der *Tierärztlichen Umschau*[309] vor. Der Leiter des Referates für Tierschutz im Ministerium für Klimaschutz, Umwelt, Landwirtschaft, Natur- und Verbraucherschutz (MKULNV) hatte herausfinden wollen, wann und warum die Tiere mit der Unart des Schwänzeknabberns beginnen, und förderte Erstaunliches zutage. Bisher nahmen viele Praktiker wie Wissenschaftler an, dass erst die Mastläufer prädestinierte Beißer seien, junge Schweine mit einem Gewicht zwischen 20 und 50 Kilogramm also, die von der Mutter längst getrennt gehalten werden. In Wirklichkeit setzt Kannibalismus viel früher ein, nämlich bei den Ferkeln. Das in Deutschland übliche Absetzen von der Muttermilch um den 21. Tag ist zu früh, denn der Darm der Ferkel ist unterentwickelt, und die Verdauung klappt noch nicht so gut. Füttert und tränkt der Schweinehalter wie üblich, setzt er die fatale Kaskade in Gang. Jaegers Untersuchungen ergaben Folgendes:

- Das Wasser für die Kleinen war entweder nicht ausreichend oder minderwertig. Bot Jaeger den Ferkeln eine Schüssel mit Trinkwasser an, stürzten sie sich darauf: Sie litten eindeutig Durst. Wassermangel wiederum schwächt das Immunsystem und mindert die Verdauungsfähigkeit.
- Der Stall ist vielerorts lediglich mit Nippeltränken ausgerüstet, die die Ferkel nicht kennen und daher nicht bedienen können. Fremdgeschmack wie Eisen aus den Leitungen oder minderwertige Wasserqualität hält die Ferkel vom Trinken ab.

- Das Futter ist zu energiereich und zu ballaststoffarm. Dadurch gelangen viele unverdaute Nährstoffe in den Dickdarm, wo sich bestimmte E-Coli-Stämme an ihnen gütlich tun. Diese Bakterien bilden Gifte, die in die Blutbahn der Ferkel gelangen und in den Blutgefäßen Entzündungen hervorrufen. In schwach durchbluteten Arealen wie Ohrrändern oder Ringelschwänzen bilden sich Nekrosen. Die absterbenden Partien jucken, sodass sich die Tiere geradezu danach sehnen, beknabbert zu werden. Jaeger hatte beobachtet, dass die Tiere einander ihren Ringelschwanz geradezu waagerecht ausgestreckt zum Beißen anbieten.[310]

Dass Endotoxinvergiftungen nicht zu unterschätzen sind, wiesen auch Forscher des Friedrich-Loeffler-Instituts nach. Demnach vermindern Endoxinvergiftungen die Stoffwechselleistung um 25 Prozent.[311] Das wirkt sich auch negativ für die Kosten und die Umwelt aus, denn der Landwirt füttert quasi die Gülle, nicht die Ferkel: Die Kleinen können nicht verwerten, was sie fressen, sie scheiden es aus, und über die Gülle steigt der Nährstoffeintrag in die Umwelt.

Kahle Wände, nackter Betonspaltenboden, viele Mitbewohner und nichts zu tun – das ist für Schweine unerträglich.»Die fangen wirklich pünktlich in der zweiten Woche nach dem Absetzen immer das Beißen an ... Man kann vorher beobachten, dass sie wirklich Beschäftigung suchen ...«[312], erzählte die Agrarwissenschaftlerin Miriam Abriel von der Landesanstalt für Landwirtschaft in einem Beitrag des Bayerischen Fernsehens. Sie wollte für die konventionelle Haltung herausfinden, welches Beschäftigungsmaterial sich für Schweine eignet. Weil sie eben nichts anderes haben, richten die Schweine ihre Aufmerksamkeit auf den Buchtennachbarn, seine Ohren, seinen Schwanz. Um das zu unterbinden, wurde nicht nach Alternativen gesucht, sondern etablierten sich das »Schwanz-Ab« und »Zahn-Ab« in den ersten Lebenstagen. Zwar schreibt der Gesetzgeber vor, dass Schweine »zur Förderung des Erkundungsverhaltens ... jederzeit Zugang zu veränderbarem Beschäftigungsmaterial haben, das von ihnen untersucht und bewegt werden kann«[313]. Doch die Holzklötze, Beißsonnen oder -sterne aus Plastik, die an Eisenketten von der Decke baumeln, werden von den Ferkeln nur kurz beachtet. Je größer die an den Ketten aufgehängten Gegenstände sind, je tiefer sie hängen und je älter die Schweine sind, desto weniger Interesse zeigen die Tiere.[314] Auch Bälle oder Gummireifen bringen offenbar nicht den erhofften Effekt. Typisch Mensch: Spielzeug wie aus dem Kindergarten statt Dinge, die dem Wesen des Schweins entsprechen. Das mag auch an der unzureichenden Umsetzung der EU-Richtlinie 2001/93/EG in die deutsche Tierschutz-Nutztierhaltungsverordnung liegen, denn Landwirte, die mit Beißblumen & Co ihren Schweinen etwas Gutes tun wollten, halten sich damit zwar an die deutsche Regelung. Die EU-Richtlinie schreibt jedoch vor, dass die bereitzustellenden Materialien nicht nur beweglich, sondern auch zerkaubar sein und den Wühl- und Erforschungsinstinkt der Schweine befriedigen müssen, damit sie wenigstens teilweise ihr Bedürfnis nach arttypischer Nahrungssuche ausleben können. Anders als im deutschen Gesetzestext nennt die EU-Richtlinie ausschließlich natürliche Materialien wie Stroh, Torf, Heu oder Sägespäne. Die Haltung auf Spaltenböden erschwert den Einsatz solcher Dinge, unmöglich macht er ihn aber nicht. Raufen mit relativ kurzfaserigem Heu oder gehäckselter Luzerne bieten den Schweinen Ablenkung vom Buchtennachbar und verstopfen trotzdem die Güllekanäle nicht. Die Bayerische Landesanstalt für Landwirtschaft fand, dass der Anteil unverletzter Tiere mit Zugang zu Beschäftigungsmaterialien um das Vierfache höher lag als in Standardbuchten.[315]

Dass die Schweiz in Bezug auf das Schwänzekupieren Deutschland als gutes Beispiel dienen kann, beweist sie seit 2008. Hier ist das Kupieren der Ringelschwänze verboten und wird sanktioniert. Ferkel dürfen statt 21 Tagen vier Wochen bei der Mutter bleiben und ihre Milch saugen. Ab der zweiten Lebenswoche mischen die Halter sogenannte Ferkelwühlerde unter das spezielle Starterfutter, eine Art Torf, der zum einen Toxine im Darm binden soll und zum anderen schneller satt macht, was die Nährstoffzufuhr senkt. Außerdem stehen täglich Heu, Stroh, Rübenschnitzel oder anderes Raufutter auf dem Speiseplan und bieten gleichzeitig Ablenkung vom tristen Stallalltag.

Zähne schleifen

Meist im Zuge des Schwänze-Kupierens werden den Neuankömmlingen die Zähne geschliffen – bestenfalls geschliffen, denn noch immer weit verbreitete Praxis ist das Abkneifen mittels »Ferkel-Zahnzange«, einer Zange ähnlich der, die der Mensch zum Beschneiden seiner Fußnägel benutzt, weil es weniger zeitraubend ist als das Schleifen. Dazu wird das neugeborene Ferkel zwischen die Beine geklemmt, damit es nicht zappeln kann, dann kommt die Zange zum Einsatz. Die rabiate Methode verursacht Risse im Zahnschmelz, auch werden Zahnfleisch und Mundschleimhaut verletzt. Zudem kann die Zahnwurzel splittern, und die Zahnhöhle kann eröffnet werden – schwerwiegende Verletzungen, die gleichzeitig ideale Eintrittspforten für spezielle Keime, vor allem Streptokokken, sind. Streptokokken sind zwar Bestandteile der natürlichen Keimflora des Schweins, zum Beispiel der Rachenmandeln. Doch wenn sie in die Blutbahn geraten und von dort Lunge, Herzbeutel, Gelenke oder Gehirn infizieren, können sie sich dort vermehren und schwere Infektionen hervorrufen. Forschungsarbeiten zufolge führte das Abklemmen der Zähne in bis zu 97 Prozent aller Fälle zu eitrigen Entzündungen.[316] Dass einige Ferkelhalter das Risiko in Kauf nehmen, ist ein offenes Geheimnis. Schließlich können Antibiotika Abhilfe schaffen – und gleichzeitig Krankheiten bekämpfen, die bereits im Bestand lauern und nur noch nicht festgestellt worden sind. Der Gesetzgeber jedenfalls hat das Abkneifen der Zähne verboten. Seit 1998 gilt das neugefasste Tierschutzgesetz[317], doch überprüft und sanktioniert wird der entsprechende Passus kaum. In Foren tauchen immer wieder Beiträge auf, die sich mit dem Thema auseinandersetzen; Mitarbeiter von Ferkelerzeugerbetrieben tauschen sich über das Prozedere aus, und Zweifler suchen Rat, wie sie mit dergleichen Gesetzesverstößen umgehen sollen. So schreibt blackbetti im Schweineforum.de: »Missstände gab es reichlich, z. B. Zähne kneifen, nicht schleifen, Schwänze mit einer heißen Schlinge, nicht mit einer Heißzange, Kastrieren ohne Schmerzmittel, Abgabe von Medikamenten und Impfungen an uns ungelernte Kräfte, und ein Tierarzt bestätigt, dass er das getan hat, und bekommt sozusagen Schweigegeld. Wo bringe ich diese Missstände am besten mal an? Beim Veterinäramt habe ich das Gefühl, die stecken mit den Bauern unter der Decke ....«[318] Auch die Arbeitsgemeinschaft für artgerechte Nutztierhaltung e.V. prangert den deutschlandweit praktizierten Klüngel an. Sie setzt sich seit Langem für eine bessere Kontrolle ein. »Also wären wieder einmal die Hoftierärzte gefordert. Doch wer von ihnen gefährdet schon durch eine Anzeige seinen Betreuungsvertrag mit der Folge, dass auch andere Landwirte ihn nicht mehr auf ihrem Hof sehen wollen? Bleiben noch Kontrollen durch Amtsveterinäre ... Es darf gelacht werden.«[319]

Das Abschleifen der Zähne ist nach wie vor zugelassen und per Tierschutzgesetz (§5 Absatz 3 Nr. 5) ohne Betäubung erlaubt. Als Begründung für den Eingriff gilt, dass neugeborene Ferkel mit ihren spitzen Eckzähnen womöglich das Gesäuge der Sau verletzen oder sich gegenseitig im Kampf um die besten Plätze an den Zitzen Wunden zufügen könnten. Abgeschliffen werden sollen nur die Zahnspitzen bis auf die Höhe der nebenstehenden Zähne, wozu spezielle Geräte zugelassen sind. Die in der Praxis durchaus eingesetzten Akkuschrauber, Winkelschleifer oder Bohrmaschinen sind verboten. Erfolgt das Abschleifen fachgerecht und nicht zu tief, und kommt es dabei nicht zu Verletzungen des Zahnfleischs, ist der Eingriff für das Ferkel nicht schmerzhaft, und das Infektionsrisiko kann in Grenzen gehalten werden. Dass das Ferkel währenddessen dennoch unter starkem Stress steht, kann indes jeder nachvollziehen, der sich an seine frühkindliche Kariesversorgung erinnert.

Auch wenn es erlaubt ist: Ein routinemäßiges Abschleifen der vier spitzen Eck- und Hakenzähne ist nicht sinnvoll; eine Notwendigkeit, den Eingriff im Bestand generell oder prophylaktisch vorzunehmen, besteht nicht.[320] Dass die Ferkelaufzucht auch ohne diese Maßnahme funktioniert, belegen Studien an Ferkeln aus Abferkelbuchten und solchen aus Freilandhaltung. Die Forscher hatten je zwei Würfe à 25 Ferkel mit und ohne intakte Zahnspitzen miteinander verglichen und festgestellt, dass bei jenen mit intakten Zähnen zwar mehr Gesichtsverletzungen auftraten. Die unversehrten Ferkelbestände unterschieden sich aber nicht von den zahnbehandelten, was die Sterberate oder die tägliche Gewichtszunahme betraf – sie entwickelten sich gleichermaßen gut.[321] Fachleute raten daher, nur im Einzelfall zu der Maßnahme zu greifen, zum Beispiel bei Milchmangel der Sau oder bei tatsächlich aufgetretenen Verletzungen des Gesäuges. Tritt Milchfieber auf und versiegt der üppige Milchfluss, empfehlen sie zuerst eine Bekämpfung der eigentlichen Ursachen: mangelhafte hygienische Verhältnisse zu verbessern, für mehr Bewegungsfreiheit der Sau zu sorgen und auf einen angemessenen Rohfaseranteil im Futter besonders vor der Geburt zu achten. Ob dieser Appell allerdings auf fruchtbaren Boden fällt, ist ungewiss: Die Macht der Gewohnheit und das Diktat der Ökonomie sind Hürden, die schwer überwindbar scheinen.

Antibiotika und Medikamente

Wo viele Lebewesen auf engstem Raum zusammengedrängt leben, steigt das Infektionsrisiko, und Krankheiten können sich rasend schnell ausbreiten und ganze Bestände dahinraffen. Das ist auch bei der Ferkelerzeugung nicht anders. Ein ausgeklügeltes Impfmanagement soll dafür sorgen, dass die Kleinen von Anfang an geschützt sind. Im Prinzip ist gegen eine Impfprophylaxe nichts einzuwenden – wenn sie sich an der tatsächlichen Gefahr orientiert, Hand in Hand mit Haltungsbedingungen geht, der Gesundheit der Tiere zuträglich ist, und wenn sie nicht »ins Blaue hinein« antibiotisch erfolgt. Dem ist in der Praxis aber selten so. »Prophylaktisch« heißt nur allzu oft: routinemäßig, reichlich und mit Antibiotika. Und so ist die antibiotikafreie Haltung von Nutztieren inzwischen die Ausnahme, nicht die Regel. Ob über die Tränke, den Trog oder per Spritze – ein großer Teil der Ferkel erhält Antibiotika, auch wenn eine bakterielle Erkrankung noch gar nicht aufgetreten ist.

Bis zu ihrem Verbot im Jahr 2006 waren bestimmte Antibiotika sogar als sogenannte Leistungsförderer zugelassen. Leistungsförderer sind Stoffe, die die Aufnahme von Nährstoffen im Pansen (beim Rind) oder im Darm (bei Schwein und Geflügel) optimieren, indem sie die Zusammensetzung der Pansen- beziehungsweise Darmflora beeinflussen. Das verringert den Futterverbrauch pro Kilogramm Gewichtszunahme und spart Kosten. Solche Leistungsförderer werden kaum vom Organismus aufgenommen – und mit den Exkrementen ausgeschieden. Noch 2002 schrieb die Sächsische Landesanstalt für Landwirtschaft:

»Die von allen Tierhaltern gefürchteten Infektionskrankheiten der inneren und äußeren Schleimhäute (Atemwegserkrankungen und Absetzdurchfälle) bedrohen als Faktorenkrankheiten die Wirtschaftlichkeit des gesamten Verfahrens. Zu Beginn der Aufzuchtphase hat sich diesbezüglich der Einsatz antibiotischer Leistungsförderer (bis 100 mg/

kg Futter) und antibiotischer Fütterungsarzneimittel zur Einstallprophylaxe (100 bis 500 mg/kg Futter) bewährt.«[322]

Nicht nur in Sachsen, überall in der Republik gehörten Antibiotika als Leistungsförderer und prophylaktisches Arzneimittel zum Rüstzeug nicht nur in der Ferkelerzeugung – politisch durchaus geduldet und akzeptiert. Das änderte sich im Laufe der Jahre, nachdem sowohl die Humanmedizin als auch die Veterinärmedizin immer häufiger mit Resistenzen gefährlicher Keime zu kämpfen hat. Berüchtigt sind MRSA-Keime (Methicillin-resistente *Staphylococcus aureus*), die beim Menschen unter anderem lebensgefährliche Entzündungen der Atemwege und Wundinfektion verursachen können und die vor allem in Krankenhäusern auftreten, immer häufiger aber auch außerhalb von Kliniken Menschen infizieren. 2012 hatte die Tierärztliche Hochschule Hannover in einer Studie über MRSA festgestellt, dass mehr als 70 Prozent der konventionellen und 26 Prozent der ökologisch gehaltenen Schweinebestände mit diesen multiresistenten Keimen besiedelt waren.[323] Auch hat in den vergangenen Jahren die Verbreitung von Darmbakterien in der Lebensmittelkette zugenommen, die gegen moderne Cephalosporine resistent sind. Cephalosporine sind eine Gruppe von Breitbandantibiotika, die in der Veterinärmedizin, und dort eben auch in der Schweinehaltung, zum Einsatz kommen. 2013 wurden erstmals gegen Carbapeneme resistente Keime bei Nutztieren in Deutschland nachgewiesen. Letzteres ist besonders heikel, denn bei Carbapenemen handelt es sich um Reserveantibiotika, hochwirksame Bakterienkiller also, die Ärzte erst dann einsetzen, wenn kein anderes Antibiotikum mehr wirkt. Die Weltgesundheitsorganisation stuft sie als besonders wichtig ein. Erschreckend auch, dass Carbapeneme in der Tiermedizin eigentlich verboten sind – und dennoch tauchten die gegen sie resistenten Keime in deutschen Ställen auf.[324]

Inzwischen hat die EU antibiotische Leistungsförderer verboten. Seit 2006 dürfen Salinomycin, Monensin, Avilamycin und Flavomycin[325] sowie alle Futtermittel, die diese Stoffe enthalten, europaweit nicht mehr verwendet werden; auch eine Übergangsfrist für ein »Aufbrauchen« der Reste gibt es nicht[326] – was in dieser Konsequenz für die EU eher ungewöhnlich ist. Andere Leistungsförderer wie Tylosinphosphat, Bacitracin, Virginamycin und Spiramycin, die mit solchen Antibiotika verwandt sind, wie sie in der Humanmedizin zur Anwendung kommen, waren bereits 1999 verboten worden. Logische Konsequenz des Verbots müsste sein, dass der Umsatz von Antibiotika zurückgeht. Doch weit gefehlt. Im ersten Jahr nach Inkrafttreten des Verbots stieg er in Deutschland um sieben Prozent, im darauffolgenden Jahr noch einmal um 9,2 Prozent. Zwar spielen die bis Ende 2005 zugelassenen antibiotischen Leistungsförderer keine Rolle mehr, aber es gibt Alternativen: die zu therapeutischen Zwecken zugelassenen Antibiotika. Sie werden quasi gestreckt verfüttert. Statt zum Beispiel wie vorgesehen zur Behandlung von Krankheiten über fünf Tage erhalten die gesunden Tiere 15 Tage lang das Mittel in nicht-therapeutischer, wohl aber leistungsfördernder Dosis. Im Ergebnis nehmen die Tiere schneller zu, was sich in Heller und Pfennig ummünzt. Die vitalsten Bakterien überleben diese dauerhafte subtherapeutische Verabreichung und bilden Resistenzen aus, die sie nicht nur an die nachfolgende Bakteriengeneration weitergeben, sondern im Zuge des Gen-Austauschs auch auf andere Arten von Bakterien übertragen.[327]

Leistungsförderer versprechen den Bauern mehr Fleisch je Schwein. Unter dem Diktat der Futtermittelindustrie und gebeutelt von den Dumpingpreisen der Einzelhandelsketten, kämpfen Schweinemäster um jeden zusätzlichen Cent, den die Schlachthöfe für ihre abgelieferten Schweine zahlen – und damit um jedes zusätzliche Kilo Fleischzuwachs innerhalb kürzester Zeit. So ist es nicht verwunderlich, dass die Versprechen der Pharmagiganten wie Pfizer, Novartis, DuPont Merck, Bayer oder Boehringer Ingelheim oft auf fruchtbaren Boden fallen, und die Hemmschwelle, leistungsfördernde Substanzen einzusetzen, sinkt. Dabei handelte es sich nicht um harmlose Zusatzstoffe wie Oregano-Öl (das mit 1,50 Euro pro Schwein zu Buche schlagen würde), sondern eben auch um Antibiotika und verschiedene andere Arzneimittel. Wie verzahnt mittlerweile die therapeutische Betreuung und der Fokus auf Massezuwachs sind, zeigen wir hier nur an zwei Beispielen: den Krankheiten Ileitis und PRRS mit je einem Impfstoff des Pharmaunternehmens Boehringer Ingelheim.

Verursacher der akut oder chronisch verlaufenden Ileitis, die in verschiedenen Formen auftreten und bis zu fünf Prozent des Bestandes töten kann, ist das Bakterium *Lawsonia intracellularis*. Die Ileitis, auch PPE (Porcine Proliferative Enteropathie) abgekürzt, ist eine Durchfallerkrankung, blutiger Teerstuhl ist eines der Symptome. Einmal aufgetreten, kann sie durch Injektionen von Antibiotika und eine orale, antibiotische Langzeittherapie behandelt werden. Zahlreiche private Internetseiten von Tierärzten widmen sich der weit verbreiteten Krankheit.»Der Wegfall antibiotischer Leistungsförderer hat zu einem verstärkten Auftreten von PPE-Symptomen geführt«, bedauert zum Beispiel Henry Bossow von der gleichnamigen Tierärztlichen Klinik in einer Mitteilung über die Krankheit,[328] geht aber nicht darauf ein, dass es, seit der Erreger erst 1995 identifiziert wurde, nur wenige Untersuchungen zu den Ursachen der massiven Verbreitung in Deutschlands Schweinebeständen gibt. Bekannt ist, dass Absetzferkel bei Weitem nicht so häufig mit *Lawsonia* infiziert waren wie Sauen und Mastschweine. Auch stieg mit dem Alter der Schweine die Prävalenz der Infektion; in Betrieben mit Freilandhaltung war die Befundrate insgesamt geringer.[329] Seit der Markteinführung des Ileitis-Impfstoffs Enterisol®Ileitis in den meisten europäischen Ländern im Jahr 2005 hat sich die Schluckimpfung als fester Bestandteil in der Schweineproduktion etabliert (siehe Tabelle »Maßnahmen bei Saugferkeln«). Nicht nur die prophylaktische Wirkung dürfte für die Schweinemäster interessant sein: Bekommen die Tiere den Impfstoff, legen sie pro Tag mehr an Gewicht zu.»Die Mastschweine können früher und in größeren Partien verkauft werden«, schreibt der *Ileitis Monitor*, das Online-Magazin zur Ileitis bei Schweinen, »Studien aus Belgien, Dänemark, Deutschland und der Schweiz belegen eine Steigerung der Tageszunahme in der Mast von 30 bis 74 Gramm.«[330]

Ganz ähnlich bei der PRRS-Impfung. PRRS ist die Abkürzung für Porcine Respiratory and Reproductive Syndrome, eine seuchenhafte Viruserkrankung der Schweine, die sich sowohl in den Atemwegen als auch im Fortpflanzungsbereich abspielt. Das Virus schädigt die Lungen derart, dass sie für andere Krankheitserreger den Weg frei machen und das Schwein beispielsweise an starken Entzündungen der Schleimhäute oder an Lungenentzündung erkrankt. Bei infizierten Sauen treten Fruchtbarkeitsstörungen auf, sie werfen zu früh oder bringen tote und mumifizierte Ferkel zur Welt. Überlebende Ferkel sind kümmerlich und schwach, leiden unter Bindehaut- oder Hirnhautentzündungen und haben Atemprobleme. PRRS wurde erstmals 1987 beschrieben; drei Jahre später trat sie in Deutschland auf. Gegen die gefürchtete Seuche, die einen Ferkelbestand um drei Viertel dezimieren kann, können Landwirte prophylaktisch impfen. Boehringer Ingelheim wirbt in einem Online-Artikel für sein Präparat und lobt dessen positiven Effekt auf die Gewichtszunahme bei Ferkeln:

»Im reproduktiven Bereich ist die Wirksamkeit von PRRS-Lebendimpfstoff sowohl über Labor- als auch über Feldstudien vielfach belegt. Im respiratorischen Bereich dagegen liegen ... nur einige Erfahrungsberichte, nicht aber wissenschaftliche Studien vor ... Umso beeindruckender sind die aktuellen Ergebnisse. In der verblindeten Studie wurde unter anderem die Gewichtszunahme von 1500 geimpften und ungeimpften Ferkeln verglichen. Das Ergebnis: Die mit dem Leben-

Tabelle 5 Maßnahmen bei Saugferkeln (1.bis 21. Tag, beispielhaft)

Zeit	Maßnahme	Ziel
8–12 Std. n. Geburt	1. Impfung (Antibiotikum)	gegen Streptococcus suis (Erreger Gelenkentzündungen, Hirnhautentzündung, Lungenentzündung u. a.)
Tag 1	Zähne schleifen	
Tag 3	Schwanz kupieren	
	Ohrmarken einziehen	
	Kastration	
	Orale Gabe Toltrazuril	gegen Kokzidien (Durchfallerreger)
Tag 3–7	1. Impfung (Antibiotikum)	gegen Mycoplasma hyopneumoniae (Lungenkrankheit)
ab Tag 7	2. Impfung (Antibiotikum)	gegen Streptococcus suis
Tag 17	Impfung (Lebendimpfstoff)	gegen PRRS (virusbedingter Spätabort)
um Tag 21	2. Impfung (Antibiotikum)	gegen Mycoplasma hyopneumoniae
ab Tag 21	Orale Gabe	gegen Lawsonia intracellularis (Ileitis: Darmerkrankung mit Durchfall)

dimpfstoff gegen PRRS (Ingelvac® PRRS MLV, Fa. Boehringer Ingelheim Vetmedica) geimpften Ferkel wogen bereits in der Aufzucht etwa 1 kg mehr als die ungeimpften Tiere. Am Mastende wies die geimpfte Gruppe sogar rund 5 kg mehr Lebendgewicht auf ....«[331]

Kastration

Schon der laienhafte Blick auf das Ferkel verrät: Hier stimmt etwas nicht. Seltsam buckelig steht es in seiner Bucht, seine Atmung geht stoßweise, seine Flanken zittern heftig, sein Schwanzstummel hängt herab. Umgehend sucht es Trost am Gesäuge der Sau, doch ohne Erfolg. Weil die Sau sich nicht niederlegt, wechselt es zum Kopf des Muttertiers und verkriecht sich dort. Schließlich macht es sich zur Wärmelampe auf und kuschelt sich zwischen seine Geschwister. Eigentlich ist das Ferkel gesund, es ist normal groß und schwer, hat sich satt getrunken und ist ausgeruht – wenn es nicht das Pech hätte, als Eber auf die Welt gekommen zu sein. In diesem Falle nämlich ereilt ihn das gleiche Schicksal, das seit Menschengedenken und überall auf der Welt männlichen Schweinen droht: Seine Hoden werden entfernt, es wird kastriert.

Schon im ersten Jahrhundert nach Christus beschrieb der römische Gelehrte Iunius Moderatus Columella in seinem 13-bändigen landwirtschaftlichen Ratgeber *De re rustica*, wie eine Kastration auszuführen sei, und auch in kleinbäuerlicher Landwirtschaft mit ihren wenigen Nutztieren handhabte Urgroßvater das Prozedere ähnlich. Bis heute hat sich an der Kastration mittels Klinge nicht viel geändert. Zunächst muss das zappelnde und schreiende Bündel fixiert werden. Dazu klemmt sich der Landwirt das Ferkel entweder mit dem Kopf nach unten zwischen die Oberschenkel oder mit dem Bauch nach oben unter die Achsel, lässt es von einem Helfer halten oder benutzt eine spezielle Vorrichtung. Dann drückt er einen Hoden nach dem anderen Richtung Schwanz, führt jeweils einen Längsschnitt mit einem sehr scharfen Messer aus, drückt die Hoden aus der Wunde und durchtrennt den jeweiligen Samenstrang samt Blutgefäßen und Nerven. Wer die Kastration fachgerecht ausführen will, benutzt vor dem Schneiden ein Desinfektionsspray und danach ein Spray oder eine Suspension zur Infektionsprophylaxe, für die Hautschnitte ein Skalpell und für das Entfernen der Hoden einen Emaskulator, eine Kastrationszange, die den Samenstrang zuerst quetscht und anschließend durchtrennt, was größere Blutungen unterbinden soll.[332]

Dass es offensichtlich keine Selbstverständlichkeit ist, wenigstens Grundsätzliches zu beachten, kann man allerdings in einschlägigen Foren nachlesen. Dort diskutieren Ferkelerzeuger gängige Methoden und solche, die sie für umsetzbar und kostensparend halten. Mitglied »riesenroth« beispielsweise beschreibt in seinem Beitrag, wie er das Kastrieren in seiner Ausbildungszeit gelernt hat: »die einfachste Methode ... 2 bis 4 Tage alte Ferkel auf den Rücken ... in einer Hand. Zwei Schnitte ... beide Hoden herausdrücken, miteinander verdrehen, den Samenstrang mit einem Daumen auf dem Becken abdrücken und die Hoden rausreißen ...«[333] Wie auch immer Kastrationen in der Praxis ausgeführt werden – Betäubung und Schmerzmittel einzusetzen stand in Deutschland wie in vielen anderen Ländern der EU lange Zeit gar nicht zur Debatte. Auf Druck der Tierschutzverbände und des Handels, der um den Absatz von Fleisch fürchtet, weil Verbraucher zunehmend sensibilisiert einkaufen, lenken Verbände und Produzenten allmählich ein. Das Thema »Schmerz« war zu emotional belastet – es passte einfach nicht zur Philosophie, dass es sich beim Nutztier lediglich um ein Produktionsmittel handele. Was so logisch erscheint, mussten erst wissenschaftliche Untersuchungen belegen: Auch neugeborene Ferkel empfinden Schmerz. Schon beim Schnitt in die Haut setzt diese Schmerzwahrnehmung ein. Dort und in den Hüllen, die den Hoden umgeben, befinden sich Nozizeptoren, die spezifisch auf mechanische, chemische und thermische Reize reagieren, und solche, die nach einer Gewebeschädigung und der anschließenden Entzündungsreaktion sensibilisiert werden. Unwillkürliche Prozesse laufen ab: Stress und Angst setzen Andrenalin und Noradrenalin frei, und binnen Kurzem steigt der Cortisolgehalt des Blutes an; die Lautäußerung und das Verhalten ändern sich, was die oben beschriebenen physiologischen Reaktionen wie eine geringere Aktivität, Zittern, Schwanzzucken und Schonhaltung augenscheinlich werden lassen. Bleibt der Schmerz unbehandelt, setzt sich dieses Verhalten tagelang fort, zwei bis drei Tage sind die Regel, bis zu einer Woche ist nicht unüblich. Auch hat sich die Behauptung als unsinnig erwiesen, junge Ferkel hätten ein geringeres Schmerzempfinden als ältere Tiere. Weil Neugeborene ein eher ungerichtetes Schmerzverhalten zeigen, das vor allem die Vermeidung eines erneuten Schmerzreizes zum Ziel hat, wurde diese Passivität als mangelndes Schmerzempfindungsvermögen fehlinterpretiert.

Zwischen 20 und 25 Millionen männliche Ferkel werden Jahr für Jahr in Deutschland ohne Betäubung und ohne Schmerzmittel kastriert, in ganz Europa sind es rund 94 Millionen. Nach einer EU-Richtlinie von 2001 ist eine Kastration bis sieben Tage nach der Geburt ohne Anästhesie und Schmerzmittel nach wie vor erlaubt, vom achten Tag an müssen Ferkel narkotisiert und mit Schmerzmitteln behandelt werden.[334] Eine deutschlandweite Betäubungspflicht wird es erst ab 2019 geben, ein Jahr später, als es die EU vorschreibt. Die Spannbreite, wie in anderen europäischen Ländern verfahren wird, ist groß. Während zum Beispiel in der Schweiz eine Kastration unter Narkose bis zum 14. Lebenstag durchgeführt werden darf, hat Norwegen die chirurgische Kastration ab 2009 gänzlich verboten. In ihrer »Düsseldorfer Erklärung« von 2008 haben der Deutsche Bauernverband (DBV), der Verband der Fleischwirtschaft (VDF) und der Hauptverband des Deutschen Einzelhandels (HDE) eine gemeinsame Strategie beschlossen. Grundsätzlich sprechen sie sich für die chirurgische Kastration aus, wollen sich aber für die Entwicklung alternativer Verfahren einsetzen, die sie auch mitfinanzieren. Bis ein praxistaugliches Verfahren zur Verfügung steht, sollen die Ferkel nicht ohne schmerzstillende Mittel kastriert werden. Seit April 2009 ist diese Verpflichtung ein Bestandteil des QS-Systems, eines Qualitätssicherungssystem, das die Branche für die Herstellung, Verarbeitung und Vermarktung von Lebensmitteln ins Leben gerufen hat.

Kritiker bemängeln allerdings, dass die QS-Kriterien kaum über die ohnehin gesetzlich geltenden Mindeststandards hinausgehen und dem Verbraucher bessere Haltungsbedingungen und ein Mehr an Qualität suggerieren, was die jährliche einmalige (und angekündigte) Kontrolle gar nicht gewährleisten kann. Praxistauglich ist bereits die biochemische Kastration mittels Spritze. Bei dieser auch als Immunkastration genannten Methode wird das im Hypothalamus gebildete Peptid GnRH blockiert, was die Produktion von Sexualsteroiden weitgehend verhindert. Fachleute gehen momentan davon aus, dass der Verzehr von Fleisch immunkastrierter Schweine nicht gesundheitsschädlich ist. Ob jedoch die Forschungsergebnisse im Sinne des Verbraucherschutzes ausreichen und objektiv sind, sei dahingestellt. Schließlich hängt die Wissenschaft längst am Tropf der Industrie. Allein in Deutschland sind Drittmittel mittlerweile die zweitwichtigste Säule der Hochschulfinanzierung: Zum Beispiel nahmen die Hochschulen im Jahr 2010 rund 5,9 Milliarden Euro an Drittmitteln ein; im Jahr 2011 warben Professorinnen und Professoren an deutschen Universitäten im Durchschnitt Drittmittel in Höhe von 232 000 Euro ein – 5,7 Prozent mehr als im Vorjahr.[335] Außerdem spielen bei den Überlegungen, eine Immunkastration zu etablieren, in erster Linie ökonomische Beweggründe eine Rolle, denn intakte Eber nehmen mehr an Masse zu als Kastraten und weibliche Tiere, und sie sind bessere Futterverwerter. Der erste kommerziell erhältliche Impfstoff Improvac® von Pfizer ist längst anwendungsreif und in Australien, Brasilien und Neuseeland bereits zugelassen – womit die Technologie für den internationalen Markt zugänglich geworden ist.[336]

Warum die Ferkel die Tortur der chirurgischen Kastration überhaupt erleiden müssen, hat einen kommerziellen und einen physiologischen Grund. Einerseits kosten Betäubungsmittel, und ihr Einsatz erhöht den Arbeitszeitaufwand, was letztlich die Haltung verteuert und den Mastertrag verringert. Auf der anderen Seite entwickelt der Eber im Laufe der Pubertät Substanzen, die sein Fleisch vergällen. Bei der Zubereitung in Topf oder Pfanne verflüchtigen sich diese Stoffe, und es riecht unangenehm. Auch der Geschmack kann stark beeinträchtigt sein. Maßgeblich sind es drei Verbindungen, die neben Phenolen, Aldehyden und kurzkettigen Fettsäuren für die kot- und moschusartigen Ausdünstungen verantwortlich sind: Androstenon, Indol und Skatol. Das für den Schweiß- oder Moschusgeruch verantwortliche Androstenon ist ein Metabolit des Sexualhormons Testosteron, wirkt aber nicht wie ein Hormon, sondern als Pheromon, als Lockmittel für die Sau also. Es findet sich im Fettgewebe des Ebers und in seinen Speicheldrüsen. Weil es sich im Laufe des Lebens immer stärker ansammelt, sind Geruch und Geschmack bei einem geschlachteten älteren Eber sehr viel stärker ausgeprägt als bei einem jungen Masteber. Das eher an Kotgeruch erinnernde Skatol ist ein weiterer Stoff, der die Fleischqualität hinsichtlich Geruch und Geschmack negativ beeinflusst. Er wird zwar auch von kastrierten Ebern und Sauen produziert, kommt aber verstärkt bei Nicht-

Kastraten in wesentlich höheren Dosen vor. Untersuchungen zufolge sind es lediglich 25 Prozent der Frauen und 16 Prozent der Männer, die der Moschusgeruch von Androstenon nicht stört – wobei international durchaus Unterschiede festzustellen sind. Während Franzosen, Schweden und Deutsche irritiert die Nasen rümpfen, wird er von Engländern und Portugiesen eher akzeptiert. Anders beim Skatol, das offensichtlich jeder Mensch wahrnehmen kann.[337]

Zunächst waren es Tierschützer, dann kritische Verbraucher, die auf das Dilemma der betäubungslosen Kastration aufmerksam machten. Die Politik scherte sich ebenso wenig darum wie die Lobbyisten der Agrarindustrie, und auch für die Wissenschaft war die Erforschung von Alternativen eher kein Thema. Erst in den vergangenen Jahren widmen sich Fachleute den vielen offenen Fragen rund um die Fleischqualität von Ebern – und entdeckten, dass nicht nur das Naheliegende, die Genetik, sondern auch andere Faktoren die Intensität des unangenehmen Beigeschmacks beeinflussen. Von der Fütterung über Tageslichtdauer und Stallhygiene bis hin zur Wahl des Schlachtgewichts lassen sich die Gehalte an unerwünschten Substanzen im Fleisch steuern. Bekannt ist zum Beispiel, dass ballaststoffreicheres Futter hilft, Skatol abzubauen. In Fütterungsversuchen reduzierten die am unverdaulichen Fructooligosaccharid Inulin reichen Chicoree-Wurzeln die im Blut gemessenen Skatol-Werte. Auch die Reduktion des Energiegehalts im Futter verringerte die Skatol-Mengen.[338] Inulin gehört wie Lactulose oder Raffinose zu den mehrkettigen Zuckermolekülen, die auch für die menschliche Ernährung von Bedeutung sind. Als gesundheitsfördernde Prebiotika haben sie es inzwischen zu einiger Berühmtheit gebracht; die Lebensmittelindustrie setzt sie vielerlei Produkten zu. In der Tierproduktion können Trockenschnitzel, Kleie, Sojaschalen, Bierhefe, Apfeltrester oder Lupinen helfen, das unerwünschte Skatol im Körper des Ebers abzubauen. Selbst Sauberkeit im Stall entscheidet mit, denn Verschmutzungen der Liegeflächen führen zur vermehrten Aufnahme von Skatol im Körpergewebe.[339] Gelingt es, zumindest Skatol im Fleisch zu minimieren, könnte die Ebermast eine Alternative darstellen. In Großbritannien und Irland mästen die Landwirte bereits seit über 30 Jahren männliche Schweine, ohne sie zu kastrieren, und auch in Deutschland diskutiert die Branche intensiv über die Möglichkeiten der Ebermast.

Problematisch ist und bleibt natürlich die Akzeptanz der Verbraucher. Erstaunlicherweise entscheidet so mancher Käufer aus dem Bauch heraus – und zunächst einmal weniger mit der Nase. In Tests akzeptierten Konsumenten Schweinefleisch mit der Kennzeichnung »Freiland« oder »Bio« sehr viel eher, während die tatsächliche Fleischherkunft und die objektivierbare Fleischqualität keinen signifikanten Effekt auf die Bewertung hatten. Solche »Top-down-Effekte« kennt das Marketinggewerbe schon lange – und nutzt sie zur Etablierung von Marken. Andererseits lernten die Probanden in den Versuchen, die unerwünschten Gerüche umso eher zu erkennen, je häufiger sie diesen ausgesetzt waren.

Trotzdem lassen die Tests insgesamt einen bescheidenen Optimismus zu: Die Probanden akzeptierten fettarme Teilstücke von Jungebern sogar dann, wenn der Androstenongehalt im Rückenspeck der Schlachtkörper mit 2,5 Mikrogramm je Gramm deutlich über dem in der inzwischen außer Kraft gesetzten Fleischhygieneverordnung festgelegten Grenzwert von 0,5 Mikrogramm je Gramm lag.[340] Die Befürchtung ist nicht unberechtigt, dass Käufer verschreckt die Finger vom Eberfleisch lassen, wenn sie einmal ein Kotelett auf dem Teller hatten, von dem widerliche Gerüche ausgingen. Am Schlachtband könnten sich solche Stücke in Zukunft aussortieren lassen, denn Bonner Wissenschaftler vom Institut für Ernährungs- und Lebensmittelwissenschaften haben ein entsprechendes Analyseverfahren entwickelt. Bisher gibt es kaum praxisreife Methoden, Androstenon und Skatol in einem Schritt nachweisen zu können. Beim Bonner Verfahren können nun sogar fünf Ebergeruchsstoffe gleichzeitig und dabei sehr präzise bestimmt werden.[341]

Hält das Verfahren Einzug in die Praxis, kann das entsprechende Eberfleisch – das aus gesundheitlicher Sicht der Qualität von Kastraten oder Sauen in nichts nachsteht – anderweitig verwertet werden, zum Beispiel vermischt mit nicht riechendem Fleisch in Wurstwaren. Dann allerdings muss der Lieferant Preisabschläge hinnehmen. Für große Erzeuger mag ein »Stinker« zwischendurch ärgerlich sein, ist aber eher zu verkraften. Anders sieht es bei Mästern mit bescheidenen Beständen oder auch bei kleinen Schlachtereien und Fleischereien aus, die womöglich nur zwei Schweine pro Woche verarbeiten. Letztlich gibt es keine verlässlichen Zahlen, wie viele Eber überhaupt unangenehm riechen. Während die Schlachtunternehmen von zwei bis fünf Prozent ausgehen, schätzen Wissenschaftler den Anteil auf bis zu 20 Prozent. Mit einem monetären Verlust von 50 bis 80 Euro pro geruchsauffälliges Tier müssen Schlachthöfe nach eigenen Angaben rechnen.[342]

Obwohl Eber weniger Fett ansetzen, was momentan ein wichtiges Kriterium bei der Beurteilung des Schlachtkörpers darstellt, ist die Ebermast aber noch aus einem anderen Grund nicht von heute auf morgen flächendeckend umsetzbar. Eber neigen zu Rangordnungskämpfen, das Verletzungsrisiko und der damit verbundene Arzneimitteleinsatz steigen. Ebermast erfordert daher ein anderes Management besonders in der Haltung. Zum Beispiel sollten die Tiere jung zusammengestallt und später nicht neu gemischt werden. Eine stabile Rangordnung sorgt dafür, dass Aufreiten und Penisbeißen weitgehend vermieden werden können. Masteber sind entgegen der bisherigen Auffassung den weiblichen Tieren in Körperzusammensetzung und Leistungsveranlagung zudem ähnlicher als die Kastraten, sodass die Fütterung entsprechend dem Nährstoffbedarf vor und nach der Pubertät angepasst werden muss.[343] Noch ist das Für und Wider von Kastration und Ebermast nicht entschieden, vieles liegt noch im Dunkeln. Bis wissenschaftliche Erkenntnisse auf sicheren Füßen stehen und praxistauglich umgesetzt werden können, bleibt die Schmerzausschaltung die einzige Alternative.

Einen Schritt weiter geht Neuland, unter dessen Dach Landwirte arbeiten, die sich von der Massentierhaltung und den langwierigen Schlachttiertransporten verabschiedet und sich für eine artgemäße Zucht und Haltung entschieden haben. Neuland wurde von der Arbeitsgemeinschaft für bäuerliche Landwirtschaft (AbL), dem Bund für Umwelt und Naturschutz (BUND), dem Bundeskongress entwicklungspolitischer Gruppen (BUKO), dem Deutschen Tierschutzbund und der Verbraucher Initiative (VI) gegründet und praktiziert seit 2008 die Kastration unter Narkose und Schmerzausschaltung. Begleitet von Professoren der Tierärztlichen Hochschule Hannover und der Universität Göttingen testete Neuland das Verfahren an 5000 Ferkeln. Bevor die Tiere in einer speziellen Apparatur mit dem Narkosemittel Isofluran betäubt wurden, erhielten sie ein Schmerzmittel mit Entzündungshemmer, das den operativen Schmerz ausschalten und den postoperativen Schmerz lindern sollte. Skeptiker kritisieren die Klimaschädlichkeit von Isofluran und befürchten ein erhöhtes Erdrückungsrisiko nach dem Eingriff.

Weder Ersteres noch Letzteres konnten die Wissenschaftler indes bestätigen. So sei die Schnauzendoppelmaske abschlussdicht, und überschüssiges Isofluran werde im Filter gesammelt, gelange also nicht in die Umwelt. Auch sei kein einziges der 5000 Ferkel während oder nach der Narkose zu Schaden gekommen. Technisch und organisatorisch machbar steht dem Einzug in die Praxis nur eines entgegen: der hohe Anschaffungspreis. 10 000 Euro kostet eine Betäubungsanlage, was sich relativieren würde, wenn die Nachfrage steigen und mehr Anwender sie einsetzen würden. Neuland hat sich auf Mehrkosten von drei Cent je Kilogramm Schlachtgewicht eingestellt, die sich Ferkelerzeuger, Mäster und die Neuland GmbH teilen.[344]

Mastschweine: in sechs Monaten zum Kotelett

Nur rund drei Wochen darf ein Ferkel bei der Mutter bleiben, dann wird es von ihr getrennt, »abgesetzt«. Die Tiere werden eingesammelt und ziehen in einen anderen Stall um. Im Laufe der Jahrzehnte hat sich Deutschlands Schweineproduktion zu einem hoch spezialisierten, industrialisierten Produktionszweig der Landwirtschaft entwickelt – die Zeiten, da ein Bauer Sauen, Ferkel, abgesetzte Ferkel und Mastschweine unter einem Dach hielt und mit dem Futter aus seiner eigenen Produktion ernährt, sind längst vorbei. Zum Beispiel gibt es Landwirte, die nur Muttersauen und ihre Saugferkel halten, die Ferkel nach dem Absetzen aber weiterverkaufen. Andere bringen die Absetzferkel nur in einen anderen Stall auf dem eigenen Betriebsgelände, und Dritte mästen Schweine ab etwa 25 Kilogramm bis zur Schlachtreife.

Absetzferkel leiden extrem unter der Trennung – zu Urgroßvaters Zeiten durfte die Sau ihre Jungen acht Wochen säugen; Wildschweinbachen versorgen ihre Frischlinge bis zu dreieinhalb Monate. Nun sind es der plötzlich fehlende Körperkontakt zur Sau, die Auseinandersetzung mit fremden Ferkeln, die unbekannte Umgebung und die Umstellung der Nahrung, die den Ferkeln zu schaffen machen. Die Belastung ist so stark, dass das Absetzen als die kritischste Phase im Leben eines Ferkels gilt. Weder ihr Verdauungs- noch ihr Immunsystem sind gerüstet, ein selbstständiges Leben zu führen. Das lässt sich sogar biochemisch nachweisen. Abgesetzte Ferkel zeigen erhöhte Konzentrationen von Stresshormonen wie beispielsweise Cortisol im Blut. Auch ist die Zellteilungsaktivität von Lymphozyten, die einen wesentlichen Bestandteil der erfolgreichen Immunabwehr darstellen, verringert,[345] was die Ferkel anfällig gegenüber Krankheiten macht. So leiden Absetzferkel oft an Erbrechen, Durchfall und Mattigkeit. Sie fressen nicht richtig und nehmen kaum zu – sie kümmern. Eine durch die zu frühe Trennung verursachte Wachstumsdepression aber wollen sich die wenigsten Landwirte leisten, schließlich beeinträchtigen diese die Wirtschaftlichkeit der Ferkelerzeugung. Was zählt, ist die Masse, die ein Ferkel pro Tag zulegen muss: Zwischen 730 und 800 Gramm ist der Durchschnitt; ein wachstumsintensives Schwein kann heute sogar ein Kilogramm pro Tag zunehmen.[346] Rund anderthalb Kilogramm wiegt ein Ferkel bei seiner Geburt, ungefähr sechs Monate später soll es sein Schlachtgewicht von 110 bis 125 Kilogramm erreicht haben.

Schweine leben in Ställen, die dem Menschen Arbeitszeit sparen, und nicht in solchen, die ihre Bedürfnisse berücksichtigen. Für die Tiere bedeutet das: Das Fressen ist die einzige Abwechslung in einem stupiden Alltag mit minimalem Platzangebot. Wie viel Fläche ihnen zugestanden wird und welchen Mindestanforderungen die Haltung außerdem genügen muss, regelt in Deutschland seit 2006 ein spezieller Abschnitt der Tierschutz-Nutztierhaltungsverordnung.[347] Sie schreibt vor, dass alle Tiere gleichzeitig ungehindert liegen, aufstehen, sich hinlegen und eine natürliche Körperhaltung einnehmen können. Inwieweit das für Masttiere auf dem zugestandenen Platz überhaupt umsetzbar ist, ist schwer vorstellbar.

Schweine sind Paarhufer; ihre Füße, die jeweils aus zwei Hauptzehen und zwei Nebenzehen bestehen, hat die Natur nicht erfunden, um auf Spaltenböden aus Beton zu stehen, sondern um im weichen Morast nicht einzusinken. Die Tiere dauerhaft auf Betonspalten zu stellen verurteilt sie zu chronischen Schmerzen, wenn sie – gerade in der Endmast – immer mehr unter Gelenkproblemen leiden. Zu den gefürchtetsten Krankheiten gehören Infektionen mit dem Bakterium *Streptococcus suis*, das Hirnhaut-, Lungen- und Mittelohrentzündung hervorrufen kann. Nahezu jeder Schweinebestand ist betroffen. Bricht die Erkrankung bei Saugferkeln aus, können 50 Prozent sterben. Neben einigen anderen Haltungs- und Managementfehlern, die zum Ausbruch der

Tabelle 6 Bodenfläche je Tier in Quadratmetern

Durchschnittsgewicht	Zur Verfügung stehende Bodenfläche
FERKEL	
über 5 bis 10 kg	0,15 m²
über 10 bis 20 kg	0,20 m²
über 20 kg	0,35 m²
MASTTIERE	
über 30 bis 50 kg	0,50 m²
über 50 bis 85 kg	0,75 m²
über 85 bis 110 kg	0,75 m²
über 110 kg	1,00 m²

Quelle: Niedersächsisches Landesamt für Verbraucherschutz und Lebensmittelsicherheit

schweren Leiden führen können, wie Fehler bei der Geburt, falsche Fütterung und mangelnde Wasserversorgung[348], forciert auch ein verschmutzter, rauer Betonboden die Infektion, indem die Keime über die Exkremente durch Schürfwunden in den Körper eindringen. »Nicht mehr als unvermeidbar« – diese vage Formulierung des Gesetzgebers dürfte die derzeitigen Haltungsbedingungen eher manifestieren als verbessern: ein Zugeständnis der Politik an die Agrarlobby.

Nicht besser steht es um die Vorschriften zu den Lichtverhältnissen. Per Gesetz vorgeschrieben ist eine Mindestbeleuchtung pro Tag von acht Stunden und 80 Lux. Nach 2006 gebaute Ställe müssen darüber hinaus einen Tageslichteinfall von mindestens drei Prozent der Stallgrundfläche aufweisen. Viel zu wenig, urteilt die Arbeitsgemeinschaft für artgerechte Nutztierhaltung e.V. (AGfaN). Die Kontrollen, ob tatsächlich die gesetzlichen Vorgaben eingehalten werden, sind mangelhaft und nicht ausreichend. Das betrifft auch das Lichtmanagement im Betrieb. Noch immer gibt es Schweinehalter, die das Licht ausschalten, sobald Aggressionen unter den Buchtengenossen auftreten – obwohl es verboten ist, die Tiere dauerhaft im Dunkeln zu halten. Von solchen Maßnahmen abgesehen sehen die meisten Schweine ohnehin nur zwei- bis dreimal für kurze Zeit das Tageslicht: wenn sie in einen anderen Stall umziehen müssen und wenn sie zum Schlachthof gefahren werden. Ansonsten bleibt ihnen das durch seinen UV-Anteil keimtötende, lebensnotwendige Sonnenlicht größtenteils verwehrt.[349]

Wer schon einmal seine Nase in einen Schweinemaststall gehalten hat, weiß, welchen Ausdünstungen die Tiere ihr Leben lang ausgesetzt sind. Über die unter den Spaltenböden verlaufenden Güllekanäle treten Gase aus, die ätzen, reizen und giftig sind. Um die Belastung der Atemwege klarzumachen, sei an dieser Stelle ein Vergleich mit den für Menschen vorgeschriebenen Arbeitsplatzgrenzwerten erlaubt, denn Schweine sind uns physiologisch verwandter, als so mancher meint. »Menschen sind senkrechte Schweine« titelte die Zeit einmal sehr treffend.[350] Weil unser Körper dem der Schweine so ähnelt, ermitteln Gerichtsmediziner Schuss- und Stichkanäle an Schweinefleisch, prüften Forscher einen neuartigen Langzeit-Glucose-Sensor für Diabetiker auf seine Praxistauglichkeit und verfütterten Schweinen probiotische Joghurts, weil sie deren Einfluss auf unsere Darmtätigkeit ergründen wollten. Schwein und Mensch stehen sich so nah, dass sogar Organe von Schweinen in nicht allzu ferner Zukunft unser krankes Herz oder unsere desolaten Nieren ersetzen werden. Wie bei uns gelangt die Atemluft an den Schleimhäuten vorbei über die Bronchien in die Lungen. Wohl weniger deshalb, sondern weil der Landwirt täglich im Stall zu tun hat, setzte die Tierschutz-Nutztierhaltungsverordnung Höchstgrenzen für die aus der Gülle aufsteigenden Gase fest, die sich an den Arbeitsplatzgrenzwerten des Menschen orientieren: 20 ppm für Ammoniak und fünf ppm für Schwefelwasserstoff. Nur bei Kohlendioxid liegen die Werte für Schweine unter denen für Menschen (3000 ppm statt 5000 ppm).

Hinzu kommt die enorme Staublast der Stallluft. Besonders kleinste Teilchen sind gefährlich. Die Gesamtstaubemissionen in Schweineställen bestehen zu mehr als 90 Prozent aus Teilchen unter zehn Mikrometer und gehören damit zum Feinstaub.[351] Der größte Anteil des Staubes entstammt dem Futter (Getreide, Leistungsförderer, Antibiotika), zwei bis zwölf Prozent dem Tier (Urin, Epithel, Blut) und zwischen zwei und acht Prozent den Fäkalien (Darmbakterien, Darmepithel, Futterbestandteile). Die schwersten gesundheitlichen Auswirkungen kann die letzte Fraktion nach sich ziehen.[352] Das Projekt »Nationaler Bewertungsrahmen«, des Instituts für Tierschutz und Tierhaltung der Bundesforschungsanstalt für Landwirtschaft (FAL) und des Kuratoriums für Technik und Bauwesen in der Landwirtschaft (KTBL), hat bei Mastschweinen eine Staubbelastung von 0,4 bis ein Kilogramm Staub je Tierplatz und Jahr festgestellt. Bei Zuchtsauen lag der Wert mit 0,3 bis drei Kilogramm Staub je Tierplatz und Jahr noch höher. Um es anschaulicher zu machen: Werte zwischen fünf und zehn Milligramm je Kubikmeter sind übliche Messwerte. Die Menge richtet sich unter anderem nach der Lüftungsanlage, der Futtereinrichtung und der Einstreu. Dass Keime wie beispielsweise Salmonellen an den Staubpartikeln jahrelang überleben können, verschärft die Problematik noch. Untersuchungen haben 10 000 bis 100 000 000 koloniebildende Einheiten pro Kubikmeter Luft ergeben, darunter Proteus-, Escherichia- und Pseudomonas-Spezies[353] – eine Menge, die jene im Freien um ein Vielfaches übersteigt.

Mensch und Tier leiden unter den gesundheitsschädlichen Gasen und Stäuben. Abhängig davon, wie viele Mastschweine er hält und wie hoch der Mechanisierungsgrad seiner Ställe ist, kümmert sich ein Mäster zwischen 1,1 und 5,9 Stunden pro Jahr um jedes Tier [354] – wissenschaftlich ermittelt, mit der gebotenen Aufmerksamkeit den Tieren gegenüber und allen vorgeschriebenen Handgriffen und inklusive Sonderbehandlungen. Bei einem konventionell gehaltenen Mastschweinebestand von 2000 Stück wären das zum Beispiel pro Tag 5,4 Stunden. Branchenkenner wissen, dass es in größeren Ställen selten länger als zwei Stunden dauert, bis alle täglichen Verrichtungen erledigt sind. Diese bescheidene Stundenzahl macht deutlich, mit wie wenig Arbeitszeit ein Mäster auskommt, um einen stattlichen Maststall der heute üblichen Art zu führen – aber auch, wie wenig Zeit er pro Tag dort verbringen muss. Während er spätestens nach einigen Stunden wieder an die frische Luft wechseln (oder sich mit Atemmasken schützen) kann, können sich die Tiere nie dem herrschenden Stallklima entziehen. Ein Mastschwein ist seiner Umgebung jede Stunde seines 3750 Stunden währenden Leben ausgesetzt. Allein von Ammoniak ist bekannt, dass es selbst bei Konzentrationen, die um die Hälfte geringer sind als die gesetzlich vorgeschriebenen Mengen, bestehende Infektionen verstärken kann. Muss ein Mastschwein tagtäglich 15 ppm einatmen, äußert sich das in schlechteren Zuwächsen. Obwohl sie pro Tag bei Weitem nicht derart exponiert sind wie Schweine, summiert sich doch im Laufe der Jahre die Kontaktzeit zu den Luftschadstoffen im Stall. So verwundert es nicht, dass insbesondere Schweinezüchter diejenige Gruppe in der Landbevölkerung sind, die am häufigsten unter Atemwegserkrankungen leiden. Innerhalb weniger Jahre entwickeln sie während der Arbeit asthmaähnliche Symptome, die noch über Stunden nach Abschluss der Tätigkeiten anhalten. In Skandinavien haben Gesundheitsforscher eine Prävalenz von Bronchialsymptomen bei Schweinezüchtern von bis zu 40 Prozent gefunden.[355] Indes ist die Klimatisierung geschlossener Stallanlagen technisch durchaus machbar, doch treten in der Praxis oft Mängel auf. Hustende, niesende und schnupfende Schweine ohne Appetit, manche von ihnen mit rasselnden Atemgeräuschen und Lungenentzündung: Das sind die häufigsten Symptome, wegen derer Schweinehalter den Tierarzt rufen. Ob Schadgase oder Staub, Belegdichte, Temperatur und Luftfeuchtigkeit, Zugluft oder Entmistungsverfahren – wenn vieles nicht stimmt, sind Krankheiten nur eine Frage der Zeit. Dass es noch immer flächendeckend an der richtigen Umsetzung hapert, legt ein Aufruf der Landwirtschaftskammer Niedersachsen, die für das Projekt »Optimierung des Stallklimas in der Mastschweinehaltung« Anfang 2014 Betriebe suchte, um praxistaugliche Empfehlungen für die Klimagestaltung zu erarbeiten, nahe.[356] Ob defekte Anlagen, mangelndes Wissen, Geiz, Arbeitsüberlastung oder einfach Desinteresse Schuld an der Misere tragen, mögen die Schweinehalter für sich beantworten können. Fakt ist, dass alle Branchenmitglieder, egal ob Mäster, Agrarlobbyisten wie der Deutsche Bauernverband (DBV) oder Landwirtschaftspolitiker, sehr wohl wissen, wie dringend Handlungsbedarf ist – nur die Konsumenten wissen es nicht. Schließlich weisen 20 bis 30 Prozent aller Schlachtschweine Lungenschäden aufgrund von Atemwegserkrankungen auf.[357] So wird spätestens bei der Begutachtung der Lungen im Schlachthof klar: Einzig indem sie zahlreiche Medikamente, darunter Antibiotika, erhielten, konnten diese Tiere bis zur Schlachtung überleben.[358]

Milchkuh

Höchste Leistung in einem kurzen Leben

Die Milch hat Status, sollte man meinen. Sie ist den Deutschen so selbstverständlich geworden wie ihr täglich Brot. In Vergleichen und Redewendungen, selbst in Gedichten und Dramen spiegelt sich ihr Rang wieder. »Die Milch der frommen Denkart«, eine Redensart, die Schiller seinem Helden Wilhelm Tell in den Mund gelegt hat, ist Sinnbild für Arglosigkeit und ein Verhalten, das nicht auf den eigenen Vorteil bedacht ist. Zu Schillers Lebzeiten mag sich das Höchstmaß an Wertschätzung in solchen Worten widergespiegelt haben – heute ist die Milch nicht mehr als ein Massenprodukt, erzeugt von Tieren, die, wie Maschinen gehalten, auf Höchstleistung gezüchtet sind und ihr kurzes Leben lang ebensolche Höchstleistungen vollbringen.

Eine »Milchkuh« hat die Natur nicht vorgesehen. »Milchkuh« ist eine vom Menschen erdachte Bezeichnung für ein Hightech-Tier, das zu einer lebenslangen Laktation verurteilt ist. Im Vergleich zu den 1960er-Jahren hat sich die Milchleistung der Kühe fast verdoppelt. Durchschnittlich gibt eine Kuh rund 8300 Kilogramm Milch pro Jahr, die Rasse schwarzbunte Holsteinkuh um die 9000 Kilogramm, und manche Herden erreichen sogar 13 000 Kilogramm Milch pro Kuh und Jahr.[359] Wie bei anderen Nutztieren ist auch bei den Kühen das genetische Einerlei an der Tagesordnung: 2012 machten die vier wichtigsten Milchviehrassen Schwarzbunte, Rotbunte, Fleckvieh und Braunvieh mit über 90 Prozent den Mammutanteil in deutschen Ställen aus.[360] Eine junge Kuh gibt weniger Milch als eine ältere; im Laufe ihrer Nutzung steigt ihre Milchleistung von täglich 30 auf bis zu 50 Kilogramm je nach Rasse. Wohl kaum jemand, der einen Schuss Milch in seinen Kaffee gießt oder in ein Käsebrötchen beißt, verschwendet einen Gedanken daran, warum eine Kuh überhaupt Milch gibt, welches Leben sie führt oder warum immer weniger Bauern immer größere Milchviehbestände halten. Wir wollen Milch in allen Variationen zum kleinsten Preis und nehmen gar nicht wahr, wie hoch die Opfer für unseren billigen Massenkonsum sind.

Dabei ist eine Kuh keineswegs, ähnlich wie ein Huhn aufs Eierlegen, auf permanentes Milchgeben gezüchtet. Wie jedes andere Säugetier auch beginnt sich erst dann in ihrem Euter Milch zu bilden, wenn sie trächtig ist. Das Leben einer modernen Milchkuh ist daher ein nicht endender Kreislauf aus künstlicher Besamung, Trächtigkeit und Laktation. Die weiblichen Kälber werden zwei Jahre lang groß gezogen, bevor sie das erste Mal mit dem Sperma eines Zuchtbullen besamt werden. Weil der größte Teil der Landwirte für die künstliche Besamung die Bullen mit den höchsten Zuchtwerten auswählt, nimmt auch innerhalb der Rassen die genetische Vielfalt bedenklich ab. Spitzenwerte von bis zu 60000 Besamungen je Bulle und Jahr sind keine Seltenheit, sodass die Inzuchtrate gefährlich steigt. Liegt sie über einem bestimmten Maß, drohen Leistungs- und Gesundheitseinbußen. Bis dato eher von zweitrangiger Bedeutung, spielen seit 2008 Gesundheits- und Fitnessaspekte in der Zucht von Milchkühen eine größere Rolle: Beispielsweise macht der Anteil beim Fleckvieh 43 Prozent aus, beim Braunvieh 47 Prozent, berichtet die Arbeitsgemeinschaft Deutscher Rinderzüchter.[361]

In der Regel kalbt eine Kuh erstmals im Alter von 24 bis 32 Monaten. Von da an wird sie ununterbrochen etwa 300 Tage lang Milch geben. ProVieh hat die Leistung einer Kuh mit dem Ironman-Wettkampf, einem Langstreckenwettbewerb im Triathlon auf Hawaii, verglichen. In den acht Stunden des Kräftemessens pumpt das hoch trainierte Herz der besten Sportler rund 15000 Liter Blut durch den Körper – sieben Mal mehr als das Herz eines Untrainierten, der am Schreibtisch arbeitet. Auf dem gleichen Level bewegt sich die Herz-Kreislauf-Leistung einer Milchkuh: Damit ein Liter Milch gebildet werden kann, muss das Herz der Kuh 500 Liter Blut durch das Drüsengewebe des Euters pumpen; bei 30 Liter Milch pro Tag sind das 15000 Liter Blut. Während sich jedoch der Ironman-Teilnehmer dieser Tortur freiwillig unterzieht, muss die Milchkuh es tun, weil der Mensch es so will, und zwar täglich.[362] Die Höchstleistung hat ihren Preis. Von der Natur mit einer Lebenserwartung von etwa 20 Jahren beglückt, wird unter den üblichen Produktionsbedingungen bereits nach fünf Jahren aus der Milchkuh eine Wurstkuh: Sie wird auf die Schlachtbank geführt. In den vergangenen Jahrzehnten hat sich die Nutzungsdauer der Milchkuh permanent verkürzt. Legt man einen Zeitpunkt für die erste Geburt eines Kalbes zugrunde, der bei etwa zweieinhalb Jahren liegt, errechnet sich eine Nutzungsdauer von nur 26 Monaten[363], die Arbeitsgemeinschaft Deutscher

Rinderzüchter (ADR) gibt sie mit drei Jahren an. Mehr als ein Drittel aller Kühe eines Bestandes wird jedes Jahr geschlachtet, weil die Tiere trotz Antibiotikabehandlung nicht mehr gesund sind.[364] Moderne Hochleistungskühe leiden oft an Fruchtbarkeitsstörungen und an Schmerzen, verursacht durch Eutererkrankungen, Gebärmutterentzündungen, Klauenerkrankungen und Stoffwechselstörungen.

Sechs bis acht Wochen nach der Geburt des Kalbes wird die Kuh erneut besamt: Ihr Körper produziert Milch und lässt gleichzeitig den Fötus wachsen – eine enorme Belastung. Nach 300 Tagen ununterbrochenen Milchgebens hört der Bauer dann auf, die Kuh zu melken: Sie wird für sechs bis acht Wochen »trocken gestellt«. Diese kurze Zeit soll ausreichen, damit sich ihr Körper regenerieren kann, um bereit zu sein für die nächste Geburt. Direkt nach dem Kalben produzieren die Tiere dann schlagartig hohe Mengen an Milch, so hoch, dass es für vier Kälber reichen würde. Dafür benötigen sie große Mengen an Energie, die sie kaum über das Futter decken können, denn viele von ihnen haben nicht den entsprechenden Appetit – eine Herausforderung für den Milchviehhalter. Schafft er es nicht, die Balance zu finden zwischen notwendiger Energiedichte und verträglichen Portionen, drohen Krankheiten: Das Kraftwerk Kuh havariert.

Die Anfälligkeit der Kuh ist in der extremen Inanspruchnahme ihres Organismus, in der Zucht und in der Besonderheit ihres Magensystems zu suchen. Wie alle Wiederkäuer ist der Magen ein ausgeklügeltes Mehrkammersystem aus Pansen, Netzmagen, Blättermagen und Labmagen. Dank dieser Viergangverdauung kann eine Kuh sogar solche Pflanzen und Pflanzenbestandteile nutzen, die für andere Säuger nicht bekömmlich wären. Für stark kohlehydratreiches Futter wie zum Beispiel Getreide ist ein Wiederkäuerorganismus dagegen überhaupt nicht ausgelegt. Hochleistungskühe sind jedoch Superkühe: Über Jahrzehnte haben Züchter die genetischen Anlagen der Tiere auf eine maximale Milchabgabe getrimmt. Eine Spitzenkuh, die nur Heu und Gras frisst, wäre gar nicht in der Lage, das Milchleistungsziel von bis zu 60 Kilogramm pro Tag zu erreichen. Ihre Milchmenge würde 20 Kilogramm pro Tag kaum übersteigen, weil ihr Verdauungssystem nur eine begrenzte Menge der voluminösen Pflanzennahrung verarbeiten könnte.[365] Das Futtermanagement einer Hochleistungsmilchkuh ist schwierig – ein Zuviel an

Energie zu bestimmten Zeiten der Laktation ist ebenso schädlich wie ein Zuwenig. Besonders nach dem Kalben sind Milchkühe anfällig für Energiemangel. Stimmt die Bilanz nicht, droht eine Ketose: Bestimmte Stoffwechselprodukte, die Ketonkörper, reichern sich im Blut an und vermindern weiter den Appetit. Die Kuh wird krank, verweigert das Futter und magert ab. Schäden des Zentralnervensystems kommen hinzu, was sich im geistesabwesenden Belecken von Gegenständen zeigt, in Erblindung, Speicheln oder Tobsuchtsanfällen. Eine Ketose ist nicht die einzige Krankheit im Stall, die in Verbindung mit Fütterung und Haltung steht. Ebenso gefürchtet sind Euterentzündungen und Fruchtbarkeitsstörungen. Auch Klauenkrankheiten wie zum Beispiel die Hufrehe (Laminitis), bei der sich die Hufkapsel von der Lederhaut löst, werden durch rohfaserarmes Futter und bestimmte Stallhaltungsformen hervorgerufen.[366] Das Zuviel an Kohlehydraten führt hier zu einer explosionsartigen Vermehrung von kohlehydratspaltenden Bakterien, den Streptokokken. Sie produzieren neben Giftstoffen auch Milchsäure, die massenhaft rohfaserverdauende Bakterien abtötet: Der gesamte Organismus wird übersäuert. Betroffene Kühe stehen aufgrund der starken Schmerzen in den Klauen wie angewurzelt oder weigern sich, aufzustehen. Auch schlägt der permanente Leistungsstress den Tieren buchstäblich auf den Magen: Ihr Labmagen kann sich nach links oder rechts verdrehen – Ersteres kann sich zurückbilden, Letzteres endet ohne Notoperation tödlich. Eine Labmagenverdrehung ist eine Produktionskrankheit, die noch nicht ausreichend erforscht ist. Fest steht, dass es sich um ein Warn- und Stresssignal des Körpers handelt, der unter permanentem Hochleistungsdruck steht. Genetische Ursachen sind nicht auszumachen, wohl aber Fehler in der Haltung und Fütterung. Seit den 1960er-Jahren und unter den Bedingungen der Massen-Milchkuhhaltung tritt das Phänomen im wachsenden Umfang auf. Immer mehr Milch zu einem immer niedrigeren Preis – für diese Prämisse zahlen die Tiere mit ihrer Gesundheit.

Doch nicht nur die Tiere sind Opfer des Leistungsanspruchs an Milchmenge und Milchpreis, sondern auch die Bauern. Jede Investition kostet Geld, und Agrarfabriken machen ihnen das Leben zusätzlich schwer. Inzwischen gibt es riesige Betriebe mit Herden von über tausend Milchkühen, deren ökonomischer Vorteil darin besteht, Kraftfutter billiger einkaufen und Personal einsparen zu können. Was als »Strukturwandel« wie eine natürliche Entwicklung erscheint, bedeutet nicht nur Arbeitsplatz- und Einkommensverluste für die Bauern, sondern hat darüber hinaus zahlreiche negative Auswirkungen auf die Kulturlandschaft, die Gesellschaft und das Ökosystem (siehe dazu Kapitel 1 und 7). So gaben innerhalb nur eines Jahres zwischen Mai 2012 und Mai 2013 rund 4000 Milchviehbetriebe auf, ein Rückgang von über acht Prozent. Dagegen nimmt die Anzahl großer Betriebe mit mehr als 100 Kühen kontinuierlich zu: mit mehr als 100 Kühen um rund 6800 und mit mehr als 200 Kühen um etwa 2300 Betriebe. Somit ist die Anzahl der Betriebe in den vergangenen fünf Jahren um mehr als 20000 Betriebe gesunken.[367]

Die Milchkuh mutiert zur Maschine, die Wirtschaftlichkeit hat stets oberste Priorität. »Die Menge Milch, die eine Kuh pro Zeiteinheit produziert, bezahlt die Rechnungen!«[368], lautet ein geflügeltes Wort in der Branche. Nicht selten werden daher ungelernte Helfer eingesetzt, die bereit sind, für weniger Geld zu arbeiten als ausgebildete Landwirte. Dass Fachfremde keinen Blick für das Wohl des Einzeltiers haben, liegt auf der Hand. So erkranken die Tiere häufiger und enden, obwohl sie hätten behandelt werden können, vorzeitig im Schlachthof. Selbst kleine Fehler in Haltung und Fütterung führen schnell zu Leistungseinbrüchen, Gesundheitsproblemen und Leid.[369]

Das Fatale ist, dass sich das Verdauungssystem einer Kuh bis zu einem gewissen Grad überlisten lässt, indem Kraftfutter, das strukturarm, aber energiereich ist, zugefüttert wird. Doch nur ein sensibles Futtermanagement kann es möglich machen, dass eine Kuh nicht erkrankt, wenn sie Getreide und Soja frisst. Überhaupt ist Kraftfutter der Dreh- und Angelpunkt in der Ernährung der Hochleistungsmilchkuh und wird weltweit unterschiedlich gehandhabt. Beispielsweise frisst eine Milchkuh in der Schweiz im Schnitt 700 Kilogramm Kraftfutter pro Jahr, in Europa über zwei Tonnen. In Spanien wird Kühen bis zu 80 Prozent Kraftfutter verabreicht, und in den USA gibt es Betriebe, in denen die Kühe alles Mögliche zu fressen bekommen – nur kein Gras.[370] Artgemäß zu füttern würde bedeuten: Verzicht auf Kraftfutter, aber auch: Verzicht auf Milchleistung. Da macht die Bioproduktion keine Ausnahme. Auch die ökologisch gehaltene Kuh erhält Kraftfutter, um möglichst viel Milch zu geben – allerdings bis zu 100 Prozent Kraftfutter aus dem Ökolandbau. Während die Schweizer Bio-Suisse-Produzenten nur zehn Prozent Kraftfutter verfüttern dürfen, gibt es eine solche Vorschrift in Deutschland nicht. Die EU erlaubt Landwirten, die nach der EG-Bioverordnung produzieren, einen Anteil von bis zu 40 Prozent Kraftfutter in der Ration ihrer Milchkühe. In Deutschland gehen die Bioverbände mit dem Kraftfuttereinsatz unterschiedlich, jedoch stark restriktiv um – ein Kompromiss zwischen artgemäßer Fütterung und akzeptabler Leistung. Bio-Milchkühe geben daher in der Regel bis zu 20 Prozent weniger Milch. Ein vollständiger Verzicht auf Kraftfutter ist nicht möglich, weil im Biolandbau die gleichen Hochleistungsrassen zum Einsatz kommen wie in der konventionellen Milchkuhhaltung – und zu wenig Energie in der Ration würde die Tiere krank machen.

Dabei ist Kraftfutter nicht gleich Kraftfutter. Auf dem Markt gibt es verschiedene Varianten und Mischungen, zu den bekanntesten gehört Maissilage, die als Grundfutter weit verbreitet ist. Übliches Kraftfutter besteht neben Getreidearten wie Roggen, Weizen, Gerste und Mais aus Rückständen der Sojaöl- und Rapsölproduktion, sogenannten Extraktionsschroten und »Kuchen«, Resten der Zuckerherstellung (Melasse) sowie zusätzlich Mineralstoffen, Vitaminen und Spurenelementen. Soja ist der Dreh- und Angelpunkt der Futterwirtschaft. Es ist wohl kaum übertrieben zu behaupten, dass Soja die industriemäßige Tierproduktion erst möglich gemacht hat. Die Ölfrucht ist ein hervorragender Eiweißträger – und ein Reizthema. Um sie anzubauen, werden in Südamerika riesige Areale Regenwald gerodet und artenreiche Savannen zerstört. Und gentechnisch veränderte Sojapflanzen haben dank des massiven Drucks der Industrie und der Macht der Saatgutkonzerne die Welt erobert. Gensoja ist längst in unserem Essen angekommen: Sie landet im Futtertrog von Rind, Schwein und Geflügel. Produkte wie Fleisch, Milch oder Eier müssen aber nicht gekennzeichnet werden, auch wenn die Nutztiere mit gentechnisch veränderten Pflanzen gefüttert werden. So fördern die Verbraucher mit ihrem Kauf konventioneller Lebensmittel indirekt den Anbau von Gentech-Pflanzen, ohne es zu wissen.

Laut World Wide Fund für Nature (WWF) enthalten 80 Prozent aller Sojaimporte auf dem deutschen Markt Gentechnik.[371] Im »Grasland«

Schweiz beispielsweise fressen keine anderen Nutztiere so viel Soja wie Rinder. Wo Landwirte nicht konsequent auf Gen-Soja verzichten (sie muss auf den Futtermitteln deklariert werden), gilt das auch für deutsche Rinder. Das Bundesministerium für Ernährung, Landwirtschaft und Verbraucherschutz (BMELV) schreibt: »Die meisten Nutztiere in Deutschland bekommen ... Futter, das mit Gentechnik in Berührung gekommen ist.«[372] Doch auch das Ministerium kann nicht genau sagen, wie viel gentechnisch veränderte Futtermittel überhaupt importiert werden, denn die Statistik ist mangelhaft: Sie unterscheidet nicht zwischen gentechnisch veränderter und gentechnikfreier Importware. Deutschland und andere Länder der EU führen pro Jahr rund 35 bis 40 Millionen Tonnen Soja aus Nord- und Südamerika ein. Auf nahezu 100 Prozent der Anbauflächen in den Haupterzeugerländern USA, Brasilien und Argentinien hat sich Gen-Soja durchgesetzt. Was kaum bekannt ist: Auch importierter Mais oder Raps kann gentechnisch verändert sein, und die Zusatzstoffe wie Vitamine, Aminosäuren und Enzyme, die viele Futtermittel enthalten, werden häufig mithilfe gentechnischer Methoden hergestellt.

Obwohl Verbraucher keine Gentechnik im Essen wollen, versteht es die Industrie, geneigte Politiker, Wissenschaftler und Verbandsfunktionäre als Werbeträger der Grünen Gentechnik zu gewinnen. Das scheint aus Sicht von Monsanto, Bayer & Co nur natürlich. Mit Gentechnik lassen sich Milliarden verdienen: Wer Landwirtschaft und Lebensmittelverarbeitung von seinen Rohstoffen abhängig macht, beherrscht die gesamte menschliche Nahrungskette (siehe Kapitel 1 und Kapitel 4). Wie sehr sich die Politik auf Bundes- und Europaebene mittlerweile dem Willen des Volkes entfremdet hat, spiegelt ihr Umgang mit dem Thema wider. »Nach dem heutigen Stand der Forschung wirken sich gentechnisch veränderte Futtermittel nicht nachteilig auf Milch, Fleisch oder Eier der Tiere aus«, gab die Bundesregierung im Oktober 2013 bekannt und versuchte zu beschwichtigen: »Es wird als äußerst unwahrscheinlich eingeschätzt, dass die gentechnisch veränderten Futterbestandteile ... dazu führen, dass Resistenzen übertragen oder Allergien ausgelöst werden können.«[373] Schon der Titel dieser Mitteilung, »Lebensmittel grundsätzlich gentechnikfrei«, gibt die Marschrichtung vor: Verunsicherte Verbraucher sollen offenbar an die Unbedenklichkeit der Grünen Gentechnik glauben und an Gen-Food gewöhnt werden. Im Grunde geht es darum, den internationalen Gentech-Konzernen die Türen zum europäischen Markt zu öffnen. Schon der Zeitpunkt der Veröffentlichung spricht für diese These: Eine neue gentechnisch veränderte Sorte, der Gen-Mais »Pioneer 1507« von DuPont, steht kurz vor der europäischen Zulassung, nachdem sich nicht genug Veto-Stimmen im EU-Parlament gefunden hatten. Deutschland hatte sich übrigens enthalten und damit die Zulassung begünstigt. Aus juristischer Sicht jedenfalls ist es durchaus statthaft, die Produkte von Tieren, die mit Gentech-Pflanzen gefüttert wurden, auch als solche bezeichnen zu dürfen. So hatte das Bundesverfassungsgericht in Karlsruhe 2010 ein Urteil des Bundesgerichtshofs bestätigt, wonach Greenpeace Milch von Kühen, die Gen-Futter erhalten, als »Gen-Milch« bezeichnen darf. Müller-Milch, das sich gegen diese Bezeichnung gewehrt hatte, scheiterte in letzter Instanz.[374]

Das Kalb als »Nebenprodukt« oder »Gourmeterzeugnis«

Wer sich Milch, Käse oder Joghurt schmecken lässt, dem sollte klar sein: Milcherzeugung und Kälbernachwuchs sind untrennbar miteinander verbunden. Selbst Vegetarier, die außer Milch und deren Erzeugnisse keinerlei tierische Erzeugnisse konsumieren, akzeptieren mit ihrer Ernährungsweise das Kalb als »Nebenprodukt« der Milchindustrie – denn nur eine Kuh, die kalbt, kann Milch geben. Doch wohin mit den permanent »anfallenden« Kälbern?

Pro Jahr und Kuh kommen rein rechnerisch 1,1 Kälber zur Welt, umgelegt auf die Anzahl der deutschen Milchkühe von 4,2 Millionen (Stand 2013) werden also rund 4,6 Millionen Kälber von Milchkühen geboren. Unmittelbar nach der Geburt wird die Kuh erstmalig gemolken, um mindestens fünf Liter Kolostrum, die sogenannte Biestmilch, zu erhalten. Sie enthält Immunglobuline, die für die Gesundheit des neugeborenen Kalbes von äußerster Wichtigkeit sind und vor allem Durchfallerkrankungen vorbeugen hilft; außerdem ist sie reich an Vitaminen und anderen Wirkstoffen. Innerhalb der ersten Lebensstunden muss das einzeln aufgestallte, also separierte Kalb diese Erstlingsmilch aufnehmen – und zwar nicht über die Zitzen der Kuh, sondern über einen Nuckeleimer. Sollte es sich verweigern oder bei seinen ersten beiden Mahlzeiten nicht die geforderte Menge von insgesamt etwa sechs Liter Kolostrum aufnehmen, wird ihm die Milch zwangsweise über eine Schlundsonde, die in den Rachenraum geschoben wird, zugeführt. In den USA ist dieses »Drenchen« eine Standardmethode; in Deutschland darf es laut Tierschutzgesetz routinemäßig nicht durchgeführt werden. Es liegt allerdings in der Eigenverantwortung des Landwirts, sie anzuwenden oder auf sie zu verzichten – eine Überprüfung aller Milchbauern ist kaum umsetzbar. Die Zwangsernährung bedeutet nicht nur Stress für das Tier, sie ist auch gesundheitlich problematisch: Wiederholt zwangsgetränkte Kälber entwickeln oft eine schwere Pansenübersäuerung[375], in deren Folge sich das mikrobielle Milieu ändert. Pansenbakterien sterben zum größten Teil ab, an ihre Stelle treten Lactobacillen. Die übermäßig entstehende Milchsäure greift die Pansenschleimhaut an und schädigt sie. Entzündungen entstehen, schmerzhafte Geschwüre können sich bilden, die Tiere fressen nicht mehr richtig, und sie leiden unter Verdauungsproblemen. Im weiteren Verlauf kommt es zu Störungen in anderen Organsystemen, zum Beispiel in der Gebärmutterschleimhaut. Gefürchtet ist die Pansenübersäuerung vor allem deshalb, weil sie schleichend verläuft und gravierende Langzeitschäden verursacht. Wochen oder Monate später können sich Klauensohlengeschwüre entwickeln, Harnsteine bilden oder Knochenbeschwerden auftreten.

Jedes Jahr bringt eine Milchkuh nach etwa neun Monaten Trächtigkeit ihr Kalb zur Welt. Innerhalb der ersten zwei Tage nach der Geburt werden Mutter und Kalb getrennt – eine problematische Zeit für beide Seiten. Um die Stressreaktion so gering wie möglich zu halten, darf diese Frist möglichst nicht überschritten werden, lautet eine Faustregel. Ökologisch wirtschaftende Milchbauern verfahren übrigens nicht anders. Besteht Infektionsgefahr, wird das Kalb der Kuh sofort weggenommen.

Die weiblichen Milchkuh-Kälber werden in der Regel zwei Wochen lang in einer Gruppenbox gehalten und dort von einem Kälberautomaten überwacht und mit Ersatzmilch versorgt. Ökonomische Zwänge diktieren von Anfang an ihr Leben. So sollen sie möglichst frühzeitig gebären, um Arbeitszeit, Futterfläche und Stallplatz zu sparen. Um schon nach 24 Monaten Mutter werden zu können, muss das Management von klein auf stimmen: Die Tränkedauer darf zehn Wochen möglichst nicht überschreiten, mehr als sechs Liter bis zum 60. Tag nach der Geburt sollten sie dazu nicht aufnehmen. In den ersten fünf Tagen dürfen sie noch Vollmilch trinken, danach steht ein Milchaustauscher (MAT) auf dem Speiseplan, zusätzlich Heu und Wasser. Solche MAT enthalten Molkenpulver, Magermilchpulver und Produkte aus Soja wie zum Beispiel Sojaproteinisolat oder Sojafeinmehl, angereichert mit Mineralstoffen, Vitaminen und Enzymen. Die nach der Muttermilch beste Eiweißquelle ist Magermilchpulver; Magermilch tut auch der Verdauung gut: Sie reduziert die Durchfallwahrscheinlichkeit. Doch Magermilch ist teurer als die anderen Komponenten und wird daher durch die billigeren (und schlechter verdaulichen) Sojaprodukte ersetzt, was das Risiko von Durchfallerkrankungen steigert. Ab dem sechsten Tag erhält das Kalb zusätzlich Kraftfutter. Seit den 1990er-Jahren füttern Landwirte ihren Kühen Gemische aus verschiedenen Komponenten als Fertigfuttermittel, die sogenannte Totale Mischration (TMR), bestehend aus Kraftfutter- und Raufutterkomponenten: Mais- und Grassilage, Biertreber, Getreide, Sojaextraktionsschrot, Melasse und Ölkuchen. TMR-Futter verhindert, dass die Tiere nur das fressen, was ihnen schmeckt. Dadurch lassen sich Energiegehalt und Trockenmasseanteil in der Ration erhöhen, was sich leistungssteigernd auswirkt. Und TMR erhöht über die Abhängigkeit des Bauern vom Futtermittelproduzenten jene vom gesamten Agrobusiness-Apparat. Zudem ist Soja – in der Regel gentechnisch verändert – von Anfang an fester Bestandteil im Futterplan der konventionell gehaltenen Milchkuh, ebenso wie Getreide, das für einen Wiederkäuermagen eigentlich gar nicht vorgesehen ist.

Die Kälberzeit ist gekennzeichnet durch Trennung und Schmerz. Auch das gemeinsame Aufstallen mit Altersgenossen kann die Nähe zum Muttertier nicht ersetzen. Nuckeleimer sollen zwar das Euter imitieren, können aber den Saugreflex der Kälber nicht befriedigen, sodass sie ein abnormales Verhalten entwickeln: Sie besaugen sich gegenseitig oder nuckeln an Gegenständen. Das Geräusch des Saugens wirkt für die anderen überdies ansteckend. Meist werden der Nabel, die Ohren, die Euteranlage, bei männlichen Tieren die Hoden und die Vorhaut besaugt – mit fatalen Folgen für die Gesundheit. Die Säuger können sich mit Keimen infizieren, die Durchfälle verursachen, aber auch Haare aufnehmen, die sich im Labmagen zu Ballen verknäulen und zu Verdauungsproblemen führen; die Besaugten entwickeln Entzündungen an den betroffenen Stellen. Das Problem verschärft sich noch, wenn Kälber verschiedener Altersgruppen zusammen gehalten werden.[376] Auch bei älteren und erwachsenen Rindern – bei Milchrindern ebenso wie bei Mastrindern – tritt das Besaugen auf. So mancher Landwirt greift zu radikalen Methoden, weil er die eigentliche Ursache nicht beseitigen kann oder will. So bietet der Handel »Saugentwöhner« aller Couleur an: Ringe aus Plastik oder Metall, die mit Stacheln besetzt sind und den Tieren entweder am Nasenknorpel festgeschraubt oder über das Maul gebunden werden. Es gibt aber auch weniger brutale Möglichkeiten. Damit die Kälber ihren Saugtrieb besser ausleben können, sollten die Sauger der Nuckeleimer nur eine geringe Öffnung aufweisen. Der Stall sollte abwechslungsreich mit Spiel- und Strukturelementen gestaltet sein und genügend saubere Einstreu aufweisen. Ein Fixieren nach dem Trinken und ein »Blindnuckeln« sollen helfen, dem Kalb das Besaugen abzugewöhnen. Jedoch kann keine dieser Maßnahmen darüber hinwegtäuschen, wo das eigentliche Problem liegt: in der Massenproduktion von Milch und Fleisch zu Dumpingpreisen und der damit verbundenen Haltung, die der Natur des Tieres zuwiderläuft.

In die Zeit nach der Geburt fällt ebenfalls die Enthornung. Bis zu einem Alter von sechs Wochen dürfen Kälber ohne Betäubung enthornt werden, danach schreibt das Tierschutzgesetz ein Betäubungsmittel vor. Das Enthornungsgerät, ein Brenneisen, ähnelt einem Lockenstab und funktioniert ebenso wie dieser über Hitze. Es wird auf die Hornanlagen aufgesetzt und gedreht, was die Stellen veröden und die Blutungen stillen soll. Die Prozedur ist traumatisch und schmerzhaft für die Kälber, und auch der Wundheilungsprozess läuft nicht ohne Schmerzen ab. In der Biohaltung ist das Enthornen tabu, aber auch Biobauern betrachten die Hörner ihrer Kühe mit gemischten Gefühlen. Denn Kühe fechten ihre Rangordnung auch mit den Hörnern aus, sodass die Verletzungsgefahr steigt. Selbst der Bauer ist nicht gefeit, denn Kühe sind zwar friedliche Tiere, aber nicht immer achtsam. So merkwürdig es auch klingen mag: Die verbesserten Haltungsbedingungen in der konventionellen Landwirtschaft haben das Horn-Problem verschärft. Denn während die

Tiere in alten Ställen dicht an dicht angebunden standen, ohne sich auch nur umdrehen zu können, geben ihnen moderne Laufställe nicht nur die Möglichkeit, ihrem Bewegungsdrang besser nachzugehen, sondern auch, Rangeleien austragen zu können. Optimal wäre, ihnen so viel Platz zur Verfügung zu stellen, dass sie sich problemlos aus dem Weg gehen können: auf einer Weide zum Beispiel. Doch das Diktat der Wirtschaftlichkeit verbietet eine extensive Haltung auf großen Flächen. Eine Alternative wäre die Zucht hornloser Kühe. Zwar gibt es schon einige Bullen, die das besondere Merkmal vererben. Nur liegt die Leistung der hornlosen Rinder, sowohl was die Milchmenge als auch den Fleischansatz anbelangt, nach wie vor unter der ihrer behörnten Artgenossen.

Die weiblichen Kälber von Milchkühen werden nach rund drei Monaten von der Ersatzmilch abgesetzt und ganz auf Silage, Stroh und Kraftfutter umgestellt. Im Alter von 15 bis 20 Monaten werden sie künstlich besamt. Dazu greift man in den After der Kuh, um den Gebärmutterhals zu fassen, mit der anderen platziert man ein Röhrchen mit Sperma in der Scheide möglichst nah am Ende des Gebärmutterhalses. Nach einigen Wochen überprüft der Tierarzt, ob die Kuh trächtig ist. Falls ja, kommt sie zusammen mit anderen in einen separaten Stall, andernfalls wird ein zweiter Versuch unternommen. Nach dem Kalben werden die Kühe in der Nähe des Melkstandes untergebracht, wo sie unter besonderer Beobachtung stehen, und in der dritten Woche werden sie Gruppen zugeordnet, deren Fütterung sich nach der Milchleistung richtet. 80 Tage, nachdem sie ihr Kalb zur Welt gebracht haben, werden sie erneut besamt, und der lebenslange Kreislauf aus Dauerträchtigkeit, Kalben und Laktation beginnt.

Ungefähr die Hälfte aller von Milchkühen geborenen Kälber sind männlich. Während die weiblichen in der Regel beim Milchbauern verbleiben, um »Abgänge« zu ersetzen (Kühe, deren Milchleistung nachlässt, und die ins Schlachthaus geführt werden, kranke oder verendete Tiere), wechseln die männlichen in Bullenmastbetriebe, wo sie bis zum vorgesehenen Schlachtgewicht von rund 400 Kilogramm gehalten und als Jungbullen vermarktet werden. Kälber von Milchkühen sind nicht zur Kälbermast geeignet, da diese Rassen auf reine Milchleistung gezüchtet sind: Sie verwandeln das meiste Futter in Milch, nicht in das Ansetzen von Muskelmasse. Und so verkommt das männliche Kalb der Milchkuh immer öfter zum Wegwerfprodukt. Denn wo früher ein Milchbauer für ein Stierkalb noch bis zu 140 Euro bekommen hat, erhält er heute kaum 60 Euro. Dafür hätte er aber sechs Wochen lang die Kosten für das Futter und den Tierarzt zu tragen – ein Verlustgeschäft. So mancher Milchbauer ist deshalb geneigt, eben nicht den Mediziner zurate zu ziehen und das Verenden des Tiers in Kauf zu nehmen – oder gar selber nachzuhelfen. In anderen Ländern wie Neuseeland, Irland, Großbritannien und Italien ist das Töten von Stierkälbern in der Milchviehhaltung schon bittere Realität,[377] und auch Deutschland ist auf dem besten Weg dorthin. Der Preisverfall kann die ohnehin am Limit wirtschaftenden Milchbauern zu diesem extremen Schritt verführen, zumal niemand die Abgänge nachprüft. Milchbauern haben kaum Verhandlungsmacht: Sie müssen ihre Stierkälber Viehhändlern verkaufen, die wiederum darauf angewiesen sind, einen guten Preis beim Weiterverkauf an Mastbetriebe zu erzielen. Weil Milch-Stierkälber aber weniger Fleisch ansetzen als die eigens dafür gezüchteten Masthybriden, wählen die Viehhändler nur die stärksten unter ihnen aus und müssen dennoch das Risiko eingehen, sie nicht loszuwerden. Mastbetriebe sitzen am längeren Hebel, denn sie können sich auf einem übersättigten Markt die besten und günstigsten Kälber aussuchen – und sie diktieren den Preis. Selbst der Verkauf der Kälber an Mastbetriebe in den Niederlanden lohnt kaum mehr, weil auch dort Preisdumping herrscht: Die holländischen Mastbetriebe kaufen mittlerweile lieber Billigkälber aus Irland und Osteuropa. Die großen fleischverarbeitenden Betriebe und der Handel sind die Gewinner des Kampfes um beste Preise (siehe Kapitel 1).

In Deutschland haben sich für jede Art der Rindermast spezielle Betriebe entwickelt. Sowohl die Konstruktion des Stalls als auch die Fütterung sind davon abhängig, ob der Landwirt Jungbullenmast, Jungkuhmast, Ochsenmast[378] oder Kälbermast betreibt. Wie gut oder wie schlecht es gemästeten Rindern geht, hängt nicht nur von der Haltungsform (biologisch oder konventionell), sondern auch von der Fütterung und vom Stalltyp ab. Die Vielzahl der Stallvarianten wie Liegeboxenlaufstall, Vollspaltenbodenhaltung, Tretmiststall, Tiefstreustall oder die Mischformen durch Um- und Neubau sowie Altbauten zu erläutern, würde den Rahmen dieses Buches sprengen. An dieser Stelle nur so viel: Der Kompromiss zwischen Effizienz und Tierschutzaspekten fällt stets zuungunsten des Tierschutzes aus. Es sind die ökonomischen Zwänge, denen die Landwirte gehorchen müssen, um von ihrer Arbeit leben zu können, und sie bestimmen, wie viel oder wie wenig ein Bauer für seine Tiere tut. Dass es hier natürlich Unterschiede zwischen jenen gibt, denen ihre Tiere am Herzen liegen, und jenen, die sie als lebende Maschinen betrachten, ist eine Binsenwahrheit. Erschwerend kommt hinzu, dass es in Deutschland keine detaillierten gesetzlichen Regelungen zum Beispiel für die Haltung von Mastrindern gibt – weder im Tierschutzgesetz noch in der Tierschutz-Nutztierhaltungsverordnung ist Konkretes geregelt. Einzige Ausnahme ist die Haltung von Kälbern bis zum sechsten Lebensmonat.

Bedenklich sind Lauf- und Fressbereiche, die nicht trittsicher, ebenso wie Liegeflächen, die nicht ausreichend groß, kaum wärmegedämmt oder nicht verformbar sind. Die intensivste und am wenigsten tiergerechte Mast von Rindern ist jene auf Betonspaltenböden ohne jede Einstreu, wo die Tiere 18 Monate lang gemästet werden und den Stall nur zum Abtransport ins Schlachthaus verlassen. Sie liefert den größten Teil des deutschen Rindfleischs. In der Intensivmast nimmt ein Bulle pro Tag 1,5 Kilogramm zu. Je schneller er das erforderliche Endgewicht erreicht, desto mehr rechnet sich die Produktion. Daher wird viel Wert auf Futter gelegt, das die Muskelmasse wachsen lässt, den Fettanteil des Fleischs aber in Grenzen hält.

Prinzipiell besteht – anders als bei den Ringelschwänzen der Schweine – im Rinderstall Amputationsverbot. Doch nach tierärztlicher Indikation darf männlichen Kälbern das bindegewebige Endstück des Schwanzes mithilfe elastischer Ringe gekürzt werden, um die gefürchtete Schwanzspitzenentzündung, die in der Mastbullenhaltung auf Vollspaltenboden einen ganzen Bestand erfassen kann, zu verhindern. Zwar ist dafür eine Ausnahmegenehmigung der zuständigen Behörde notwendig, und es muss zuvor geprüft werden, dass nachhaltige Maßnahmen zur Verbesserung der Haltungsbedingungen wie Verringerung der Besatzdichte, mehr strukturreiches Futter und eine Optimierung der Lufttemperatur und -feuchte, die Entzündungsrate nicht wirksam senken konnten.[379] Doch ist fraglich, ob in der Praxis die etablierten Kontrollmechanismen tatsächlich greifen (siehe Kapitel 5). Enge, Feuchtigkeit, falsches Stallklima und falsche Fütterung gehören zu den schlimmsten Feinden der Tiergesundheit. Aber auch in verbesserten Haltungssystemen treten Krankheiten auf, weil die Bedingungen nur zum Teil den Bedürfnissen der Tiere entsprechen. Selbst Biobetriebe haben mit Problemen wie Klauenkrankheiten, Lähmungserscheinungen oder Stoffwechselkrankheiten zu kämpfen, weil auch Biobetriebe rentabel wirtschaften müssen und in der Regel dieselben Hochleistungsrassen einsetzen wie ihre konventionell arbeitenden Kollegen. Das gilt insbesondere in der Milchviehhaltung, kommt aber auch in der Masthaltung vor.

Neben der 18-monatigen Mast, aus der das meiste Rindfleisch stammt, gibt es noch die Mast in 24 Monaten. Diese wird in Betrieben, die über einen hohen Grünlandanteil verfügen, betrieben. Die Sommermonate verbringen die Rinder auf der Weide, in ihrem zweiten Lebensjahr bleiben sie im Stall, wo sie mit energiereichem Futter aufgemästet werden. Weil die tägliche Zunahme beim Weidegang unter dem möglichen Maximum liegt, dauert die Mast länger. Nicht nur in der Bullenmast wird zwei Jahre lang gemästet, sondern auch in der Jungkuh- und Ochsenmast. Das Forschungsinstitut für die Biologie landwirtschaftlicher Nutztiere in Dummerstorf hat festgestellt, dass der ernährungsphysiologische Wert von Rindfleisch steigt, wenn die Tiere weiden durften. Bullen, die einen Sommer lang auf der Weide standen und im Winter mit Grassilage und Leinsamen gefüttert wurden, wiesen im Muskelfett doppelt so viele Omega-3-Fettsäuren auf wie mit Getreidekraftfutter gefütterte Bullen.

Die weltweit am weitesten verbreitete Form der Rindfleischerzeugung ist die Mutterkuhhaltung, in Deutschland spielt sie aber noch eine untergeordnete Rolle. Hier leben Kühe und ihre Kälber in einer Herde so lange zusammen, bis die Kälber in einem Alter von sechs bis zehn Monaten von der Mutter getrennt und mit einem Gewicht von 220 bis 350 Kilogramm geschlachtet werden. Die Mutterkuhhaltung kann sowohl intensiv (ausschließlich im Stall) als auch extensiv (Weidehaltung oder kombinierte Weide-/Stallhaltung) betrieben werden – in der ökologischen wie konventionellen Haltung. Besonders in Nord- und Ostdeutschland findet man Herden, die das gesamte Jahr auf der Weide stehen. Typische Rinderrassen für die Ganzjahresweide sind Galloway, Hochlandrind und Salers. Für die anderen Haltungsformen haben sich

Rassen wie Angus, Fleckvieh oder Limousin bewährt, und oft nutzen Bauern, die im Nebenerwerb Fleischrinder halten, seltene Rassen wie Murnau Werdenfelser, Gelbvieh oder Vogelsberger Rind.[380] Die Mutterkuhhaltung ist ein sinnvolles Verfahren, um bedrohte Rinderrassen vor dem Aussterben zu bewahren. Auch ermöglicht sie den Tieren ein artgerechtes Leben mit viel Auslauf; die Tiere können ihre angeborenen Verhaltensweisen ausleben und eine soziale Struktur in der Herde aufbauen. Die Milcherzeugung für den menschlichen Konsum ist über sie aber nicht realisierbar: Wie von der Natur vorgesehen, steht sie allein den Kälbern zur Verfügung.

In der Kälbermast werden männliche und weibliche Fleischkälber zusammen gehalten. Die Kälberhaltungsverordnung[381], die 1992 verabschiedet und 1998 aktualisiert wurde, schreibt den Umgang mit Kälbern bis zum sechsten Lebensmonat vor. Beispielsweise ist festgelegt, dass Kälber in den ersten zwei Wochen in eingestreuten Ställen leben müssen – hier stehen sie zwar auf Stroh, haben aber keinen Kontakt zu Artgenossen oder zur Mutter. Nach der achten Woche ist Gruppenhaltung Vorschrift – Einstreu dagegen nicht. Auch wenn der Platzbedarf pro Kalb vorgeschrieben ist, die Haltungsbedingungen der intensiven Kälbermast unterscheiden sich insgesamt wenig von der intensiven Jungbullenmast; nur die Fütterung ist speziell auf die Kälber zugeschnitten. In nur fünf bis sechs Monaten wird so aus einem etwa 40 Kilogramm schweren neugeborenen Kalb ein Schlachtkalb von bis zu 250 Kilogramm.

Die »vornehme Blässe« charakterisierte in früheren Jahrhunderten einen Menschen adligen Geblüts und gilt so manchem Zeitgenossen als herausragendes Qualitätsmerkmal für bestes Kalbfleisch. Obwohl zahlreiche Sterneköche längst den Geschmacksvorteil des hellen Fleisches gegenüber dem dunkleren widerlegt haben, gibt es nach wie vor überzeugte »Gourmets«, die sich nicht eines Besseren besinnen wollen und nach wie vor helles Fleisch nachfragen. Helles Fleisch können aber nur Kälber ansetzen, die fehlernährt sind und unter einem Mangel an roten Blutkörperchen leiden: Sie dürfen nur Milchaustauscher und Stroh fressen, altersgemäßes, geeignetes Futter ist ihnen dagegen verwehrt. Stroh an Kälber zu verfüttern ist allerdings wenig sinnvoll, denn die Tiere können es nicht verwerten. Es enthält viel Lignin, den »Holzstoff«, eine sehr stabile organische Verbindung, die nur in einem entwickelten Pansen verdaut werden kann – den Kälber noch nicht haben.

Kälber, die zusammen mit ihrer Mutter auf der Weide gehalten werden, trinken in den ersten Lebenswochen Muttermilch und löschen ihren Durst mit Wasser. Kaum drei Wochen alt, beginnen sie, an Gras und Kräutern zu knabbern und, falls der Bauer es anbietet, auch an Heu. Im Laufe der Zeit stellt sich der gesamte Organismus auf das Leben als Wiederkäuer um, und die Größenverhältnisse der Kälbermägen verändern sich: Während der Labmagen sich verkleinert, wird der Pansen, der für die Verdauung von Zellulose zuständig ist, größer. Fleischfarbe, Bluthämoglobingehalt und Eisenversorgung hängen eng zusammen, belegen Studien. [382] Anämische Kälber weisen einen Bluthämoglobingehalt von etwa sieben Gramm je Deziliter Blut auf, während der Durchschnitt bei nicht-anämischen Kälbern bei etwa zwölf Gramm je Deziliter Blut liegt. Ihr Fleisch ist deutlich röter, enthält mehr Muskelprotein Myoglobin, dafür aber weniger Wasser. In Geschmackstests der Eidgenössischen Forschungsanstalt für viehwirtschaftliche Produktion in Posieux schnitt es erheblich besser ab als das der anämischen Kälber.[383] Doch Fleischbranche, Handel und Metzgereien verlangen helles Fleisch – und das ist nur durch eine Fehlernährung der Kälber zu erreichen. Sobald Mäster ihre Tiere artgerechter füttern, müssen sie Einbußen hinnehmen, denn das Fleisch wird bei der Abnahme nach der Farbe klassifiziert. Die Farbskala reicht von 1 (hell) bis 8 (dunkel). Ist das Fleisch dunkler, gibt es Punkt- und damit Preisabzug. Zum Beispiel vermarktet Rewe mit seiner Marke Ja! nur Kälber bis Farbklasse 4.[384]

Rotes Kalbfleisch hat es vielerorts in Europa schwer – obwohl es von gesünderen Kälbern stammt. Denn die einseitig mit Milchaustauscher und Stroh gefütterten Kälber weisen nicht nur einen niedrigeren Hb-Wert im Blut auf, sie sind weniger vital und krankheitsanfälliger. Untersuchungen von Mastkälbern an der Wiederkäuerklinik Bern hatten ergeben, dass 70 Prozent aller Tiere unter Magengeschwüren litten.[385] Die kulinarische Tradition des weißen Fleisches kostet die Kälber ihre Gesundheit, das weiß die Branche. In der Schweiz müssen Mastkälber ab dem ersten September 2013 mit Raufutter wie Heu und Gras gefüttert werden und jederzeit Zugang zu frischem Wasser haben, schreibt das neue Tierschutzgesetz vor. Dass das Kalbfleisch nicht mehr weiß sein muss, sondern rosé sein darf, darauf hatten sich der Dachverband der Fleischbranche und der Schweizer Tierschutz geeinigt – doch immer noch scheren Großschlachtereien und gewerbliche Metzger aus. Und auch in Deutschland haben es Mäster schwer, das Fleisch ihrer gesünderen Kälber zu vermarkten. Einen »Rosé-Markt« gibt es derzeit in Süddeutschland; Norddeutschland ist dagegen nach wie vor ein weißer Fleck auf der Landkarte, was die Nachfrage nach rötlichem Kalbfleisch betrifft. EU-weit werden pro Jahr rund 800 000 Tonnen Kalbfleisch erzeugt. Frankreich, Italien und die Niederlande nehmen in puncto Verbrauch und Produktion Spitzenpositionen in Europa ein. Allein in den Niederlanden werden pro Woche 4000 »Rosé-Kälber« geschlachtet, das sind rund 200 000 pro Jahr.

Seit Jahren stagniert der Fleischmarkt oder lässt Federn; Ernährungsbewusste essen weniger oder gar kein Fleisch mehr, und die Zahl der Vegetarier und Veganer wächst unaufhaltsam. Kalbfleisch als Gourmeterzeugnis zu vermarkten sieht die Branche als eine Möglichkeit an, den Konsum anzukurbeln, den Export zu forcieren als die andere. Beides hat sich für die Überproduktion als wenig hilfreich erwiesen. Einzig ein »Rückbau« der Kapazitäten scheint eine Alternative zu sein. Trotz der deutlich sinkenden Produktion allerdings liegt die Erzeugung von Rindfleisch in Deutschland noch immer zwischen acht und zehn Prozent höher als der inländische Verbrauch. Die schwächere Nachfrage aus anderen EU-Ländern wie Frankreich, Italien und Dänemark trifft die Branche ebenso wie der Einbruch der Exporte in die Türkei und nach Russland.[386] Keine Frage: Jeden Tag Fleisch zu vertilgen ist nicht mehr zeitgemäß. Doch solange derart viel Milch und Milchprodukte konsumiert werden (der Appetit auf Käse ist sogar kontinuierlich gewachsen und betrug 2011 etwa 23 Kilogramm pro Jahr und Kopf)[387], wird sich das Dilemma um die Milchkühe und deren Kälber nicht lösen lassen.

4 PFLANZENBAU ABSTRUS

Soja, Reis und Baumwolle als Geschäftsmodell

Die Meldung kam zwischen den Nachrichten zur Ukraine-Krise und dem Freispruch für Christian Wulff. Arla Foods, dessen Produkte Verbraucher aus dem Supermarkt-Regal kennen, hatte sich im Februar 2014 entschlossen, sogenannte RTRS-Zertifikate (RTRS = Round Table on Responsible Soy) zu kaufen, und zwar für das gesamte von den Arla-Landwirten in Dänemark, Schweden, Großbritannien, Belgien und Luxemburg verwendete Soja im Kuhfutter. Auf diese Weise wollte Arla »eine verantwortungsvolle Sojaproduktion in Südamerika« unterstützen.[388] Der Vorstoß für eine bessere Sojaproduktion verdient Beachtung. Denn bei Arla Foods handelt es sich um ein globales Molkereiunternehmen mit über 13 500 Milchbauern aus Schweden, Dänemark, Deutschland, Großbritannien, Belgien und Luxemburg. Seine Produkte vertreibt Arla in mehr als 100 Ländern weltweit, das Unternehmen gilt als größter globaler Hersteller von Molkereiprodukten in Bioqualität. Auch in Deutschland ist Arla eine feste Größe im Lebensmittelmarkt. Nach dem Zusammenschluss mit der Milch-Union Hocheifel eG 2012 avancierte Arla zum drittgrößten Molkereiunternehmen der Republik.

Wenn sich Food-Hersteller dieser Dimension des Themas Soja annehmen, hat das seine Gründe: Der globale Sojaanbau gilt als ökologisches und menschliches Desaster. Wer sich von den bisherigen Praktiken der herkömmlichen Sojaproduktion nicht deutlich distanziert, dem drohen Imageverlust und, weitaus schlimmer, ein Boykott durch die Verbraucher.

Tatsächlich symbolisiert der globale Anbau von Soja ein gigantisches Problem. Er ist Sinnbild für die enorme Macht weniger Agrogiganten – mit weitreichenden Folgen für Mensch und Umwelt. Seit Jahren schon kritisieren Umweltschutzorganisationen und Bio-Anbauverbände die

Rahmenbedingungen des Sojaanbaus. Abholzungen, Ausbeutung und der Einsatz von Pestiziden sind dabei nur die landläufig bekannten Argumente der Kritiker. Wirtschaftliche Abhängigkeiten und gesundheitliche Auswirkungen durch den Verzehr der Gentech-Sojabohnen sind in der Öffentlichkeit weitaus weniger bekannt, aber nicht minder dramatisch.

Zunächst die Fakten: Rund 70 Prozent der weltweiten Sojaproduktion dienen dem Einsatz als Viehfutter, lediglich zwei bis drei Prozent stammen aus »einer als verantwortungsvoll zertifizierten Produktion«, wie Arla Foods kritisch anmerkt. Während in Schweden nahezu 70 Prozent des Sojas im Viehfutter aus zertifiziertem Anbau stammen, sind es in Dänemark nur sieben Prozent. In Deutschland ist der Anteil des »guten Soja« vernachlässigbar. Um welche Dimensionen es sich beim Soja-Anbau handelt, wird deutlich, wenn man beim Beispiel Arla Foods bleibt. 480 000 Tonnen setzen dort Landwirte jährlich in Form von Kuhfutter ein – doch selbst diese gigantische Menge macht lediglich 0,18 Prozent der weltweiten Produktion aus.

Doch die Sache mit den Zertifikaten hat einen Haken. Denn der RTRS ist eine Initiative mehrerer Interessengruppen, zu denen Großunternehmen aus der Lebensmittelindustrie gehören: Monsanto, ADM, Ahold, Carrefour, COOP, Danisco, FrieslandCampina, Lantmännen, Marks & Spencer, Nestlé, LRF Mjölk und Unilever.

Die bereits in den 1990er-Jahren erbittert geführte Debatte um die Grüne Gentechnik stand 2011 mit einem Mal und für viele völlig unerwartet erneut auf der politischen Agenda. Auslöser der neu entfachten Diskussion war die Zulassung einer Herbizidtoleranztechnologie für Sojabohnen, die Bayer CropScience in Argentinien erhalten hatte. Die sogenannte Liberty-Link-Technologie macht Pflanzen tolerant gegen das Herbizid Glufosinat-Ammonium und ermöglicht dem Agrokonzern zufolge »eine effektive und umfassende Unkrautkontrolle«.

Allein das wäre vermutlich kaum aufgefallen. Doch nur einen Tag vor der Zulassung erteilte das Europäische Patentamt dem Unternehmen ein umfassendes Patent auf die Züchtung von wichtigen Nutzpflanzen, die eine erhöhte Stressresistenz aufweisen (EP1616013). »Durch das Patent sichert Bayer seine Monopolstellung nicht nur bei gentechnisch manipulierten Pflanzen, sondern auch bei konventionellen Züchtungsverfahren und den daraus entstehenden Pflanzen«[389], kritisierten daraufhin die Organisation »No Patents On Seeds« und die Coordination gegen Bayer Gefahren (CBG).

Denn Patente auf Züchtungsverfahren, die auf Kreuzung und Selektion beruhen, dürften laut Europäischem Patentübereinkommen (Art. 53b) nicht erteilt werden, betonten beide Watchdog-Organisationen. Das habe das Europäische Patentamt im Dezember 2010 in einer Grundsatzentscheidung bestätigt. Das Bayer-Patent umfasse in Anspruch 14 aber nichts anderes.»Damit verstößt das Patent gegen das Gesetz, insbesondere gegen das Verbot der Patentierung von Pflanzenzucht. Die Europäischen Patentgesetze müssen endlich verändert werden, damit solche Patente nicht mehr möglich sind. Außerdem muss das Patentamt einer unabhängigen Kontrollinstanz unterstellt werden. Ansonsten ist der Ausverkauf der natürlichen Lebensgrundlagen an Konzerne wie Bayer und Monsanto die Folge«, warnte entsprechend Christoph Then, ein Sprecher der internationalen Koalition »Keine Patente auf Saatgut«.[390]

Auch die anderen vom Patentamt gewährten Ansprüche im Bayer-Patent seien rechtlich umstritten: Obwohl eine Patentierung von Pflanzensorten verboten sei, erstrecke sich dieses Patent ebenfalls auf den Handel mit Saatgut von Pflanzensorten. Außerdem würden die zudem beanspruchten Verfahren zur Mutationszucht seit Langem angewendet und stellten deshalb keine Erfindung dar. Viele Beobachter kritisieren diese inflationäre Vergabe von Patenten, die keine wirklichen Erfindungen schützen, als Missbrauch des Patentrechtes.

Die Sichtweise aus Leverkusen zum Thema Gentech-Pflanzen liest sich freilich noch heute anders. »Die Zulassung dieser Technologie für Sojabohnen ist ein Beleg für eine sehr positive und konstruktive Einstellung zur Pflanzenbiotechnologie in Argentinien. Sie ist ein wichtiger Baustein für nachhaltigere und innovative Lösungen für Landwirte in Argentinien«, sagte Mathias Kremer, Leiter des Geschäftsbereichs Bio-Science von Bayer CropScience. Die Zulassung in Argentinien bedeute »einen weiteren Schritt in Richtung einer regionalen regulatorischen Harmonisierung für Innovationen und den Handel mit Sojabohnen«. Zudem stärke sie das Wachstum »unseres Geschäfts mit Saatgut und Pflanzeneigenschaften«.[391]

Schließlich sei die Liberty-Link-Eigenschaft ein wichtiges und effektives Werkzeug zur Unkrautkontrolle und eine Alternative zu gentechnisch veränderten Sojabohnen, die gegen das Herbizid Glyphosat tolerant sind. Auf rund 18 Millionen Hektar werden diese derzeit in Argentinien angebaut.

Bayer CropScience plante, »gentechnisch veränderte Sojabohnen in Argentinien auf den Markt zu bringen, wenn die Zulassungen für weitere Pflanzeneigenschaften vorliegen«, und: »Diese Eigenschaften werden mit Liberty Link kombiniert und dann in den kommenden Jahren verfügbar.«[392]

Der Vorstoß des Konzerns hatte weitreichende Folgen, denn die Akzeptanz der Bundesbürger für Patente auf Leben ist ebenso gering wie die Akzeptanz für Gentech-Food. Seit Jahren gibt es heftige Kritik von allen im Bundestag vertretenen Parteien gegen Patente auf Pflanzen und Tiere. Doch bisher habe die Politik nichts unternommen, um diese Patente tatsächlich zu verhindern, kritisieren Organisationen wie die Coordination gegen Bayer Gefahren (CBG).

Sojabohnen sind nur eine Profitsäule der heutigen, industriellen Pflanzenproduktion. Eine weitere ist der Anbau von Reis – geht es doch darum, gleich mehrere Milliarden Menschen damit zu ernähren. Kein Wunder also, dass Konzerne wie BASF Plant Science und Bayer CropScience seit einigen Jahren im Bereich Pflanzenbiotechnologie kooperieren – und die globale Vermarktung von Genreis anstreben. So lizenzierte BASF Plant Science seine ertragssteigernden Technologien an Bayer CropScience zur Vermarktung im Hybrid-Reis Arize aus. Die Markteinführung der ersten neuen Hybridreis-Sorten ist bis 2020 geplant. Was zunächst wenig spektakulär klingt, erweist sich als marktdominierendes Instrument. Denn die von BASF Plant Science entwickelten Genmerkmale darf Bayer CropScience in seine Hybrid-Reissorten einbringen. Das Saatgut sollte dann über das Bayer-Distributionsnetzwerk an Landwirte vertrieben werden.

Doch Umwelt- und Bauernverbände forderten die Bundesregierung bereits 2008 auf, sich bei der EU gegen eine Import-Zulassung von gentechnisch verändertem Reis auszusprechen. In einem Offenen Brief schrieben der Bund für Umwelt und Naturschutz Deutschland (BUND), das Gen-ethische Netzwerk, die Coordination gegen Bayer-Gefahren (CBG), die Kampagne »Save our Seeds«, die indische Organisation Thanal sowie die Anbauverbände Demeter, Bioland, Naturland und Arbeitsgemeinschaft bäuerliche Landwirtschaft, dass eine Zulassung von sogenanntem Liberty-Link-Reis die weltweite Nahrungsmittelsicherheit gefährde. Nach Ansicht der Organisationen führt der Anbau von gentechnischem Saatgut nämlich unweigerlich zur Kontamination und Verdrängung traditioneller Reissorten. Unliebsame Folgen dieses Prozesses: ein erhöhtes Schädlingsaufkommen und ein verstärkter Einsatz gefährlicher Pestizide. Mit dem Verlust herkömmlicher Reissorten würde zudem der verfügbare Genpool drastisch reduziert. Damit ginge die Möglichkeit verloren, widerstandsfähige oder gegen Krankheiten resistente Sorten zu züchten.

Dass der Anbau von Gentech-Pflanzen auch soziale Nachteile birgt, wurde ebenfalls schnell deutlich. Nach Meinung der Verbände würde durch eine EU-Zulassung von Gen-Reis der Druck auf Entwicklungsländer erhöht, einen Anbau zuzulassen. Neben den Risiken für Umwelt und Ernährung resultierten hieraus soziale Gefahren: Allein in Asien arbeiten etwa 50 Millionen Menschen im Reisanbau. Während die Landwirte das Saatgut bislang durch Tausch und Eigenzüchtungen selbst produzieren, würden sie wegen des Patentschutzes in Abhängigkeit der Saatgut-Unternehmen geraten. Durch den bereits in der »grünen Revolution« beobachteten Konzentrationsprozess würden unzählige Landwirte ihre Existenz verlieren und müssten in die Elendsgebiete rund um die Metropolen abwandern.[393]

Den Agrokonzernen sind derartige Bedenken durchaus bekannt, trotzdem hält man am »business as usual« fest. Gentechnisch veränderte Pflanzen versprächen satte Gewinne – wohl auch, weil sie sich in vielen Bereichen einsetzen lassen, die nichts mit Nahrung zu tun haben. Das US-Landwirtschaftsministerium beispielsweise hat die von Bayer CropScience entwickelte Baumwolltechnologie GlyTol® zugelassen, Baumwollsorten mit dem GlyTol®-Gen vertragen den Pflanzenschutzwirkstoff Glyphosat. Rücken dadurch Gen-Klamotten in greifbare Nähe? Gut möglich. In den kommenden Jahren sollen »weitere Sorten auf den Markt kommen, die für andere Baumwollregionen in den Vereinigten Staaten optimiert sind«[394], teilte der Konzern vor einigen Jahren mit. Bayer CropScience ist mit einem Marktanteil von knapp 47 Prozent im vergangenen Jahr Marktführer in der US-Baumwollsaatgut-Industrie.

Gentech-Kartoffeln außer Kontrolle

Nun könnte man argumentieren, dass der Verbraucher am Ende selbst darüber entscheidet, ob er Gentech-Pflanzenprodukte kauft. Genau das funktioniert aber keinesfalls, wie das Beispiel Amflora aufzeigt. Die damalige Bundeslandwirtschaftsministerin Ilse Aigner hatte am 27. April 2009 die Freisetzung der gentechnisch veränderten Kartoffel Amflora genehmigt. »Nach genauer Prüfung vorliegender Fachinformationen und Gesprächen mit Wissenschaft und Wirtschaft habe ich heute der Freisetzung der gentechnisch veränderten Kartoffelsorte ›Amflora‹ zugestimmt«, sagte die Bundesministerin vor Journalisten in Berlin und fügte hinzu: »Von dieser Freisetzung geht keine Gefahr für die menschliche Gesundheit oder die Umwelt aus.«[395]

Aber wie kann man das wissen? ASF Plant Science jedenfalls musste im September 2010 eingestehen, »im Zuge der eigenen Qualitätskontrollen sehr geringe Mengen von Amadea-Kartoffeln in Amflora-Feldern im Norden von Schweden entdeckt« zu haben. Bereits Ende August sei die schwedische Behörde informiert worden, »nachdem BASF-Mitarbeiter während der regelmäßigen Kontrollgänge die Amadea-Pflanzen in Feldern mit Amflora-Kartoffeln festgestellt hatten«.[396] Die Felder dienten laut BASF der Saatkartoffelproduktion der gentechnisch veränderten Stärkekartoffel Amflora. Amadea war eine weitere Stärkekartoffelsorte, für die BASF Plant Science die EU-Zulassung beantragt hatte. Immerhin machte die unliebsame Vermischung weniger als 0,01 Prozent aus, was statistisch betrachtet einer Anzahl von 47 Amadea-Pflanzen innerhalb von 680 000 Amflora-Pflanzen entspricht. Trotzdem blieb der Fall juristisch betrachtet heikel, weil es für Amadea keine Zulassung gab. Entdeckt wurden die Amadea-Kartoffeln, da sie weiß blühen, Amflora hingegen bildet nur wenige violette Blüten.

Derartige Pannen beschädigen das Image der Agrogiganten, doch das war's dann meistens auch. Die Entwicklung von neuen Gentech-

Sorten verspricht gigantische Gewinne, was man am besten an den getätigten Investitionen erkennt. So investierten BASF Plant Science und Monsanto gemeinsam einen Betrag von 1,5 Milliarden US Dollar, um »Nutzpflanzen zu entwickeln, die höhere Erträge liefern und besser vor Umweltfaktoren wie Trockenheit geschützt sind«[397].

Warum aber wäre der Anbau von gentechnisch verändertem Soja so verwerflich? Und sind Gentech-Pflanzen in der Landwirtschaft per se schlecht? Antworten auf diese Fragen liefert ein Blick auf die Mechanismen des heutigen Pflanzenbaus. Und der beginnt mit der Betrachtung der Pflanzenschutzmittel. Hier dominieren wenige Agrokonzerne mit ihren Produkten den Markt.

Herbizide wie »Roundup« des Herstellers Monsanto besitzen beispielsweise ein sehr breites Wirkspektrum gegen Wildpflanzen. Die enthaltenen Substanzen sind chemisch mit Stoffen verwandt, die von Bodenmikroorganismen gebildet werden. Das Problem: Sie töten nicht nur Ackerkratzdistel, Quecke, Ampfer, Ackerwinde & Co., sondern auch die Kulturpflanzen selbst. Beispielsweise blockiert der Wirkstoff von Roundup einen für die Pflanzen lebenswichtigen Stoffwechselweg, indem es ein einzelnes Enzym, das EPSPS, in seiner Arbeit hemmt. Werden Pflanzen mit diesem Herbizid behandelt, sterben sie ab – eben auch Nutzpflanzen wie Sojabohnen.

Genetiker entdeckten nun im Bodenbakterium Agrobacterium ssp. Stamm CP4 ein Toleranzgen gegen das Totalherbizid. Um die Kulturpflanze vor dem Gift zu schützen, übertrugen sie dieses Gen in das Erbgut von Sojabohnen, die als Roundup-Ready-Soja erstmals 1994 in den USA, schließlich in Argentinien, Kanada und Mexiko und 1996 auch in Europa und Japan für den Import und zur Verarbeitung zugelassen wurden.

Rasch erkannte die Industrie das enorme Potenzial, das in der Technologie steckt. Somit fungierte die Industrie als Geburtshelfer der wohl diffizilsten Art, Lebensmittel herzustellen, mit dem Ziel, ihre hochfliegenden Umsatzträume zu verwirklichen.

China war das erste Land der Welt, das Anfang der 1990er-Jahre mit virusresistentem Tabak transgene Pflanzen auf den Markt brachte. Später folgte das wohl berühmteste Lebensmittel mit verändertem Erbgut, die Anti-Matsch-Tomate »Flavr Savr« (übersetzt: »Geschmackserhalter«)

der US-Firma Calgene. Eigentlich hat die Natur vorgesehen, dass Tomaten reifen und faulen, damit sie ihre Samen freisetzen und so für Nachkommen sorgen. Die legendäre Frucht wurde 1994 von der amerikanischen Lebensmittel- und Arzneimittelbehörde Food and Drug Administration (FDA) zugelassen und, nicht gerade im Sinn des Herstellers, zum Inbegriff des negativ geprägten Begriffs »Genfood«. Wenige Jahre nach der Anti-Matsch-Tomate gelangten in den USA auch transgener Mais, Sojabohnen, Kartoffeln, Raps, Kürbis und Baumwolle auf den Markt.

Niemand kann bestreiten, dass es keinen absoluten Schutz gegen eine Verbreitung von manipuliertem Genmaterial gibt. Doch was kann passieren? Schon weil es praktisch unmöglich ist, bei der Ernte oder während der anschließenden Bodenbearbeitung sämtliche Pflanzenteile einer gentechnisch veränderten Kultur zu entfernen, beschäftigt diese unbequeme Frage seit Langem Fachwelt, Verbraucher und Umweltschützer. Denn stets verbleiben Pflanzenreste, Wurzeln, abgestorbene Teile oder Samen mit teils intakter genetischer Information in der Erde oder auf dem Ackerboden. Für sämtliche der folgenden Beispiele lassen sich wissenschaftliche Belege finden:

- Pollen oder Samen werden durch Wind, Wildtiere, Insekten, Spaziergänger, landwirtschaftliche Maschinen etc. verbreitet. Über den Pollen können genetische Informationen gentechnisch veränderter Pflanzen auf andere Arten übertragen werden; es könnten Bastarde mit bislang unbekannten Eigenschaften entstehen (Beispiel: Unkräuter mit Herbizidresistenz).
- Samen gentechnisch veränderter Pflanzen können in labile Ökosysteme eingeschleppt werden, dort auskeimen und irreversible Schäden anrichten.
- Auch die Übertragung von Genen aus abgestorbenem Pflanzenmaterial ist denkbar. Sie könnten in andere Pflanzen eingebaut und schließlich weitervererbt werden. Außerdem könnten pflanzliche Gene auf Mikroorganismen übergehen.

Seriöse Forschungseinrichtungen, darunter viele Universitäten auf der ganzen Welt, entwickelten Laborversuche, in denen die Auswirkungen getestet werden. Einige dieser Studien verdienen aufgrund ihrer Brisanz besondere Erwähnung.

Nach den ersten Bewilligungen für gentechnisch veränderte Sojabohnen und Mais im Jahr 1996 nahm der Druck auf die EU kontinuierlich zu. Die Länder wehrten sich dagegen, dass sich kein Mitgliedsstaat gegen eine Bewilligung gentechnisch veränderter Nutzpflanzen sperren konnte. Der wachsende Unmut führte schließlich dazu, dass 1998 die Mehrheit der EU-Länder das Bewilligungsverfahren blockierte, damit keine weiteren gentechnisch veränderten Pflanzen mehr zugelassen werden konnten – ein bis dahin einzigartiges De-facto-Moratorium. Es folgte die vollständige Überarbeitung der Richtlinien, die den Umgang mit solchen Organismen in der Europäischen Union regeln. In der Zeit zwischen 1998 und 2004 legte die EU weitere Zulassungsanträge auf Eis. Vor allem die USA als größter Produzent und Exporteur gentechnisch veränderter Agrarprodukte forderten immer wieder ein rasches Ende des De-facto-Moratoriums und leiteten deshalb im Jahr 2003 mit Unterstützung von Argentinien und Kanada vor der Welthandelsorganisation (WTO) ein Streitschlichtungsverfahren gegen die Europäische Kommission ein.

Nahezu zeitgleich lieferten Wissenschaftler weitere Hinweise für mögliche Risiken der Grünen Gentechnologie. So stellten britische Wissenschaftler fest, dass einige gentechnisch veränderte Pflanzen das Gleichgewicht von Wildpflanzen durcheinanderbringen und das Leben der von ihnen abhängigen Insekten beeinträchtigen. Auf den untersuchten Feldern mit genetisch verändertem Winterraps hatten die Forscher nur halb so viele Bienen wie auf konventionell bewirtschafteten Äckern gezählt, weil nach dem Spritzen lediglich der herbizidresistente Raps übrig geblieben war, alle anderen Pflanzen dagegen gingen ein. Diese aber bilden die Nahrungsgrundlage für alle möglichen Arten von Insekten. Die Ergebnisse sind das Resultat einer dreijährigen Studie, die die britische Regierung in Auftrag gegeben hatte; das Fachblatt *Proceedings of the Royal Society* berichtete schließlich darüber.

Dass auch Säugetiere in Mitleidenschaft gezogen werden könnten, versucht die Umweltschutzorganisation Greenpeace, die zu den härtesten Gegnern der Grünen Gentechnik zählt, immer wieder zu beweisen. Besonders spektakulär war die Meldung, auf einem Bauernhof in Wölfersheim, Hessen, seien zwölf Kühe verendet, nachdem sie mit Bt-Mais gefüttert worden waren. Greenpeace zufolge hatten die Tiere zwischen 1997 und 2001 gentechnisch veränderten Mais (Bt 176) der Firma Syngenta gefressen. Der Konzern stritt erwartungsgemäß einen Zusammenhang zwischen der fraglichen Fütterung und dem Tod der Tiere ab. Auch eine weitere Veröffentlichung aus dem Jahr 2004 sorgte für Wirbel. Greenpeace hatte einen Untersuchungsbericht des Forschungszentrums für Milch und Lebensmittel in Weihenstephan/Bayern vorgelegt, aus dem hervorging, dass Teile der Erbsubstanz von Roundup-Ready-Soja sowie von Mais Bt 176 in Milchproben auftauchten, entweder direkt über das Gentech-Futter oder den eingeatmeten Staub, der beim Aufwirbeln des Futters entstanden war. Bis dahin hatte man angenommen, dass der tierische Organismus gentechnisch veränderte Pflanzenteile oder Bruchstücke gänzlich abbauen kann und nichts davon in Fleisch oder Milch übergeht. Weil bei den Sojagenen »nur relativ kurze Gen-Abschnitte aufgespürt worden waren und nicht die längeren Gen-Abschnitte« auftauchten, gingen die Greenpeace-Leute vom Worst-Case-Szenario aus: Die Gene müssten aus verdautem Futter stammen. Für diese These spricht, dass bei einer der beiden Proben die Gene nicht gleichmäßig in der Milch verteilt waren. Sie traten nur in Milchzellen und in den fetten Anteilen der Milch auf. Die Pflanzengene können auf folgende Weise in die Milch gelangen: Leukozyten, die für die Immunabwehr zuständigen weißen Blutkörperchen, fangen die Gene im Blut ab und transportieren sie ein Stück weit durch den Körper. Bei der Kuh ist bekannt, dass Leukozyten auch aktiv in das Euter einwandern können, vor allem dann, wenn sie dort Entzündungen bekämpfen müssen. Offensichtlich schleusen sie dabei auch die fremden Gene huckepack in das Euter und damit direkt in die Milch ein – ebenso wie Gene aus Pflanzen, in deren Erbgut der Mensch nicht eingegriffen hatte. Dass eine Kontamination offenbar nicht ausgeschlossen werden kann, ist aus Verbrauchersicht fatal.

Belege dafür, dass Fremdgene aus gentechnisch veränderten Futterpflanzen im Organismus von Versuchstieren wieder auftauchten, gibt es nicht nur bei Rindern und Ratten, sondern auch bei Mäusen, Schweinen und Geflügel. Bereits 1994 hatten Forscher Mäusen Genfutter verabreicht und festgestellt, dass die Gene in Magen und Darm nicht vollständig abgebaut wurden, sondern sich noch im Kot und sogar im Blut der Tiere nachweisen ließen. Bei weiteren Untersuchungen zeigte sich, dass die fremden Gene über das Blut in Leber und Milz der Tiere wanderten. Dass es einen Gensprung von Bt-Mais auf Hähnchen nachweisen konnte, brachte ein deutsches Team, bestehend aus Forschern der Bundesanstalt für Fleischforschung in Kulmbach, des Instituts für Tierernährung in Braunschweig und des Instituts für Ernährungswissenschaften der Universität Jena, nicht aus der Fassung. Sie hatten das Federvieh während der 32 Tage seines kurzen Lebens ausschließlich mit Bt-Körnern gefüttert und nach der Schlachtung Gewebeproben von Niere, Milz, Leber, Schenkel- und Brustmuskelfleisch untersucht. Dabei fanden sie in allen Tieren typische Sequenzen der Mais-DNS, allerdings nicht aus den veränderten Genen des Bt-Maises. Dennoch sind die Wissenschaftler sicher, dass dies nur an der Art der Untersuchungsmethode lag: »Wir können davon ausgehen, dass auch Fragmente aus diesen Genen in die verzehrbaren Fleischbestandteile des Broilers gelangen«, meinte Gerhard Jahreis, einer der beteiligten Wissenschaftler. Grund zur Panik bestehe trotzdem nicht, denn der menschliche Organismus verfüge »über fantastische Entsorgungssysteme für diese Fremd-DNS«[398]. Von den täglich über die Nahrung aufgenommenen 100 bis 1000 Mikrogramm fremder Erbsubstanz werde ein Teil direkt wieder ausgeschieden oder binnen kurzer Frist im Darm in seine Hauptbestandteile Purin, Pyrimidin, Phosphat und Zucker aufgetrennt und anschließend verstoffwechselt. Nur wer sich ausschließlich von Drüsensekreten, etwa reiner Milch, und konzentrierten Nährstoffen, wie Zuckerwürfeln oder Kartoffelstärke, ernähren würde, esse keine Fremd-DNS. Es sei Ironie des Schicksals, dass als überaus gesund geltende Kost wie zum Beispiel Getreidekeime besonders reich an Erbgut sei.

Auf potenzielle Risiken gentechnisch veränderter Erbsen mussten australische Forscher hinweisen – nachdem sie über zehn Jahre lang Tierversuche damit durchgeführt hatten. Thomas J. Higgins, Vizechef der staatlichen australischen Forschungsorganisation CSIRO (Commonwealth Scientific and Industrial Research Organisation), hatte den Auftrag, Erbsen zu züchten, die resistent gegen den Erbsenkäfer Bruchus pisorum sind. Die Forscher hatten den Erbsen ein Bohnengen eingepflanzt, das einen Hemmstoff für das Enzym Alpha-Amylase herstellt. Dieser Hemmstoff führt dazu, dass die Larven der Erbsenkäfer keine Stärke mehr verdauen können. Bei den Mäusen rief die Fütterung mit den gentechnisch veränderten Erbsen eine heftige allergische Reaktion hervor, die vor allem die Lungenfunktion einschränkte. Der Versuch musste aus Sicherheitsgründen abgebrochen werden. Gegenüber dem Sender ABC mutmaßte Higgins, dass die Reaktionen der Mäuse »etwas widerspiegeln, was auch bei Menschen passieren könnte«[399]. Inwieweit die Gene in das Erbgut der Mäuse integriert werden und ob diese überhaupt biologisch aktiv werden, ist unterdessen völlig unklar. Fest aber steht, dass Bedenken nicht unbegründet sind und Wechselwirkungen und Gentransfer über die Nahrungsaufnahme nicht ausgeschlossen werden können.

Massives Bienensterben gefährdet die Menschheit

Nicht nur der Einsatz der Grünen Gentechnik birgt Risiken. Auch die Vermarktung von Pflanzenschutzmitteln um jeden Preis hat gravierende Folge für den Pflanzenbau. Seit Jahren rückläufige Bienenzahlen gefährden die Bestäubung, was weite Teile der landwirtschaftlichen Produktion in Gefahr bringt. Jean Michel Salles, Umwelt-Ökonom am Labor für theoretische und angewandte Wirtschaft in Montpellier, untersuchte die Risiken dieser zurückgehenden Bestäubung und kam auf rund 150 Milliarden Euro weltweit, die die Folgen des Bienensterbens ausmachen. Ironie des Schicksals: Für die astronomischen wirtschaftlichen Verluste sind größtenteils globale Agrokonzerne verantwortlich.[400] Angesichts des dramatischen Bienensterbens in Europa legte die EU-Kommission im Jahr 2010 endlich ein Diskussionspapier vor, das als »Grundlage für gemeinsame Maßnahmen auf EU-Ebene« dienen sollte. Pestizidhersteller sollte der Vorstoß aus Brüssel nun teuer zu stehen kommen. Denn einen direkten Zusammenhang zwischen dem Bienensterben und bestimmten Chemikalien hatten deutsche Forschungseinrichtungen bereits im Juni 2008 attestiert. So ist nach Auffassung des Julius-Kühn-Instituts (JKI) »eindeutig davon auszugehen, dass Clothianidin hauptsächlich für den Tod der Bienen vor allem in Teilen Baden-Württembergs verantwortlich ist«[401]. Das Bienensterben durch das Auftreten von Krankheiten erklären zu wollen sei wissenschaftlich nicht tragbar. In den vergangenen Jahren wurde in verschiedenen Ländern der Welt ein erhöhtes Bienensterben beobachtet. Wissenschaftliche Studien konnten laut EU-Kommission »bisher weder die Ursache noch das genaue Ausmaß des Problems ermitteln«.[402]

Die Kommission freilich irrte zunächst. Denn von 66 im Zusammenhang mit den Schadfällen »Maisaussaat« untersuchten Bienenproben wiesen die chemischen Analysen des JKIs im Juni 2008 bis auf eine Ausnahme den Wirkstoff Clothianidin nach. Während 27 Proben zwischen 2 und 10 Mikrogramm Wirkstoff pro Kilogramm Bienen enthielten, wiesen 32 Proben einen Wirkstoffgehalt zwischen 10 und 100 Mikrogramm/kg Bienen auf. Eine Probe enthielt 212 Mikrogramm Wirkstoff/kg Biene; die restlichen fünf Proben lagen unter 2 Mikrogramm. Die Untersuchungen des JKIs bestätigten die Vermutung, »dass der Wirkstoff während der Aussaat des Maissaatgutes von diesem abgerieben wurde und die entstandenen Stäube über Verfrachtungen in der Luft auf blühende und von Bienen beflogene Pflanzen gelangt sind«.[403]

Die Untersuchung des Pollenspektrums aus dem Haarkleid der Bienen ergab schließlich, dass überwiegend viele verschiedene Trachtpflanzen und nicht ausschließlich Massentrachten wie Raps oder Obst beflogen wurden. In einigen Proben überwog der Anteil an Rapspollen. Viele der bisherigen Pollenanalysen zeigen einen hohen Anteil an Löwenzahn- und Ahornpollen, deren Blühzeitpunkt in den Schadregionen gleichzeitig mit der Aussaatzeit von Mais lag. Diese Ergebnisse lassen darauf schließen, dass nicht Fehlanwendungen in einer einzelnen Kultur wie Raps oder Apfel als Schadursache infrage kommen. Sie bekräftigten den Verdacht, dass die verschiedenen Trachtpflanzen mit Clothianidin kontaminiert waren.

Die Bienenschäden konnten laut JKI nicht mit dem Auftreten von Bienenkrankheiten erklärt werden. Der Befall mit Nosema-Sporen war nur in zwei der untersuchten Proben hoch; in 17 Proben wurde ein mittlerer Befall, in 47 Proben ein geringer Befall festgestellt. »Es wurden keine Anzeichen auf weitere Bienenkrankheiten bei diesen Bienenproben entdeckt«, heißt es in einer entsprechenden Zusammenfassung der Ergebnisse.[404]

Der eindeutige Nachweis der Herkunft des Clothianidins aus dem Abrieb des Saatguts wurde laut JKI über den gleichzeitigen Nachweis des Wirkstoffs Methiocarb bestätigt. Methiocarb, das zur Verhinderung von Krähenfraß angewandt wird, wurde bei einigen Chargen des gebeizten Maissaatguts zusätzlich eingesetzt. Eine Auswahl der eingesandten Proben wurde gezielt »auf das Vorhandensein von mehreren hundert Wirkstoffen analysiert, um mögliche Wechselwirkungen mit anderen Wirkstoffen oder andere Schadursachen zu erkennen«[405].

Ein Desaster: Die Bienenzucht ist in der Europäischen Union weit verbreitet, es gibt etwa 700000 Imker, von denen die Mehrzahl die Bienenzucht als Hobby betreibt. Doch das Bienensterben hat nicht nur ökonomische Folgen. In einem viel beachteten Fachbuch mit dem Titel *A disaster in the making* beschrieb der holländische Toxikologe Henk Tennekes die Ursachen des europaweiten Bienen- und Vogelsterbens. Tennekes legte darin dar, dass der drastische Rückgang zahlreicher Vogelpopulationen, unter anderem Spatzen, Bachstelzen, Stare, Kiebitze oder Feldlerchen, mit der Dezimierung von Insekten in Zusammenhang steht. Käfer, Fliegen, Schmetterlinge und Motten, die den Vögeln als Nahrung dienen, werden vor allem durch die Anwendung von Pestiziden, sogenannten Neonicotinoiden, reduziert.

Größter Hersteller von Neonicotinoiden, darunter die Wirkstoffe Imidacloprid, Thiacloprid und Clothianidin, ist die Firma Bayer Crop-Science. Imidacloprid gilt als meistverkauftes Pestizid weltweit, die Bayer AG setzt damit rund 600 Millionen Euro pro Jahr um. Entsprechend forderte Tennekes schon im November 2011 ein unverzügliches Verbot der Mittel: »Das Risiko von Pestiziden wie Imidacloprid und Thiacloprid wird enorm unterschätzt. Die Firma Bayer ist verantwortlich für eine drohende Umweltkatastrophe. Ein Verbot neonicotinoider Insektizide ist aus meiner Sicht dringend erforderlich, um weitere Bienen- und Vogelsterben abzuwenden.«[406]

Eine von Tennekes im Fachmagazin *Toxicology* veröffentlichte Studie hatte nachgewiesen, dass die Langzeitrisiken der Wirkstoffe weitaus größer sind als angenommen. Tennekes zeigte sich besonders besorgt über die hohe Belastung von Oberflächengewässern. So wiesen Messungen der niederländischen Umweltbehörde bis zu 320 Mikrogramm Imidacloprid pro Liter (µg/l) nach. Der EU-Grenzwert für Trinkwasser hingegen liegt bei 0,1 µg/l.

Auch die Coordination gegen Bayer-Gefahren (CBG) forderte über

Jahre hinweg einen Verkaufsstopp für Imidacloprid und Clothianidin. Der Verband hatte bereits 2008 Strafanzeige gegen den damaligen Bayer-Vorstandsvorsitzenden Werner Wenning wegen der »Inkaufnahme der verheerenden Bienensterben in aller Welt« gestellt. »In den hohen Umsatzzahlen ist der Grund zu sehen, weswegen sich das Unternehmen trotz der gravierenden Umweltschäden mit aller Macht gegen Anwendungsverbote wehrt«, erklärte uns Philipp Mimkes vom Vorstand der CBG.[407] Erst 2013 verbot die EU-Kommission Pestizide von Bayer und Syngenta – worauf die Agroriesen klagten.

Passiert ist trotz der bekannten Zusammenhänge rund um die Bienen lange Zeit nichts. Für viele Vertreter verschiedener Imkerverbände war die Sache klar: Gerade bei Forschungsfreisetzungen von gentechnisch veränderten Pflanzen seien Imker unmittelbar betroffen, weil die Gesetzeslage zu unternehmerfreundlich ist.

Experimentellen sowie Industrie- und Pharmapflanzen fehle normalerweise jegliche Lebensmittelzulassung. »Eine Kontamination der Bienenprodukte führt nach geltendem EU-Recht ab der Nachweisgrenze dazu, dass die Bienenprodukte ihre Verkehrsfähigkeit verlieren«, monieren die Verbände. Bisher gibt es weder beim kommerziellen Anbau noch bei Forschungsfreisetzungen Regelungen zum Schutz der Imkerei. Auch bei der Frage der Koexistenz zwischen den verschiedenen Bereichen der Landwirtschaft spielen nicht nur der Wind, sondern auch die Bienen eine wichtige Rolle: »Bei ihrer wertvollen Bestäubungsaktivität kann die Biene nicht zwischen konventionellen und gentechnisch veränderten Kulturen unterscheiden.«[408]

Erst im September 2011 gab es ein erstes klares Urteil seitens des Europäischen Gerichtshofes (EuGH), wenn zunächst auch nur in Sachen Gentechnik. Danach darf Honig keine Zutat enthalten, die aus gentechnisch veränderten Organismen hergestellt wurde, wenn diese in der EU nicht als Lebensmittel zugelassen ist. Hierunter fällt der verunreinigte Pollen, der im Honig des klagenden Imkers gefunden wurde. Es gilt weiterhin die Nulltoleranz. »Das Urteil stärkt die Position von Imkern und Konsumenten, die sich nicht der Wirtschaftsmacht internationaler Saatgutkonzerne beugen«, kommentiert Jan Plagge, Präsident von Bioland, die Gerichtsentscheidung, und: »Der Schutz von Mensch und Umwelt muss absoluten Vorrang vor den Einzelinteressen von Saatgutkonzernen haben, die GVO vermarkten.«[409] Mit dem Richterspruch müsse kein Imker mehr in dem von ihm produzierten Honig Gentech-Pollen und kein Verbraucher gentechnisch verunreinigten Honig akzeptieren.

Trotzdem bleibt für viele Menschen das Bienensterben lediglich ein marginales Thema. Wer sich informieren möchte, muss selbst das Internet bemühen. Oder Glück haben. Und zur richtigen Zeit Sendungen wie »Wissen vor acht« in der ARD schauen. »Welt ohne Bienen« hieß ein am 8. August 2013 um 19:45 Uhr ausgestrahlter Beitrag, der normalerweise Panikstürme hätte auslösen müssen. Zumindest wäre das Thema einen »ARD Brennpunkt« wert gewesen, von Diskussionen bei Jauch, Plasberg, Illner oder den anderen Talk-Show-Granden ganz zu schweigen.

Denn der winzige Beitrag verdeutlichte unmissverständlich, welche Entwicklung auf uns zukommt, wenn das Bienensterben anhält. So werden sich die Deutschen damit abfinden müssen, auf Obst zu verzichten. Rund 80 Prozent aller Obstsorten sind nämlich auf die Bestäubung durch Bienen angewiesen. Für Pommes und Chips konsumierende Verbraucher mag diese Nachricht kein Schock darstellen, doch auch sie werden in Zukunft Kargheit statt Konsum praktizieren müssen. Nahezu ein Drittel unserer Nahrungsmittel werden verschwinden, wenn Bienen als Bestäuber ausfallen.

Hinzu kommt eine weitere, exponentiell zunehmende Gefahr, wie der Beitrag auch für Laien verständlich resümierte: »Viele Singvögel, Käfer und Insekten ernähren sich nämlich von Pflanzensamen. Doch ohne Bienen keine Pflanzen, ohne Pflanzen keine Samen, ohne Samen weniger Kleinlebewesen, ohne die weniger Vögel, und so geht das immer weiter.«[410]

Lediglich vier Jahre könnte die Menschheit ohne Bienen überleben, postulierte bereits Albert Einstein.[411] Danach, so die einhellige Meinung der meisten Bienenforscher von heute, käme nach dem Totalkollaps der Landwirtschaft, dem Verschwinden von Arten und weltweiten Hungersnöten tatsächlich der globale Exitus des Homo sapiens.

Wie nah wir am Point of no Return sind, erfuhren wir als Autoren dieses Buches im Alltag. Wie überall in Deutschland wird auch im Großraum Osterode – der Stadt, in der wir wohnen – ohne Umsicht gefällt und gerodet. Im Laufe der vergangenen zehn Jahre sind auf diese Weise zahlreiche Feldgehölze verschwunden, in jedem Frühjahr und Herbst fallen Sträucher und Bäume auf Stadtgebiet der Motorsäge zum Opfer, und das Straßenbegleitgrün wird bis zum Kahlschlag dezimiert. Vom Weißdorn bis zur Weide, von der Eberesche bis zur Mispel, von Obstbäumen bis zur Schneebeere, von Robinien bis zum Liguster – weder die Verantwortlichen in der Stadt noch im Landkreis oder die ortsansässigen Landwirte scheren sich um den Erhalt des wertvollen Grüns; eine Baumschutzsatzung gibt es nicht, Sträucher werden als lästige Hindernisse betrachtet, Interesse am Schutz von Bienennährgehölzen besteht nicht. Wer im Frühjahr durch die angrenzenden Felder streift, dem dürfte vor allem eines auffallen: Anstelle tausendfachen Summens herrscht Todesstille über einem Meer goldgelber Rapsblüten.

5 AUSSER KONTROLLE

DIE FEHLENDE LEBENSMITTELÜBERWACHUNG

Der Fall liegt genau neun Jahre zurück – und ist vergessen. Dennoch offenbart er, wie wenig die EU Lebensmittelkontaminationen erkennt, erst recht, wenn die Erregerquellen im Ausland liegen. Mehr als 120 000 Tonnen Geflügel wurden 2005 aus Brasilien nach Deutschland importiert, nach China ist Brasilien der drittgrößte Geflügelfleischproduzent der Welt. Die Importfreude der Deutschen hat ihren guten Grund: Hühnerbrustfilets werden in Brasilien etwa 80 Prozent billiger hergestellt als in Europa. Gut für Verbraucher ist das nicht. Denn im brasilianischen Geflügelfleisch fanden Lebensmittelkontrolleure die Antibiotika Nitrofuran und Chloramphenicol, zwei Substanzen, die in der EU für die Tiermast verboten sind. Das Bundesinstitut für Risikobewertung bezeichnet die Stoffe als »karzinogen wirksam«; wer die Antibiotika über die Nahrung aufnimmt, läuft demnach Gefahr, an Krebs zu erkranken. Weil die verbotenen Stoffe in importiertem Geflügelfleisch so häufig auftraten, wurden auf Anordnung der EU zunächst alle Sendungen von brasilianischem Geflügelfleisch untersucht. Ende 2004 jedoch hob die EU-Kommission die Pflicht zur Untersuchung wieder auf. Und so untersuchte 2006 das Hamburger Hygiene-Institut nur noch einzelne Stichproben. Was das bedeutete, verdeutlicht die absolute Zahl: Aus über 100 000 Tonnen Importgeflügel aus Brasilien und Argentinien waren das in 18 Monaten insgesamt nur rund 40 Proben – und die Stichproben ergaben keine Rückstände. »Das ist allerdings keine Sicherheit«, betonte die Securvita-Krankenkasse konsterniert in einer Mitteilung, »wird die Zugabe von Antibiotika rechtzeitig vor der Schlachtung abgesetzt, fällt sie in der Probe nicht mehr auf.«[412]

Die Qualitätskontrollen für Hähnchenfleisch in Brasilien gelten unter Fachleuten als extrem undurchsichtig. »Ein durchgängiges staatliches Prüfungs- und Kontrollsystem scheint nicht zu bestehen«, kritisierte daher Nicole Mau, Lebensmittelexpertin an der Justus-Liebig-Universität in Gießen. Sie war im Rahmen einer Studie für den Bundesverband der Verbraucherzentralen in Brasilien, um die Lebensmittelsicherheit, Produktions- und Verarbeitungsbedingungen zu untersuchen. Und heute? Lediglich 2500 amtliche Lebensmittelkontrolleure durchziehen die Republik – und entdecken, dass sie bei mehr als einer Million Einrichtungen zu überwachen hätten. Zugespitzt ausgedrückt könnte man die Lebensmittelkontrollen im Grunde ganz einstellen – schon aufgrund des Personalmangels mutiert die Suche nach kontaminierten oder gesundheitsgefährdenden Lebensmitteln zur Farce. »Löchrig wie ein Schweizer Käse« befand im März 2010 die Online-Ausgabe des *Stern* das bundesdeutsche Kontrollsystem.[413]

In einer Stellungnahme des Deutschen Industrie- und Handelskammertags (DIHK) von 2011 monierten Experten die Zustände unverblümt – indem sie einen Vergleich zu unseren skandinavischen Nachbarn zogen: »In Dänemark wurden im Jahr 2008 von rund 350 staatlichen Lebensmittelkontrolleuren rund 70 000 Kontrollen bei 53 000 Betrieben durchgeführt. Allein in Berlin gibt es 54 000 Betriebe, für die 60 Kontrolleure zuständig sind. Nur 60 Prozent der Betriebe werden einmal jährlich kontrolliert, die übrigen 40 Prozent deutlich seltener.«[414] Im gleichen Papier stellten die Vertreter von Handel und Industrie fest, dass die Anzahl der Lebensmittelkontrolleure eigentlich so aufgestockt werden müsse, »dass regelmäßig und einheitlich die geltenden Bestimmungen vollzogen werden können und die Kontrollzyklen bundesweit einheitlich erfolgen können«[415].

Derartige Forderungen auf dem Papier sehen zunächst sehr gut aus. Ohnehin glänzt das deutsche Lebensmittelüberwachungssystem durch mehr Schein als Sein. Wer beispielsweise die Internetseite des Bundesamts für Verbraucherschutz und Lebensmittelsicherheit besucht, erfährt viel über die theoretisch wirksamen Kontrollen des Systems – und noch viel mehr über dessen Unzulänglichkeiten. Wie nutzlos die deutsche Lebensmittelüberwachung für den einzelnen Verbraucher ist, verrät ausgerechnet ein amtliches Projekt: der bundesweite Überwachungsplan 2012. Im Rahmen dieses Vorhabens wurden rund 400 000 Lebensmittelproben entnommen und kontrolliert.[416] Ziel der Studie war die Klärung der Frage, inwieweit das bestehende Kontrollsystem der Bundesrepublik gesundheitlich relevante Risiken überhaupt aufdecken kann. Die Ergebnisse sind ernüchternd.

So wollten die Forscher herausfinden, ob die bestehenden Gesetze und Kontrollsysteme ausreichen, um bestimmte Azofarbstoffe in Speiseeis, Süßwaren, Backwaren und nichtalkoholischen Getränken zu erkennen. Denn die ausgewählten Substanzen stehen im Verdacht, unter anderem die Aufmerksamkeit und Aktivität bei Kindern zu beeinflussen. Entsprechend müssen diese Farbstoffe in Lebensmitteln deklariert werden – was im Alltag jedoch nicht immer erfolgt.

Der Einfallsreichtum der Hersteller ist enorm, wenn es um die Vertuschung von gefährlichen Stoffen geht, wie die Autoren der Studie unmissverständlich schrieben: »Einige Hersteller deklarieren die Farbstoffe trotz Verwendung noch nicht einmal im Zutatenverzeichnis, sodass dann auch die zusätzliche Kenntlichmachung nach der Verordnung fehlt. Bei anderen Produkten sind zwar die Farbstoffe im Zutatenverzeichnis aufgeführt, es fehlt aber entweder der Hinweis; oder dieser Hinweis ist nicht leserlich bzw. in einer nicht leicht verständlichen Sprache aufgeführt. Darüber hinaus treten auch Fälle auf, bei denen die Hersteller bereits auf natürliche oder deklarationsfreie Farbstoffe umgestellt haben, jedoch die Farbstoffe, die vor der Umstellung eingesetzt wurden, im Zutatenverzeichnis aufführen.«[417]

Um herauszufinden, was Verbraucher im Supermarktregal vorfinden, entnahmen die Kontrolleure insgesamt 863 Proben aus immerhin 13 Bundesländern. Dabei stellte sich heraus, dass nahezu ein Viertel aller Proben mit den gesuchten Azofarbstoffen versehen waren – ohne dass eine entsprechende Deklaration die Verbraucher vor dem Konsum gewarnt hätte. »Dies entspricht bezogen auf die Probenzahl der jeweiligen Warengruppe bei den alkoholfreien Getränken 34 Prozent, bei den Süßwaren 22 Prozent, bei den feinen Backwaren 20 Prozent und bei Speiseeis 13 Prozent«, resümieren die Autoren, und: »Die geltende Rechtslage ist offensichtlich im Untersuchungszeitraum auch fast zwei Jahre nach Inkrafttreten der Verordnung (EG) Nr. 1333/2008 noch nicht vollständig umgesetzt.«[418]

Nutzlose Verordnungen und Paragrafen, viel zu wenig Kontrolleure. Angesichts solcher Zustände misstrauen Verbraucher den großen Handelsketten – und kaufen lieber beim Bäcker um die Ecke ein. Die Gleichung »klein = persönlich = ehrlich« mag gut klingen, geht aber nicht auf. Gesundheitliche Gefahren lauern nämlich nicht nur im Supermarktregal, sondern auch beim Bäcker, in der Eisdiele oder jenseits der industriell hergestellten Produkte, wie die Studie offenbarte. So enthielten 65 Prozent aller untersuchten Backwaren in Bäckereien die unliebsamen Azofarbstoffe – deklariert war dabei so gut wie nichts. Ähnlich verhielt es sich mit Speiseeis, wo Eisdielen als Quelle der riskanten Substanzen fungierten.

Der Trick, wonach unliebsame Substanzen gar nicht aufgeführt werden, mag rein rechtlich betrachtet jenseits des Erlaubten liegen. Fehlende Kontrollmöglichkeiten und das Wissen vieler Hersteller, niemals erwischt zu werden, führen zum skrupellosen Einsatz dieser Methode.

Quecksilberbelastung im Fisch – und keiner bekommt es mit

Im Jahr 2008 war es so weit. Der Deutsche Naturschutzring (DNR) beteiligte sich an der internationalen Studie »Mercury in Fish: A Global Health Hazard«[419] und forderte die damalige Bundesverbraucherministerin Ilse Aigner auf, die Öffentlichkeit vor dem Verzehr von mit Quecksilber belasteten Raubfischen wie Schwertfisch, Hai und Thunfisch zu warnen. »Nur so können besonders gefährdete Bevölkerungsgruppen wie Kinder oder Schwangere geschützt werden«, sagte DNR-Präsident Hubert Weinzierl.[420]

Die Sorge des DNR-Chefs war berechtigt. Denn der Verzehr quecksilberhaltiger Fische führt zu massiven Gesundheitsschäden – auch bei Ungeborenen. So fanden Mediziner heraus, dass die Aufnahme von Quecksilber über Seefisch bei Schwangeren zu einer Vergiftung der Föten führen kann.[421] Bereits im September 2008 hatte das Bundesinstitut für Risikobewertung schwangeren und stillenden Frauen empfohlen, den Verzehr von Thunfisch einzuschränken. »Diese gut gemeinten Warnungen erreichen bislang nicht die betroffenen Verbraucherinnen«, urteilte daher Weinzierl. Zudem forderte der Präsident eine deutliche Verstärkung der Lebensmittelkontrollen, damit belastete Ware gar nicht erst auf den Markt gelange.

Wer die desolate Lage der deutschen Lebensmittelkontrollen verstehen will, muss sich ein wenig mit analytischer Chemie befassen.

Rein technisch betrachtet lassen sich heute mithilfe hochkomplexer Apparate Substanzen in geringster Menge nachweisen. Ob Quecksilber, Cadmium, Dioxin oder Blei – in jeder Probe ließen sich diese Stoffe detektieren. Dass somit selbst die Gurke aus biologischer Landwirtschaft Dioxin-belastet sein kann, hat freilich mit der sogenannten Nachweisgrenze zu tun. Darunter verstehen Chemiker jene rein technisch festgesetzte Menge einer Substanz, die sich mithilfe des geeigneten Verfahrens überhaupt nachweisen lässt. Diese technisch festgelegte Nachweisgrenze sagt freilich nichts über die Herkunft oder die Gefährlichkeit des entsprechenden Moleküls aus. So kann, rein theoretisch betrachtet, ein sensibles Analyseverfahren ein Dioxinmolekül aufspüren, das irgendwann, irgendwo auf dieser Welt freigesetzt worden ist und über welchen Weg auch immer zur untersuchten Probe gelangte. Weil diese Art der Analyse keinen Sinn ergibt, führten Chemiker sogenannte Grenzwerte ein. Darunter versteht man jene Menge einer Substanz, oberhalb derer bestimmte gesundheitliche Beeinträchtigungen zu erwarten sind. Laut Weltgesundheitsorganisation (WHO) sollte die wöchentliche Quecksilber-Gesamtaufnahme beim Menschen fünf Mikrogramm pro Kilogramm Körpergewicht nicht überschreiten.[422]

Wie aber weiß man, wann diese Menge erreicht ist? Um das herauszufinden, müssten zunächst sämtliche Lebensmittel, die ein Mensch jede Woche verzehrt, auf Quecksilber untersucht werden. Um eine Aussage darüber treffen zu können, inwieweit ein bestimmtes Produkt besonders belastet ist, muss man möglichst viele Proben davon untersuchen. Denn das, was man bei Wahlen repräsentative Untersuchungen nennt, kennt die analytische Chemie nur begrenzt: So kann eine Fischcharge belastet sein, während eine andere relativ schadstofffrei daherkommt – doch schlimmstenfalls gelangen letztendlich beide unter dem Label des gleichen Herstellers in den Handel. Verbraucher lassen sich demnach nur dann effektiv über Lebensmittelkontrollen schützen, wenn die Zahl der Proben sehr groß ist.

Die Realität sieht anders aus. Für die DNR-Studie beispielsweise wurden lediglich 26 Fischproben aus Deutschland und fünf weiteren EU-Staaten getestet. Auf den Philippinen gelangten zehn, im indischen Bundesstaat Westbengalen nur 56 Produkte ins Labor. Zudem stammten die deutschen Proben ausschließlich von Fischmärkten und Feinkostgeschäften in Berlin. Man muss keinen Doktortitel in analytischer Chemie besitzen, um zu erkennen: Viel ist das nicht.

Umso erschreckender waren die Ergebnisse, gerade aufgrund der geringen Probenzahl. Nahezu alle Testergebnisse deuteten nämlich auf massive Überschreitungen der Quecksilber-Grenzwerte hin. Wer diese Fische konsumierte, trug wesentlich dazu bei, die von der WHO als Maximaldosis erachteten fünf Mikrogramm je Woche und Kilo Körpergewicht zu überschreiten.

Freilich könnte man nun argumentieren, dass die geringe Zahl der Befunde keinerlei Aussagen über den gesamten, in Deutschland angebotenen Speisefisch erlaube. Rein theoretisch könnten nämlich ausgerechnet diese Proben belastet gewesen sein – der Rest aber nicht. Unmöglich wäre ein solches Szenario nicht. Viel wahrscheinlicher ist jedoch die gegenteilige Interpretation der Laborergebnisse: Was die Lebensmittelchemiker herausfanden, war lediglich die Spitze des Eisbergs. Wenn nämlich schon wenige, zufällig ausgesuchte Proben derart belastet sind – wie verhält es sich dann mit der großen Masse, aus denen diese Proben stammten? Um herauszufinden, wie viel Quecksilber in deutschen Supermarktregalen über Fischprodukte verkauft wird, müsste man demnach massiv in Kontrollen investieren. Weil das nicht geschieht, bleibt Verbrauchern nur der Glaube an eine Sicherheit, die es faktisch nicht gibt.

Null Ahnung – Dioxin als ständige Gefahr

Azofarbstoffe, Quecksilber – es geht noch schlimmer. Vor sechs Jahren liefen in vielen europäischen Ländern die Telefone heiß. Dioxin-Kontaminiertes Schweinefleisch aus Irland war über kaum nachvollziehbare Handelswege nach Deutschland gelangt. Die Länder tauschten sich »über die gewonnenen Erkenntnisse ständig aus«, wie das Bayerische Landesamt für Gesundheit und Lebensmittelsicherheit im Länderaustausch mitteilte. Doch die Rekonstruktion der Lieferwege blieb schwierig. Und so nahmen die Bundesländer auf der Basis einer entsprechenden Empfehlung der Europäischen Union das Fleisch vom Markt – und verzichteten auf weitere Proben.»Außerdem wurde festgelegt, dass zusammengesetzte Lebensmittel wie Pizza, Sandwiches, Fleischsaucen etc., die nicht mehr als 20 Prozent irisches Schweinefleisch oder -fett enthalten, von der Rücknahme vom Markt ausgenommen sind«, hieß es. Die Verordnung galt,»sofern kein begründeter Verdacht, der einen Eingriff erfordert, vorliegt«[423].

Somit entschieden Bürokraten, nicht Lebensmittelchemiker, über den Umgang mit Dioxin-belasteten Nahrungsmitteln – und gefährdeten damit die Gesundheit unzähliger Verbraucher. Denn während Fleischprodukte, die mehr als 20 Prozent irisches Schweinefleisch oder -fett enthielten, nicht mehr in die Supermarktregale durften, wurden alle anderen Lebensmittel mit weniger als 20 Prozent irischen Fleischs verkauft. Womöglich hätten sich die verantwortlichen Bürokraten die öffentlich zugänglichen Informationen des Umweltbundesamts anschauen sollen, um zu erkennen: Dioxinmolekülen sind die künstlichen 19-Prozent-Fleischanteil-Hürden der Behörden egal – sie wirken bereits in kleinsten Konzentrationen höchst toxisch. Maximal vier Billionstel Gramm pro Woche sollte der Mensch pro Kilogramm Körpergewicht aufnehmen, empfiehlt die WHO, das Umweltbundesamt strebt aus »Vorsorgegründen« einen Wert unter einem Billionstel Gramm »pro Kilogramm Körpergewicht und Tag« an.[424] Damit nicht genug: Rund 95 Prozent des vom Menschen aufgenommenen Dioxins gelangen über die Nahrung in den Körper, ein Drittel davon ist in Milch- und Fleischprodukten enthalten.[425] Nun mögen Verwaltungsbeamte nicht immer chemisch bewandert sein – trotzdem lohnt die Lektüre des Internetauftritts des Umweltbundesamts allemal. Dort schildern die Fachleute aus Berlin für jedermann verständlich, wie gefährlich Dioxine wirklich sind: »Das Seveso-Dioxin ist zehnmal toxischer als das Mycotoxin aus Schimmelpilzen, 500-mal toxischer als Strychnin und Curare und 1000-mal toxischer als das reine Nikotin ... Durch Dioxine können Hautschädigungen (Chlorakne), Störungen des Immunsystems, des Nervensystems, des Hormonhaushalts, der Reproduktionsfunktionen und der Enzymsysteme mit all ihren Folgen hervorgerufen werden.«[426]

Warum die Berliner Senatsverwaltung ob solcher Informationen nach Gutdünken entschied, Produkte mit weniger als 19 Prozent risikobehaftetem Fleischanteils freizugeben, bleibt aus wissenschaftlicher Sicht noch heute vollkommen unverständlich. Wer also auf Nummer sicher gehen will, kauft Bio. Sollte man meinen. Wie groß die Schwachstellen in der Kette aus mangelnden Kontrollen, unzähligen Siegeln und dem Handel wirklich sind, wird deutlich, wenn man sich einige Bioprodukte näher ansieht.

Bio – und gut?

Wer sein Frühstücksei aufschlägt, will nicht an die Bilder ausgemergelter, nackter oder mumifizierter Hühnerleiber erinnert werden – er will mit gutem Gewissen genießen. Für diesen Genuss greift der Käufer von Bio-Eiern gerne tiefer in die Tasche als andere Eieresser. Je nachdem, ob er sie im Supermarkt, im Hofladen, auf dem Wochenmarkt oder beim Direktvermarkter ersteht, zahlt er zwischen 26 und 45 Cent pro Ei, manchmal sogar mehr. Was er nicht weiß: Rund die Hälfte der deutschen Bio-Eier wurde bislang von nur zwei Großunternehmen produziert, nämlich Wiesengold und Fürstenhof – und das mit dem Segen der Anbauverbände Naturland und Biopark in Ställen, die mit 15 000, teils mit 18 000 und mehr Hennen belegt waren.

Wie schwer ein Imageschaden auf der gesamten Biobranche lasten kann, macht das Beispiel Wiesengold deutlich. Wiesengold-Betreiber Heinrich Tiemann hatte früher sein Geld mit Käfigeiern verdient, erkannte aber bald das Potenzial der Bio-Discountware. Die EG-Bioverordnung erleichterte ihm die Umstellung von konventionell auf Bio. Von da an belieferte er unter anderem Edeka, Kaiser's Tengelmann und tegut; täglich brachte Wiesengold rund eine halbe Millionen Bio-Eier auf den Markt.[427] 2002 erlebte das Unternehmen seinen ersten Skandal, als Nitrofen in den Eiern nachgewiesen wurde. Eine Vermarktungssperre des Landkreises Diepholz folgte. 2012 dokumentierten Tierschützer der Organisation PETA[428] die erschreckenden Zustände in der Twistringer Hühnerfarm. Sie fanden tote und sterbende Hennen, Hennen mit eitrigen Kloaken, federlosen und wunden Hautarealen und solche, die vom

Kot der über ihnen hockenden Artgenossinnen verschmutzt waren. Viele waren von Vogelmilben befallen. Medienberichte machten die Missstände der total überbelegten Ställe bundesweit publik. Daraufhin verlangte der Bio-Verband Naturland, unter dessen Siegel Wiesengold verkauft wurde, von Unternehmer Tiemann eine eingeschränkte Vermarktung. Wiesengold solle bis 2018 seine Ställe von zwölf auf vier reduzieren. In jedem Stall sollen maximal 3 000 Tiere in vier Abteilungen leben, insgesamt also höchstens 12 000 pro Stall. Im Dezember 2013 bestätigte Wiesengold, dass Verpackung und Vermarktung in Twistringen zum Ende des Jahres geschlossen werden.[429] Auch die Internetseite des Unternehmens ist inzwischen nicht mehr erreichbar (Stand Mai 2014).

Wiesengold mag ein Extrembeispiel sein, aber es spricht viel dafür, dass die Probleme mit der Betriebsgröße steigen. Wenige Kontrollgänge und schlecht bezahltes Personal sind wohl die Hauptgründe für das Versagen im Stall. Wo aber an Betreuung und Management gespart wird, weil das Ei zu Discountpreisen angeboten werden soll, sind der skrupellosen Schlamperei Tür und Tor geöffnet. Dumping-Könige unter den Erzeugern von Bio-Eiern sind jene, die dem Handel fertig verpackte Ware für 20 Cent das Stück anbieten – unmöglich für viele, da mitzuhalten. Erst wenn sie 24 oder 25 Cent pro Ei bekommen (der Handel schlägt dann noch seinen Anteil und die Mehrwertsteuer auf), rechnet sich die Bio-Eierproduktion. Dieser Überzeugung sind auch die Mitglieder der Legegemeinschaft »Die Biohennen AG«, zu der sich 30 kleine, von Demeter, Bioland, Biokreis und Naturland zertifizierte Landwirte in Bayern zusammengeschlossen haben. Bei dieser Berechnung würde ein Bio-Ei den Verbraucher um die 40 Cent kosten.[430]

Ob Verbraucher tatsächlich bereit sind, einen teils erheblichen Mehrpreis für alternativ erzeugte Eier zu bezahlen, werden die nächsten Statistiken zeigen. Dass nicht jeder Konsument der über Jahre von Handel und Industrie propagierten »Geiz ist geil«-Philosophie aufsitzt, dokumentierte das Aachener Marktforschungsunternehmen Dialego, das 1000 Deutsche zu ihrem Eierkauf befragte. 85 Prozent sind demnach bereit, für ein artgerecht produziertes Ei mehr Geld auszugeben; 92 Prozent empfinden Käfighaltung als Tierquälerei. Einige Jahre zuvor kam eine Studie der europäischen Tierschutzorganisation Eurogroup for Animals zu einem ähnlichen Schluss. Die zwischen 1995 und 2004 in zwölf europäischen Ländern durchgeführte Untersuchung bestätigte, dass Verbraucher Eier aus alternativen Haltungsformen bevorzugen. So stieg beispielsweise in Deutschland der Verbrauch von Eiern aus Nicht-Käfigsystemen um mehr als 300 Prozent. Laut »Marktinfo Eier und Geflügel« 2010 kaufen Verbraucher vor allem Eier aus der Bodenhaltung – Käfigeier machen nur noch knapp zehn Prozent beim Eiereinkauf aus. Fakt jedenfalls ist, dass Eier aus Kleingruppenhaltung, die wie die frühere Käfighaltung mit der Kennziffer »3« bedruckt sind, in Supermärkten immer seltener angeboten werden. Wie der Eiercode, der seit 2004 in ganz Europa einheitlich ist, zu knacken ist, verrät der nachfolgende Kasten.

Was steht auf dem Ei?

Kennzeichnung von Eiern am Beispiel 0-DE-0312345

Vor dem ersten Bindestrich steht eine Zahl zwischen 0 und 3. Sie kennzeichnet die Haltungsform.

0 Biohaltung: laut EG-Bioverordnung maximal sechs Hennen pro Quadratmeter, je Stall nicht mehr als 3000 Tiere. Vorgeschrieben sind Sitzstangen, Nester und Einstreu. Jeder Henne stehen zusätzlich vier Quadratmeter Auslauffläche im Freien zur Verfügung. Die Hennen müssen zu 85 Prozent biologisch erzeugtes Futter bekommen.

1 Freilandhaltung: maximal neun Hennen pro Quadratmeter, je Stall nicht mehr als 6000 Tiere. Zusätzlicher Auslauf im Freien wie Biohennen, aber kein biologisch erzeugtes Futter. Ernährung und Medikamente wie bei Bodenhaltung.

2 Bodenhaltung: maximal neun Hennen pro Quadratmeter, je Stall nicht mehr als 6000 Tiere. Nester mehretagig angeordnet, Einstreu auf einem Drittel Stallfläche.

3 Käfighaltung/Kleingruppenhaltung: pro Henne mindestens 750 Quadratzentimeter – elf bis 13 Hennen pro Quadratmeter.

Nach dem ersten Bindestrich folgen zwei Buchstaben, die das Herkunftsland kennzeichnen.

DE steht für Deutschland, **AT** für Österreich, **BE** für Belgien, **IT** für Italien, **NL** für Niederlande und so weiter.

Die darauffolgende siebenstellige Nummer verrät das Bundesland und den Betrieb, aus dem das Ei kommt. Das Bundesland ist in den ersten beiden Ziffern verschlüsselt

01 Schleswig-Holstein
02 Hamburg
03 Niedersachsen
04 Bremen
05 Nordrhein-Westfalen
06 Hessen
07 Rheinland-Pfalz
08 Baden-Württemberg
09 Bayern
10 Saarland
11 Berlin
12 Brandenburg
13 Mecklenburg-Vorpommern
14 Sachsen
15 Sachsen-Anhalt
16 Thüringen

Wen es interessiert, in welchem Betrieb die gekauften Eier produziert wurden, kann auf der Website www.was-steht-auf-dem-ei.de/index.php?id=242 den Code eingeben. Sofern der Betrieb dem KAT-Kontrollsystem[431] angeschlossen ist, gibt die Website Auskunft über Namen und Adresse.

Allerdings hatte die Verbraucherzentrale Nordrhein-Westfalen 2010 bei 397 Stichproben Tricksereien festgestellt: 154 (39 Prozent) der Codes waren verwischt, frei erfunden oder fehlten ganz. Immer wieder verfällt der eine oder andere Produzent auf solche hintersinnigen Täuschungen. Dass er damit das Vertrauen der Verbraucher missbraucht und eine ganze Branche in Verruf bringen kann, scheint zweitrangig. Noch ist nicht überall in Landwirtschaft und Lebensmittelindustrie das Wissen durchgedrungen, dass eine Philosophie, die auf Transparenz und Ehrlichkeit beruht, Konsumenten bindet und unternehmerische Erfolge verspricht. So ist es nicht verwunderlich, dass die Verbraucherzentrale Hamburg eher enttäuschende Ergebnisse einer Untersuchung vorlegte, nachdem sie 99 Hersteller und 17 Handelsketten nach den verwendeten Eiern in 243 untersuchten Fertiglebensmitteln befragte. Zwei Drittel der Hersteller hielten einen Hinweis über die Haltungsform auf der Verpackung oder dem Etikett für überflüssig. Hier die Ergebnisse im Einzelnen:

- »53 Prozent der Hersteller gaben an, nur Eier und Eiprodukte aus Boden- oder Freilandhaltung zu verwenden, zum Beispiel Bahlsen, Ferrero, Thomy (Nestlé), Knorr (Unilever), Birkel;
- 10 Prozent der Hersteller teilten mit, teilweise Eier aus Kleingruppenkäfigen zu verwenden. Zwei Hersteller setzen nach eigenen Angaben solche Eier hauptsächlich ein: Rieber & Son (Produktbeispiel: P&W Original Dänische Remoulade) und Dovgan GmbH (Süßwaren);
- 28 Prozent verweigerten die Auskunft, darunter so bekannte Firmen wie die des Fernsehkochs Alfons Schuhbeck und der Süßwarenhersteller arko, oder gaben ausweichende Antworten (8 Prozent), darunter Mondelez International (ehemals Kraft Foods). Bei diesen Firmen kann die Verbraucherzentrale nicht ausschließen, dass Eier aus Kleingruppenkäfigen verwendet bzw. Lieferanten nicht zum Ausschluss verpflichtet werden.«[432]

Das Thema ist von großer Bedeutung: Schätzungen zufolge werden jährlich mehrere Milliarden Eier aus Kleingruppenkäfigen verarbeitet. Davon werden allein in Deutschland deutlich mehr als eine Milliarde Eier produziert, dazu kommen noch die Importe aus anderen EU-Staaten. Ungefähr jedes dritte in Deutschland verwendete Ei stammt aus dem Ausland, hauptsächlich der EU. Weil in den Außenhandelsstatistiken nicht nach der Haltungsform unterschieden wird, gibt es keine genauen Zahlen darüber, wie viele aus Käfighaltung stammen. 2012 waren etwa 15 Prozent aller Legehennen in Kleingruppenkäfigen untergebracht, das waren mehr als fünf Millionen

Tiere.[433] Warum noch immer viele Eier aus der Käfighaltung stammen, liegt an ihrer Verwertung: Lediglich die Hälfte wird als Frischware verkauft, den Rest verarbeiten Lebensmittelindustrie, Hotel- und Gaststättengewerbe – und diese sind nicht verpflichtet, ihre verarbeiteten Produkte entsprechend zu kennzeichnen. Billige Käfigeier drücken die Kosten.

Fatal ist in diesem Zusammenhang auch, dass nicht einmal das europaweite Verbot der Legebatterie umgesetzt wird. Trotz der langen Vorlaufzeit von zwölf Jahren hatten noch 2012 insgesamt 15 Mitgliedsstaaten der EU ihre Ställe nicht umgerüstet, darunter die Hauptlieferanten für Deutschland: Spanien, Polen, Frankreich und die Niederlande.[434] Zu dieser Zeit mussten inoffiziellen Schätzungen der EU-Kommission zufolge noch etwa 40 Millionen Legehennen in konventionellen Käfigen leben, 30 Millionen davon allein in Spanien und Italien; foodwatch ging von 50 Millionen bis 100 Millionen Tieren aus. Wie viele es heute, zwei Jahre später, sind, ist fraglich. Neben der Tatsache, dass Legehennen noch immer unter artwidrigen Verhältnissen Hochleistungen vollbringen müssen, spielt auch noch ein anderer Aspekt eine Rolle: Weil Eier aus anderen Haltungsformen bis zu einem Viertel teurer sind – Bio-Eier können sogar mehr als das Doppelte eines Käfig-Eis kosten –, führt die illegale Haltung in Legebatterien zu unfairem Wettbewerb und Marktverzerrungen.

Es geht auch anders – trotz Mangel an Kontrolleuren

Das biologisch erzeugte Schnitzel liegt voll im Trend. Immer mehr Verbraucher wollen kein Qualfleisch auf dem Teller, sodass der Anteil der Bio-Schweinehalter stetig steigt. 2006 lag die Produktion von Bio-Schweinefleisch bei etwa 15 200 Tonnen pro Jahr, 2009 schon bei 24 400 Tonnen pro Jahr. Im Vergleich zu konventionell erzeugtem Schweinefleisch ist das dennoch ein sehr bescheidener Anteil. Das Statistische Bundesamt ermittelte für 2010 lediglich 2 000 Biobetriebe mit rund 152 000 Schweinen[435], womit weniger als ein Prozent aller in Deutschland gehaltenen Schweine unter ökologischen Bedingungen leben. Von diesen 2 000 Betrieben sind zwei Drittel bei Ökoverbänden wie Bioland, Demeter oder Naturland organisiert, während die anderen nach den Richtlinien der EU-Öko-Verordnung[436] wirtschaften. Nicht jeder ist indes marktrelevant. Unter den Bio-Schweinehaltern gibt es solche, die nur wenige Tiere für die Vermarktung im eigenen Hofladen mästen. Lediglich 400 bis 500 produzieren für den großen Markt.[437]

Wie bei Huhn, Truthahn oder Rind mit Biosiegel muss die Haltung von Ökoschweinen mindestens den Vorschriften der EG-Bio-Verordnung genügen. Zusätzlich gelten für alle, die Schweine biologisch halten, die Tierschutz-Nutztierverordnung und die Vorgaben der Schweinehaltungshygieneverordnung. Die Richtlinien der ökologischen Anbauverbände gehen über die EU-Öko-Vorschriften noch hinaus. Gleich ist bei beiden, dass die Liegefläche der Schweine planbefestigt und mit Stroh eingestreut sein muss, dass die Tiere wühlen können, Raufutter bekommen, die Ferkel mindestens 40 Tage säugen dürfen und die Sauen in Gruppen gehalten werden. Auch die freie Abferkelung ist die Domäne der Ökobetriebe. Verboten ist es, routinemäßig Schwäne zu kupieren und Zähne zu schleifen oder betäubungslos zu kastrieren. Auslauf ist zwingend vorgeschrieben: Jedes Tier soll ihn zu jeder Zeit nutzen können. Die größten Unterschiede bestehen in der Bewirtschaftungsform, im Futter und bei den Besatzdichten. Während Betriebe, die von konventioneller auf ökologische Bewirtschaftung umstellen wollen, laut EG-Öko-Verordnung auch nur Teile des Betriebes biologisch bewirtschaften können, ist das bei den Anbauverbänden nicht erlaubt. Hier gilt das Prinzip »ganz oder gar nicht«. Weil sie großen Wert auf Nährstoffkreisläufe legen, bestehen die Anbauverbände auf eine eigene Futtergrundlage. Auch nach der EG-Öko-Verordnung muss die Hälfte des Futters im eigenen Betrieb oder in Kooperation erzeugt werden; der Einsatz gentechnisch veränderter (Futter-)Pflanzen ist verboten. Sie lässt aber offen, ob es sich dabei um »identisches« Futter handeln muss. So kann der Landwirt den auf seinen Feldern angebauten Weizen abliefern und Futter zukaufen.[438] Auch die Anzahl der Tiere pro Hektar landwirtschaftlicher Nutzfläche ist im Vergleich der beiden Vorschriften unterschiedlich. Zwar ist bei beiden die Anzahl der Tiere an die Fläche gebunden, doch darf ein

Mäster laut EG-Öko-Verordnung 14 Tiere pro Hektar halten, nach Verbandsregeln dagegen nur zehn.

EU-Öko-Anforderungen an Mastschweineställe

- Höchstens 14 Mastschweine je Hektar landwirtschaftlicher Nutzfläche
- Auslauf für alle Schweine Pflicht
- Mindestens 50 Prozent der Stalloberfläche planbefestigt
- Eingestreuter Liegebereich
- Mindestplatzangebot bis 50 Kilogramm mit Auslauf:
  1,4 Quadratmeter
- Mindestplatzangebot bis 85 Kilogramm mit Auslauf:
  1,9 Quadratmeter
- Mindestplatzangebot bis 110 Kilogramm mit Auslauf:
  2,3 Quadratmeter

Quelle: Bildungs- und Wissenszentrum Boxberg, Landesanstalt für Schweinezucht 2012

Dass sich mit Bio gutes Geld verdienen lässt, erkannten auch die Discounter und Supermärkte. Längst haben sie ihre Produktpalette um (meist eigene) Biomarken erweitert.

EU-Öko-Anforderungen an Mastschweineställe

- Höchstens 14 Mastschweine je Hektar landwirtschaftlicher Nutzfläche
- Auslauf für alle Schweine Pflicht
- Mindestens 50 Prozent der Stalloberfläche planbefestigt
- Eingestreuter Liegebereich
- Mindestplatzangebot bis 50 Kilogramm mit Auslauf:
  1,4 Quadratmeter
- Mindestplatzangebot bis 85 Kilogramm mit Auslauf:
  1,9 Quadratmeter
- Mindestplatzangebot bis 110 Kilogramm mit Auslauf:
  2,3 Quadratmeter

Quelle: Bildungs- und Wissenszentrum Boxberg, Landesanstalt für Schweinezucht 2012

Biomarken im Lebensmitteleinzelhandel

Aldi Nord: GutBio
Aldi Süd: Grüner Bio-Smiley
Alnatura-Supermärkte/dm/tegut: Alnatura (Eigenmarke)
Edeka/Spar: Edeka Bio Wertkost
Familia-Nordost: Bio Greno Naturkost
Kaiser's/Tengelmann: Naturkind
Lidl: Bioness
Metro Gruppe/extra: naturkost Grünes Land
Netto/Plus: BioBio
Norma: Bio-Sonne
Penny: Naturgut
Real: realBio
Rewe: Rewe-Bio

Quelle: *dlz primus schwein*, Agrarmagazin, September 2011

Biowurst und -aufschnitt sind inzwischen so selbstverständlich wie Apfelsinen und Äpfel aus ökologischem Landbau. Nur eines sucht man meist vergebens: Fleisch. Sogenannte Edelteile fehlen oft im Sortiment. Was auch immer die Gründe dafür sein mögen, denn Bio-Schnitzel und Bio-Schweinerouladen sind lieferbar, informiert das Aktionsbündnis Bio-Schweinehalter Deutschlands e.V.: Bioschweinefleisch könne über Altdorfer Biofleisch, Biofleisch NRW, Thönes Natur oder kff aus Fulda bezogen werden. Die Niederländer machen es vor, denn dort ist seit Jahren Biofleisch Bestandteil des SB-Fleischsortiments.

Mit Wehmut erinnert sich so mancher an den Geschmack des Nackensteaks aus Großvaters Zeiten: damals, als die kleine Landwirtschaft genug abwarf, um neben einigen Rindern, Hühnern und Gänsen zwei Schweine zu ernähren und der Hausschlachter an jedem frostigen Dezemberanfang einem Schwein den Strick um den Hinterlauf band und es hinaustrieb, um erst den Bolzenschussapparat und dann das Messer anzusetzen. Ein Schwein, mit Dämpfkartoffeln, Lupinen, Rüben, Kleie und allerlei Küchenresten ein Jahr lang gefüttert, liefert einfach schmackhafteres Fleisch als jenes aus dem Supermarkt – so denken noch immer viele, die die Tradition des Hausschlachtens selbst miterlebt haben. Auch Biofleisch steht im Ruf, qualitativ höherwertig zu sein. Man schmeckt einfach den Unterschied, behaupten überzeugte Öko-Konsumenten immer wieder. Ob das tatsächlich so ist, wollte Stiftung Warentest schon 2003 wissen und übergab konventionelle und biologische Rückensteaks Fachleuten zur Prüfung. Das Ergebnis mag auf den ersten Blick ernüchternd wirken: Weder in ernährungsphysiologischer Hinsicht noch im Genusswert unterschied sich Bioschweinefleisch signifikant von konventionellem, egal, ob billig beim Discounter oder doppelt so teuer im Bio-Hofladen gekauft.[439] Qualitätsparameter im Fleisch lassen sich objektiv messen, über Geschmack dagegen lässt sich trefflich streiten. Auch scheitern solche Tests an der Konformität der Stichprobe, denn je mehr Faktoren außer Acht gelassen werden, desto ungenauer wird das Ergebnis. Charge, Kühlkette, Lagerung, Herkunft, Einzelbestandteile des Futters – die Beachtung aller geschmacksrelevanten Faktoren würde den Rahmen einer solchen Untersuchung sprengen. So war es auch bei Stiftung Warentest reine Glückssache, ob das Stück zäh, trocken oder aromatisch war. Tatsächlich macht der Test deutlich, woran der Bio-Geschmack auch bei Obst und Gemüse krankt: am Rassen- und Sortenzwang. In der Regel produzieren gerade marktrelevante Bio-Schweinemäster mit den üblichen Hochleistungsrassen, um wirtschaftlich zu arbeiten – und die Rasse bestimmt wesentlich, ob das Stück Fleisch mundet oder eben nicht. Moderne Hybridschweine wiederum sind stressanfällig, was die Fleischqualität mindern kann. Kraftfuttergepowert ist der gewünschte minimale Fettdepotanteil von zwei Prozent recht gut erreichbar – doch industrielles Kraftfutter ist in der ökologischen Schweinemast ebenso tabu wie bestimmte Hilfsmittel, zum Beispiel synthetische Aminosäuren oder Sojaextraktionsschrot, wodurch Biobauern immer wieder Probleme haben, genügend Eiweiß in die Ration zu bekommen. Die meisten Vorteile von Biofleisch sind ohnehin nicht zu schmecken, urteilt Stiftung Warentest: Die Erzeugung stärkt regionale Kreisläufe, die Lebensqualität der Tiere steigt.

Und dennoch – meist entscheidet der Preis. Dass Biofleisch um ein Vielfaches teurer ist als konventionell erzeugtes, ist vielen Verbrauchern kaum verständlich, denn nach wie vor müssen sie für ein Stück Bioschweinefleisch an der Theke das Zwei- bis Dreifache bezahlen. Warum aber ist das so? Ist es der eine Quadratmeter Platz mehr, den ein Bioschwein in der letzten Phase seines Lebens zur Verfügung hat? Sind es die Heuraufen, ist es die Stroheinstreu, die den Preis hochtreiben? Oder ist es der Verzicht auf chemisch-synthetische Spritz- und Düngemittel beim Anbau des Futters?

Im Prinzip ist es von all dem etwas. Jedes Stück mehr an Lebensqualität für das Schwein und Verzicht auf konventionelle Produktionsmethoden muss finanziert werden. Das fängt schon beim Stall an. Der Neubau eines Biostalls kostet 50 Prozent mehr als ein konventioneller Stall mit der gleichen Anzahl Schweine – schon wegen der benötigten höheren Grundfläche und des Auslaufs. Auch der enge Rahmen in der Tiermedizin verteuert das Fleisch. Hormone zur Kontrolle der Fortpflanzung sind ohnehin verboten, und Tiere, die innerhalb eines Jahres mehr als drei Behandlungen mit Antibiotika oder chemisch-synthetischen, schulmedizinischen Arzneimitteln erhalten haben, dürfen nicht mehr unter dem Öko-Label verkauft werden – ebenso wenig wie Produkte aus diesen Tieren.[440]

Hinzu kommen die strengen Futterregelungen: 100 Prozent Öko muss das Futter sein. Weil in Deutschland immer weniger heimische Eiweißfutterpflanzen wie zum Beispiel Ackerbohnen angebaut werden, Eiweiße aber der begrenzende Faktor bei der Fütterung sind, stoßen die Schweinehalter schnell an ihre Grenzen. Einen Ausweg aus dem Dilemma könnte der Anbau von Bio-Soja bieten, wie seit etwa vier Jahren Versuche des Fachbereichs Ökolandbau der Landwirtschaftskammer Niedersachsen belegen. Weil auch die Nachfrage nach Sojaprodukten bei Babynahrungsherstellern und im gesundheitsbewussten Lebensmittelsegment steigt, haben Biobauern in Zukunft gute Chancen, den Eiweißengpass auch in der ökologischen Schweinefütterung zu beenden. Letztlich bleibt die Frage, ob die produzierten Mengen ausreichen und wie hoch die Preise dafür steigen.

Wer sich demnach auf die Lebensmittelkontrolleure der Republik verlässt, kann ebenso gut an den Weihnachtsmann glauben. Weitaus intelligenter wäre es für Verbraucher, Lebensmittel zu beziehen, denen ein ökologischer Anbau oder die artgerechte Haltung per se zu Grunde liegt. Dafür mehr auszugeben lohnt allemal. Weniger Fleisch zu essen wäre eine sinnvolle Ergänzung auf dem Weg einer nachhaltigen Lebensmittelproduktion.

6 DIE MILCH MACHT'S

Kalzium ist wohl der Inhaltsstoff schlechthin, der die Milch zu dem gemacht hat, was sie in den Augen der meisten Menschen ist. Tatsächlich ist Kalzium unverzichtbar für den menschlichen Körper. Zusammen mit Phosphat wird es zum Knochenaufbau benötigt; fehlt es, entkalken die Knochen, werden biegsam und können leicht brechen – typisch für die Alterskrankheit Osteoporose. Außerdem unterstützt Kalzium die Blutgerinnung, was bei Verletzungen wichtig ist, und innerhalb der Zellen wirkt es an der Funktionsfähigkeit der Muskeln und der Erregung der Nerven mit. Zu den vielfältigen Aufgaben von Kalzium gehört auch die Beteiligung an der Erregung der Nerven, am Glykogenstoffwechsel[441] und an der Aktivierung von Enzymen und Hormonen. Der Tagesbedarf an Kalzium schwankt; Richtwerte gibt die folgende Liste wieder.

Kalziumbedarf pro Tag

Erwachsene: 800 bis 1 000 mg
Frauen in den Wechseljahren/Senioren ab 65 Jahre: 1 300 mg
Schwangere und Stillende: 1 200 mg
Jugendliche 15 bis 19 Jahre: 1 200 mg
Kinder bis 15 Jahre: 600 bis 1 000 mg
Osteoporose-Kranke: 1 500 mg

Quelle: Weltgesundheitsorganisation WHO

Die benötigten Mengen an Kalzium sind durch die Nahrung durchaus zu decken. Wohl jeder Verbraucher, der sich schon einmal mit Ernährung beschäftigt hat, trifft immer wieder auf entsprechende (recht einseitige) Empfehlungen, die Milchverbände, so mancher Ernährungswissenschaftler und die Politik seit Jahren propagieren. So genüge es, täglich ein Glas à 200 Milliliter Milch zu trinken, zwei Scheiben Hartkäse à 50 bis 60 Gramm zu verzehren und zwei Becher Joghurt zu je 150 Gramm zu essen oder – alles in allem – einen Liter Milch zu konsumieren. Was diese Tipps allerdings verschweigen: Auch viele andere Lebensmittel liefern Kalzium, und einige davon sind Milch und Milchprodukten sogar überlegen, weil das in ihnen enthaltene Kalzium besser verfügbar ist. Wie der menschliche Organismus Kalzium absorbiert, hängt nämlich auch von der Zusammensetzung der Nahrung und von individuellen physiologischen Faktoren ab. Zum Beispiel kann Kalzium so manche Aufgabe im Körper gar nicht erfüllen, wenn nicht gleichzeitig ausreichend Vitamin D vorhanden ist. Vitamin D übrigens decken Menschen, wie die meisten anderen Wirbeltiere auch, über das Sonnenlicht. Eingefleischte Stubenhocker oder Menschen, die aufgrund ihres Alters oder einer Erkrankung nicht jeden Tag wenigstens zehn bis 15 Minuten nach draußen gehen können, erhöhen damit ihre Anfälligkeit gegenüber vielerlei Erkrankungen, darunter Infekten, Rachitis, Muskelschwäche und Bluthochdruck. Neben dem Vitamin-D-Status verändert auch die Zeit der Schwangerschaft und des Stillens die Verfügbarkeit von Kalzium.

Erwachsene können aus einer Mischkost zwischen 20 und 40 Prozent Kalzium aufschließen, Säuglinge dagegen bis zu 75 Prozent des zugeführten Kalziums. Ältere Menschen haben eine stetig abnehmende Resorptionsrate. Außerdem beeinflussen bestimmte andere Inhaltsstoffe der Nahrung die Aufnahme von Kalzium. Zum Beispiel reagieren Phytinsäure[442] und Oxalsäure[443] sowie Ballaststoffe wie Pektine und Zellulose mit Kalzium zu schwer löslichen Verbindungen, mit denen der Körper nichts anfangen kann. Das ist auch der Grund, warum manche Veganer, die nicht anderweitig Ausgleich schaffen, mit Kalzium stark unterversorgt sind. Auf der anderen Seite hält Mutter Natur eine Vielzahl an Alternativen bereit. Oxalatarme Gemüsearten wie Chinakohl, Brokkoli oder Grünkohl übertreffen Milch mit 50 bis 60 Prozent bei Weitem um die Menge an verfügbarem Kalzium; aus Milch und Milchprodukten kann der Mensch rund 30 Prozent verwerten. Auch Hülsenfrüchte wie Bohnen oder Erbsen sowie Mandeln, Haselnüsse und Sesam bieten mit 25 Prozent einen noch recht hohen Anteil verwertbaren Kalziums. Vorausgesetzt, es weist über 150 Milligramm Kalzium je Liter auf, eignet sich auch Mineralwasser als Kalziumspender. Dessen Bioverfügbarkeit von Kalzium liegt mit der Milch ebenso gleichauf wie mit Kalzium angereicherte Sojamilch.[444]

Entscheidend dafür, wie viel dem Körper zur Verfügung steht, ist nicht allein die Aufnahme, sondern auch die Ausscheidung von Kalzium. So weiß man inzwischen, dass eine hohe Zufuhr vor allem tierischer Proteine die Kalzium-Ausscheidung ankurbelt: Nimmt der Mensch nur ein Gramm Protein auf, verliert er zehn Milligramm Kalzium. Der Grund: Tierische Proteine enthalten schwefelhaltige Aminosäuren wie Cystein und Methionin, die zu Schwefelsäure abgebaut und über den Urin ausgeschieden werden.[445]

Obwohl die Versorgung in der westlichen Welt kein Problem ist, zählen Ernährungswissenschaftler Kalzium doch nach wie vor zu den kritischen Nährstoffen. Untersuchungen haben ergeben, dass 46 Prozent der Männer und 55 Prozent der Frauen die empfohlenen Tagesdosen nicht erreichen. Dabei könnte es – rein theoretisch – so einfach sein: Würden wir unseren Konsum an tierischem Eiweiß von 60 auf 20 Gramm pro Tag herunterfahren, kämen wir auch mit weniger Kalzium aus. Der Kalziumbedarf eines gesunden Erwachsenen würde sich laut Weltgesundheitsorganisation (WHO) dann auf 600 Milligramm pro Tag verringern. Ohnehin nehmen wir zu viel tierisches Eiweiß auf, anstatt der empfohlenen täglichen Ration von 0,8 Gramm pro Kilogramm Körpergewicht 50 Prozent mehr. Maximal zwei bis drei Fleischmahlzeiten oder zwei- bis dreimaliger Wurstverzehr pro Woche reicht laut Deutscher Gesellschaft für Ernährung (DGE) aus, um unseren Bedarf an Proteinen zu decken, doch davon sind wir weit entfernt. Letztlich ist nicht abschließend geklärt, wie viel Eiweiß überhaupt zuträglich ist. Dass tierisches Eiweiß hochwertig ist und vom menschlichen Organismus leicht aufgenommen wird, ist die gute Nachricht. Leider kommt tierisches Eiweiß aber in Lebensmitteln vor, die gleichzeitig jede Menge Fett und Cholesterin enthalten – ein erheblicher Nachteil gegenüber pflanzlichen Proteinen. Zum Vergleich: 100 Gramm weiße Bohnen enthalten ungefähr so viel Eiweiß wie die gleiche Menge an Geflügelsalami, Cervelatwurst oder Schweinefleisch, nämlich 22 Gramm. Und um bei Milchprodukten zu bleiben: Ein kleiner Becher Joghurt hat mit fünf Gramm ebenso viel Eiweiß wie 250 Gramm Kartoffeln.

Mythos Molke

Das Eiweiß in der Milch besteht, grob unterschieden, aus zwei verschiedenen Anteilen. Der erste, mit 20 Prozent kleinere Anteil ist leichter verdaulich. Diesen Molkenproteinen steht der langsamer verdauliche Anteil von 80 Prozent Kasein gegenüber.

So manchem Kraftsportler gilt Molkeneiweiß als Eintrittskarte in den Bodybuilder-Himmel: Das in zahlreichen Präparaten zum Muskelaufbau enthaltene Molkeneiweiß wird als noch höherwertiger gehandelt als Vollei oder Rindfleisch.[446] Dass der Arbeitskreis »Sport und Ernährung« der Deutschen Gesellschaft für Ernährung eine Mehrzufuhr über zwei Gramm Protein je Kilogramm Körpergewicht für unsinnig hält, verhallt ebenso ungehört wie die Warnung vor einer Schädigung der Nieren: Im Unterschied zu Kohlenhydraten und Fett, die der Körper rückstandslos zu Wasser und Kohlendioxid verstoffwechselt, muss die Aminogruppe (-NH2) der Aminosäuren als Harnstoff entgiftet und über den Urin ausgeschieden werden. Experimente hatten gezeigt, dass Bodybuilder täglich mehr als die doppelte Menge an Harnstoff ausscheiden als die Versuchsgruppe.[447]

Molkenproteine sind (neben zahlreichen Mineralstoffen und Milchzucker) Bestandteil von Molke. Molke scheidet sich beim Gerinnen der Milch als Flüssigkeit ab und ist ein Nebenprodukt bei der Quark- und Käseherstellung. Jährlich fallen in Europa 81 Millionen Tonnen Molke an, rund 40 Prozent davon werden bereits heute zu den verschiedensten Produkten verarbeitet. [448] Nicht nur als Sportler-Drinks und Nahrungsergänzungsmittel, auch in der Säuglingsnahrung und als natürliche Bindemittel und Emulgatoren in der Lebensmittelindustrie verspricht Molke der Branche eine gewinnträchtige Zukunft. Schon seit Jahren versuchen deshalb die Milch- und Lebensmittelindustrie mit Nachdruck, Verbraucher für Molke, die übrigens zu 94 Prozent aus Wasser besteht, zu begeistern. Egal ob Labmolke, Süß- oder Sauermolke – Molke gilt als hippes Wellnessgetränk mit Charakter. Aufgepeppt mit verschiedenen Aromastoffen, soll sie Diätwilligen das Abnehmen erleichtern und Freizeitsportlern das Gefühl geben, gleichzeitig ihrem Körper und ihrem Gusto etwas Gutes zu tun. Doch etwas Gutes tut der Käufer vor allem den Unternehmen, die nicht nur das leidige Restprodukt Molke völlig überteuert an den Mann oder die Frau bringen.

Schnell auf den anfahrenden Zug aufzuspringen scheint sich also für die Unternehmen zu lohnen. Schließlich hatte auch die Rabobank (Coöperatieve Centrale **Raiffeisen-Boerenleenbank** B. A.), ein niederländisches Kreditinstitut, das weltweit als führender Finanzpartner der Lebensmittel- und Agrarindustrie gilt, die Molke als gewinnträchtigstes Produkt der Milchindustrie auf ein goldenes Podest gehoben. 2013 hatte sie in einer Untersuchung konstatiert, dass sich das jährliche Wachstum der Molkesparte künftig zwischen sechs und sieben Prozent bewegen wird. Molke könne aufgrund der enormen Nachfrage sogar knapp werden, gibt das Geldinstitut zu bedenken, und nährt mit dieser These das Verlangen nach Expansion. Die Strategie, die hinter solchen Überlegungen steht, hat gute Chancen, zum wirtschaftlichen Erfolg zu führen. Denn die westliche Welt hat zunehmend mit den Problemen zu kämpfen, die sie unter anderem ihrer Über- und Fehlernährung zu verdanken hat, wie Adipositas (Fettleibigkeit), Diabetes Typ II, bestimmte Krebsarten oder Herz-Kreislauf-Erkrankungen. So wächst mit dem Gesundheitsbewusstsein der Verbraucher die Aussicht der Unternehmen, in einem stagnierenden Lebensmittelmarkt ein Nischenprodukt als Zeichen einer modernen Ernährungsweise aufzubauen und es seiner bisherigen Bedeutungslosigkeit zu entheben. Außerdem lässt sich Molke problemlos in allerlei Lebensmitteln »verstecken«. Die in vielen Produkten enthaltene Milch können Hersteller kostensenkend durch Molke ersetzen – sie sparen damit Geld und können das betreffende Lebensmittel auch noch als besonders gesund vermarkten. »Wenig Fett und viele Nährstoffe«, liest man unter Chefkoch.de, »Gesundes aus der Milch« titelt die *Apotheken Umschau*, und ungezählte Internetseiten loben die Molke als Mittel gegen Übergewicht, für schöne Haut und als natürliches Therapeutikum gegen Verstopfung, Gallenbeschwerden, Nieren- oder Leberkrankheiten. Um nicht missverstanden zu werden: Molke ist nicht ungesund, zumal, wenn sie – wie andere Lebensmittel auch – angemessen und nicht exzessiv genossen wird. Auch ihre positiven Effekte sind unbestritten. Schließlich enthält sie neben den bereits erwähnten knapp 94 Prozent Wasser, den vier bis fünf Prozent Milchzucker und den 0,6 bis ein Prozent Molkenprotein auch Milchsäure, die Vitamine B1, B2 und B6 sowie Kalzium, Kalium, Phosphor und andere Mineralstoffe. Außerdem ist sie praktisch frei von Fett. Wie viel Molke pro Tag gesundheitlich zuträglich ist, darüber herrscht Uneinigkeit. Jedenfalls enthalten 200 Milliliter Molke annähernd so viel Kalzium wie 100 Milliliter fettarme Milch (siehe Tabelle 7) oder 100 Gramm Bleichsellerie oder 50 Gramm Rucola oder 30 Gramm Kresse ... Nicht zu vergessen auch, dass Molke, so wie sie in der Käseherstellung anfällt, den meisten Menschen nicht schmeckt. Leicht säuerlich und etwas bitter, sehr wässrig und mit ungewohntem Beigeschmack hat sie nichts gemein mit den Modegetränken, die in den Supermärkten zu finden sind. Bestenfalls setzen Hersteller der reinen Molke daher Fruchtsaftkonzentrate zu, meist jedoch außerdem Aromen und jede Menge Zucker oder Süßstoff. Zusätzlich werden die Molkedrinks noch mit Vitaminen und Mineralstoffen aufgepeppt – was bei einer ausgewogenen Ernährung völlig überflüssig ist.

Molke ist ein enorm vielseitig einsetzbarer Stoff. Bisher wurde ein großer Teil zu Trockenpulver verarbeitet und an Schweine verfüttert oder in Convenience-Produkten wie Fertiggerichten verarbeitet. Wegen ihres Stickstoffgehalts findet Molke auch außerhalb von Futter und Ernährung Verwendung. Zum Beispiel lässt sich die Brennbarkeit von Holzspänen in Dämmstoffen für Niedrigenergiehäuser herabsetzen, indem man diese zuvor in Molke tränkt, und Spezialkomposte aus molkegetränkten Holzhäckseln können, als Dünger auf die Felder ausgebracht, Pflanzen mit Stickstoff versorgen. Längst sind zudem Wellness- und Kosmetikprodukte auf dem Markt. Lebensmittelfolien, die bisherige, häufig petrochemisch basierte und teure Polymere ersetzen können, stehen kurz vor der industriellen Fertigung.[449]

Globalisierungswahn – Milchbauern am Limit

Ist ein neuer Markt für Molke und Molkeprodukte geschaffen, löst sich das Problem der Überproduktion von Milch zumindest zum Teil. Aus Gründen der Nachhaltigkeit darf die Nützlichkeit dieser Entwicklung stark angezweifelt werden – Unternehmer dagegen begrüßen sie überschwänglich. Die Überproduktion, Spross ungebremsten Wachstums und falscher staatlicher Anreize, hält die westliche Agrarwirtschaft schon seit den 1970er-Jahren im Klammergriff. Butter-

Tabelle 7 Nährstoffe, Vitamine, Mineralstoffe von Molke und Milch im Vergleich

	Molke (je 100 g)	Milch 1,5% Fett (je 100 g)
Nährstoffe		
Kalorien	24 kcal	47 kcal
Wasser	93,6 %	89,3 %
Fett	0,2 g	1,5 g
Kohlenhydrate	4,7 g	4,9 g
Eiweiß	0,8 g	3,4 g
Mineralstoffe		
Natrium	45 mg	49 mg
Kalium	129 mg	155 mg
Kalzium	68 mg	123 mg
Magnesium	1 mg	12 mg
Eisen	0,1 mg	0,1 mg
Vitamine		
A1 (Retinol)	3 mcg	31 mcg
B1 (Thiamin)	0,04 mg	0,03 mg
B2 (Riboflavin)	0,15 mg	0,18 mg
B3 (Niacin)	0,2 mg	0,1 mg
B6 (Pyridoxin)	0,04 mg	0,04 mg
C (Ascorbin)	1 mg	1 mg
E (Tocopherol)	-	0,1 mg

Quelle: Lebensmittellexikon online, http://www.lebensmittellexikon.de/t0000140.php

und Fleischberge, Milch- und Weinseen sind ihre Auswüchse. Diese Überproduktion war auch der Grund dafür, dass die Europäische Gemeinschaft 1984 die Milchquote einführte. Weil Deutschland im Wirtschaftsjahr 2012/2013 seine Milchquote um 26 000 Tonnen Milch überschritten hat, muss es 7,2 Millionen Euro Strafe zahlen. Deutschlands

Milchproduktion orientiert sich schon lange nicht mehr am tatsächlichen Bedarf; inzwischen liegt der Selbstversorgungsgrad mit Milch bei 110 Prozent. Fachleute schätzen, dass EU-weit derzeit etwa fünf Milliarden Liter Milch zu viel auf dem Markt sind. Bis jetzt versuchte die EU mit der Milchquote zu regeln, wie viel jedes Land produzieren darf. Doch damit ist ab 1. April 2015 Schluss – die EU-Landwirtschaftsminister haben 2008 endgültig das Ende der Kontingentierung beschlossen; eine Obergrenze wird es von da an nicht mehr geben. Die Reform hat das Ziel, die Landwirtschaft stärker marktwirtschaftlich auszurichten: Von nun an sollen die Regeln von Angebot und Nachfrage auch für landwirtschaftliche Produkte gelten. Jahrzehntelang hatte die EU den Landwirten Beihilfen für Erzeugnisse gezahlt, auch wenn sie diese »am Markt vorbei« herstellten. Seit der Gemeinsamen Agrarpolitik erhalten sie nun Subventionen unabhängig davon, wie viel sie produzieren. Das klingt zunächst schlüssig. Bei genauerem Hinsehen allerdings droht eine Entwicklung, die viele kleinere Betriebe in den Ruin treiben wird, denn die Abschaffung der Milchquote und die völlige Liberalisierung des Milchmarktes werden dazu führen, dass der Milchpreis auf das niedrige Weltmarktniveau absinkt und Produzenten nicht in der Lage sind, die starken Schwankungen abzufedern. Schon jetzt ist es für viele Milchbauern schwierig, mit den bundesdurchschnittlich 35 Cent pro Kilogramm auszukommen. Es gab Zeiten, da die Milchbauern für ihre Milch kaum mehr als 20 Cent pro Liter bekamen und sie das weiße Gold, das damit kaum mehr wert war als ein Kilogramm Eisenschrott, so wütend wie öffentlichkeitswirksam in Gullys versenkten. Erst seit der Milchkrise 2009/2010 boomt das Geschäft, und die Erzeugerpreise sind laut Agrarmarkt Informations-Gesellschaft mbH (AMI) auf durchschnittlich rund 41 Cent pro Kilogramm gestiegen (Stand: Dezember 2013). Dass der erfreuliche Status quo nicht von Dauer sein kann, zeigen die Erfahrungen der vergangenen Jahre. Doch wozu diese Beharrlichkeit? Wie viel muss der Milchbauer eigentlich vorschießen, um einen Liter Milch zu produzieren? Es hat lange gedauert, bis ein entsprechendes Gutachten Antworten auf die wichtigsten Fragen gab. 2012 war es schließlich so weit. Eine europäische und eine deutsche Interessenvertretung der Milcherzeuger, das European Milk Board (EMB) und das MEG Milch Board[450], hatte das Büro für Agrarsoziologie und

Landwirtschaftskultur (bal) beauftragt, unter Berücksichtigung von Parametern wie Region sowie Arbeitszeit der Betriebsleiter und der Familienangehörigen, EU-weit vergleichbare Zahlen zu ermitteln. Datenbasis waren unter anderem das InformationsNetz Landwirtschaftlicher Buchführungen der Europäischen Kommission (INLB) und Preisindizes für landwirtschaftliche Betriebsmittel wie Futter, Dünger, Saatgut und Energie vom Bundesamt für Statistik. Auch die Beihilfen wurden berücksichtigt. Unterschieden in die drei Regionen Nord (Nordrhein-Westfalen, Niedersachsen, Schleswig-Holstein), Süd (Saarland, Bayern, Baden-Württemberg, Rheinland-Pflalz, Hessen) und Ost (Thüringen, Sachsen, Sachsen-Anhalt, Brandenburg, Mecklenburg-Vorpommern) machte das bald Kosten je Kilogramm Milch von rund 43 Cent, 51 Cent beziehungsweise 45 Cent aus. Die Zahlen belegen, was die Milchbauern seit Langem beklagen: dass nämlich der Milchpreis allein die Kosten nicht deckt. Noch bis vor wenigen Jahren hatten die Milchbauern für einen Erzeugerpreis von 40 Cent pro Kilogramm Milch[451] gekämpft. Doch die steigenden Futtermittel- und Energiepreise wollen bezahlt werden, sodass der Preis je nach Region auf 43 bis 51 Cent klettern müsste, um die Bauern zu ernähren.[452] Billigstpreise für Milch, Butter und andere Molkereierzeugnisse aber ruinieren sie. Wenn Aldi für einen Liter fettarme Milch 45 Cent und für einen Liter Milch mit einem Fettgehalt von 3,5 Prozent 51 Cent verlangt, verdient ein Erzeuger zwischen 25 und 27 Cent.[453] Seit Jahren ächzen die Produzenten unter der verheerenden Allianz von Überproduktion, steigenden Kosten und zu niedrigen Erzeugerpreisen. Die Gewinner sind die marktdominierenden Einzelhandelsketten und die Milchindustrie, die Verlierer die Milchbauern. »Strukturwandel« ist ein nüchterner Begriff für das Sterben bäuerlicher Familienbetriebe auch in diesem Landwirtschaftssektor. Jedes Jahr gibt es mehrere Tausend Milchbauern weniger, beklagt der Bundesverband Deutscher Milchviehhalter, und das Statistische Bundesamt dokumentiert den massiven Rückgang als Gegenüberstellung von Hof und Tier: Innerhalb nur eines Jahres gaben 3 300 Betriebe auf, während sich die Zahl der Milchkühe zwischen 2012 und 2013 um knapp 78 000 Tiere auf bundesweit 4,27 Millionen erhöht hat. Der Trend zu immer größeren Betrieben mit immer mehr Milchkühen ist unübersehbar. Kontinuierlich steigt die Zahl der Ställe, die mindestens

100 Kühe halten, und am schnellsten sinkt die Anzahl jener mit weniger als 50 Milchkühen. Noch mehr Kühe anschaffen hält so mancher für den einzig gangbaren Ausweg. Ein Trugschluss besonders für die kleineren Betriebe, denn der Umsatz entwickelt sich mitnichten proportional zur Höhe an Investitionen, und je mehr Milch der Milchbauer produziert, umso schneller dreht sich die Spirale von Überproduktion und Preisverfall. Stattdessen stirbt die Kulturlandschaft als nationales Kulturgut – mit dramatischen Folgen für den Naturraum, die Arten- und die Sortenvielfalt, den Tourismus und die Nachhaltigkeit. Letztlich ist es eine gesellschaftliche Frage, ob dem Beruf des Landwirts Wertschätzung zuteil wird und ob das bäuerliche Prinzip, das gleichzeitig Traditionen bewahrt und auf äußere strukturelle Veränderungen mit Improvisationstalent reagiert, erhalten werden oder einer zerstörerischen Marktkonzentration einzelner Oligarchen geopfert werden soll.

Dass die Milchquote gefallen ist, liegt in erster Linie im Interesse jener, die die Massenproduktion gutheißen, und jener, die damit viel Geld verdienen.

Tabelle 8 Top 10 der Milchverarbeiter in Europa 2010–2011[454]

Rang	Unternehmen	Land	Milchumsatz (in Mrd. Euro)	Milchmenge (in Mrd. kg)
1	Nestlé	Schweiz	21,2	12
2	Danone	Frankreich	12,3	unbekannt
3	Lactalis	Frankreich	9,1	10,2
4	Friesland Campina	Niederlande	8,8	10,3
5	Arla Foods	Dänemark	6,9	8,7
6	DMK[455]	Deutschland	4,0	6,8
7	Sodiaal	Frankreich	4,0	5,2
8	Parmalat	Italien	3,9	3,6
9	Bongrain	Frankreich	3,6	3,1
10	Groupe Bel	Frankreich	2,4	1,6

Quelle: Gewerkschaft Nahrung Genuss Gaststätten, Branchenbericht 2013 der milchverarbeitenden Industrie

Öffentlich geriert sich der Deutsche Bauernverband (DBV) gern als Ordonnanz aller Landwirte. Doch betätigt er sich in erster Linie als Fürsprecher der finanzstärksten Akteure im Agrar- und Ernährungssektor. So auch hier: Er präferiert die marktorientierte Milchproduktion; ein freiwilliger Produktionsverzicht auf dem EU-Binnenmarkt sei bei offenen Grenzen gegenüber dem Weltmarkt völlig ungeeignet[456]: »Die Marktorientierung ist alternativlos«, konstatierte Udo Folgart, Präsident des Landesbauernverbandes Brandenburg und als »Milchpräsident« für den DBV-Fachausschuss Milch zuständig, 2013.[457] Schon 2009 war der DBV aufgrund solcher Äußerungen Ziel heftiger Kritik der Milchbauern. Der Bundesverband Deutscher Milchviehhalter e.V. (BDM) warf DBV und Raiffeisenverband gezielte Falschinformationen vor.[458] »Wer so offensichtlich gegen den eigenen Berufsstand arbeitet, hat jede Vertretungsberechtigung für die Bauern verloren«, wetterte damals BDM-Gründer und -Vorsitzender Romuald Schaber. Schaber hält den DBV für eine Interessenvertretung der Milchindustrie, nicht der Milchbauern.[459] Tatsächlich hatten Befragungen in den Günlandregionen der Republik – den klassischen Milchproduktionsstandorten – ergeben, dass über 90 Prozent der Milcherzeuger für eine Mengenregelung nach 2015 votiert hatten.[460] Von einem Mengenregulierungssystem, wie es der Arbeitsgemeinschaft bäuerliche Landwirtschaft, einigen deutschen Politikern und dem Europäischen Parlament vorschwebt, hält der Deutsche Bauernverband dennoch nichts. Ein solches Bonus-Malus-System ermuntert die Erzeuger, durch eine finanzielle Belohnung in Niedrigpreisphasen weniger Milch anzuliefern. Finanziert würde dieser Bonus aus Strafzahlungen (sogenannter Malus), die der Erzeuger dann leisten müsste, wenn er ungebremst weiter lieferte.[461]

Deutsche Milchflut überschwemmt die Welt

Deutschland ist mit Abstand der größte Milchproduzent in Europa. Nach der Fleischbranche ist die Milchindustrie mit einem Umsatz von 26 Milliarden Euro die zweitmächtigste Sparte der deutschen Ernährungsindustrie. Schon heute erwirtschaften Molkereien hierzulande 31 Prozent ihrer Umsätze über den Export – mit steigender Tendenz.[462]

Das lässt sich auch anhand von Zahlen belegen. So stieg die Ausfuhr von Milch- und Milcherzeugnissen (ohne Butter und Käse) von 324 Millionen Euro im Jahr 2005 auf 806 Millionen Euro im Jahr 2011 und bei Käse um etwas weniger als das Doppelte von 265 Millionen Euro auf 476 Millionen Euro. Seit Langem macht sich die Bundesregierung für einen Export auch von deutschen Agrar- und Ernährungsgütern stark. »Eine dynamisch wachsende Weltbevölkerung, steigende Einkommen in vielen Drittländern und sich wandelnde Ernährungsgewohnheiten eröffnen für deutsche Qualitätsprodukte der Agrar- und Ernährungswirtschaft eine Vielzahl von neuen Exportmöglichkeiten«, schreibt das Bundesministerium für Ernährung, Landwirtschaft und Verbraucherschutz zu seinem Exportförderprogramm für deutsche Unternehmen der Agrar- und Ernährungswirtschaft, verschweigt aber, dass der Agrarhandel keineswegs der Grundversorgung der Weltbevölkerung mit Lebensmitteln dient, sondern den Appetit multinational agierender Großkonzerne stillen soll. Der Export treibt darüber hinaus die Bauern in den jeweiligen Ländern in den Ruin, weil die einheimischen Milchprodukte preislich nicht mit der subventionierten EU-Dumpingmilch mithalten können.

Dass es Deutschland nach China und den USA im Export auf Platz drei der Weltrangliste geschafft hat, sieht nicht jeder vorbehaltlos positiv. Deutschland verdient außerordentlich an seinem gewaltigen Exportüberschuss[463]: Im Jahr 2012 betrug er 185 Milliarden Euro. Doch der Import lahmt. Dieses Ungleichgewicht steht schon länger in der internationalen Kritik. Kürzlich hatte das amerikanische Finanzministerium Deutschland vorgeworfen, mit seiner »blutarmen Binnennachfrage« und seinem hohen Bilanzüberschuss im Euroraum wie auch in der Weltwirtschaft »deflationäre Verzerrungen« hervorzurufen.[464] Nicht nur die Amerikaner, auch die europäischen Nachbarstaaten wollen dem Ungleichgewicht von Export und Import in Deutschland nicht mehr tatenlos zusehen; viele Länder erleben seit Jahren hohe Handelsdefizite. Ihr Vorwurf: Deutschland verschafft sich durch zu niedrige Löhne Wettbewerbsvorteile und drängt Unternehmen anderer Eurostaaten vom Markt. Ende 2013 schließlich hatte die EU eine Sonderuntersuchung angekündigt, die bei entsprechenden Ergebnissen eine Milliardenstrafe für Deutschland nach sich ziehen würde. Bisher hatte die Bundesregierung stets jede Kritik mit Hinweis auf die Stärke Deutschlands im Exportgeschäft weit von sich gewiesen. Dabei geht es mitnichten um eine Bestrafung für die hohe Exportleistung, sondern darum, die Binnennachfrage und damit die Importe zu stärken. Das allerdings ist nicht ohne staatliche Investitionen machbar. Zunächst müsste die prekäre Beschäftigung eingedämmt werden, und zwar durch konkrete Maßnahmen wie Mindestlohn und die Begrenzung von Zeitarbeit, Leiharbeit und Praktika.[465]

Traditionell zieht Deutschland seinen Reichtum zwar vor allem aus Industrieexporten, doch auch Agrarexporte versprechen satte – und steigende – Gewinne für die beteiligten Unternehmen. 2012 war ein Spitzenjahr, denn so viele Agrar- und Ernährungsgüter hatte Deutschland nie zuvor exportiert: 60,1 Milliarden Euro betrug der Warenwert für Güter der Agrar- und Ernährungswirtschaft, die im vergangenen Jahr Deutschland verließen. 2011 lag dieser Wert noch bei 56,1 Milliarden Euro, sieben Prozent niedriger.[466] Was Wunder, wenn auch die Milchwirtschaft die Märkte im Ausland als lohnendes Ziel ausmacht. Export ist das Heilsversprechen, das unisono durch die krisengeschüttelte deutsche Wirtschaftspolitik geistert. Schließlich ist Deutschland nach wie vor mit über zwei Billionen Euro verschuldet. Ein Schuldenberg, der nie wieder abgetragen werden kann – selbst wenn die Zinssätze für deutsche Staatsanleihen niedrig blieben und die deutsche Wirtschaft zu starkem Wachstum zurückfindet. Zu diesem Schluss kommt eine Studie des Center for Economic Studies (CES) der Volkswirtschaftlichen Fakultät der Ludwig-Maximilians-Universität München.[467] Natürlich ist es politisch wenig ratsam, die Bevölkerung über den tatsächlichen Zustand des Landes aufzuklären. Mit offiziellen Meldungen wie »Deutschland stoppt Schuldenanstieg«[468] oder entsprechenden Zeitungsberichten (»Bundesländer besonders fleißig: Deutschland baut 40 Milliarden Euro Schulden ab«[469]) wird der Eindruck erweckt, es handelte sich lediglich um temporär begrenzte wirtschaftliche Turbulenzen, die mithilfe deutscher Tugenden aus der Welt zu schaffen seien. Das Einschwören auf den Export als Wunderwaffe gegen den ökonomischen Kollaps gehört zum Kalkül. Viele Institutionen lassen sich von den verführerischen Exportverheißungen anstecken und pflastern den eingeschlagenen Weg mit wissenschaftlichen Erkenntnissen. Die Chance für europäische Milchproduzenten, so auch die Fachhochschule Kiel in Zusammenarbeit mit dem ife Informationszentrum für Ernährungswirtschaft, läge im Export. Die internationale Milchmarktstudie rechnet damit, dass der Exportanteil der in der EU angelieferten Milch bis 2022 um 18 Prozent klettern werde. Zwar sei mit einer Stagnation der Nachfrage zu rechnen, doch hätten einzelne Teilbereiche des Milchmarktes wie der Markt für Käse oder Frischprodukte durchaus das Zeug zum Wachstum, insbesondere in den seit 2004 beigetretenen Mitgliedsstaaten. Welche problematischen und kaum mehr handelbaren Nachteile mit dem weiteren Festhalten am Streben nach Wachstum und Export einhergehen, wird indes von keiner Seite kommuniziert.

Von noch größerer argumentatorischer Schlagkraft dürften in diesem Zusammenhang die Explikationen der Rabobank sein. Sie sagt der Milchwirtschaft eine rosige Zukunft voraus: Innerhalb von fünf Jahren werde der weltweite Milchverbrauch um insgesamt zwölf Prozent wachsen, jedes Jahr um 2,4 Prozent. Dieses Wachstum bezieht sich allerdings nicht auf die milchgesättigten westlichen Industrienationen, sondern auf Entwicklungs- und Schwellenländer. China und Indien versprechen beste Absatzmärkte. »Schon heute haben 16 der 20 größten Milchverarbeiter Standbeine in Asien und/oder Lateinamerika aufgebaut, 15 davon allein in China«, resümiert die Rabobank in ihrer Studie.[470] Der Kampf um Marktanteile fördert indes die Konzentration von Macht und Geld in wenigen Händen. Fusionen und Übernahmen sind an der Tagesordnung, ein Ende dieser Entwicklung ist nicht in Sicht. Die bereits heute marktdominierenden Unternehmen bauen ihren weltweiten Einflussbereich kontinuierlich aus:

- Der Schweizer Nahrungsmittelkonzern Nestlé übernimmt vom amerikanischen Pharmariesen Pfizer dessen Babynahrungssparte. Ziel: Säuglingsnahrung in Schwellenländern.
- Der französische Milchindustriekonzern Lactalis kauft den italienischen Lebensmittelkonzern Parmalat. Ziel: Erschließung neuer Märkte.
- Der multinationale Konzern FrieslandCampina mit Sitz in den Niederlanden schluckt eines der größten philippinischen Molkerei-Unternehmen, die Alaska Milk Corporation (AMC). Ziel: Zugang zum stark wachsenden asiatischen Markt.

- Die Europäische Kommission genehmigt die Fusion der schwedisch-dänischen Molkereigenossenschaft Arla Foods a.m.b.a., weltweit viertgrößte Molkerei, mit der schottischen Molkereigenossenschaft Milk Link, wodurch die größte Molkereigesellschaft Großbritanniens entsteht. Außerdem genehmigen die Wettbewerbsbehörden die Fusion von Arla mit der deutschen Milch-Union Hocheifel eG und 2700 Genossenschaftsmitgliedern aus Deutschland, Belgien und Luxemburg. Ziel: Stärkung der Position als europäischer Milchverarbeiter.
- Der kanadische Milchkonzern Saputo schluckt den australischen Käse- und Butterhersteller Warmambool und den US-Käser DCI. Ziele: Erschließung der asiatischen Märkte, Ausbau der eigenen Position im US-Markt.
- Die Deutsche Milchkontor GmbH (DMK) entstand durch Fusion der norddeutschen Unternehmen Humana Milchunion und Nordmilch. DMK erwarb außerdem eine Mehrheitsbeteiligung an der nordrhein-westfälischen Rosen-Eiskrem. Ziel: Ausbau der Marktposition als größtes deutsches Molkereiunternehmen und größter deutscher Eisproduzent.
- Die deutsche Müller Milch kauft den britischen Rivalen Robert Wiseman Dairies und schließt ein Joint Venture mit PepsiCo in den USA. Ziel: Erschließung des wachsenden amerikanischen Joghurtmarktes.[471]

Wo man auch hinsieht – überall auf der Welt schreitet die Konzentration voran. Die Bestrebungen der Milchindustrie, immer mehr Marktmacht zu bündeln, sind auch in Deutschland deutlich zu spüren. 2012 hatte die Bundesanstalt für Landwirtschaft und Ernährung 147 Molkereiunternehmen gezählt – 24 Prozent weniger als in der vorigen Erhebung aus dem Jahr 2009. Innerhalb von nur zwei Jahrzehnten hat sich die Zahl der Milchverarbeiter mehr als halbiert. Die meiste Milch wird von den größten Firmen verarbeitet: Nur sieben Molkereiunternehmen verarbeiten 44 Prozent der Rohmilch (siehe Tabelle Top 20 Molkereien in Deutschland 2010/2011).[472]

Es wird nicht mehr lange dauern, bis der europäische Milchmarkt unter einer Handvoll Unternehmen aufgeteilt ist. Dass eine solche Entwicklung nicht gesund sein kann, demonstrieren seit Jahren die Strom-

Oligopole auf dem deutschen Energiemarkt. Ein ähnliches Schicksal wird den Milchsektor ereilen – mit den üblichen Gewinnern und Verlierern. Das Nachsehen hätten die Milchbauern. Sie befürchten einen rechtsfreien Raum: Allein die Unternehmen würden vom Weltmarktgeschäft profitieren, den Milchbauern aber dennoch keine besseren Preise zahlen. Außerdem hielten die Big Player das Zepter in der Hand und könnten dank ihrer Monopolstellung darüber entscheiden, von welchen Betrieben sie die Milch beziehen und von welchen nicht. Der Unkenruf ist nicht unberechtigt: Nur bescheidene Bauern sind gute Bauern – jene, die sich wehren und für einen angemessenen Milchpreis kämpfen, fallen durchs Raster. Die Frage ist, ob es überhaupt noch einen freien Markt für Rohmilch gibt. Wer sich damit beschäftigt, wird erkennen, dass die Antwort darauf nur Nein lauten kann. Spätestens 2020 käme er gänzlich zum Erliegen – wenn sich die Politik nicht darum kümmert. Die Konzentration der Milchindustrie und ihre Abhängigkeit von der Marktmacht des Lebensmitteleinzelhandels degradieren das Grundnahrungsmittel Milch zu einem Ramschprodukt. Schon längst spiegeln die Preise den ökonomischen Wert von Milch und Milchprodukten (wie auch bei anderen Lebensmitteln) nicht mehr wider, und der Verbraucher als letzte Instanz macht sich zum Helfershelfer einer unersättlichen Ernährungsindustrie. Er konsumiert in Massen und geizt beim Bezahlen. Dabei ist gerade bei der Milch weniger manchmal mehr: Milch wird, was ihren Gesundheitseffekt betrifft, gerne überschätzt, wie wir später noch zeigen werden.

Milchbauern haben kaum Verhandlungsspielraum, wenn sie ihre Milch den Molkereien anbieten, und sie sind höchst abhängig. Nur ein Beispiel: Die Hochwald Nahrungsmittel Werke GmbH, im Molkereien-Ranking der Top 20 an dritter Stelle, hat etwa 6 500 Erzeuger unter Vertrag, nicht nur Deutsche, sondern auch Franzosen, Niederländer und Luxemburger, die allesamt ihre Milch verkaufen und einen guten Preis dafür erzielen wollen.

Natürlich ist der Molkereiwirtschaft klar, dass ein freier Markt auch für sie als Unternehmen viele Risiken birgt. Sie könnten durchaus versucht sein, ihre Rohstoffversorgung über langfristige Knebelverträge mit den Erzeugern zu sichern, wie 2010 in Frankreich bereits geschehen. Damals hatte der Dachverband der Privatmolkereien (FNIL) das

Tabelle 9: Top-20-Molkereien in Deutschland 2010/2011

Rang	Unternehmen	Umsatz (in Mio. Euro)	Milchverarbeitung (in Mio. kg)
1	DMK Deutsches Milchkontor	4 600,0	6 900,0
2	Arla Foods	1 300,0	2 489,0
3	Hochwald Nahrungsmittel-Werke	1 193,5	2 047,2
4	Bayernland eG	1 146,0	700,0
5	Hochland SE	1 109,9	483,0
6	Unternehmensgruppe Theo Müller	1 000,0	2 000,0
7	Meggle AG	900,0	750,0
8	Zott gmbH & Co KG	815,0	852,0
9	Ehrmann AG	685,0	465,0
10	FrieslandCampina Germany GmbH	600,0	700,0
11	Danone GmbH	589,0	325,0
12	Fude+Serrahn Milchprodukte gmbH & Co KG	508,0	300,0
13	Omira Oberland Milchver-wertung GmbH	503,0	952,0
14	Molkerei Ammerland eG	490,7	1 077,0
15	Bayerische Milchindustrie eG	481,0	807,0
16	Käserei Champignon Hofmeister GmbH & Co. KG	480,0	400,0
17	Uelzena eG	442,0	438,9
18	Rücker GmbH	435,0	800,0
19	frischli GmbH	379,0	735,0
20	Goldsteig Käsereien Bayer-wald GmbH	357,0	735,0

Quelle: mi Spezial, Branchenübersicht Milchindustrie 2012

Preisabkommen vom Juni 2009 gekündigt, und die Molkereien hatten »ihre« Milchproduzenten aufgefordert, langfristige Lieferverträge zu unterschreiben, ohne jedoch im Gegenzug eine verbindliche Preiszugabe zu garantieren. Die Begründung: Der Erzeugerpreis liege um 15 Prozent über dem in Deutschland. Die aufgebrachten französischen Milchbauern, von denen ein Fünftel das Geschäftsjahr mit einem Verlust abgeschlossen hatte, riefen zum Boykott vor allem gegen die Molkerei Lactalis auf, nach Danone der zweitgrößte Milchindustriekonzern in Frankreich.[473] Das daraufhin vereinbarte Milchpreisabkommen gestand den Produzenten 32 Cent pro Kilogramm zu und bindet diese an den deutschen Milchpreis. Bei einer Differenz zwischen den Milchpreisen der beiden Länder von mehr als acht Cent erfolgt eine Angleichung. Das allerdings ist verhängnisvoll, denn Deutschland exportiert viele Milchprodukte, die, um gekauft zu werden, meist billiger angeboten werden als die französischen. Passen die französischen Anbieter ihre Preise dann den niedrigen deutschen an, setzt das die bekannte Abwärtsspirale in Gang, an deren Ende die Milchbauern das Nachsehen haben.

Fette Beute Milchmarkt

Die Milchindustrie ist mächtig – und die Milchindustrie ist politisch gut aufgestellt. Sie fing klein an, und im Laufe der Jahrzehnte und mithilfe staatlicher Unterstützung wurde aus ihr der heute zweitmächtigste Lebensmittelsektor.

Es mag nur wenige geben, die mit dem Slogan »Milch macht müde Männer munter« aus den 1950er-Jahren nichts anfangen können. Der für diese Zeit eher ungewöhnliche frivole Unterton traf einen Nerv: Es sollte aufwärts gehen. Milchbars schossen wie Pilze aus dem Boden, und der stark subventionierte Siegeszug von Milch und Milchprodukten nahm seinen Anfang. Schaltstelle der geballten Werbepower wurde die Centrale Marketing-Gesellschaft mbH (CMA). In der 1970 gegründeten CMA (»Bestes vom Bauern«) waren 41 Spitzenverbände der deutschen Lebensmittelindustrie und Landwirtschaft versammelt, darunter der Deutsche Bauernverband (DBV), die Bundesvereinigung der deutschen Ernährungsindustrie und der Milchindustrie-Verband e.V. (MIV). Letzterer war mit rund 33 Millionen Euro jährlich größter Beitragszahler in den Absatzfonds der deutschen Land- und Ernährungswirtschaft[474], aus dem sich die CMA wesentlich finanzierte: Sie erhielt 90 Prozent der Gelder, während auf die zweite beteiligte Gesellschaft, die Zentrale Markt- und Preisberichtstelle für Erzeugnisse der Land-, Forst- und Ernährungswirtschaft (ZMP), zehn Prozent entfielen.[475]

Der Absatzfonds[476] wiederum unterstand direkt dem Bundesministerium für Ernährung, Landwirtschaft und Verbraucherschutz und sollte, so die offizielle Version, die Einkommenssituation der Landwirte fördern. Herstellerbetriebe wie Molkereien, Schlachtereien oder Mühlen leisteten entsprechende Zahlungen über die Bundesanstalt für Landwirtschaft und Ernährung oder die in den Bundesländern zuständigen Behörden. Auch die einzelnen Bauern wurden zur Kasse gebeten – und zwar per Gesetz. Das Absatzfondsgesetz verpflichtete die deutschen Landwirte seit 1969, für jedes produzierte Ei, jedes Kilogramm Fleisch und jeden Liter Milch eine Art Steuer zu bezahlen. 0,4 Prozent des Produktwertes flossen in den Fonds,[477] zum Beispiel zahlte ein Milchbauer 2003 0,12 Cent pro Kilogramm Milch an die CMA. Der »Reklamegroschen« wurde für viele zur Belastung, denn die Produktionskosten stiegen, während die Gewinne dahinschmolzen. Der Brüsseler Subventionstropf, an dem die Landwirtschaft bis heute hängt, hat daran nichts geändert. Millionen Kleinbetriebe mussten inzwischen aufgeben – nicht nur, weil vor allem Großbetriebe und oligarche Konzerne vom Gießkannenprinzip der EU-Subventionen profitieren.

Dagegen hat die Ernährungsindustrie keinen Grund zum Klagen. 2007 beispielsweise konnte sich die Branche mit einem Gesamtumsatz von 138,6 Milliarden Euro und einem Wachstum von 3,7 Prozent über eines der erfolgreichsten Geschäftsjahre seit der Vereinigung der beiden deutschen Staaten freuen. Ein Jahr später lag der Umsatz bei 155 Milliarden Euro und einem nominalen Wachstumsplus von 5,6 Prozent gegenüber dem Vorjahr.[478] Obwohl sie Jahr für Jahr einzahlten, hatten die Bauern von den Millionen der CMA wenig: An die Schleuderpreise für Lebensmittel hatten sich Verbraucher längst gewöhnt, und was mit dem eingezahlten Geld im Detail passierte, war ohnehin völlig unklar. Lobbyarbeit, Reklameblätter und Verbraucherbroschüren, um noch mehr Milch, Fleisch und Eier unter die Leute zu bringen – wer profitierte davon am meisten? Der

Strukturwandel auf dem Land und die Bilanzen der Ernährungsindustrie beantworten diese Frage: Familienbetriebe finanzierten die Absatzförderung von Produkten. Bauern waren lediglich Rohstofflieferanten; am wirtschaftlichen Erfolg der Unternehmen partizipierten sie nicht.

Ein aufmüpfiger Geflügelzüchter aus dem badischen Eppingen brachte das System schließlich zum Kippen. Georg Heitlinger hatte gegen die Zwangsabgabe geklagt, das Bundesverfassungsgericht hatte ihm recht gegeben und das Absatzfondsgesetz für verfassungswidrig erklärt,[479] woraufhin sowohl CMA als auch ZMP und der Fonds selbst aufgelöst wurden. 15 000 Euro hatte die CMA Heitlinger zurückzuerstatten – wie auch weitere etwa 120 Millionen Euro an all die anderen Landwirte, die ebenfalls Beschwerde gegen die Zwangsabgabe eingelegt hatten.[480] Gerd Sonnleitner, bis 2012 Präsident des Deutschen Bauernverbandes (DBV) und derzeit Präsident des europäischen Bauernverbandes COPA, war damals Aufsichtsratsmitglied der CMA und ärgerte sich über das Urteil.»Wir haben verloren, weil das Bundesverfassungsgericht festgestellt hat, dass wir in den letzten Jahren zu erfolgreich waren«, behauptete er.[481] Was er nicht erwähnte: Die CMA war bereits vom Bundesrechnungshof gerügt worden, weil diese es nicht für nötig befunden hatte, ihre Bilanzen zu veröffentlichen. Erst 2007 (37 Jahre nach ihrer Gründung) lenkte die Gesellschaft ein und legte erstmals einen Geschäftsbericht vor.

Nach dem Liquidationsentscheid wusste niemand, wie viele Rücklagen die CMA gebildet hatte. Schätzungen von Bundestagsabgeordneten beliefen sich auf 300 bis 400 Millionen Euro.[482] In einer kleinen Anfrage[483] hatte Die Linke 2013 um Auskunft über das Restvermögen gebeten. Zum letzten Zeitpunkt der Erhebung 2012 hatte es laut Bundesregierung noch rund 13,5 Millionen Euro betragen.

Bis heute ist die Abwicklung der CMA noch nicht abgeschlossen,[484] doch die für die Unternehmen so erfolgreiche Produktwerbung soll in ihrem Sinne fortgeführt werden. Nachfolgend ein Beispiel von vielen. Mit der abgewandelten Version aus den golden Fifties »Milch macht müde Schüler munter« versucht sich die Initiative Milch an der großen Aufgabe, für ein positives Image der Milch bereits bei den Jüngsten, ihren Eltern und Lehrern zu werben. Hinter der Initiative steht das Haus für Kommunikation in Bonn, ein Verbund aus PR-Leuten, Designern, Filmemachern und Marktforschern. Der Gründer, Egbert Roggentin, will das Vertrauen in Milch und Milchprodukte nachhaltig stärken.[485] Auf den Seiten des »Deutschen Schulmilch Serviceportals« informiert er über Veranstaltungen und Aktionen, Neues aus den Bundesländern und den »Weltschulmilchtag« am 29. September, den die Welternährungsorganisation der Vereinten Nationen (FAO) ins Leben gerufen hatte. Seine Botschaft ist deutlich: Unter den Buttons »Leichter lernen mit ausgewogener Ernährung« und »Studie: Bessere Leistungen dank Schulmilch« stellt die Initiative einen direkten Zusammenhang zwischen dem Konsum von Milch und Milchprodukten und der Gesundheit, Leistungsfähigkeit und Fitness her. Zu den Sponsoren gehören FrieslandCampina Germany, das rund 6000 schulische Einrichtungen mit Milch beliefert und somit größter Schulmilchlieferant Deutschlands ist, sowie Tetra Pak, das zur internationalen Tetra-Laval-Gruppe mit Sitz in der Schweiz gehört, die einen jährlichen Umsatz von schätzungsweise neun Milliarden Euro generiert. Auf starke Partner können Werbestrategen, die sich der Milch-Agitation verschrieben haben, ohnehin verlassen – ob direkt oder indirekt. Deutsche Politiker sind aufs Engste mit der Agrarindustrie verbandelt, und viele Lobbyisten werden nicht müde, offiziell ein Hohelied auf den Powerdrink aus dem Euter zu singen und die Branche immer weiter zum Wachstum anzutreiben. Antriebsfeder ist, wie meist, das Streben nach Mehrumsatz und Profitprogression.[486]

Jüngst erklärte das CDU-Bundestagsmitglied Peter Bleser anlässlich der alljährlich stattfindenden Grünen Woche in Berlin, dass »die Bundesregierung den Kurs der Marktausrichtung der Milchwirtschaft konsequent fortsetzen werde«. Bleser, nicht nur agrarpolitischer Sprecher der CDU-Fraktion, sondern zwischen 1996 und 2011 Aufsichtsratsvorsitzender der Raiffeisen Waren-Zentrale Rhein-Main eG (RWZ), wird seine Nähe zur Agrarindustrie von Kritikern heftig angekreidet. Mit seinen Kommentaren zur Grünen Gentechnik als »Zukunftstechnologie in Deutschland«[487] erwarb er sich den Ruf, Biotechnologiekonzernen wie Monsanto nahezustehen und die Grüne Gentechnik vorbehaltlos zu unterstützen.[488] Die Organisation Campact, die mit der Bewegung »Wir haben Agrarindustrie satt« zu einem Umdenken in der Landwirtschaftspolitik aufruft, beschimpfte er als »grüne Tarnorganisation«, die alle linken und grünen Gruppen koordiniere und gezielt Politiker und

Wissenschaftler verunglimpfe.[489] Bleser gilt als Hardliner der industriellen Landwirtschaft. Seit er 2011 als Parlamentarischer Staatssekretär im Bundesministerium für Ernährung und Landwirtschaft tätig ist, hat sein Wort besonderes Gewicht.

Dem Politiker zufolge war das Milchjahr 2013 ein überaus erfolgreiches. In seiner Ansprache vor dem Bundesverband Deutscher Milchviehhalter (BDM) und dem Milchindustrie-Verband lobte er die Milchviehbetriebe für ihre verbesserte Wettbewerbsfähigkeit: »... eine tolle Leistung, die bei den jetzigen Marktbedingungen Früchte trägt«, sagte er.[490] Viel erhoffen dürfen sich die Milchbauern dennoch nicht. Zum einen steht in den Sternen, wie sich der Preis, den die Erzeuger für ihre Milch bekommen, in den kommenden Monaten unter dem zunehmenden internationalen Marktdruck entwickeln wird, und zum anderen sind nicht sie es, die an der immensen Milchproduktion exorbitant verdienen.

Nach wie vor wird von den europäischen Regierungen die Massenproduktion von Milch unterstützt. Das ist in Deutschland nicht anders.[491] Seit Jahren forciert die EU die Abgabe subventionierter Milch in Schulen und Kindertagesstätten, aber auch in Behindertenwohnheimen und Schullandheimen. In diesem Zusammenhang hatten das Bundesministerium für Ernährung, Landwirtschaft und Verbraucherschutz (BMELV) und das Ministerium für Umwelt und Naturschutz, Landwirtschaft und Verbraucherschutz des Landes Nordrhein-Westfalen (MUNLV) das Modellprojekt »Schulmilch im Fokus« ins Leben gerufen. Forscher des Max-Rubner-Instituts und des Johann-Heinrich-von-Thünen-Instituts (vTI) begleiteten das Projekt wissenschaftlich. In ihrem Abschlussbericht machen die Fachleute keinen Hehl daraus, worauf es bei dem Programm in erster Linie ankommt: »Den Verbrauch von Milchprodukten, die wichtige Proteine, Vitamine und Mineralstoffe beinhalten, zu steigern ist das Ziel des Europäischen Schulmilchprogramms.«[492] Die Erfinder des Programms hatten ursprünglich weniger das Ziel, Kindern aus Gesundheitsgründen Milch, Joghurt, Buttermilch oder Käse schmackhaft zu machen. Vielmehr war das Programm als eine Möglichkeit zum Ausbau des Absatzes innerhalb der Europäischen Union (EU) konzipiert worden.[493] Die Verordnung fiel in jene unselige Zeit der 1970er-Jahre, als die Milchseen in Europa überliefen und die Butterberge in den Himmel wuchsen.[494] An der Zielstellung hat sich bis heute wenig geändert. Frühzeitige »positive Assoziationen mit dem Produkt Milch« sollen dazu beitragen, milchtrinkende Kinder zu Milchfans im Erwachsenenalter zu formen. In einer Novellierung des Programms von 2008 nahm die EU neben Trinkmilch noch weitere Milchprodukte auf: Von nun an können auch fermentierte Erzeugnisse wie Joghurt, Buttermilch, Kefir und viele Käsesorten gefördert werden. Damals wie heute werden in der Regel 0,25 Liter pro Schüler und Tag subventioniert, heute in Ausnahmefällen sogar bis zu 0,40 Liter. Im Schuljahr 2007/2008 verteilte das Programm in 27 Mitgliedsländern 300000 Tonnen Milch. Pro Schultag und Teilnehmer stellt die EU derzeit rund 4,5 Cent als Beihilfe zur Verfügung (Stand 2014). Nicht die Schüler selbst erhalten die Beihilfe, sondern die Lieferanten wie Molkereien, Händler oder Direktvermarkter. Auch die Einrichtungen oder ihre Träger können die Beihilfe beantragen. Die Bauern profitieren von dieser Leistung nicht. Die Anzahl potenzieller Milchzöglinge ist hoch: 13 Millionen Berechtigte könnten es allein in Deutschland sein. Tatsächlich aber nehmen weniger als 800000 Kinder und Jugendliche teil.[495] 70 Millionen Euro lässt sich die EU das Schulmilchprogramm Jahr für Jahr kosten, 5,6 Millionen davon entfielen auf Deutschland. Das Schulmilchprogramm »erfüllt eine erzieherische Funktion, denn es fördert die Entwicklung guter Ess- und Ernährungsgewohnheiten, die ein Leben lang erhalten bleiben«, heißt es auf den offiziellen Seiten der EU.[496] Dem pflichtet das Bundesministerium für Ernährung und Landwirtschaft uneingeschränkt bei und fordert mehr Anstrengung zur Erhöhung des Schulmilchabsatzes. Die Begründung: »Milch ist ein wichtiger Baustein für eine gesunde Ernährung und mit den vielen unterschiedlichen Milcherzeugnissen bestens geeignet, zu einer ausgewogenen Grundversorgung der Schülerinnen und Schüler beizutragen.«[497] Doch ist Milch wirklich so gesund, wie es Politik und Verbände glauben machen wollen?

Milch – Fluch oder Segen?

Die einen beschwören die Milch als Multitalent im Kampf um beste Gesundheit und Fitness, die anderen geißeln sie als weißes Gift. Für Verbraucher ist es oft schwierig, zwischen überzogenen Werbebotschaften und ökonomischem Kalkül auf der einen Seite und ideologisch geprägten Argumenten auf der anderen Seite zu unterscheiden. Der Schlagabtausch der beiden Fronten ist heftig, und die Thesen sind nicht immer haltbar. Letztlich ist die Frage, wie gesund oder ungesund Milch ist, von vielen anderen Faktoren abhängig wie Lebensalter und -weise, Geschlecht, Gesundheitsstatus, Verträglichkeiten und nicht zuletzt von der konsumierten Menge. Um es vorwegzunehmen: Nach heutigem Wissensstand sind Milch und Milchprodukte weder grenzenlos gesund noch derart krankheitsstiftend, dass es ratsam wäre, sie gänzlich vom Speiseplan zu streichen.

In allen Teilen der westlichen, milchkonsumierenden Welt widmen sich Forscher den gesundheitlichen Aspekten des Eutersaftes. Ihre Ergebnisse veröffentlichen sie in der Regel in einschlägigen Fachjournalen, knapp gefasst und in nüchterner Form. Von Nachrichtenagenturen und Wissenschaftsjournalisten lesefreundlicher aufbereitet, finden sie Eingang in die Medien unserer Zeit von der Publikumszeitschrift bis zum Blog. Nicht immer wirken sich das Umschreiben in eine verständliche Form und die häufige Wiedergabe der Fakten positiv auf den Sinnzusammenhang aus – Fehler schleichen sich ein, eine vorsichtig formulierte Hypothese wird durch die häufige Wiedergabe und die immer kreativere Wortwahl plötzlich zum Beweis. Nur: Was häufig wiederholt wird, muss deshalb nicht wahr sein. Der betörende Nimbus einer Studie kann schnell dazu verführen, voreilige Schlüsse zu ziehen – gerade dann, wenn sie die eigenen Überzeugungen zu untermauern scheint. Besser ist es, sich eine gesunde Skepsis bei der Bewertung von Studienergebnissen zu bewahren, denn in der Regel kennt man maximal ein Abstract, meist einen populärwissenschaftlichen Artikel, jedoch keine Einzelheiten. So wäre es oft gut, Antworten auf Fragen zu bekommen wie:

Wer hat die Studie (mit-)finanziert? Hinter vielen Studien – auch solchen aus renommierten staatlichen Einrichtungen – stecken handfeste ökonomische Interessen. Manchmal ist der Erkenntnisgewinn zweitrangig, manchmal soll die Forschung nur dazu dienen, die Position bestimmter Produkte am Markt zu festigen. Unabhängige Forschung ist selten geworden, nicht nur in Deutschland. Auch hat sich in der Branche herumgesprochen: Eine Studie kann manchmal mehr ausrichten und länger nachwirken, als es Werbung kann; die subtile Wirkung (das Ansprechen des Intellekts) wird inzwischen als probates Mittel zum Zweck benutzt.

Wie war die Studie aufgebaut, und wie sind die Forscher vorgegangen? Entscheidend dafür, wie valide die Ergebnisse sind, ist unter anderem das Studiendesign. Bei Interventionsstudien zum Beispiel kann der Untersucher Art, Zeit und Dosis selbst bestimmen. Dagegen haben Beobachtungsstudien, sogenannte Kohortenstudien, den Nachteil, dass dafür sehr viele Studienteilnehmer nötig sind, und die Ergebnisse erst nach längerer Zeit vorliegen. Es gibt eine Vielzahl von Studiendesigns, und jede hat je nach Fragestellung ihre Vor- und Nachteile. Tierexperimente können Hinweise liefern, sind aber nicht unmittelbar auf den Menschen übertragbar, und Untersuchungen mit Menschen sind, weil viele Faktoren berücksichtigt werden müssen, oft mit Fehlern behaftet.

Klingen die Argumente schlüssig? Fakt ist, dass sich mithilfe der Statistik und wissenschaftlich verbrämter Ausdrucksweise so mancher Mangel verstecken lässt. Auch die Logik kann dabei auf der Strecke bleiben. Je komplexer der Untersuchungsgegenstand, desto schwieriger ist es ohnehin, allgemein gültige Aussagen zu treffen. Das sollte man auch bei Milchstudien im Hinterkopf behalten: Jeder Mensch ist ein Individuum aus schätzungsweise 100 Billionen Zellen, und noch immer sind weder alle physiologischen Vorgänge im menschlichen Organismus verstanden noch die Wechselwirkungen mit von außen zugeführten Stoffen. Deshalb ist Vorsicht geboten, wenn direkte Zusammenhänge beispielsweise aus Verzehrstudien abgeleitet werden und wenn die Ergebnisse als unumstößlich verkauft werden.

Letztlich kann kein Laie wissenschaftliche Untersuchungen wirklich beurteilen. Er muss sich darauf verlassen, was für ihn aufbereitet wird – und darauf, dass Forscher »sauber« arbeiten. Denn anders als Plagiate à la Guttenberg oder Schavan sind gefälschte Daten nur schwer nachzuweisen. In einer Analyse der britischen University of Exeter gaben zwei Prozent der Wissenschaftler an, selbst schon einmal gefälscht zu haben, und jeder Dritte traute das einem Kollegen zu. 14 Prozent räumen minder schwere Ungenauigkeiten und geschönte Darstellung von Ergebnissen ein und rechnen damit sogar bei drei von vier Mitforschern.[498] Auf die Dimension der Manipulation hatte das Fachblatt *Nature* bereits 2011 aufmerksam gemacht, als es mitteilte, dass jährlich etwa 300 wissenschaftliche Publikationen meist wegen angeblicher »Flüchtigkeitsfehler« zurückgezogen werden. Doch es gibt auch hochgradig wissenschaftliches Fehlverhalten, ob aus Gründen der Profilierung (der »Wert« von Forschern wird an der Zahl ihrer Veröffentlichungen gemessen) oder aus wirtschaftlichem Kalkül, wenn leitende Positionen oder andere Vergünstigungen locken.

Sprudelwasser, Alkohol und Milch – das sind jene drei Getränke, die in großen Mengen durch deutsche Kehlen rinnen. Während Deutschland hinsichtlich seines Flaschenwasserverbrauchs international mit etwa 133 Liter pro Kopf an der Spitze eines 17-Länder-Vergleichs liegt und jeder Deutsche – rein rechnerisch vom Säugling bis zum Greis – etwa 140 Liter Bier, Wein und Schnaps im Jahr konsumiert, liegt der Verbrauch von Milch bei rund 55 Kilogramm pro Kopf und Jahr.[499] Erstaunlich auch, dass die Deutschen ihren Milchprodukten über ein ganzes Jahrhundert treu geblieben zu sein scheinen. Noch 1900 zählten Kartoffeln und Brot zu den am meisten verzehrten Nahrungsmitteln. Heute dagegen hat sich die Menge der verzehrten Kartoffeln von damals 270 Kilogramm auf 66 Kilogramm und an Brot von 130 Kilogramm auf 85 Kilogramm reduziert. Milch und Milcherzeugnisse stehen in der Gunst der deutschen Esser noch immer recht weit oben: Hier hat sich die Menge lediglich von 355 Kilogramm auf 335 Kilogramm reduziert.[500] Die Zahlen decken sich mit einer Umfrage, die der Verein Die Lebensmittelwirtschaft, gefördert von den Großen der Branche[501], beim Meinungsforschungsinstitut Infratest in Auftrag gegeben hatte. 76 Prozent der Befragten hielten Milchprodukte für »besonders schützenswert und wertvoll«. Allerdings belegten Milch, Käse und Joghurt damit nur Platz zwei – nach Bier, das nach dem deutschen Reinheitsgebot gebraut ist.[502]

Lactoseintoleranz

Es gibt anscheinend plausible Gründe für einen hohen Milchkonsum: Das darin enthaltene Kalzium stärkt Knochen und Zähne, Milch und Milchprodukte liefern hochwertiges, weil für den menschlichen Organismus gut zu verwertendes Eiweiß und enthalten darüber hinaus Vitamine und Mineralstoffe. Die Formel »Milch = gesund« hat sich im

Bewusstsein der Deutschen tief eingeprägt – egal, ob sich jemand für Ernährung interessiert oder nicht. Aber brauchen wir Milch wirklich? Und ist sie tatsächlich durch nichts zu ersetzen? Diese Fragen sind durchaus berechtigt, denn der menschliche Organismus war ursprünglich gar nicht darauf ausgerichtet, Milchzucker zu verdauen. Bis zum heutigen Tag ist der Anteil derer, die Lactose verdauen können, erheblich kleiner als jener, deren Organismus nichts damit anfangen kann. Was in Deutschland als Krankheitsbild erscheint, ist in anderen Teilen der Welt ganz normal: Schätzungsweise 75 Prozent der Menschheit sind lactoseintolerant. Überraschend ist die Verteilung der Lactoseunverträglichkeit. Während in Nordeuropa wie Skandinavien und Irland rund 90 Prozent der Bevölkerung Lactose vertragen, sind es in Mitteleuropa 60 Prozent und in Südeuropa nur noch 20 Prozent. Im südöstlichen Asien findet man dagegen mit nahezu 100 Prozent fast nur noch lactoseintolerante Menschen.

Chemisch gesehen handelt es sich bei Lactose um einen Zweifachzucker, der aus den beiden Molekülen Galactose und Glucose besteht. Eine Lactoseintoleranz hat nichts mit einer Allergie, sondern mit einem Enzymmangel zu tun: Menschen, die keinen Milchzucker vertragen, fehlt die sogenannte Lactase, ein Enzym, das Lactose im Dünndarm in seine verdaulichen Bestandteile zerlegt. Gelangt der Milchzucker jedoch unverdaut in den Dickdarm, wird er von Bakterien vergoren. Es entstehen Gase und Säuren, was schließlich zu Bauchschmerzen, Durchfall, Blähungen und Völlegefühl führen kann.

Dass ein Teil der Menschheit dennoch Lactose verträgt, ist dem evolutionären Zufall zu danken: Eine Genmutation machte es möglich. Obwohl in Nordeuropa die meisten Menschen Lactose vertragen, fanden Forscher nicht hier den Ausgangspunkt der genetischen Absonderlichkeit, sondern in einer Region zwischen dem zentralen Balkan und Mitteleuropa. Irgendwo dort, auf dem Gebiet des heutigen Österreich, Ungarn oder der Slowakei, siedelten unsere jungsteinzeitlichen Vorfahren, die erstmals Milch auch im Erwachsenenalter ohne Probleme zu sich nehmen konnten. Noch ist nicht klar, wie sich die Fähigkeit verbreitet hat und wie genau sie mit dem Aufkommen der ersten Tierhaltung zusammenhängt – Schätzungen gehen davon aus, dass die ersten Hausrinder 500 Jahre früher, nämlich um 6000 vor Christus, aus Anatolien nach Europa kamen. Fest steht nur, dass die Mutation sich recht erfolgreich durchsetzte.[503]

Wer Lactose gänzlich meiden wollte, hätte kaum Aussicht auf Erfolg, denn inzwischen ist Milchzucker in sehr vielen Produkten versteckt: in Fertiggerichten, Desserts, Eiscreme oder Senf. Auch findet Lactose als pharmazeutischer und kosmetischer Hilfsstoff in Tabletten oder Zahnpasta ebenso Anwendung wie auch als Trägerstoff für Aromen oder als Emulgator in Wurst. Manche Milchprodukte sind trotz Lactoseintoleranz verträglich, da die Lactose während des Verarbeitungsprozesses durch den Einfluss von Milchsäurebakterien zu Milchsäure vergoren wurde. Mithilfe verschiedener Bakterienkulturen entstehen dann Joghurt[504], Dickmilch[505] oder Buttermilch[506], die allerdings nicht in jedem Fall vollständig Lactose abbauen. Dagegen sind bestimmte Käsesorten, die durch »Reifung« ebenfalls infolge Milchsäuregärung entstehen, lactosefrei. Je länger eine Reifung dauert, desto fester wird in der Regel auch der Käse. Zwischen drei und vier Wochen dauert der Reifeprozess. Hartkäse wie Parmesan oder Alter Gouda sind deshalb praktisch lactosefrei. Wird ein Lebensmittel als lactosefrei deklariert, enthält es weniger als 0,1 Prozent Lactose je 100 Gramm. So mancher Hersteller wirbt für seinen lactosefreien Hartkäse und verlangt einen höheren Preis, der nicht gerechtfertigt ist: Die Reifung ist ein natürlicher Prozess, der keinen Mehraufwand erfordert. Überhaupt ist Vorsicht geboten, denn mit Furcht lässt sich gutes Geld verdienen. Butter zum Beispiel hat von Natur aus schon recht wenig Lactose von ungefähr 0,6 Gramm je 100 Gramm und wird normalerweise nur in kleinen Mengen verzehrt. Lactosefreie Butter halten die Verbraucherzentralen daher für überflüssig. Doch lactosefreie Produkte sind derzeit en vogue. Daher finden sich immer mehr Produkte mit dem Vermerk »lactosefrei« in den Regalen – darunter auch solche, die sich kaum von herkömmlichen unterscheiden, aber teils maßlos überteuert sind. Bei einem Vergleich fand die Verbraucherzentrale Hamburg Teuerungen um ein Vielfaches. Unter anderem kostete lactosefreie Butter 217 Prozent mehr, und Schwarzbrot, als »gluten- und lactosefrei« deklariert, war sogar um 383 Prozent teurer, obwohl Brot in der Regel gar keine Lactose enthält.[507] Knäcke- und Mehrkornbrot war mit einem Preisaufschlag von 170 und 277 Prozent belegt, und für lactosefreie Wurst mussten die Einkäufer 95 Prozent mehr zahlen, obwohl zum Beispiel weder Kochschinken noch Putenbrust natürlicherweise Lactose enthalten und ein Zusatz bei der Herstellung auch gar nicht üblich ist.[508] Dabei lohnt es sich nicht, das Doppelte für Zwieback oder Wurst auszugeben, denn unter Lactoseintoleranz zu leiden bedeutet mitnichten, gar keine milchzuckerhaltigen Produkte mehr zu sich nehmen zu dürfen. Unbedenklich sind Lactosemengen in Arzneimitteln und Produkten, auf denen der Hinweis »kann Spuren von Milchbestandteilen/ Lactose enthalten« steht.

Produkte, auf deren Verpackung eine Kohlehydratangabe von 0,0 Prozent angegeben ist, beinhalten ebenfalls keine Lactose. Der Grund: Zucker aller Art, auch Milchzucker, zählt zu den Kohlehydraten. Schwieriger wird es für Verbraucher beim Kauf von geriebenen Hartkäse. Dann gibt die Verpackung richtigerweise einen Lactosegehalt unter 0,1 Prozent an, die Menge an Kohlehydraten muss aber nicht zwingend null betragen, weil geriebenem Käse oft Stärke aus Mais oder Kartoffeln zugesetzt wird, damit er rieselfähig bleibt. Obwohl Kartoffel- oder Maisstärke keine Lactose enthält, ist dennoch nicht gesagt, dass auch keine enthalten ist. Ohnehin sitzen verunsicherte Verbraucher dem Irrtum auf: Wo keine Lactose auf der Zutatenliste steht, fehlt sie auch im Produkt. Denn überall, wo Milch, Milcheiweiß, Süßmolkenpulver, Quark oder andere Milchprodukte zugesetzt sind, müssen Hersteller nicht extra auf Lactose hinweisen. Überhaupt liegt beim Thema Deklaration so einiges im Argen. So ist der Begriff »lactosefrei« gesetzlich nicht geregelt. Mehr noch: Ist ein Produkt so gekennzeichnet, muss es nicht zwingend null Prozent Lactose aufweisen. Die Lebensmittelchemische Gesellschaft hält einen niedrigen Lactosegehalt von 0,1 Gramm je hundert Gramm Produkt für angemessen. Ein bundesweit einheitliches Nachweisverfahren und gesetzliche Grenzwerte gibt es bislang nicht.[509] Auch untersteht lose Ware bisher keiner Kennzeichnungspflicht. Das gilt bis Ende 2014 beim Bäcker ebenso wie im Supermarkt, an der Tankstelle oder im Restaurant. Im Sinne des Verbraucherschutzes wäre es angebracht, klare Regelungen für Begriffe wie »lactosearm« oder »lactosefrei« festzulegen. Verbraucherschützer fordern, dass die Hersteller Lebensmittel, auf die diese Definition sowieso zutrifft wie etwa Kochschinken oder Schnittkäse, nicht entsprechend bewerben dürfen. Der Hinweis »von Natur aus lactosefrei« könnte Konsumenten bei der Auswahl helfen, rechtfertigt aber keinen höheren Preis.[510] Eine Verbesserung der Deklaration ist ab Dezember 2014 in Sicht. Dann schreibt die Neufassung der Lebensmittel-Informationsverordnung[511] zumindest eine Kennzeichnung der 14 Hauptallergene[512] vor, darunter auch Milch und Milcherzeugnisse.

Natürlich hat die Ernährungsindustrie längst Mittel und Wege gefunden, auch jene Konsumenten als Kunden zu gewinnen, die empfindlich auf Lactose reagieren. Inzwischen gibt es zwei Möglichkeiten, den störenden Milchzucker loszuwerden: Entweder wird die Milch vorab durch Membranen gefiltert, oder ihr wird das Enzym Lactase zugesetzt. Bei der großtechnisch verwendeten Lactase handelt es sich um Beta-Galactosidase, die biotechnologisch aus Mikroorganismen gewonnen wird. Dabei kann es sich um das dafür zugelassene Darmbakterium *Escherichia coli* K-12 handeln, um die Hefe *Kluyveromyces lactis* (mit der übrigens auch Kefir hergestellt wird) oder um fadenförmig wachsende Pilze.[514]

Frischmilch reist nicht gerne, lautet ein geflügeltes Wort in der Branche – doch wird sie in Molkereien zu (lactosefreiem) Milchpulver, Käse

Tabelle 10 Lactosegehalt ausgewählter Milchprodukte

Produkt	Lactose (in Gramm je 100 Gramm)
Kuhmilch	4,8 bis 5,0
Dickmilch	3,7 bis 5,3
Joghurt	3,7 bis 5,6
Buttermilch	3,5 bis 4,0
Creme fraiche, Creme double	2,0 bis 4,5
Molke/Molkegetränke	2,0 bis 5,2
Rahm- und Doppelrahmfrischkäse	3,4 bis 4,0
Schmelzkäse	2,8 bis 6,3
Ayran	1,6

Quelle: Deutsches Ernährungsberatungs- und Informationsnetz sowie Milchunion Hocheifel (muh) lactosefrei[512]

und Butter verarbeitet, sind der Lebensmittelindustrie Tür und Tor geöffnet, die Milchmärkte außerhalb Europas zu erobern – selbst im fernen Asien, wo die Menschen aufgrund ihrer genetischen Disposition nie Lactose vertrugen und sich eine Ernährungsweise herausgebildet hat, die ohne Milch auskam. Die fatale europäische Exportpolitik unterstützt diese Philosophie des Schaffens von Märkten, wo es gar keine Märkte gibt: Die gebetsmühlenartig wiederholte Behauptung einer »steigenden Nachfrage« verschleiert, dass Milch, in Europa von der Produktion bis zum Export über Steuergelder subventioniert, in die Märkte der Schwellen- und Entwicklungsländer gepumpt und dort billiger verkauft wird als die Produkte der ortsansässigen Bauern. So nimmt Europa, um seine Überproduktion loszuwerden, die weltweit wachsende Armut billigend in Kauf.

Milchallergie

Für viele Mütter und Väter ist Kuhmilch fester Bestandteil des Speiseplans, den sie für ihre Kinder zusammenstellen. Doch seit Kinderärzte und Ernährungswissenschaftler davor warnen, Säuglinge unter einem Jahr mit Milch zu füttern, reagieren sie verunsichert: Wenn Milch im ersten Lebensjahr Schaden anrichten kann, wieso sollte sie später gesund sein?

Tatsächlich ermöglicht Muttermilch den bestmöglichen Start ins Leben. Sie enthält von Natur aus alles, was das Kind braucht. Für die Milch von Kuh, Schaf oder Ziege gilt das nicht – sie ist auf die tierartspezifischen Bedürfnisse von Kalb, Lamm oder Kitz abgestimmt, nicht aber auf die des menschlichen Babys.

Doch schon beim Stillen scheiden sich die Geister. Während Hebammen noch immer gern ein mindestens sechs- bis achtmonatiges ausschließliches Stillen empfehlen, raten Ernährungsforscher inzwischen zum Stillen bis zum sechsten Monat und, falls das nicht möglich ist, zur konsequenten Gabe von hypoallergener Anfangsnahrung (HA-Milch). Hierbei handelt es sich um Milch, deren Eiweiß durch Hydrolyse in Peptide, sozusagen kleinste Eiweiße, aufgespalten ist. Diese erkennt der Organismus des Babys nicht mehr als fremd. Von Sojanahrung fürs Kind raten sie aufgrund des hohen allergenen Potenzials gänzlich ab.

Die Allergie gegen Kuhmilch führt die Hitliste der Allergene an; ihr folgen Hühnerei, Fisch, Soja und Nüsse. Diese Lebensmittel sind es auch, die 90 Prozent aller Nahrungsmittelallergien ausmachen; mehr als 40 Prozent davon betreffen allein die Kuhmilch.

Die Sensibilität in der Bevölkerung für Nahrungsmittelallergien ist hoch. Viele glauben, dass sie allergisch auf Milch & Co. reagieren. Einer wissenschaftlichen Untersuchung hält dieser Eindruck allerdings nicht Stand. Während einer von drei Befragten behauptet, eine Nahrungsmittelallergie zu haben, ist die tatsächliche Häufigkeit deutlich niedriger: Placebokontrollierte Doppelblindstudien[515] legen nahe, dass Nahrungsmittelallergien im Durchschnitt nur bei einem bis zwei Prozent der erwachsenen Bevölkerung auftreten. Unter Kleinkindern ist sie allerdings höher und wird auf drei bis sieben Prozent geschätzt.[516] Inzwischen wird die Kuhmilchallergie als eine typische allergische Erkrankung des Kleinkindes angesehen, denn die Prognose ist – selbst bei heftigen Reaktionen auf Milch – vergleichsweise günstig. Zwischen 80 und 90 Prozent der betroffenen Kinder entwachsen ihrer Allergie. Eine Allergie gegen Fisch, Hülsenfrüchte, Nüsse oder Schalentiere bleibt dagegen meist ein Leben lang erhalten.

Im Unterschied zur Lactoseintoleranz, die lediglich eine Unverträglichkeitserscheinung ist, handelt es sich bei der allergischen Reaktion auf Milch um eine überschießende Reaktion des Immunsystems: Der Körper attackiert die Eiweiße in der Milch, als wären sie Krankheitserreger. Man unterscheidet insgesamt vier Allergie-Typen, wobei der häufigste der Sofort-Typ (Typ I) ist. Hier vermitteln Antikörper die Freisetzung von Botenstoffen; Entzündungszeichen wie Heuschnupfen, Nesselsucht, Atembeschwerden oder Ödeme können die Folge sein – bis hin zur Maximalreaktion einer Allergie, dem lebensbedrohlichen anaphylaktischen Schock. Am häufigsten leiden die Betroffenen aber unter Durchfall und Erbrechen. Die Stärke der Reaktion schwankt stark von Individuum zu Individuum, manche vertragen Milch in geringen Mengen, während bei anderen schon wenige Tropfen eine heftige Reaktion auslösen können.

Die allergieauslösenden Faktoren in der Kuhmilch beschränken sich auf die Eiweißbestandteile – weder Milchfett noch Lactose sind allergen. Kuhmilch enthält etwa 35 Gramm Protein je Liter. Die Mehrzahl davon sind mit 80 Prozent Kaseine, die restlichen 20 Prozent bestehen aus Molkeproteinen. Beide Komponenten sind Gemische verschiedener Eiweiße. Molkeneiweiße setzen sich aus Globulinen und Albuminen zusammen. In absteigender Reihenfolge hat die Wissenschaft die Molkeneiweiße Beta-Laktoglobulin, Alpha-Laktoglobulin, Immunglobuline, Rinder-Serumalbumine und Laktoferrin als Allergieauslöser ausgemacht. Weil die Molkenproteine tierartenspezifisch nur bei der Kuh vorkommen, können Menschen, die allergisch darauf reagieren, auf die Milch anderer Tiere wie Schaf, Ziege oder Stute ausweichen. Menschen mit einer Laktoglobulin-Allergie vertragen oft auch kein Rindfleisch. Setzt man Molkeneiweiße hohen Temperaturen aus, verändern sie ihre Molekülstruktur – sie denaturieren. In manchen wissenschaftlichen Untersuchungen reduzierte das ihre Allergenität. Daher könnten manche Milchallergiker sterilisierte Produkte oder Kondensmilch zu sich nehmen, ohne Symptome zu entwickeln; Pasteurisieren reicht allerdings nicht aus. Daraus verbindliche Verzehrsempfehlungen abzuleiten wäre aber vorschnell, denn es gibt auch widersprüchliche Ergebnisse in der Literatur. Auch von fermentierten Produkten wie Joghurt oder Käse muss abgeraten werden; hier liegen die Molkenproteine strukturell größtenteils unverändert vor.

Zwischen 70 und 100 Prozent aller Kuhmilchallergiker vertragen das Kasein nicht. Kasein, ebenfalls eine Mischung mehrerer Proteine, kennt man als Ausgangsstoff zur Käseherstellung. Weil Kasein in allen Milcharten vorkommt, müssen Kuhmilchallergiker, die nur auf Kasein reagieren, deshalb auf Milch und die daraus hergestellten Erzeugnisse aller Tierarten verzichten.

Das Deutsche Ernährungs- und Informationsnetz rät Milchallergikern, bei denen die Reaktion weniger ausgeprägt ist, als Ersatz für Milch mit Wasser verdünnte Schlagsahne mit mindestens 30 Prozent Fett zu verwenden. Die Begründung: Je höher der Fettanteil eines Milchprodukts, desto geringer ist der Eiweißanteil und somit der Gehalt an Allergenen. Auch Soja als Ersatz sei nicht uneingeschränkt empfehlenswert, denn manche Milcheiweißallergiker reagieren auch darauf sensibel.[517]

In den einschlägigen Internetforen kursiert die These, dass, wer Rohmilch trinkt, vor allerlei Allergien gefeit ist. Das stimmt nur bedingt. Zum einen muss Rohmilch aus hygienischen Gründen erhitzt werden, damit krank machende Keime vernichtet werden. Die Wissenschaft mutmaßt, dass nicht die Mikroorganismen in der Rohmilch für den präventiven Effekt verantwortlich sind, sondern die Proteinbestandteile der Rohmilch einen entsprechenden Schutzeffekt haben könnten – das allerdings sollte, da noch nicht endgültig geklärt, mit gebotener Zurückhaltung zur Kenntnis genommen werden.

Überhaupt tobt um die Rohmilch ein fundamentaler Kampf. Anhänger alternativer Ernährungsmethoden loben den zapffrischen Eutersaft als natürliche Proteinquelle, für die Industrie ist er simpler Rohstoff zur Weiterveredlung. Dabei hat sich auch in der biologischen Landwirtschaft längst die Behandlung von Rohmilch etabliert: Erhitzen und Homogenisieren sind auch hier selbstverständlich, um größere Mengen an bewusste Konsumenten überall im Land verkaufen zu können. Doch die milchverarbeitenden Betriebe sind im Laufe der Jahre in Erklärungsnot geraten: Warum scheinen immer mehr Kinder an einer Milchallergie zu leiden? Forcieren bestimmte Verfahren die Allergenität?

Erstmals solchen Fragen nachgegangen war ein dänisches Forscherteam Mitte der 1980er-Jahre. Damals war Eltern aufgefallen, dass ihre Kinder auf molkereitechnisch behandelte Milch allergisch reagierten, nicht aber auf die Milch vom Bauernhof. Die Wissenschaftler verfütterten Mäusen nicht homogenisierte und homogenisierte Milch und kamen zu dem Schluss, dass homogenisierte Milch eine um das 20-Fache gesteigerte Allergenität gegenüber pasteurisierter Milch hatte. Seitdem werden ihre Ergebnisse so interpretiert: Die Homogenisierung verkleinert nicht nur die Fettkügelchen um den Faktor zehn, was gewünscht ist, um ein Aufrahmen zu verhindern, sondern verändert auch die Verteilung des Eiweißes. Es ist sehr viel mehr Eiweiß an die Fettkügelchen gebunden als bei nicht homogenisierter Milch – in erster Linie Kasein, das normalerweise dort nicht zu finden ist. Damit steige auch der Proteingehalt, mit dem der Organismus konfrontiert werde. Der unreife kindliche Darm lasse bestimmte Größen von Molekülen noch passieren, was schließlich zu einer »Überflutung« führe und die Immunreaktion des Körpers in Gang setze. Spätere randomisierte Doppelblindstudien mit menschlichen Probanden konnten die Schlussfolgerungen aus diesem Tierversuch allerdings nicht bestätigen, sodass das Bundesinstitut für Risikoforschung (BfR) in einer Stellungnahme aus dem Jahr 2009 davon ausgeht, dass Homogenisierung die Allergenität von Milch nicht erhöht: »Die vorliegende wissenschaftliche Literatur liefert keine ausreichende Begründung ... dafür, dass von einer klinisch relevanten Erhöhung des allergenen Potenzials von Kuhmilch beim Menschen aufgrund der üblichen Verarbeitungs- und Behandlungsverfahren wie Pasteurisation und Homogenisierung auszugehen ist ... Aus klinischer Sicht ist festzustellen, dass die Menge und Exposition allergener Milchproteine aus unbehandelter Kuhmilch bzw. Rohmilch schon bei geringem Milchkonsum ausreicht ..., bei betroffenen Personen entsprechende allergische Reaktionen auslösen zu können.«[518]

Dennoch dürfte das Thema nicht ganz vom Tisch sein, denn die Datenlage sowohl in die eine als auch in die andere Richtung ist dürftig. Um die Diskussion abschließen zu können, wären entsprechende Untersuchungen an Kleinkindern notwendig, was die Sache nicht vereinfacht. Dennoch ist die Lebensmittelindustrie gefragt – aus Gründen des Verbraucherschutzes wie aus wirtschaftlichen Überlegungen, will man nicht langfristig einen Imageschaden riskieren. Bis die Forschung praxisreife Empfehlungen erarbeitet hat, dürften allerdings noch Jahre vergehen.

Bis dahin sollten sich Eltern, deren Kinder familiär bedingt ein erhöhtes Allergierisiko tragen, von Kinderärzten und Diätassistenten bei der Auswahl der richtigen Nahrungsmittel helfen lassen. Für gesunde Säuglinge haben das Forschungsinstitut für Kinderernährung Dortmund (FKE) und die Ernährungskommission der Deutschen Gesellschaft für Kinderheilkunde und Jugendmedizin einen »Ernährungsplan für das erste Lebensjahr« entwickelt, den auch die Nationale Stillkommission empfiehlt. Er unterteilt sich in drei Phasen: die Phase der ausschließlichen Milchernährung in den ersten vier bis sechs Monaten, die Phase der Beikostfütterung ab dem fünften beziehungsweise siebten Monat und die Phase der Familienkosteinführung ab dem zehnten Monat. Zur gesunden Ernährung im Kleinkindalter und zur Prävention von Übergewicht rät das FKE zum Ernährungskonzept der Optimierten Mischkost (»OptimiX®«).[519]

Für Allergiker gibt es gesonderte Ernährungstipps. Unter dem Namen »Aktionsbündnis Allergieprävention« (abap) haben sich 2001 auf

Initiative des Bundesgesundheitsministeriums Fachleute, Gruppen und Betroffene zusammengeschlossen, die sich der Aufklärung und dem Sammeln von wissenschaftlichem Datenmaterial verschrieben haben. Die erste wissensbasierte Leitlinie zur Allergieprävention wurde 2004 nach Auswertung von 323 Studien veröffentlicht, 2009 folgte die Sichtung weiterer 217 Studien. Die Empfehlungen des Aktionsbündnisses brechen teilweise mit bisherigen Dogmen. Zum Beispiel bekennt sich das Bündnis zu einer Abkehr vom bisherigen »Meidungsansatz« und legt nahe, sich den Allergenen zu stellen: Im Gegensatz zur Leitlinie aus dem Jahr 2004 raten die Fachleute Müttern, potente Nahrungsmittelallergene in der Stillzeit auch dann nicht zu meiden, wenn ihre Kinder zur Risikogruppe gehören – eine antiallergene Diät der stillenden Mutter gilt damit als überholt.[520]

Osteoporose

Milch und Osteoporoseprophylaxe – das gehört zusammen wie Vitamin C und der Schutz vor Erkältungen. So jedenfalls lautet die weit verbreitete Meinung zum Wert der Milch als Kalziumlieferantin für die Knochen. Tatsächlich bestehen Knochen aus Hydroxylapatit, einer sehr harten mineralischen Verbindung aus Kalzium und Phosphaten. Weil Knochen leben, muss der Mensch über seine Ernährung ständig für Nachschub sorgen. Doch rechtfertigt das einen hohen Milchkonsum?

In Japan und China wird seit alters her nur wenig Milch getrunken. Auch Afrikaner und Lateinamerikaner, von Natur aus ohnehin meist lactoseintolerant, nehmen kaum Milch und Milchprodukte auf. Trotzdem leiden dort wesentlich weniger Menschen unter Osteoporose. Sicher, hier liegt die Alterserwartung auch nicht so hoch, und Osteoporose tritt vorrangig in späteren Lebensphasen auf. Doch sind die Knochen der Alten in anderen Nicht-Milch-Ländern trotzdem nicht so brüchig wie im Westen. Dass die Knochendichte abnimmt, muss also noch andere Ursachen haben. Inzwischen kann die Medizin eine ganze Reihe von Erkrankungen benennen, die zu Osteoporose führen – und sie kennt zwei Faktoren, mit denen sich Osteoporose vorbeugen lässt: ausreichend körperliche Bewegung und Vitamin D. An beiden mangelt es im westlichen Europa, in anderen Ländern der Welt, in denen die Menschen weite Strecken zu Fuß zurücklegen müssen und sich öfter unter freiem Himmel aufhalten, dagegen nicht.

Besonders im Winter, wenn die Sonne tief am Himmel steht und der Weg durch die Atmosphäre für die kurzwellige UVB-Strahlung zu lang ist, kommt es in unseren Breiten häufig zu einem Vitamin-D-Mangel. Unser Körper ist zwar in der Lage, seinen Vitamin-D-Bedarf zu 80 Prozent selbst zu decken, aber nur dann, wenn wir uns nicht in geschlossenen Räumen, sondern mindestens eine halbe Stunde pro Tag draußen aufhalten. Fetter Fisch oder Eier, die beide gute Vitamin-D-Lieferanten sind, können das nicht leisten. Fehlt dem Körper Vitamin D, wird der innere Teil des Knochens nicht mehr erneuert, er wird spröde.

Unser Knochensystem ist kein Gebilde, das nach Abschluss der Pubertät unverändert bleibt. Ständig bauen spezielle Zellen, die Osteoblasten und Osteoklasten, Knochen auf und ab. In den neuen Knochen wird Kalzium eingelagert (er wird mineralisiert), aber nur dann, wenn im Darm genügend Kalzium aufgenommen wurde. Dafür ist Vitamin D zuständig. Fehlt Vitamin D, sinkt der Kalziumspiegel. Weil jedoch Herz und Muskeln auf Kalzium angewiesen sind, um arbeiten zu können, setzt der Körper einen fatalen Prozess in Gang: Das benötigte Kalzium wird den Knochen entzogen. So können die Osteoblasten zwar Knochen aufbauen, doch dieser wird nicht mineralisiert, und nicht mineralisierten Knochen können die Osteoklasten nicht abbauen. Am Ende dieses Prozesses kann das Knocheninnere schließlich nicht mehr erneuert werden; der Knochen verliert an Biegesteifigkeit und bricht.[521] So reduziert nicht die absolute Menge an Kalzium, sondern die Versorgung mit Vitamin D das Risiko für osteoporosebedingte Knochenbrüche. Wer sich darüber hinaus ausreichend bewegt, tut ebenso etwas Gutes für seine Knochen, denn der ständige Wechsel von Druck und Zug der Muskulatur bewirkt kleine Verformungen, was die Osteoblasten und Osteoklasten zur Arbeit anspornt. Obwohl letztlich jede Art von Aktivität zählt, ist Krafttraining am effektivsten. Die Kräftigung der Muskulatur in Bauch, Rücken, Oberschenkeln und Po sorgt darüber hinaus für eine stabile Haltung und für mehr Körpergefühl, um Stürzen vorzubeugen. Auch Spielsportarten, Power-Walking oder dynamisches Nordic-Walking sind geeignet.

Natürlich ist der Effekt einer ausreichenden Kalziumversorgung über die Ernährung nicht zu unterschätzen. Ohne Zweifel sind Milch und Milchprodukte gute Kalziumlieferanten, doch sie werden überschätzt. Die Menschen in anderen Teilen der Welt machen es uns vor: Sie decken ihren Kalziumbedarf über pflanzliche Lebensmittel. Zum Beispiel ist in der philippinischen Küche das spinatartige Gewächs Kangkong beliebt, das etwa 100 Milligramm Kalzium pro 100 Gramm Produkt aufweist. Spitzenreiter sind sicher Braunalgen mit 1000 Milligramm oder Amaranth mit 490 Milligramm je 100 Gramm. Auch Feigen, die mit 250 Milligramm Kalzium je 100 Gramm etwa so viel Kalzium haben wie 200 Gramm Vollmilch, sind nicht zu unterschätzen. Letztlich kann eine ausgewogene Ernährung mit den entsprechenden pflanzlichen Lebensmitteln und wenig Milchprodukten ebenso die Versorgung mit Kalzium sichern, ohne dass man zuckerreiche Feigen vertilgen oder sich Meeresgewächse auf den Teller laden muss: Grünkohl, Hülsenfrüchte, Brokkoli, frische Kräuter und eine ganze Reihe mehr können die Milchlücke füllen.

Herz-Kreislauf, Krebs, Wachstum

Es sind längst nicht mehr nur vegane Fundamentalisten, die gegen Milch wettern. Auch seriöse Wissenschaftler hinterfragen den hohen Milchkonsum kritisch – und äußern sich öffentlich. Zu ihnen gehört der Dermatologe und Umweltmediziner Bodo Melnik, Professor an der Universität Osnabrück. Dicke Babys, Akne in der Pubertät, Kurzsichtigkeit, Diabetes und sogar Brust- und Prostatakrebs seien die Folge von zu viel Milch in der Ernährung. Für marktschreierische Panikmache dürfte die Milchindustrie solche Äußerungen halten, als überzogen gelten sie manchen Forscherkollegen. Zu hinterfragen sind solche pauschalen Aussagen allemal, denn viele Studien sind widersprüchlich und können lediglich einen Trend aufzeigen – Beweise bleiben aber auch sie schuldig. Daher warten Milchtrinker wie Ernährungsberater noch immer auf den Durchbruch in der Milchforschung.

Die Entstehung von Krankheiten, insbesondere Krebs, ist ein komplexer und oft multifaktorieller Prozess. Schon deshalb ist es schwierig, einen direkten Zusammenhang zwischen einem Leiden und Milch oder Milchprodukten herzustellen. Wie sich einzelne Faktoren der Ernährung auf die Forcierung von Krankheiten und die Entwicklungsstadien von Krebs auswirken, lässt sich im Nachhinein kaum ermitteln. Es gibt wenig Aussagen, die gut belegbar sind. Erschwerend kommt hinzu, dass Milch wie auch die daraus hergestellten Nahrungsmittel aus verschiedenen Anteilen bestehen, von denen nicht nur jede Substanz für sich genommen Einfluss hat, sondern auch in Wechselwirkung zu anderen Stoffen treten kann. Wie diese dann im Einzelnen im menschlichen Organismus verwertet wird, ist nur in Ansätzen bekannt. Inzwischen gibt es viele Studien, die sich mühen, das Rätsel zu lösen.

Was man inzwischen weiß, ist, dass Milcheiweiß das Längenwachstum forciert. Was man nicht kennt, sind die Gründe dafür. Offensichtlich stimuliert Kasein die Synthese des insulinähnlichen Wachstumsfaktors IGF 1[522], während Molkenproteine eher die Bildung von Insulin anregen. IGF 1 und Insulin haben eine anabole Wirkung. Nimmt ein Mensch in seiner frühen Kindheit viel Protein auf, wächst er in dieser Zeit schneller. Gleichzeitig steigt das Risiko, in späteren Kindheitsjahren übergewichtig zu werden. Deshalb geben Forscher die Empfehlung, die Proteinkonzentration von Fertignahrungsmitteln für Kleinkinder abzusenken und so stärker an die Muttermilch anzupassen.[523]

Wie groß ein Mensch überhaupt wird, ist nicht nur eine Frage des Milchkonsums. Der »säkulare Trend«, das heißt die statistisch nachweisbare Zunahme der Körpergröße seit Mitte des 19. Jahrhunderts, hat viele Ursachen, darunter auch sozioökonomische und genetische. Dass die Lebensweise eine entscheidende Rolle spielt, klingt logisch, denn im Zuge der industriellen Revolution änderten sich die Verhältnisse grundlegend: Eine bessere Versorgung der Bevölkerung mit Nahrung, bessere Hygiene durch den Aufbau von Abwassersystemen und Wasserwerken, der medizinische Fortschritt und nicht zuletzt die wissenschaftlichen Erkenntnisse auf dem Gebiet der Bakteriologie, die zur Entwicklung von Therapeutika, Impfstoffen und zum Pasteurisieren von Lebensmitteln führten, ließen die Menschen immer älter werden. Besonders die aufsteigende Mittelschicht konnte sich nun öfter leisten, was bis dato den Wohlhabenden vorbehalten war: Fleisch und Milchprodukte. Diese Entwicklung setzte sich bis ins 20. Jahrhundert fort, und in den heutigen Industrienationen haben die Menschen mit den negativen Auswirkungen des übermäßigen Konsums zu kämpfen. Sie sind zu dick, bewegen sich zu wenig und sterben an Herz-Kreislauf-Erkrankungen und Krebs.

Es ist daher nicht ungewöhnlich, dass die Wissenschaft verzweifelt versucht, die Schuldigen unter den Nahrungsmitteln auszumachen, denn die Kosten für das Gesundheitssystem durch eine ungesunde Lebensweise sind enorm. Da Milch und Milchprodukte in unseren Breiten zu den Grundnahrungsmitteln zählen, richtet sich der Fokus natürlich auch auf sie. Tatsächlich gibt es Studien, die einen Zusammenhang zwischen dem hohen Geburtsgewicht Neugeborener und einem hohen Milchkonsum während der Schwangerschaft nahelegen.[524] Den »Sumo-Säuglingen« von 4000 Gramm Geburtsgewicht und mehr drohen frühzeitig zahlreiche gesundheitliche Probleme. Zum Beispiel weisen viele Neugeborene Veränderungen des Herzens und der Gefäße auf, und die Kleinen könnten schon in jungen Jahren an Typ-2-Diabetes (eigentliche ein typisches Altersleiden) erkranken. Inzwischen kommt jedes fünfte Kind in Deutschland mit Übergewicht zur Welt. Auch der Vergleich gestillter Säuglinge mit jenen, die kuhmilchbasierte Ersatznahrung bekommen, zeigt physiologisch nachweisbare Unterschiede. Mit Kuhmilchprotein gefütterte Säuglinge weisen im Vergleich zu gestillten nach der Mahlzeit überhöhte Insulin- und IGF1-Spiegel im Blut auf. Weil Krankheiten wie Akne, Adipositas, Diabetes mellitus, das metabolische Syndrom[525], Herz-Kreislauf-Leiden und Krebs mit gesteigerter Insulinresistenz und erhöhten IGF1-Spiegeln in Verbindung gebracht werden, liegt die Vermutung nahe, dass ein übermäßiger Konsum von Milch und Milchprodukten schädlich wirken kann.[526] Insulin und IGF 1 konnten im Tierexperiment die Anschubfunktion zahlreicher Gene verändern, indem sie auf das Enzym »mTORC1«, einen Eiweißkomplex, Einfluss nahmen. mTORC1 ist der zentrale Schalter aller Zellen für die Eiweiß- und Fettsynthese, für das Zellwachstum und die Zellteilung. Wird mTORC1 zu stark aktiviert, kann das Krankheiten zur Folge haben, lautet eine Hypothese. Die Forschung dazu steht noch am Anfang, aber die Hinweise sind durchaus ernst zu nehmen. Würde sich der Verdacht auch nach Untersuchungen am Menschen erhärten, dürfte Milch nicht mehr nur als

Nahrungsmittel wahrgenommen werden.[527] Das Max-Rubner-Institut, Bundesforschungsinstitut für Ernährung und Lebensmittel und dem Bundesministerium für Ernährung, Landwirtschaft und Verbraucherschutz (BMELV) unterstellt, erörtert in seiner Broschüre *Milch und Milcherzeugnisse – gesund und munter mit Milch?*[528] zwar einige der meist*diskutierten* Fragen, doch die Marschrichtung ist klar: Milch und Milchprodukte sind uneingeschränkt gesund. Es bleibt bei den Verzehrsempfehlungen der Deutschen Gesellschaft von Ernährung e.V. (DGE) von 200 bis 250 Gramm Milch oder Joghurt und zwei Scheiben à 50 bis 60 Gramm Käse, bevorzugt fettarm.

Mögliche Wirkungen von Milch auf den Organismus

Herz-Kreislauf-Erkrankungen

Lange Zeit wurde Milchfett wegen seines hohen Gehalts an ungesättigten Fettsäuren als mitverantwortlich für Herz-Kreislauf-Erkrankungen verdammt. Neuere Untersuchungen relativieren diesen Schuldspruch.

Milchfett enthält rund 100 Fettsäuren. Es besteht zu zehn Prozent aus kurzkettigen Fettsäuren (z. B. Buttersäure), zu 15 Prozent aus mittelkettigen Fettsäuren (z. B. Myristinsäure, Laurinsäure, Palmitinsäure), zu 25 bis 35 Prozent aus ungesättigten FS und zu 35 bis 45 Prozent aus langkettigen gesättigten Fettsäuren. Die kurz- und mittelkettigen FS sind gut verdaulich und scheinen einen leicht steigernden Effekt auf den (guten) HDL-Spiegel im Blut zu haben.[529] Drei FS erhöhen den Cholesterinspiegel: Myristinsäure stark, Palmitinsäure mittel, Laurinsäure schwach. Neuere Forschungen widerlegen daher die pauschale Verurteilung des Milchfetts als Mitverursacher von Herz-Kreislauf-Erkrankungen. Verschiedene Metaanalysen[530] deuten darauf hin, dass sowohl Herz-Kreislauf-Erkrankungen als auch Bluthochdruck durch den Konsum von Milch/Milchprodukten leicht verringert sind. Der Gehalt an gesättigten FS ist abhängig vom Futter: Kühe mit viel frischem Grün und Weidegang haben weniger gesättigte Fettsäuren.[531]

Krebs

Ernährung und Krebs – ein ewiges Streitthema. Während der Zusammenhang zwischen einem Übermaß an Nahrung und damit Energie und Übergewicht mit all seinen negativen Begleiterscheinungen wie Herz-Kreislauf-Leiden und verschiedenen Stoffwechselkrankheiten kaum mehr infrage gestellt wird, sind die wissenschaftlichen Erkenntnisse zum Thema Krebs und Ernährung nicht immer eindeutig – besonders, wenn es um die Bewertung einzelner Nahrungskomponenten wie Milch oder Fleisch geht.

Darmkrebs Zwei Drittel der Darmkrebsfälle sollen durch Meiden bestimmter Risiken verhindert werden können (hohe Mengen an Energie, gesättigten Fetten, Alkohol, »rotes« Fleisch). Milch/Milchprodukte enthalten einen hohen Anteil an gesättigten Fetten und wurden deshalb lange mitverantwortlich für Darmkrebs gemacht. Wie oben beschrieben, muss man den Fettanteil aber differenziert betrachten. Zudem enthalten Milch/Milchprodukte viel Kalzium, das Fett- und Gallensäuren binden kann und so schützen soll. Probiotische Mikroorganismen[532] sollen ebenfalls protektiv wirken.[533]

Magenkrebs Auch hier sollen zwei Drittel der Fälle durch eine Ernährungsumstellung vermieden werden können. Beweise für eine Erhöhung des Risikos durch den Verzehr von Fett und Milch/Milchprodukten gibt es bislang nicht. In drei von fünf analysierten Studien fand die Deutsche Gesellschaft für Ernährung (DGE) einen protektiven Effekt von Magermilch.

Prostatakrebs Schätzungen gehen davon aus, dass sich zehn Prozent der Neuerkrankungen durch eine gesunde Ernährungsweise verhindern ließen. Risikofaktoren sind Übergewicht, eine zu hohe Zufuhr von Energie und gesättigten Fetten, aber auch der Alpha-Linolsäure. Kalzium soll ebenfalls Prostatakrebs begünstigen, indem es den Vitamin-D-Spiegel senkt. Ein Mangel an Vitamin D erhöht nachweislich das Risiko. Mehr als ein Liter Milch mit einem Fettgehalt von 3,5 Prozent soll die Entstehung von Prostatskrebs begünstigen.

Hodenkrebs Eine hohe Östrogenbelastung scheint Hodenkrebs zu fördern, Testosteron soll die Bildung eines Hodenkrebses hemmen, aber zum Wachstum des

Tumors beitragen. In der Ernährung sollen Fett, eine hohe Energiemenge und Galactose sowie fetthaltige Milch/Milchprodukte eine Rolle spielen. Die Datenlage ist sehr dünn, eine Differenzierung zwischen den genannten Risikofaktoren war kaum möglich.

Brustkrebs Das Deutsche Krebsforschungszentrum (DKFZ) nennt als risikosteigernd: Übergewicht, Alkohol, Brustkrebs in der Familie, frühe Regelblutung, eine Hormonersatztherapie in der Menopause, eine späte Menopause sowie einen hohen Anteil tierischer Fette in der Ernährung, als risikosenkend mehrere Geburten, Stillen und körperliche Bewegung. Was den Konsum von Milch/Milchprodukten betrifft: Brustkrebs soll seltener auftreten, wenn Milchprodukte verzehrt werden, jedoch nicht beim Konsum von Milch.

Eierstockkrebs Starkes Übergewicht, eine hohe Energiedichte der Nahrung und viele tierische Fette stellen vermutlich Risikofaktoren dar. Es gibt Hinweise darauf, dass das Trinken von Milch das Risiko für Eierstockkrebs leicht erhöht. Für Käse soll das nicht gelten.[534]

Andere Krebsarten Ein Drittel der Krebsarten von Mund, Rachen und Speiseröhre sowie 25 Prozent der Nierenkrebsarten sollen mit der empfohlenen Ernährung des World Cancer Research Fund (WCRF) vermeidbar sein (anschauliche Grafik unter dem Link).[535] Als ernährungsbeeinflusst gelten außerdem Bauchspeicheldrüsen- und Blasenkrebs. Rauchen, zum Teil in Verbindung mit Alkohol, ist als Krebsauslöser gut gesichert, nicht nur bei Krebs der Lunge, sondern auch des Mund-Rachen-Raums.

Das Milch-ABC nach Verarbeitungsformen

Wer glaubt, Milch sei ein naturbelassenes Lebensmittel, der irrt. Schon seit den 1960er-Jahren wird die Milch industriell bearbeitet. Was wir in den Supermarktregalen finden, ist ein standardisiertes Produkt, ein Kompromiss zwischen Konsumentenanspruch, Qualität, Transport- und Verarbeitungsfähigkeit. Wie andere Lebensmittel auch soll Milch permanent verfügbar sein, sie soll sich über längere

Zeiträume halten, einen bestimmten Fettgehalt haben, soll tagelange Lkw-Fahrten und wochenlanges Aufbewahren unbeschadet überstehen. Die Milch, wie die Kuh sie gibt, kennt kaum mehr jemand, und sie hat geschmacklich nicht viel mit jener gemein, mit der wir unseren Kaffee weißen, unseren Kuchen backen oder unseren Milchreis kochen. Auch die Zusammensetzung ändert sich mit der Verarbeitung.

Nach der Anlieferung der Rohmilch in den Molkereien wird sie zunächst gereinigt und dann in einer Zentrifuge separiert: Durch die Rotation trennen sich aufgrund ihres unterschiedlichen Gewichts Rahm und Magermilch. Die Rahm-Magermilch-Trennung dient dazu, die Fettstufen der Milch einzustellen. Die fettarme Variante erhält keinen Rahm zugesetzt. Vollmilch dagegen wird er wieder zugeführt; durch Homogenisieren wird das Gemisch stabilisiert.

Während das Erhitzen eine elementar wichtige Methode ist, um die Keimbelastung der Milch auf ein gesundheitsverträgliches Maß zu reduzieren, ist das Homogenisieren nicht zwingend notwendig, denn es verändert nur die Größe der in der Milch enthaltenen Fetttröpfchen, nicht aber den Keimgehalt. Einen Nachteil hätte der Verzicht auf das Homogenisieren allerdings: Im Laufe der Lagerzeit würden sich in länger haltbarer Milch die Rahm- und die Magermilchphase vollständig voneinander trennen. Eine Alternative wäre, die Milch vollständig zu entrahmen.

Erhitzen verändert die Menge an Fett und an Mineralstoffen – darunter Kalzium – nicht. Mit ansteigender Temperatur verändern sich die Milchinhaltsstoffe und die sensorischen Eigenschaften: Je höher die Temperatur, desto deutlicher sind die Veränderungen. Einen deutlichen Kochgeschmack empfinden viele Konsumenten als unangenehm. Die Substanz Furosin[536] ist ein Indikator dafür, wie stark Milch erhitzt wurde. Stark erhitzte Milch enthält mehr Furosin.

Das *Homogenisieren* ist ein technologischer Vorgang, der auf verschiedene Weise ablaufen kann, sich vom Prinzip aber nicht unterscheidet. Meist wird die Milch in einem »Homogenisator« unter hohem Druck auf eine Metallplatte gespritzt oder durch enge Spalten gepresst. Dabei wirken verschiedene physikalische Kräfte, die dafür sorgen, dass die ursprünglich 10 bis 30 Mikrometer großen Fettkügelchen zu erheblich kleineren von maximal zwei Mikrometer zerschmettert werden. Durch die damit erreichte Oberflächenvergrößerung kann sich auf der Milch kein Rahm mehr absetzen, auch vermischen sich die Milchphasen besser. Ein weiterer Effekt des Homogenisierens ist die bessere Verdaulichkeit: Die kleinen Fettkügelchen können dank ihrer größeren Oberfläche eher in Kontakt mit der Darmschleimhaut treten. Auch weiß man aus Laborversuchen, dass sich in homogenisierter Milch durch kurzfristiges Erhitzen Komplexe aus diesen winzigen Fettglobuli und Kaseinmolekülen bilden. Weil Kasein als das häufigste Milchallergen gilt, könnte die bessere Verdaulichkeit dazu führen, dass sich ausgerechnet der potenteste Allergieauslöser leichter in den menschlichen Stoffwechsel einschmuggeln könnte. Daraus zu schließen, dass die Zunahme von Milchallergien unmittelbar auf den industriellen Verarbeitungsgrad der Milch zurückzuführen ist, wäre dennoch unseriös – Fütterungsexperimente an Mäusen sind nicht unmittelbar auf den Menschen übertragbar. Ausgeschlossen werden kann ein Zusammenhang trotzdem nicht, denn eindeutige Entlastungsbeweise ist die Wissenschaft bislang schuldig geblieben.

Rohmilch

Rohmilch ist die Milch, die der Landwirt gekühlt bei den Molkereien abliefert. Sie muss mit »Rohmilch, vor dem Verzehr abkochen« gekennzeichnet sein. Sie ist mit ihren sensorischen und mikrobiologischen Eigenschaften der Gradmesser für alle anderen Milchvarianten. Laut Gesetz darf sie nicht über 40 Grad erhitzt werden, und auch ein Filtern durch sehr kleine Poren – die Mikrofiltrierung – ist nicht erlaubt. Dadurch sind sämtliche Vitamine und ihr natürlicher Fettgehalt, der zwischen 3,8 und 4,2 Prozent schwankt, enthalten. Kommt sie in den Handel, heißt sie »Vorzugsmilch«. In der Regel ist Rohmilch nur »ab Hof«, nicht aber in Supermärkten erhältlich. Bei Vorzugs- beziehungsweise Rohmilch bestehen erhöhte hygienische Anforderungen sowohl für die Kühe als auch für das betreuende Personal. Wird die Milch bei Zimmertemperatur einen Tag lang gelagert, entsteht durch Milchsäuregärung Dickmilch.

Frischmilch oder kurzzeiterhitzte Milch

Diese Milch ist schonend erhitzte Rohmilch. Dafür wird die Milch für 15 bis 30 Sekunden bei 72 bis 75 Grad wärmebehandelt, »pasteurisiert«. Der Vitaminverlust durch das Pasteurisieren liegt bei unter zehn Prozent. Nach diesem Verfahren behandelte Milch hat gekühlt eine Mindesthaltbarkeitsdauer von maximal zehn Tagen. Auf dem Etikett steht »Frischmilch, traditionell hergestellt«. Gekühlt und ungeöffnet hält sie sich sechs bis zehn Tage.

ESL-Milch

Seit 2008 steht die »länger haltbare Frischmilch« in den Kühlregalen (ESL = Extended Shelf Life). Sie nimmt eine Zwischenstellung zwischen Frischmilch und H-Milch ein. Das Ausgangsprodukt für ESL-Milch ist eine auf einen bestimmten Fettgehalt eingestellte Milch, die schonend erhitzt wurde. Zwei Verfahren kommen zur Anwendung.

Im ersten Verfahren wird diese vorbehandelte Milch auf 70 bis 85 Grad gebracht, dann wird Dampf injiziert, der sie auf 127 Grad erhitzt. Nach drei Sekunden erfolgt die Abkühlung auf 70 Grad. Jetzt wird die Milch homogenisiert.

Das zweite Verfahren arbeitet mit äußerst feinen Filtern. Die entrahmte Milch wird durch diese Filter gepresst, um Keime auszusieben. Der Rahm wird separat hocherhitzt. Anschließend werden beide Phasen durch Homogenisieren wieder zusammengeführt und 30 Sekunden lang auf 72 bis 74 Grad erhitzt (pasteurisiert). ESL-Milch ist ungeöffnet, aber gekühlt je nach Verfahren zwischen zwei (Filterverfahren) und vier Wochen (Injektionsverfahren) haltbar.

H-Milch, UHT-Milch oder up-Milch

Diese Milch ist homogenisiert und ultrahocherhitzt. Dazu wird die Milch für wenige Sekunden auf 135 bis 150 Grad erhitzt und danach sofort auf vier bis fünf Grad heruntergekühlt. Eventuell in der Milch vorhandene Keime werden dadurch abgetötet. Der typische Kochgeschmack entsteht, weil die Struktur der Milcheiweiße durch das Erhitzen verändert wird, Denaturierung genannt. Dadurch kann die Verdaulichkeit der Proteine steigen. Nachteilig ist der Vitaminverlust. Er kann je nach Vitamin zwischen fünf und 20 Prozent betragen und verschärft sich im Laufe der Lagerungszeit noch. H-Milch ist ungeöffnet ohne Kühlung etwa drei Monate haltbar, verdirbt nach dem Öffnen jedoch innerhalb weniger Tage. [537]

7 WIE KÖNNEN WIR UNS WEHREN?

Anders denken – Zukunft braucht Wandel

Der Bürger hat die Wahl, und das nicht nur in Bezug auf die Legislaturperioden. Er hat die Macht, als Konsument eine Wende in der Agrar- und Ernährungspolitik zu begründen, und er kann Unternehmen daran hindern, bedenkliche Technologien durchzuboxen. Indem er seinen Lebensstil ändert, möglichst regional und ökologisch einkauft, Produkte meidet, die in Entwicklungsländern unter fragwürdigen Bedingungen hergestellt werden, und selbst politisch aktiv wird, kann er darüber entscheiden, in welche Richtung sich der Markt bewegt.

Noch aber bewegt sich die Branche zwischen Geldsegen und Filz, und noch sind alternative Wirtschaftsmethoden Stiefkinder der deutschen Landwirtschaftspolitik. Obwohl Untersuchungen immer wieder bestätigen, dass die Nachfrage nach biologisch erzeugten Nahrungsmitteln wächst, sind die Zuschüsse für den Ökolandbau im Vergleich zu jenen, die für Projekte der Agrarindustrie gezahlt werden, äußerst bescheiden. Subventioniert wird vor allem die Massenproduktion – egal ob von pflanzlichen Erzeugnissen oder von Fleisch. Hauptsache viel, Hauptsache billig, denn die Lebensmittelindustrie giert ebenso nach billigen Rohstoffen wie der Handel nach Produkten, die sich zu Dumpingpreisen an die »Geiz ist Geil«-Generation verhökern lassen. Vor allem Großunternehmen profitieren von den üppigen Geldern, die Politiker bereitwillig aus dem Steuersäckel zur Verfügung stellen. Nehmen wir das Beispiel der Rothkötter-Gruppe[538] mit einem Jahresumsatz von derzeit etwa 818 Millionen Euro, die im niedersächsischen Wietze einen Schlachthof errichten ließ, in dem pro Jahr 135 Millionen Hühner ihr Leben lassen – das sind jeden Tag 430 000 oder jede Stunde 27 000 Tiere. Wie ein Hochsicherheitsgefängnis wirkt dieses Ungetüm, Europas größte Hühnerschlachtanlage.

Stacheldrahtbewehrte übermannshohe Zäune umgeben die Gebäude, dazwischen patrouillieren Wachleute mit Hunden, das gesamte Gelände ist kameraüberwacht. Diesem Mega-Schlachthof hatte das Land Niedersachsen 2009 rund 6,5 Millionen Euro an Fördermitteln bewilligt. Wietze aber ist nicht nur irgendein Landkreis jenes Bundeslandes, das für seinen güllegeplagten »Schweinegürtel« in den Landkreisen Vechta und Cloppenburg bekannt ist. Es ist auch der Wahlkreis eines bekannten niedersächsischen Politikers: Jörg Bode (FDP), der zur damaligen Zeit Minister für Wirtschaft, Arbeit und Verkehr war. Die CDU/FDP-geführte Landesregierung spendierte Rothkötter mit besagten 6,5 Millionen Steuergeldern mehr, als sie im gleichen Jahr für ökologische Maßnahmen auf landwirtschaftlich genutzten Flächen ausgab.[539] Kaum drei Jahre später legte sie noch einmal mit 870000 Euro nach. Die offizielle Begründung für die Freigiebigkeit der niedersächsischen Landesregierung war das bei solchen Anlässen oft kolportierte Totschlagargument der Arbeitsplatzbeschaffung, und tatsächlich war der größte Teil der Fördersumme, nämlich fünf Millionen Euro, an die Schaffung von Jobs geknüpft. Tausend neue Arbeitsplätze hatte Rothkötter für die Unterstützung seiner »Celler Land Frischgeflügel GmbH & Co KG« versprochen – für eine Kleinstadt, die eine Arbeitslosenquote von acht Prozent hat, wovon 45 Prozent Langzeitarbeitslose sind,[540] eine beachtliche Menge. Doch nachdem die Schlachtanlage stand, verriegelte Rothkötter die Tore vor den neugierigen Blicken der Öffentlichkeit, obwohl doch deren Geld in einem Teil ihrer Anlagen steckt. Nichts an Informationen drang mehr nach außen, auch keine Beschäftigtenzahlen. Auf den Internetseiten heißt es: »Wir übererfüllen schon seit Jahren bei unseren sozialversicherten Mitarbeitern (75 %) und bei Mitarbeitern, die im Rahmen von Arbeitnehmerüberlassungen (25 %) bei uns arbeiten, die Forderung eines Mindestlohns von 8,50 Euro.« Da ein anderer Schlachthof der Firma Rothkötter von sich reden gemacht hatte, nachdem bekannt wurde, dass dort Schlachter zu Dumpinglöhnen arbeiten müssen, hatten die Grünen im niedersächsischen Landtag 2010 eine Anfrage an die Landesregierung gestellt. Doch diese sah keinen Grund für eine Überprüfung und wiegelte ab.[541] Die zweite Bedingung für die Förderung war die »Erzeugerbindung«: Zur Auslastung der Anlage hätten 400 bis

450 neue Mastställe à 40 000 Hühner gebaut werden müssen, bis 2011 waren jedoch nur 22 genehmigt und weitere 28 beantragt worden. Die Arbeitsgemeinschaft bäuerliche Landwirtschaft (AbL) hatte Hinweise darauf, dass Rothkötter 40 dänische Mäster unter Vertrag genommen hatte – im Gegensatz zu der Aussage der Landesregierung, der Anteil der aus Dänemark stammenden Hühner an der Gesamtmenge der in Wietze geschlachteten Tiere betrage weniger als ein Prozent. Die versprochene Aussicht auf Arbeit und Brot für ortsansässige Landwirte als Mäster für Rothkötter war damit hinfällig. Auch bei der Beantwortung dieser Anfrage von Abgeordneten mauerten die verantwortlichen Politiker: Derzeit bestehe keine Veranlassung für Prüfungen, »… die Landesregierung hat keine Veranlassung, an den Angaben des Unternehmens vom November 2011 zu zweifeln, … da der Anteil der aus Dänemark stammenden Hähnchen förderrechtlich nicht relevant ist.«[542]

Wietze ist kein Einzelfall. Wenn's um die Wurst geht, kennt die Branche keine Bescheidenheit. Pro Jahr flossen allein in die Schlachtunternehmen 18 Millionen Euro Steuergelder nur aus dem Brüsseler Topf für »Marktordnung«, ermittelte der BUND in einer Studie für 2008 und 2009[543]. Im Jahr 2008 war der Hauptempfänger unter den Großschlachtereien mit 4,7 Millionen Euro das in Brandenburg ansässige Unternehmen »Doux Geflügel«, einer der größten europäischen Geflügelfleischexporteure. Ein Jahr später profitierte Deutschlands größter Schweinefleischkonzern, die nordrhein-westfälische »Tönnies Fleischwerke GmbH«, mit 3,3 Millionen Euro von den Fördergeldern.

Für die Intensivlandwirtschaft haben EU, Bund und Länder besonders viel übrig. Allein für die 99 Prozent der konventionellen Hühner- und Putenmastbetriebe und die zwei Drittel der Schweinemastbetriebe sowie für die großen Schlachtkonzerne stellten sie jährlich eine Milliarde Euro zur Verfügung,[544] die gesamten Agrarsubventionen machen jährlich rund 60 Milliarden Euro aus. Der Mammutanteil geht im Gießkannenprinzip an Großunternehmen (Kapitel 1 und 3) – nicht nur Fleisch-, Zucker- und Stärkefabriken und Molkereien, sondern auch Pharmariesen und Energiekonzerne. Selbst Fluggesellschaften wie die Lufthansa dürfen sich über Agrarsubventionen freuen, deren Speisung an Bord mit Steuermitteln unterstützt wird. 30 Cent zahlt jeder Bürger pro Tag[545] für die großzügigen Geschenke im Rahmen der Agrarsubventionen.

Eine demokratischere Demokratie

Konsumentenboykotte, Verbraucherproteste, Kaufentscheidungen, Demonstrationen und Petitionen sind ein probates Mittel im Kampf gegen die zunehmend menschen- und umweltverachtende Globalisierung: Entgegen allen Versprechungen neoliberaler Politiker hat die Monopolisierung über Ländergrenzen hinweg nämlich weder ein Plus an Arbeitsplätzen geschaffen noch für ein Ende der Armut und des Hungers und erst recht nicht für eine Chancengleichheit in jenen Teilen der Welt gesorgt, die wir zwar für die Sicherung unseres Wohlstandes einspannen, sie aber nicht daran teilhaben lassen. Im Gegenteil: Die globalen Probleme wachsen ebenso rasant wie die Kluft zwischen Arm und Reich, Unten und Oben. Ein Schlüssel für die dringend notwendigen Reformen ist der persönliche Konsum. Nur 20 Prozent der Weltbevölkerung nutzen 80 Prozent der globalen Ressourcen; diese 20 Prozent haben es in der Hand, Politik und Konzernen die Richtung vorzugeben.[546]

Solange wir Megakonzerne so füttern, wie wir es durch unser Konsumverhalten bislang getan haben, wird sich nichts zum Guten wenden. Wir steuern – übergewichtig, kränkelnd, unzufrieden und mit all den schönen und teuren Dingen beladen, die uns die heile Konsumwelt beschert hat – auf einen Punkt zu, an dem es kein Zurück mehr gibt. Schon heute kontrollieren die 15 größten Unternehmen der Welt, gemessen an ihren Umsätzen, mehr Wirtschaftsleistung als die 60 ärmsten Staaten der Erde zusammen.[547] Die Macht multinationaler Konzerne wächst ungebrochen: Allein zwischen 1983 und 1999 sind die Profite der 200 weltgrößten Unternehmen um mehr als 350 Prozent gestiegen.[548] Staaten sind bis zur Pleitegrenze und darüber hinaus verschuldet, während Global Player exorbitante Gewinne einfahren, ohne entsprechende Steuern zu bezahlen. Nicht nur inländische Konzerne können sich mithilfe findiger Steuerberatungsfirmen aus der Verpflichtung winden, der Gesellschaft einen Teil dessen zurückzugeben, was sie ihnen ermöglicht hat. Tochterunternehmen von ausländischen Konzernen mit Sitz in Deutschland versteuern ihre Kapitalentgelte in Niedrigsteuerländern und nutzen so die Vorzüge der verschiedenen europäischen Steuersysteme aus.[549] Das Institut für Wirtschaftsforschung (DIW) hat ermittelt, dass deutsche Konzerne Gewinne in Milliardenhöhe am Fiskus vorbeischleusen: Zwischen den nachgewiesenen Gewinnen der Unternehmen und den steuerlich erfassten Profiten lagen 92 Milliarden Euro.[550]

Die Politik hat sich in großen Teilen dem Drängen, Werben und dem Druck der Wirtschaft ergeben; sie für die Wähler zurückzugewinnen und für die Interessen der Allgemeinheit zu re-sensibilisieren – wie es in einer demokratischen Grundordnung eigentlich völlig selbstverständlich wäre – heißt auch, selber etwas tun zu müssen: entweder in Form politischer Aktivität oder wenigstens als Förderer derjenigen, die sich engagieren. Im Folgenden stellen wir eine kleine Auswahl an Organisationen vor, die sich für Lebensmittelsicherheit, eine Agrarwende oder für eine Abkehr von unserer bisherigen verschwenderischen, zerstörerischen und ungesunden Lebensweise stark machen.

foodwatch e.V. – die essensretter

2002 vom ehemaligen Greenpeace-Geschäftsführer Thilo Bode gegründet, versteht sich foodwatch selbst als Lobbyorganisation für Verbraucher: Zweck des Vereins ist laut Satzung »die Förderung des Verbraucherschutzes durch Verbraucherberatung und -aufklärung«[551]. Sieben Jahre nach Gründung konnte der Verein seine Kosten vollständig über die Beiträge von Fördermitgliedern und Kleinspenden decken; derzeit kann foodwatch auf rund 25000 Mitglieder zählen. Auf seinen Internetseiten veröffentlichen die Aktivisten regelmäßig ihre Finanzen. 2012 verfügte der Verein über rund 1,9 Millionen Euro: 92 Prozent aus Spenden, sechs Prozent aus Großspenden, Erbschaften und Stiftungen und zwei Prozent aus sonstigen Einnahmen.[552] Um Unabhängigkeit bemüht, verzichtet foodwatch sowohl auf Geld vom Staat als auch auf Spenden aus der Lebensmittelindustrie und von größeren Unternehmen des Lebensmittelhandels. Sämtliche Spenden ab einem Betrag von 500 Euro pro Jahr werden überprüft und, falls eine Verbindung besteht, abgelehnt. Großspender ab 5000 Euro nennt foodwatch auf seiner Internetseite namentlich[553]; das Geld wird nicht angenommen, wenn sich Widerstand regt. Foodwatch gilt als unabhängiger und hartnäckiger Verfechter von Verbraucherinteressen. Der Verein nutzt sowohl Kampagnen als auch sein Recht auf Verbandsklage[554], um Missstände anzuprangern. Dabei setzt er gerne auf Trommelwirbel:»Wir greifen die Großen an, das erregt die meisten Emotionen.«[555]

foodwatch hat nicht nur Freunde. Für den Deutschen Bauernverband (DBV) war der Verein der »Kettenhund« der ehemaligen Grünen Verbraucherschutzministerin Renate Künast. Scharf kritisiert wurde foodwatch auch von der damaligen Bundesministerin für Landwirtschaft, Ernährung und Verbraucherschutz, Ilse Aigner (CSU), die Geschäftsführer Thilo Bode »Skandalisierung« als »Geschäftsmodell, um möglichst viele Mitglieder und Spendengelder zu gewinnen«, vorwarf.[556] Auch die Anhänger ökologischer Landwirtschaft verletzte foodwatch mit seinem Report »Klimaretter Bio?« tief. In diesem hatte das Institut für Ökologische Wirtschaftsforschung (IÖW) im Auftrag des Vereins Wirtschaftsarten auf ihren Ausstoß von klimaschädlichen Gasen hin miteinander verglichen und war zum Schluss gekommen, dass Verbraucher, die sich konventionell ernähren, dabei aber weniger Rindfleisch und Milch zu sich nehmen, weniger klimaschädlich leben als Ökoesser, deren Speiseplan Rind und Milchprodukte enthält: Für die Produktion von Biofleisch und -milch sei wegen der spezifischen Fütterung eine größere Fläche notwendig als bei der konventionellen Landwirtschaft. Die wenig sensible Kommunikation »Größter Klimasünder: der Bio-Rindfleisch-Esser« brachte foodwatch auch Kritik bei Anhängern ein. Denn obwohl die Klimabilanz von Biofleisch wirklich alles andere als gut ist, greift die simple Botschaft zu kurz: Weil für die Bio-Tierhaltung kein Kunstdünger eingesetzt wird, sind die Lachgasemissionen geringer als in der konventionellen Landwirtschaft; weil die Tiere aber länger brauchen, um Gewicht zuzulegen, setzen sie dafür mehr Methan frei. Fleischverzicht schont also in jedem Fall das Klima, denn die Produktion ist extrem ineffizient. Durchschnittlich mindestens sieben pflanzliche Kalorien sind nötig, um eine Kalorie Fleisch zu erzeugen. »Wir verfüttern 40 Prozent der Weltgetreideernte und 85 Prozent der Sojaernte an Nutztiere – und produzieren daraus primär Exkremente«, bringt es Lebensmittelexperte Kurt Schmidinger vom Projekt Future Food[557] auf den Punkt.[558]

foodwatch ist für seine öffentlichkeitswirksamen Aktionen bekannt – und dafür, dass der Verein viel Beachtung in den Medien erntet. Auch einige Siege kann foodwatch verbuchen. 2002 wirbelten die Aktivisten viel Staub um das wahre Ausmaß der mit Nitrofen belasteten Futtermittel auf, wenig später machten sie auf die hohe Acrylamidbelastung von Weihnachtsgebäck und Kartoffelchips aufmerksam. Später legte foodwatch bei der Bekämpfung von BSE die Finger in die Wunde, als es Tiermehlexporte aus Deutschland anprangerte. 2005 erwischte foodwatch McDonald's bei einer Falschaussage: Der Fast-Food-König musste zugeben, trotz gegenteiliger Werbeversprechen Brötchen mit chemischen Zusatzstoffen zu verwenden. Ob Etikettenschwindel, Uranbelastung von Mineralwasser oder Verbrauchertäuschung – foodwatch legt den Finger in die Wunde und macht auf Machenschaften und leere Versprechungen aufmerksam. Aufmerksamkeit und Solidarität sind foodwatch gewiss. 2009 stimmten 35 000 Verbraucher online über die Vergabe des »Goldenen Windbeutels« als Werbelüge des Jahres ab: Den Preis erhielt Actimel von Danone als vermeintliches Wundermittel gegen Erkältungen. Und 2010 unterschrieben fast 60 000 Menschen einen Aufruf, der eine klare Nährwertkennzeichnung mit Ampelfarben forderte.

Campact – Demokratie in Aktion

Campact will Probleme an der Wurzel packen. Die 2004 gegründete Nichtregierungsorganisation Campact mit Sitz in Berlin versteht sich als Netzwerk von Menschen, die sich »via Internet an gesellschaftlichen Debatten beteiligen«, indem sie Appelle unterzeichnen, Freunde und Bekannte informieren, Campact-Kampagnen finanziell unterstützen und an Aktionen vor Ort, so zum Beispiel an Aktionstagen oder bundesweiten Demonstrationen, teilnehmen. Campact nutzt das Internet als schnelles und leicht zugängliches Medium, um direkte Demokratie zu ermöglichen. Campact stellt Petitionen auf, organisiert die Unterschriftensammlung via Internet und überreicht diese dann in fantasievollen Aktionen an die entsprechenden Politiker. Die Themenwahl richtet sich danach, was unter den Nägeln der Öffentlichkeit brennt, darf aber den Werten, die in den »fünf Eckpfeilern« der Organisation formuliert sind, nicht widersprechen:

1. Für einen ökologischen Umbau der Gesellschaft
2. Demokratische Teilhabe stärken und Bürgerrechte verteidigen
3. Sozialstaat stärken und Steuergerechtigkeit herstellen
4. Gleichberechtigung statt Diskriminierung und Benachteiligung
5. Internationale Gerechtigkeit und friedliche Konfliktlösung

Campact verzichtet auf staatliche Mittel und lehnt Parteispenden ab. Um größtmögliches Vertrauen bemüht, hat sich die Organisation der von Transparancy International ins Leben gerufenen »Initiative Transparente Zivilgesellschaft«[559] angeschlossen und veröffentlicht regelmäßig seine Finanz- und Transparenzberichte. Derzeit zählt die Organisation 11 500 Förderer und insgesamt 722 000 Newsletter-Abonnenten. Von den rund zwei Millionen Einnahmen im Jahr 2012 aus Spenden, Beiträgen, Vermögensverwaltungen und Erstattungen hat Campact rund 1,8 Millionen Euro in Kampagnen, Softwareentwicklung und Personal investiert.

Neben Campact sind 45 weitere Organisationen aus Natur-, Umwelt- und Tierschutz[560] Träger von »Wir haben es satt!«[561] der Kampagne »Meine Landwirtschaft«, die sich inzwischen zu einer Bewegung ausgewachsen hat. Sie richtet sich gegen die Massentierhaltung und setzt sich für eine Agrarwende ein. Auch dank der weitreichenden Vernetzung von Campact und seiner Nutzung des Internets als Basis und Plattform wächst die Unterstützung für die Demonstrationen, die seit 2011 jährlich als Protestveranstaltung während der Grünen Woche und an anderen Orten Deutschlands stattfinden, zuletzt im Januar 2014 in Berlin, wo rund 30 000 Menschen unter dem Motto »Wir haben Agrarindustrie satt! Gutes Essen. Gute Landwirtschaft. Für alle!« auf die Straße gingen. Kaum einer anderen Bewegung ist eine derartige Verbundenheit eigen wie »Wir haben es satt«: Vom interessierten Durchschnittsesser über Veganer bis hin zu Landwirten und rigorosen Tierschützern – sie alle sind unter dem Dach der Kampagne vereint. Ob es daran liegt, dass kaum ein anderes Thema so existentielle Fragen berührt wie die Ernährung, oder daran, dass trotz gegenteiliger Versprechungen aus Politik und Wirtschaft ein Lebensmittelskandal den nächsten jagt – Fakt ist, dass sich zusätzlich zu den Trägern noch weitere 60 Organisationen angeschlossen haben und dass die Kampagne stets Tausende auf die

Straße zieht. Dazu mag beitragen, dass die EU-Kommission hinter verschlossenen Türen mit den USA über ein Freihandelsabkommen verhandelt, das, sollte es Realität werden, nicht nur den Konsumenten, sondern auch den Bauern schadet. Wenn es zustande käme, würden mit Chlor behandelte Hühnerbrüste, unter Hormoneinsatz produzierte Steaks und mit gentechnisch verändertem Getreide gebackenes Brot auf unseren Tellern landen. Darüber hinaus würde der Freihandel erhebliche Bauernopfer fordern. Bauern können ihre Produktion nicht endlos ausweiten; sie verkaufen ihre Erzeugnisse nicht an Endverbraucher, sondern an Lebensmittelverarbeiter. Wenn aber viele Anbieter ihre Produkte wenigen großen, marktdominanten Nachfragern anbieten müssen, können diese Preis und Konditionen bestimmen. Die Folge: Immer mehr Großinvestoren betreiben Megaställe und Großmastanlagen mit wenigen Billiglohnarbeitern und viel Technikeinsatz, das Sterben kleiner und mittlerer Betriebe verödet ganze Landstriche, die Intensivierung des Pflanzenbaus mit noch mehr Dünger, noch mehr Pestiziden, noch mehr Technisierung setzt sich fort – mit all den negativen Auswirkungen auf die Kulturlandschaft, das soziale Gefüge in ländlichen Gegenden und die Umwelt. »Freie Märkte führen nicht zu befreiten Bauern, sondern zur Befreiung ganzer Regionen von ihren Bauern«, sagt Mathias Binswanger, Professor für Volkswirtschaftslehre an der Fachhochschule Nordschweiz.[562] Ein starkes Bündnis gegen die Agrarindustrie unter einem Dach könnte dieser fatalen Entwicklung Einhalt gebieten. Der Erfolg gibt den Veranstaltern recht: Inspiriert von der Bewegung, haben sich inzwischen auch Proteste in den Niederlanden (»We zijn het Mega zat!!« – »Wir haben es Mega satt!!«) und in Österreich etabliert.

ProVieh – VgtM e.V. (Verein gegen tierquälerische Massentierhaltung)

ProVieh versteht sich als wissenschaftlich orientierter Fachverband, der »für alle Nutztiere eine art-, bedürfnis- und verhaltensgerechte Ernährung, Pflege und Unterbringung sowie die Vermeidung von Schmerzen und Leiden« fordert.[563] Der Verein kritisiert in seiner Satzung die rücksichtslose Ausbeutung der Nutztiere als Produktionsmittel und versucht, »durch Öffentlichkeitsarbeit und aktive Beteiligung am Prozess gesellschaftlicher und politischer Willensbildung« eine allmähliche

Abkehr von den derzeitigen Haltungsbedingungen durchzusetzen. Zu diesem Zweck konzentriert ProVieh seine Arbeit darauf, Verbraucher zu informieren, sich mit Protestschreiben, Petitionen oder Stellungnahmen in die Politik einzumischen, Änderungsvorschläge für Richtlinien und Gesetze zu unterbreiten und Kampagnen auf den Weg zu bringen, Fortbildungen und Seminare zu organisieren und Vorträge zu halten.

Von den Schwestern Margarete Bartling, einer Oberlandwirtschaftsrätin, und Olga Bartling, der damaligen Leiterin der Heikendorfer Volkshochschule, 1973 gegründet, setzt sich ProVieh seit über 40 Jahren für eine höhere Wertschätzung von Nahrungsmitteln aus artgerechter Tierhaltung ein. Heute vereint ProVieh rund 12 000 Mitglieder unter seinem Dach. Seit 1999 gehört ProVieh dem Deutschen Spendenrat an und verpflichtet sich damit zur alljährlichen Rechenschaftslegung gegenüber der Öffentlichkeit. 2012 betrugen die Einnahmen des Vereins 340 000 Euro und die Ausgaben 430 000 Euro. ProVieh verfügt über einen Vermögensbestand von 550 000 Euro und finanziert sich ausschließlich über Spenden, Mitgliedsbeiträge oder Nachlässe. In einer Untersuchung der Stiftung Warentest vom November 2013 erhält ProVieh neben fünf anderen Organisationen aus dem Natur-, Tier-, Arten- und Umweltschutzbereich[564] gute Noten. Während 40 andere durchfielen, attestierten die Tester ProVieh Transparenz, eine solide Organisation und eine nachvollziehbare wirtschaftliche Arbeit.

Wer von ProVieh Anti-Pelz-Kampagnen oder Fotoserien mit blutverschmierten Tierkadavern erwartet, wird eines Besseren belehrt: Der Verein informiert in sachlichem Ton und fundiert über Intensivtierhaltung, Antibiotikaeinsatz, Tiertransporte, Gentechnik, Aktuelles aus der EU-Agrarpolitik und Gesetze – ohne Effekthascherei und ohne Bauern per se an den Pranger zu stellen.

Von marktschreierischen Aktionen hält der Verein nicht viel. Er setzt auf Dialog und ist bereit, mit den Vertretern der Agrarindustrie, die von anderen Tierschutzvereinen geschmäht und entsprechend gemieden werden, zu verhandeln. Für ProVieh zählt allein der Erfolg, Nutztieren ein artgerechtes Leben zu ermöglichen, und jeder Schritt, der diesem Ziel näherkommt, ist für den Verein ein Schritt in die richtige Richtung. Das Projekt »Initiative zum Tierwohl« (TWI) gehört aus ProVieh-Sicht zu den erfolgreichsten der Vereinsgeschichte. Schon dass sich sämtliche große Handelsketten, Schlachtunternehmen und Bauernverbände mit ProVieh an einen Tisch gesetzt haben, darf als Fortschritt gelten – bislang verschanzten sich sowohl die entsprechenden Nichtregierungsorganisationen (NGO) auf der einen und die Agrarunternehmen samt ihrer Lobbyverbände auf der anderen Seite hinter ihren jeweiligen ideologischen Mauern. Mit der Initiative war es zu einer deutlichen Annäherung gekommen. Anfang 2014 erzielten die Verhandlungspartner einen Durchbruch zur »Initiative zum Tierwohl«: 22 Vertreter der Land- und Fleischwirtschaft sowie der großen Lebensmittelkonzerne hatten sich auf die Realisierung des Projekts verständigt. Ende des Jahres sollen die ersten Betriebe auditiert werden.[565] Die Initiative sieht eine schrittweise Verbesserung der Haltungsbedingungen vor, die aus einem Fonds, den der Lebensmitteleinzelhandel eigens dafür einrichtet, finanziert werden. 300 Millionen Euro für die ersten drei Jahre sind geplant, damit die beteiligten Bauern für mehr Platz und Auslauf im Stall, für Einstreu und den permanenten Zugang zu Raufutter sorgen können. Ohne Deckung der zusätzlichen Kosten durch Dritte wären die Bauern aufgrund ihrer angespannten betriebswirtschaftlichen Situation kaum zu tierschutzrelevanten Verbesserungen in der Lage, argumentiert ProVieh. Die Zusatzkosten werden vom Handel über die Ladenpreise für Schweinefleisch und Wurstwaren an die Verbraucher weitergegeben, denn, so ProVieh, »Tierschutz gibt es nicht zum Nulltarif«.

Mit einem explosionsartigen Preisanstieg rechnet der Verein dennoch nicht, da es kaum zu erwarten sei, dass sich sofort sämtliche Schweinehalter anschließen werden. Die »Tierwohlmaßnahmen« sind in einem Kriterienkatalog aufgeführt; jeder Landwirt kann sich entscheiden, wie viele Maßnahmen er in seinem Betrieb umsetzt – diese werden dann über den Fonds erstattet. Ein Label werden die Produkte nicht erhalten. Auch fassen die Beteiligten die Initiative nicht als Konkurrenz zu den Labeln der Bio-Anbauverbände oder anderer Tierschutzorganisationen wie des Tierschutzbundes oder »Vier Pfoten« auf, denn diese deckten spezielle Marktsegmente ab und sprächen andere Käuferschichten an.[566] Von Anfang an war die Tierwohl-Initiative als freiwilliges System konzipiert, das für alle Interessenten offen sein sollte und nicht mit teuren Lizenzgebühren belegt ist; sie soll außerdem ohne Markenwerbung auskommen. Derzeit kam weniger als ein Prozent der in Deutschland geschlachteten Schweine zu Lebzeiten durch ein Label in den Genuss besserer Haltungsbedingungen: Das sind nur rund 500 000 der insgesamt 55 Millionen Schweine. ProVieh hofft, dass die Tierwohl-Initiative erheblich mehr Schweinen ein besseres Leben bescheren wird.

AbL – Arbeitsgemeinschaft bäuerliche Landwirtschaft e.V.

Mehrheitlich sind in der »Arbeitsgemeinschaft bäuerliche Landwirtschaft« kleine und mittlere landwirtschaftliche Betriebe organisiert, daneben aber auch »Menschen anderer Berufsgruppen, die sich als Verbraucher, Umwelt- oder Tierschützer oder als entwicklungspolitisch Engagierte für den Erhalt der bäuerlichen Landwirtschaft einsetzen«[567]. Sowohl konventionelle als auch ökologische Betriebe haben sich der AbL angeschlossen, die sich als Opposition zum Deutschen Bauernverband (DBV) versteht. Dem DBV wirft sie vor, einseitig die Interessen der Agrarindustrie und der landwirtschaftlichen Großbetriebe zu vertreten.

Geburtsstunde der Bewegung war ein Arbeitskreis Junger Landwirte, der sich schon 1973 fragte: Vertritt der Deutsche Bauernverband eigentlich uns? Was geschieht mit den Subventionen? Und wie steht es mit dem Verhältnis zwischen Bauern und Verbrauchern?[568] Von da an mischte sich die AbL überall dort ein, wo sie mit der Richtung der Politik nicht einverstanden war, Gefahren vermutete oder entdeckte – von der Futtermittelqualität (Stichwort: Nitrofen) über Gentechnik, europäische Export- und Entwicklungspolitik und EU-Direktzahlungen bis hin zur Transparenz von Subventionszahlungen. Sie fordert unter anderem:

- eine Agrarpolitik, die eine bäuerliche Landwirtschaft stärkt,
- den Erhalt einer gentechnikfreien Landwirtschaft,
- einen fairen Welthandel,
- das Recht auf Nachbau der Ackerfrüchte,
- eine gerechte Vergabe der ehemaligen DDR-eigenen Flächen in Ostdeutschland,

Zusammen mit dem Bund für Umwelt und Naturschutz (BUND), der Verbraucherinitiative und der Agrar-Koordination[569] verfasste die AbL 1987 die »Aachener Erklärung«[570], in der sie sich gegen einen fortschreitenden Ruin der bäuerlichen Landwirtschaft und für eine Umorientierung der Agrarpolitik einsetzte. Wenig später schlossen sich zwölf weitere Organisationen an, und der »Dachverband der Deutschen Agraropposition e.V. (DDA)« entstand. 1992 wurde daraus das AgrarBündnis, das inzwischen von 24 unabhängigen Organisationen aus Landwirtschaft, Verbraucher- und Entwicklungspolitik sowie Umwelt-, Natur- und Tierschutz unterstützt wird und mehr als eine Million Einzelmitglieder zählt. Bekannt geworden ist das Bündnis durch die Herausgabe des agrarpolitischen Jahrbuchs *Der kritische Agrarbericht*, in dem jedes Jahr rund 50 Autoren zu aktuellen Themen unter anderem aus Agrarpolitik und -kultur, Regionalentwicklung, Tierhaltung und Tierschutz, Ökologie, Gentechnik und Ernährungskultur Stellung nehmen und politische wie praktische Alternativen aufzeigen. Dem Leser des *Kritischen Agrarberichts* werden Zusammenhänge aufgezeigt: was Exportsubventionen für EU-Agrarprodukte mit dem Hunger in der Dritten Welt zu tun haben und wie der Industrialisierungsdruck auf die Bauernhöfe mit den Billigpreisen, die wir für Lebensmittel im Supermarkt bezahlen, in Verbindung steht, warum Agrar-Großinvestoren bäuerliche Betriebe verdrängen und gleichzeitig die Umwelt zerstören, oder auch, wozu wir Vielfalt statt Standardisierung bei Milch brauchen oder warum Schweinefüße und Hühnerbeine afrikanische Kleinbauern ruinieren.

Die AbL setzt sich für eine neue europäische Agrarpolitik ein, die sich auf soziale wie ökologische Aspekte fokussiert. Dabei stützt sie sich auf Gespräche mit führenden Politikern auf Bundes- und Landesebene, Pressearbeit und Kampagnen und arbeitet eng mit verschiedenen anderen Verbraucher-, Umwelt- und Tierschutzverbänden zusammen. Sie legte Positionspapiere zum ökologischen Landbau vor, zur Milchreform, zur Agenda 2000 und zum internationalen Agrarhandel. Die AbL unterstützt das Netzwerk »Bauernhöfe statt Agrarfabriken«, das verschiedene Tier- und Umweltschutzverbände, Bürgerinitiativen und Kirchen tragen, und kämpft gegen die Patentierung von Pflanzen, Tieren und Saatgut.

Gegen diese »demokratiefreie Zone«[571] demonstrieren Verbände wie die »Arbeitsgemeinschaft bäuerliche Landwirtschaft«, Greenpeace, das Gen-ethische Netzwerk, verschiedene Verbraucherinitiativen und viele andere seit Langem. Bis heute gibt es international schätzungsweise 300 Organisationen, die nicht mehr zusehen wollen, wie Patente auf Leben vergeben werden.[572] Wie viel Erfolg sie haben, spiegelt sich letztlich in politischen Entscheidungen wieder. 2013 hat der Bundestag das Deutsche Patentgesetz zwar kurz vor Ende der Legislaturperiode so verändert, dass Patente auf Pflanzen und Tiere aus konventioneller Zucht verboten werden. Doch damit ist die Gefahr noch lange nicht gebannt, denn die Schlupflöcher des Gesetzes sind nicht gestopft. Auch ist die Gesetzesänderung für das Europäische Patentamt gar nicht bindend. Eines aber zeigt die Entscheidung: Engagement lohnt sich.

Anders leben

Genug ist der Überfluss für den Weisen[573]

Wir produzieren und konsumieren ohne Rücksicht auf Verluste und tun so, als erzeugten wir unsere Nahrungsmittel auf einem anderen Planeten. Gleichzeitig Täter und Opfer unserer eigenen exzessiven Lebensweise, kümmern wir uns wenig um die Folgen unseres Handelns. Ob wir als Konsument nach Fleisch- und Gourmetschnäppchen jagen, als Bauer unbekümmert Gülle und Pestizide ausfahren, als Agrarlobbyisten die Greening-Bestrebungen der EU bekämpfen oder als Mitglieder des Landwirtschaftsausschusses auf der Bezahlliste von Agrar-Spitzenverbänden stehen – immer agieren wir im Zentrum unseres eigenen Egos. Inzwischen ist aus Wohlstand Überfluss geworden, der ununterbrochen gefüttert werden will: mit Ressourcen, natürlichen wie menschlichen. Dabei leben wir in einer Welt der Endlichkeit. Wollen wir langfristig überleben, müssen wir uns im Weitblick üben, wir müssen lernen zu schützen, Rücksicht zu nehmen, genauer hinzuschauen, zu reflektieren, zu überdenken und anders zu handeln.

Bislang haben wir unsere gestalterischen Werkzeuge völlig unbedarft eingesetzt – ohne zuvor zu prüfen, ob sie langfristig Schäden verursachen könnten. Zum Beispiel entwickelten wir Landmaschinen, von denen manche aufgrund ihres Gewichts Fahrverbot für die Straße haben, auf den Feldern aber ohne jede Beschränkung eingesetzt werden. So bringt es beispielsweise eine große Erntemaschine für Kartoffeln auf 30 bis 50 Tonnen. Während unsere Straßen für Schwerlastverkehr gebaut sind, vertragen unsere Böden solche Ungetüme nicht. Die Schwergewichtler zerstören das Bodengefüge aus Kapillaren und Poren, die Böden verdichten und hindern Pflanzenwurzeln am Durchdringen. Tiefer zu pflügen und kräftiger zu düngen sind verzweifelte Versuche, gegen den besorgniserregenden Qualitätsverlust des Bodens anzukämpfen und die hohen Erträge zu halten. Oft umsonst. Das Zuviel an Dünger und Pestiziden wiederum ist ein weiteres Werkzeug, das die Kulturen anfänglich zu Höchsterträgen trieb und inzwischen seine Kehrseite zeigt. Heute verfolgen multinationale Konzerne, ohnehin die Big Player auf dem Spielplatz des Landwirtschaftssektors, mit Druck auf die Politik und der Finanzierung von Studien an öffentlichen Forschungseinrichtungen die Grüne Gentechnologie zu etablieren – ein drittes Werkzeug in unserem Streben nach permanentem Wachstum. Dabei können weder Gesundheits- noch Umweltrisiken seriös bewertet werden. Konzepte für eine langfristige Sicherheitsforschung in Sachen Grüne Gentechnik fehlen ebenso wie solche für den Einsatz der Nanotechnologie in der Lebensmittelwirtschaft.

Im Laufe der vergangenen Jahrzehnte müssten wir gelernt haben, dass die Instrumentarien, derer wir uns bedienen, mit Bedacht eingesetzt werden wollen, wenn sie auf lange Sicht nicht eher schaden als nutzen sollen: Sie müssen in einen Plan von Nachhaltigkeit passen. Wir können uns nicht mehr leisten, blind Technologien und Innovationen einzusetzen, ohne ihre Folgen abschätzen zu können, denn wir leben jetzt schon über unsere Verhältnisse:

- Die Umweltschäden durch die industrielle Landwirtschaft belaufen sich auf 3,5 bis 5,1 Milliarden Euro jährlich allein in Deutschland – das ist nur jener Anteil, der mit Geld beglichen werden kann. [574]
- Der Direktverbrauch an Wasser beträgt in Deutschland 124 Liter pro Tag und Kopf. Durch Importe von Produkten aus anderen Regionen der Welt ergibt sich ein tatsächlicher Konsum von 5288 Litern pro Tag – 25 Badewannen voll. [575]
- Der ökologische Fußabdruck hat sich seit 1966 verdoppelt. Durchschnittlich verbraucht die Menschheit 1,5-mal so viel natürliche

Ressourcen wie sich jährlich erneuern. Hätten alle Menschen den Umweltverbrauch eines Deutschen, wären 2,5 Erden zur Bedarfsdeckung nötig.[576]

- Die Intensivierung und Motorisierung der Landwirtschaft bedroht viele Arten: Wildkräuter, Moose, Libellen, Bienen, Schmetterlinge, Wiesen und Feuchtgebiete bewohnende Vögel, aber auch den Feldhamster und den Hasen. Was wir jetzt an Gefährdung wahrnehmen, ist erst der Anfang, nämlich das Resultat von wirtschaftlichen Veränderungen der letzten hundert Jahre. Die jetzigen, stärkeren Eingriffe in die Natur werden sich aber erst in einigen Jahrzehnten auswirken. Die Zahl der gefährdeten Arten wird deutlich unterschätzt.[577]
- Die genetische Armut bei Obst- und Gemüsesorten wie auch bei Tierrassen nimmt rapide zu. 75 Prozent der landwirtschaftlichen Vielfalt sind bereits unwiederbringlich verloren gegangen. Die Gründe: fortschreitende Monopolisierung im Saatgutmarkt, Durchsetzung von Hochleistungs-Hybridsorten und -rassen, neue Anbaumethoden sowie die industrielle Verarbeitung vieler Produkte.[578]

Ganz offensichtlich haben wir nicht nur das Maß, sondern auch die Realität aus den Augen verloren. Die Ökonomen Christine Ax und Friedrich Hinterberger haben eine Streitschrift[579] verfasst, die genau das anprangert. Ungebremstes Wachstum habe uns in eine tiefe Krise geführt, doch wenn man den Politikern glaube, sei der einzige Ausweg daraus wiederum Wachstum, schreiben die Autoren, und: »Wirtschaftswachstum hat keineswegs immer etwas mit einem Zuwachs an echtem Wohlstand und Lebensqualität zu tun.« Ax und Hinterberger rufen nicht nur zum nachhaltigen Konsum auf, sondern zur Besinnung auf eine alte Tugend: Bescheidenheit. Sich bescheiden bedeutet, weniger nach Besitz zu streben. Wer nur so viel kauft, wie er wirklich braucht, Carsharing nutzt und vielleicht sogar die Waschmaschine, den Trockner, den Rasenmäher mit Nachbarn teilt, sein Geld nachhaltig anlegt, kein oder nur wenig Fleisch isst, Obst und Gemüse aus ökologischem, regionalem Anbau kauft und sich Non-Food-Produkte anschafft, die sich reparieren lassen, muss nicht weniger glücklich sein. Ax und Hinterberger preisen Dinge mit Qualität und Seele, und sie sind überzeugt, dass das Weniger mehr ist.[580] Diese Auffassung teilen sie mit Mathias Binswanger,

Professor für Volkswirtschaftslehre an der Fachhochschule Nordwestschweiz in Olten, der über den Zusammenhang zwischen Einkommen und Glück forscht. Binswanger hält nichts von den Konsum-Tretmühlen, wie sie die Industrie mit immer neuen Werbeversprechen anheizt. Das neueste Automodell, den breiteren Flachbildfernseher, das teurere Smartphone oder die heile Welt der kinderlieben Chocolatiers, der friedlich weidenden lila Kühe oder sahnerührenden dunkelhaarigen Schönheiten wecken Begehrlichkeiten, die nicht viel mit Glück zu tun haben, sondern mit Vergleich. Immer haben zu müssen, was der Prominente in den Spots genüsslich verspeist, was der Arbeitskollege, der Freund, der Nachbar fährt, besitzt, trägt, ist mit Stress verbunden – und Stress erzeugt Unzufriedenheit. Binswanger rät, sich dem üblichen Wertesystem, dem Druck von außen, zu entziehen. Rankings, Benchmarks, die Jagd nach Schnäppchen und dem Nachhecheln von Konsumtrends, Shopping als Freizeitbeschäftigung – alles schädlich. Die Statistik gibt den Wissenschaftlern recht, denn die Zahl der Unzufriedenen wächst stetig, und sie wächst sich zu einem Gesundheitsproblem aus: 2010 landeten über doppelt so viele Menschen wegen Depressionen im Krankenhaus wie zehn Jahre zuvor; die Rückfallquote ist enorm hoch.[581] Vier Millionen Menschen leiden derzeit in Deutschland unter einer behandlungsbedürftigen Depression.[582] Unter den Kranken sind erschreckend viele Kinder und Jugendliche. Während sich im Jahr 2000 bundesweit rund 2100 Betroffene einer stationären Behandlung unterziehen mussten, waren es 2012 schon über 12 500.[583] Die Gründe für eine Depression mögen vielfältig sein – aber augenfällig ist, dass vor allem Menschen in den wohlhabenden Staaten dieser Welt betroffen sind. Das ermittelte ein internationales Forscherteam in einer Großstudie, indem es Interviews mit 89 000 Menschen aus 18 Ländern auswertete. Erschienen sind die Ergebnisse im Fachmagazin *BMC Medicine*.[584]

Verzicht als Glücksmotor – eine attraktive Vorstellung: weniger kaufen, dafür mehr soziales Mit- und Füreinander, weniger essen, dafür gesünder sein, weniger wegwerfen, dafür an langlebigen Produkten seine Freude haben. Was beinahe zu schön klingt, um wahr werden zu können, ist so unmöglich nicht. Denn Nicht-Wachsen muss nicht automatisch schmerzen. Ax und Hinterberger gehen sogar noch weiter. Statt Arbeit zu besteuern, so fordern sie vom Staat, müsste er Konsum besteuern, ein bedingungsloses Grundeinkommen einführen und all jene Subventionen abbauen, die Nicht-Nachhaltiges bezuschussen: Massentierhaltung beispielsweise. Wochenarbeitszeiten von höchstens 20 bis 25 Stunden reichten aus, um unseren Wohlstand zu erzeugen – wenn das Arbeitsvolumen gleichmäßig auf die Erwerbsbevölkerung verteilt würde.[585] Unsere konventionellen Wirtschafts-, Denk- und Lebensmodelle der endlosen Profitmaximierung und des künstlichen Generierens von Bedürfnissen jedenfalls führen ins ökologische, soziale und persönliche Desaster.

Wegwerfgesellschaft ade

Wir essen, um zu leben, und wir leben, um zu essen. Ob zu den Mahlzeiten, zwischendurch oder einfach aus Lust und Laune – unsere Nahrung ist permanent verfügbar, meist billig und so aufgepeppt, dass wir gerne mehr durch Schlund und Kehle gleiten lassen, als uns gut tut. Längst haben wir verlernt, unseren Körper als Organismus zu verstehen, der seine Dienste versagen kann, wenn wir ihn überfüttern oder mit Falschem versorgen. Zurückhaltung beim Essen ist uns ebenso fremd geworden wie die Achtung vor dem Essen. Der Apfel mit Druckstelle, das Brötchen vom Morgen, der Salat mit angewelkten Blatträndern stören nicht nur unser ästhetisches Empfinden, sie wecken Gefühle von Ekel und Missmut in uns: Schnell entsorgen wir die vermeintliche Gammelware in die nächste Tonne. Nicht nur Privathaushalte, auch Handel, Industrie und Großverbraucher verfahren so. Allein in Deutschland werden pro Jahr knapp elf Millionen Tonnen Lebensmittel weggeworfen. Großverbraucher und Industrie halten sich mit je 1,9 Millionen Tonnen in etwa die Waage, der Handel trägt mit 550 000 Tonnen zum Nahrungsmüllberg bei, aber wir Konsumenten führen die Liste der Verschwender mit rund 6,7 Millionen Tonnen[586] an. Die Pro-Kopf-Entsorgung liegt demnach pro Jahr bei 81,6 Kilogramm, eine Menge von 225 Gramm täglich: in etwa also ein durchschnittliches Frühstück, das Tag für Tag im Müll landet. Dabei handelt es sich um Zahlen, die nur den erfassbaren Anteil einbeziehen. »Während Biomüll und Restmüll über das kommunale Sammelsystem entsorgt werden, tauchen jene Lebensmittel, die über die Kanalisation und die Eigenkompostierung entsorgt oder an Haustiere verfüttert werden, in keiner Statistik auf«, kommentiert das Bundesministerium für Ernährung, Landwirtschaft und Verbraucherschutz (BMELV).

Was uns als zu minderwertig erscheint, um es zu verzehren, ist zum größten Teil qualitativ so hochwertig, dass man es essen könnte. Fast die Hälfte, nämlich 47 Prozent, gehören zur vermeidbaren Menge, weitere 18 Prozent sind teilweise vermeidbar. Zur ersten Kategorie zählen Abfälle, die zum Zeitpunkt ihrer Entsorgung noch uneingeschränkt genießbar gewesen wären, zur zweiten solche, die aufgrund unterschiedlicher Gewohnheiten auf dem Müll landen wie Brotrinde, halb aufgegessene Früchte, Speisereste oder Kantinenabfälle. Die Top 3 der am meisten entsorgten Nahrungsmittel sind Gemüse, Obst und Backwaren. Als nicht vermeidbar gelten lediglich die nicht essbaren Anteile wie Knochen und Knorpel, mit Konservierungsstoffen behandelte Käserinde, Kartoffel-, Bananen- oder Apfelsinenschalen.[587]

Wegwerfen – ein Problem, das keine Stufe der Lebensmittelerzeugung ausschließt. Das fängt schon beim Bauern an: Jede zweite Kartoffel, jeder zweite Kopfsalat wird aussortiert – ein Viertel der gesamten Ernte. Produktspezifikationen, Vermarktungsnormen und standardisierte Verpackungen im Handel sind die Gründe für Lebensmittelverluste. Bei direkt vermarktetem Obst und Gemüse dagegen ist der Verlust deutlich geringer.[588] Auch bei den Folgeschritten der Lebensmittelproduktion, der »Veredlung«, sind die Verluste hoch. Bei den Milchprodukten treten Herstellungsprobleme durch technische Fehler wie Maschinenschäden auf, und bei Fleisch- und Wurstwaren sorgt der enorme Zeit- und Kostendruck dafür, dass der Abfallberg wächst. Auch unser täglich Brot macht da keine Ausnahme. Weil die Bäcker dafür Sorge tragen, dass Backwaren bis kurz vor Ladenschluss so frisch sind, wie es die Kundschaft erwartet, werfen sie rund ein Fünftel ihrer Produktion weg. Ähnlich hält es der Handel: Steht der Ablauf des Mindesthaltbarkeitsdatums (MHD) noch Tage bevor, sortiert er die entsprechenden Waren aus. Er fürchtet, dass Verbraucher die Lebensmittel für verdorben befinden und sie in den Regalen stehen lassen. Dabei ist das MHD kein Verfallsdatum, sondern ein Steuerungselement der EU, das vor allem dem Absatz dient: Jedes europäische Unternehmen soll die gleichen Chancen am Markt haben, ein freier Warenverkehr soll nicht durch unterschiedliche Kennzeichnungen behindert werden. Zu diesem Zweck hatte die EU die Kennzeichnungsvorschriften für Etikettierung, Aufmachung und Werbung vorverpackter Lebensmittel harmonisiert, was sich in der Richtlinie 2000/13/EG widerspiegelt.

Das Mindesthaltbarkeitsdatum informiert darüber, bis wann ein Lebensmittel bei sachgerechter Aufbewahrung auf jeden Fall und ohne wesentliche Geschmacks- und Qualitätseinbußen oder gesundheitliches Risiko konsumierbar ist. Da es nicht das Verfallsdatum des Produkts angibt, kann man das Lebensmittel bedenkenlos auch noch nach Ablauf des angegebenen Datums verzehren. Das Mindesthaltbarkeitsdatum dient den Unternehmen als Marketinginstrument und als Instrument zur Mengensteuerung. Weil seine Festlegung im Ermessen des Produzenten liegt, kann auf gleichartige Produkte verschiedener Hersteller ein anderes Haltbarkeitsdatum aufgedruckt sein. Die Verbraucherzentrale Nordrhein-Westfalen war erstaunt, als sie im Zuge einer Befragung feststellte, wie gut Konsumenten das Mindesthaltbarkeitsdatum vom Verfallsdatum unterscheiden konnten. Bisher waren Fachleute oft zu dem Schluss gekommen, dass ein Großteil der Käufer kaum zwischen beiden differenzieren kann. Dem ist wohl nicht so. Drei Viertel aller Befragten interpretierten die beiden Daten korrekt. Das änderte allerdings nichts an ihrem Hang, noch verzehrsfähige Lebensmittel in die Tonne zu befördern. Häufig sind es jüngere Menschen und solche mit einer Vorliebe für Außer-Haus-Mahlzeiten und Fertiggerichte, die eher zum »Entsorgen« neigen.[589]

Es gilt als eines der langweiligsten aller Argumente, mit dem schon mäkelige Kleinkinder zum Leeren ihres Tellers gezwungen werden sollen, doch vielleicht helfen so verheerende Zahlen, wie sie die UN-Agrarorganisation FAO jedes Jahr erstellt, den wahren Wert von Lebensmitteln und den Luxus, den wir uns leisten, ins Gedächtnis zurückzurufen: Während weltweit 842 Millionen Menschen hungern und mehr als 900 Millionen keinen Zugang zu sauberem Trinkwasser haben, landet ein Drittel der produzierten Nahrungsmittel auf dem Müll – rund 1,3 Milliarden Tonnen. Dass wir fast 30 Prozent der Ackerfläche dazu benutzen, Nahrungsmittel zu produzieren, die nie gegessen werden, ist moralisch nicht hinnehmbar. »Wir alle – Landwirte und Fischer, Lebensmittelproduzenten und Supermärkte, lokale und nationale Regierungen sowie die Verbraucher – müssen in jedem Glied der menschlichen Nahrungskette etwas ändern«, kommentierte FAO-Generaldirektor José Graziano da Silva. Das beginne schon beim »lächerlichen Phänomen« in den Industrienationen, kein krummes Gemüse zu kaufen.[590]

Jahrzehntelang frönte der Westen der Wegwerfkultur, und niemand störte sich daran. Die Vermarktungsnormen der Europäischen Union trieben bizarre Blüten. Für den Apfel beispielsweise, das beliebteste Obst der Deutschen, verfassten die Bürokraten 18-seitige Vorschriften zu Form, Farbe und Abmessung. Inzwischen sind 26 von 36 Vermarktungsnormen für Lebensmittel zwar abgeschafft, aber das wirkt sich kaum auf die Praxis aus. Denn der Handel wendet die Normen ungeachtet dessen weiter an: in Deutschland zu 75 Prozent, in anderen Mitgliedsstaaten zu 95 Prozent, ermittelte ein Gutachten des Wissenschaftlichen Dienstes des Bundestages. Hier und da testen einzelne Ketten, wie der Kunde auf Obst und Gemüse abseits der Gleichförmigkeit reagiert. Die Edeka-Gruppe mit ihrer Discount-Tochter Netto beispielsweise hatte ab Oktober 2013 unter dem Motto »Keiner ist perfekt« probeweise Ware aus Deutschland ins Sortiment genommen, die nicht dem gängigen Schönheitsideal entsprach. Testmärkte der Edeka-Regionen Südbayern, Nordbayern-Sachsen-Thüringen, Nord und Rhein Ruhr boten dreifüßige Möhren und krumme Gurken mit klarer Kundeninformation preisgünstiger an. In Österreich begann zur gleichen Zeit der Handelskonzern Rewe, Kartoffeln, Äpfel und Möhren mit eigenwilligem Aussehen unter der Eigenmarke »Wunderlinge« in die Regale zu packen. Rewe International betreibt in Österreich die Supermarktketten Billa, ADEG und Merkur und war einem Beispiel aus der Schweiz gefolgt. Dort hatte die Supermarktkette Coop seit August 2013 Ware mit optischen Mängeln unter der Marke »Ünique« in gesonderten Regalen und zu einem günstigeren Preis verkauft.[591] Ohne die Verbraucher verlaufen solche Initiativen allerdings im Sande. Über Jahre dazu erzogen, Schönheit und Gleichförmigkeit höher zu achten als »innere Werte« wie Geschmack und Konsistenz, zählt für viele Konsumenten nach wie vor der erste Eindruck – und der muss perfekt sein. Geschickt weiß der Handel auszunutzen, wie man das Auge überlistet und die Kauflaune stimuliert, indem die Produkte im wahrsten Sinne des Wortes ins rechte

Licht gerückt werden und Frisches appetitlich drapiert wird oder sich Aktionsware an den am meisten frequentierten Bereichen häuft. Dass ein Apfel mit ein paar Schorfflecken nicht schlechter schmeckt als ein glattschaliger, mag eine Binsenweisheit sein. Doch der Handel scheut sich nach wie vor, Verwachsenes und mit Makeln Behaftetes in die Regale zu legen – wenige Jahrzehnte haben ausgereicht, um den Kunden auf Uniformität einzuschwören. Dem Handel sparen Lebensmittel wie aus der Retorte Kosten, denn sie können in Kisten dicht an dicht gepackt und transportiert werden.

Unsere Verschwendung ist ein Frevel in ethischer, wirtschaftlicher, sozialer und ökologischer Hinsicht:

- Landwirtschaftliche Nutzfläche ist kostbar – egal ob hierzulande oder im Ausland. Konventioneller Pflanzenbau belastet Boden, Grund- und Oberflächenwasser mit Düngemitteln und Pestiziden. Menschliches Handeln hat rund 40 Prozent der Ackerfläche weltweit degeneriert.[592]
- 70 Prozent des Frischwassers werden nur für die Landwirtschaft verbraucht, und etwas weniger als die Hälfte aller Nahrungs- und Futterpflanzen werden in Gebieten mit Wassermangel angebaut. In vielen unserer Importländer herrscht Wassermangel. Überdimensionierte Bewässerungssysteme haben weitreichende und teils unumkehrbare Folgen für die lokale Bevölkerung und die betroffenen Ökosysteme. Allein die Sojafelder in Südamerika entsprechen der Größe der Europäischen Union. Soja ist Hauptbestandteil von Futtermitteln.[593]
- Unsere Maßlosigkeit hat immensen Einfluss auf die Entwicklungs- und Schwellenländer. Weil sich die Preise nach Angebot und Nachfrage richten, steigen sie bei einer vermehrten Entsorgung von Lebensmitteln stark. Arme können sich Grundnahrungsmittel dann nicht mehr leisten. In den vergangenen zehn Jahren ist der Weltmarktpreis beispielsweise für Getreide um 200 Prozent gestiegen. Finanzjongleure, Lebensmittel- und Agrarindustrie, Handelsketten und Agrochemie setzen auf Spekulationen am internationalen Nahrungsmittelmarkt: Sie haben ein fundamentales Interesse, die Lebensmittelproduktion anzukurbeln. Im Gegenzug weigern sie sich, faire Preise an die Bauern und die Lieferanten zu bezahlen, obwohl

sie exorbitante Gewinne erzielen: Schon die zehn größten Lebensmittelkonzerne der Welt, Coca-Cola, Danone, Unilever, Kellogg's, Mars, Mondolez, Nestlé, PepsiCo, General Mills und Associated British Food, nehmen zusammen an einem einzigen Tag 1,1 Milliarden US-Dollar ein.[594]

- Weggeworfene Lebensmittel sind weggeworfenes Geld: pro Haushalt und Jahr zwischen 300 und 400 Euro.[595]

Würden die Bewohner in den Industrienationen die Lebensmittelverschwendung nur um die Hälfte reduzieren, würden sie auch etwas Gutes für das Klima tun. Denn die Einsparung hätte denselben Effekt, als ob wir auf jedes zweite Auto verzichteten – bis zu zehn Prozent der globalen Kohlendioxidemissionen würden wegfallen.[596]

Findige Großstädter betreiben mittlerweile Foodsharing, um etwas gegen den Wahnsinn des Wegwerfens zu unternehmen. Die Idee dazu entsprang zwei unabhängigen Gruppen: der einen um Valentin Thurn, Regisseur des Kinofilms »Taste the Waste«, und dem Leiter der Social-Media-Kampagne zum Film, Sebastian Engbrocks; der anderen um die TV-Reporterin Ines Rainer und die Design-Studenten Thomas Gerling und Christian Zehnter. Das Projekt realisierten die beiden Gruppen schließlich zusammen, indem sie knapp 12000 Euro über Crowdfunding einsammelten.[597] Inzwischen ist das Portal bundesweit online und kann auch über eine App abgerufen werden. Foodsharing.de wendet sich an Privatleute, Händler und Produzenten und gibt ihnen die Möglichkeit, überschüssige Lebensmittel kostenlos anzubieten oder abzuholen – man »kann sich aber auch zum gemeinsamen Kochen verabreden, um überschüssige Lebensmittel mit anderen zu teilen, statt sie wegzuwerfen«[598]. Dazu erstellen die Nutzer im Netz Körbe mit Lebensmitteln, die sie verschenken wollen, und entscheiden, ob sie sich vor der eigenen Haustür treffen oder an einem sogenannten Hotspot verabreden wollen. Hotspots sind bekannte, gut erreichbare Plätze innerhalb der Stadt. Erklärtes Ziel des Projektes ist es, Lebensmitteln wieder einen ideellen Wert zu geben, heißt es auf der Internetseite. Das Portal ist bereits in Köln, Berlin, Steinfurt, Ludwigsburg und Hannover aktiv. Als Konkurrenz zur »Tafel« versteht sich foodsharing nicht, denn Menschen, die sich hier finden, begegnen sich auf Augenhöhe: Hier nimmt nicht Arm von Reich, sondern man reicht einfach nicht Benötigtes weiter. Geben darf man, was man möchte – auch Gekochtes. Ausgenommen sind lediglich alle verderblichen Produkte wie Fleisch, Fisch oder rohe Eierspeisen.[599] »Fairteiler« sind sozusagen das analoge Äquivalent zum Foodsharing – reale Orte zum Tauschen. Während manche an die Plattform angebunden sind, sind es andere nicht. Solche Orte können zum Beispiel kleine Geschäfte sein, die zuvor leer gestanden haben, oder auch Räumlichkeiten, die von Vereinen oder Privatleuten zur Verfügung gestellt werden. Dort trifft man sich zu bestimmten Zeiten, um Essen zu teilen. Der Verschwendung Einhalt zu gebieten geht aber auch ganz privat: durch das richtige Management. Weil Lebensmittel billig und überall verfügbar sind, haben wir verlernt zu haushalten. Dabei ist das gar nicht so schwer.

Vor dem Einkauf Wer Nahrungsmüll einsparen will, muss planen. Die Erfahrung lehrt, wie viel und was jedes Familienmitglied isst. Kündigt sich Besuch an oder steht eine Party auf dem Programm, wird der Essensplan für die Woche entsprechend modifiziert. Zuvor hilft der Blick in den Keller, in Vorratsräume und Kühlschränke. Je nachdem, wie lange die noch vorhandenen Lebensmittel haltbar sind und wie man sie miteinander kombinieren kann, wird eingekauft.

Beim Einkauf Einkaufen mit Köpfchen erfordert auch organisatorisches Geschick. Möglichst saisonale und regionale Lebensmittel, die keine langen Transportwege hinter sich haben und ökologisch sinnvoll sind (dazu gehören zum Beispiel nicht: Wintererdbeeren aus Deutschland), sollten ganz oben auf der Einkaufsliste stehen. Im Winter wird das schwieriger, wofür naturgemäß die klimatischen Bedingungen in Mitteleuropa sorgen. Trotzdem: Öfter mal zu Eingelegtem und Eingekochtem greifen und verschiedene heimische Gemüsearten in die Mahlzeiten zu integrieren entlastet den Geldbeutel, tut dem Bauern um die Ecke und dem Klima gut und ist ein kleiner, aber wichtiger Schritt in Richtung Unabhängigkeit von der Macht der Lebensmittelindustrie. Im Internet gibt es zahlreiche Seiten, die eine Übersicht über Regional-Saisonales geben, zum Beispiel www.regional-saisonal.de/saison kalender. Inzwischen gibt es sogar Apps für saisonales und regionales Einkaufen. Die App des aid, eines gemeinnützigen Vereins, der über Ernährung, Landwirtschaft und Verbraucherschutz informiert, steht kostenfrei zum Download im App

Store von iTunus und bei Google Play zur Verfügung.[600] Nicht nur für Menschen mit schlechtem Gedächtnis ist ein Einkaufszettel von Nutzen: Er kann verhindern, dass man sich nicht verführen lässt. Wer hungrig einkaufen geht, riskiert, zu viel in den Wagen zu packen.[601]

Lagern und Aufbewahren Werden Lebensmittel richtig gelagert, verlängert sich ihre Haltbarkeit. Die niedrigen Kühlschranktemperaturen verhindern das Keimwachstum, ein wohltemperierter Keller hält Äpfel oder Kartoffeln monatelang frisch. Der kälteste Bereich in einem Kühlschrank ist jener über dem Gemüsefach; hier sollten leicht verderbliche Speisen wie Fisch und Fleisch oder Reste aufbewahrt werden. Im mittleren Fach sind Milch und Milchprodukte gut aufgehoben. Der wärmste Bereich ist die Tür: Hierher gehören Senf, Marmelade oder Getränke. Obst und Gemüse sollten ins Gemüsefach gelegt werden – sofern sie sich dafür eignen. Einige Beispiele für kühlfähige Arten: Erdbeeren, Äpfel, (reife) Birnen, Nektarinen, Pflaumen, Pfirsiche, Trauben/Blumenkohl, Lauch, Kohlrabi, Artischocken, Fenchel, Möhren, Radieschen, Salat. Den Kühlschrank meiden sollte man für: Avocado, Bananen, Mangos, Papaya, Zitrusfrüchte, Gurken, Kartoffeln, Kürbis, Zucchini.[602]

Kochen mit Plan Falls man kochen will und kann, sollte ein Menüplan selbstverständlich werden. Entscheidend sind die Mengen: Wie viele Erwachsene, wie viele Kinder essen mit? Sinnvoll ist, anfangs zu den einzelnen Gerichten die verwendeten Mengen aufzuschreiben. So verhindert man, dass man zu viel zubereitet.

Beste Reste Verwertung wird ganz groß geschrieben. Mittlerweile gibt es sogar Kochbücher, die ein Faible für Übriggebliebenes haben. Natürlich lassen sich Reste nicht immer vermeiden, aber mit Fantasie lässt sich aus vielem Schmackhaftes zaubern. Das Bundesministerium für Ernährung und Landwirtschaft hat im Rahmen seines Projekts »Zu gut für die Tonne« mehr als 200 Rezepte online gestellt.[603] So lässt sich zum Beispiel Kartoffelpüree am Folgetag zu Quarkbällchen verarbeiten oder aus Gemüseresten ein Auflauf zubereiten.

Geschmack will gelernt sein

So manchem Konsumenten haben der Preiskampf der marktbeherrschenden Unternehmen in Handel und Lebensmittelindustrie, die

Geiz-ist-geil-Mentalität und die Feldfrüchte wie vom Band den guten Geschmack gekostet. Obwohl sich in den Supermärkten und Discountern die verschiedenen Sorten bis in maximale Greifhöhe und -tiefe zu stapeln scheinen, hat sich in Sachen Gusto eine erschreckende Konformität eingeschlichen. Denn die präsentierte Vielfalt kann nicht darüber hinwegtäuschen, dass in den heiligen Hallen des Konsums der schöne Schein regiert. So können auch Pistazien, Pinienkerne, Paprika oder Pilze eine immer gleiche, gustatorisch eher unterdurchschnittliche Käse-Grundsubstanz kaum zum Gourmetprodukt tunen, ebenso wenig wie die gefühlt 50 verschiedenen Aufschnittvarianten oder die mit Fantasienamen belegten Brotsorten, die im Prinzip doch nur auf Sauerteig- oder Hefebasis entstehen oder, als Fladenbrot, ohne jedes Triebmittel auskommen. Und brauchen wir tatsächlich ein deutsches Wurstparadies mit 1500 (registrierten) Sorten? Es ist en vogue, sich als Feinschmecker zu fühlen und für das nächste private Dinner ein Henssler-, Schuhbeck- oder Lafer-Rezept zu köcheln. Dabei ist die gelebte (und gegessene) Gleichförmigkeit im Alltag nur übertüncht, nicht beseitigt. Denn die Lebensmittelindustrie versucht längst, den monierten Einheitsbrei durch das Beimischen von qualitätsheischenden Ingredienzen geschmacklich aufzupeppen: mit allerlei exotisch anmutenden Zutaten wie Chili in der Schokolade, Feigenaroma im Senf, Wasabi in Erdnüssen oder Tamarinde in der Würzsoße. Zusätzlich mogelt sie Zucker ins Produkt, auch wenn es sich dabei um Pikantes, Saures oder Salziges handelt. Zucker wie Glukosesirup, Maltodextrin, Fruktosesirup oder 70 weitere Süßmacher sind billig und wirken als Geschmacksverstärker. Sie gaukeln Würze vor, wo kaum welche ist – egal, ob es sich dabei um Heringsfilets, Tee, Frühstücksflocken, Toast oder Trockenfrüchte handelt. Nicht selten wird der Zucker nur als solcher und ohne Angabe der Menge auf der Verpackung vermerkt, oder er fehlt gleich ganz in der Zutatenliste.[604] Unser neu entdecktes kulinarisches Bewusstsein ist nicht sehr weit entwickelt und lässt sich daher leicht täuschen. Dabei können die immer kreativeren Produktvarianten nicht kaschieren, dass wir schon längst den Bezug zu unserer Nahrung verloren haben. Wer weiß denn noch, wie eine selbst gezogene Tomate schmeckt oder wie beeindruckend groß die Unterschiede von Apfel-, Birnen-, oder Pflaumensorten sind?

Die Abstinenz zu unserer natürlichen Lebenswelt hat uns zu Konsumzombies verdorren lassen – und in diesem Sinne erziehen wir auch unseren Nachwuchs. Für die meisten Kinder ist die Welt ein Schlaraffenland aus Supermarktregalen und McDonald's-Tresen, in dem imaginäre Wesen permanent für Nachschub sorgen und sklavisch unserer umgehenden Bedürfnisbefriedigung verpflichtet sind. Noch als Erstklässler kommen viele Kids von heute über die feinmotorischen Fähigkeiten von Kleinstkindern nicht hinaus, sie können eine Ziege nicht von einem Schaf unterscheiden und halten ein Radieschen für eine rote Nuss. Wir setzen ihnen Fertiggerichte vor, weil uns Zeit oder Muße zum Kochen fehlen, beugen uns ihrer Abscheu vor Erbsen und kaufen ihnen Apps, damit sie den Puls der Zeit fühlen können, ohne uns dabei auf die Nerven zu gehen. Spaziergänge durch Feld und Flur meiden wir, denn wir glauben einfach nicht, dass den Kindern das gefällt, und von alldem, was dort wächst, kreucht und fleucht, haben wir selber keine Ahnung. Dabei wäre vieles einfacher, würden wir unsere Defizite erkennen und abbauen wollen. Denn das gustatorische System will entwickelt werden: Kinder müssen das Schmecken erst lernen, und sie benötigen höhere Reizstimuli als Erwachsene.[605] Was aber kommt dabei heraus, wenn Nahrungsfremde ihrem Nachwuchs »Ernähren« vorleben? Stern TV und der Koch Bernhard Thies haben die Probe aufs Exempel gemacht und in einer Münsterländer Fußgängerzone Kinder und Jugendliche mit verbundenen Augen schmecken lassen, um welche Obst- oder Gemüseprobe es sich handelte. Erschreckend, aber wahr: Die Kids und Teens verwechselten Birne mit Kiwi und hielten Kohlrabi für Ravioli.[606] Von klein auf an den irreführenden Geschmack von Fertiggerichten gewöhnt, waren sie offensichtlich außerstande, Authentisches zu identifizieren. Dass Kühe lila sind, dass das Reh die Frau vom Hirsch ist und Erbsen in der Dose gezüchtet werden, gilt so manchem Soziologen inzwischen als Konstrukt einer allzu kritischen Geisteshaltung – daran, dass nicht nur unsere Kinder, sondern auch wir zunehmend die Bodenhaftung in puncto Essen und Nahrungsmittelproduktion verlieren, ändert das aber wenig, wie das Beispiel aus dem Münsterland zeigt.

Es sind die kleinen Dinge des Familienalltags, die eine Verbindung schaffen zwischen der Mahlzeit auf unseren Tellern und den Kartoffeln, die vordem unter Dämmen zwischen Schwesterknollen gediehen, und dem Kotelett, das einst als Rippenstück Teil eines Schweins war. Das beginnt schon beim Einkauf, und von klein auf. Statt das quengelnde Bündel zu Hause vor den Fernseher zu setzen oder beim Babysitter abzuliefern, könnte man es mitnehmen und aus dem Lebensmitteleinkauf einen Quiznachmittag machen – frei nach dem Motto: die richtige Gemüseart gegen ein echtes Gummibärchen. Natürlich muss man nicht mit Süßigkeiten belohnen (von denen Kinder in der Regel ohnehin zu viel vertilgen), sondern kann sich viele andere Dinge ausdenken. Eine Geschichte zu Gärtner Kohlkopf zum Beispiel oder ein Versteckspiel mit Möhren hinter Milchkartons. Zu Hause dann schnippelt man Apfelstücke in Schorle und zaubert damit einen Pixie-Punsch oder formt gemeinsam aus allerlei Gemüseklein Frikadellen, die man als Balu-Bälle auf den Tisch bringt. Im Prinzip sind der Fantasie keine Grenzen gesetzt. Nur Zuwendung, Konsequenz, Geduld und Ausdauer sind gefragt. Das Kind sollte möglichst alles kosten und das meiste essen – es genügt zu tolerieren, wenn es zwei, drei Lebensmittel ablehnt, aber nicht per se sämtliches Grünzeug. Wenn sich der Geschmack im Laufe des Lebens auch ändern mag, das Risiko bleibt: Aus mäkeligen Kindern können tumbe Esser werden, Erwachsene, die sich einseitig und falsch ernähren und damit nicht nur zahlreiche gesundheitliche Risiken eingehen, sondern der Geschmacksvielfalt von vornherein entsagen.

Überhaupt ist so viel wie möglich aktiv sein das beste Rezept gegen Ignoranz und Unwissen. Ob Schälen, Schneiden, Panieren, Würzen, Anbraten, Garen oder Schmoren, das Kind lernt von Anfang an, wie Obst, Gemüse, Milchprodukte oder Fleisch verarbeitet werden und wozu man sie verwenden kann. Mit Weitblick einkaufen und zubereiten heißt auch, planen lernen: nur eine bestimmte Menge pro Person, Woche und Mahlzeit. Das spart nicht nur Geld, sondern schont auch die Umwelt und sorgt dafür, dass der Nachwuchs ein Händchen fürs Haushalten bekommt: Wegwerfen war gestern. Selbst das Produzieren können Eltern lehren, indem sie, wo immer Platz auf der Fensterbank ist, Kräuter und Kresse säen oder Sprossen keimen lassen, auf dem Balkon Tomaten und Peperoni ziehen oder im Hinterhof einen Johannisbeerstrauch pflanzen. Natürlich wäre es das Beste, Kinder in Arbeiten einzubeziehen, ihnen auf dem eigenen Grundstück oder im Gemeinschaftsgarten ein Stück Beet zur Verfügung zu stellen, auf dem sie unter Anleitung ein paar

Erdbeerpflanzen hegen können. An den süßen Früchten könnte man dann gut erklären, warum Erdbeeren im Winter dem Klima schaden, im Juni dagegen nicht. Überhaupt wird das Kind irgendwann anfangen, Fragen zu stellen – die beste Gelegenheit, um es für Lebensmittel, die Art ihrer Produktion und des Umgangs mit ihnen zu sensibilisieren. Einiges ist bereits gewonnen, wenn ein Kind schon einmal gejätet oder gepflanzt hat, den Umgang mit Hacke oder Spaten kennt und weiß, dass der Anbau von Obst und Gemüse Arbeit und Mühe macht. Auch Besuche auf einem Bauernhof und Kontakt zum Landwirt können einem Kind zu mehr Nahrungskompetenz verhelfen – wenn es über die Streicheleinheiten für Hund, Katze und Pferd hinaus hautnah erlebt, was Tierhaltung und Pflanzenproduktion für die menschliche Ernährung bedeuten. Je öfter wir ihm etwas zeigen, desto größer wird sein »Wissen um den Bissen«, denn Praxis prägt: Wer viel erfährt, denkt öfter nach und handelt bewusster.

Vom Säen und Ernten

Die grüne Welle ist bunt, und sie geht von der Stadt aus: Da gibt es den Hausmeister, der Töpfe mit selbstgezogenen Tomaten neben die Kübel mit Fuchsien stellt, den Hobbykoch, der alljährlich Basilikum, Fenchel, Dill und Koriander auf die Dachterrasse der Wohngemeinschaft sät, oder die frischgebackene Familie, die samstags Gummistiefel und abgetragene Jeans im Kofferraum verstaut und zum Bauern fährt, um dort mit anzupacken. Die Landlust der Städter ist ungebrochen, und sie hat inzwischen auch Menschen erfasst, die bis vor Kurzem damit zufrieden waren, Kino, Kneipe und Theater um die Ecke zu haben und ihr Gemüse im Supermarkt oder im Bioladen zu kaufen, ohne sich die Hände mit Erde schmutzig machen zu müssen. Angefangen hatte alles mit der Suche nach der Erfahrung, nach Sinn und Aufgabe, nach Beschäftigung mit praktischen Dingen, dem Sehen des Wachsens und Gedeihens, dem Werk von eigener Hand. Und dieses Bedürfnis wurde mit schlechten Erfahrungen gefüttert: mit Skandalen um BSE-Rinder, Dioxin-Eier, Pferdefleisch im Hack, EHEC-verseuchtes Gemüse mit dem Auftreten resistenter Superkeime durch prophylaktischen und flächendeckenden Antibiotika- und Hormoneinsatz in der Tierhaltung und dem Versagen von Behörden und Politik, den lückenhaften Kontrollen, überforderten Prüfern, der mangelnden Vorsorge, den lächerlichen Strafen. Auch wenn die Verbraucher in Untersuchungen, wie zuletzt in jener des TNS Infratest im Sommer 2013, angeben, Vertrauen in deutsche Lebensmittel zu haben – sie ändern ihr Verhalten. Entsprechend sensibilisiert, kaufen sie anders und leben sie anders. Das rheingold Institut, das qualitativ-psychologische Wirkungsforschung betreibt, hatte im Auftrag von Lebensmittelindustrie und Handel untersucht, wie sich Lebensmittelskandale langfristig auswirken, und war zu dem Schluss gekommen, dass sich diese Entwicklung noch verstärken wird.[607] Konsumenten sind eben nicht die tumben Gläubigen, die der Werbeglückseligkeit ungebrochen Gehör schenken und nicht analysieren, was Lebensmittelindustrie und Handel ihnen zu offenbaren versuchen. Inzwischen gibt es zahlreiche grüne Trends, die ein Gradmesser für den Aufbruch im Lande sind – und für den Ausbruch aus den engen Maschen des generalisierten Megakonsums. Viele Verbraucher erkennen, dass eine rein profitorientierte Agrarindustrie keine qualitativ hochwertigen Lebensmittel produzieren kann und – im Gegenteil – unsere Lebensgrundlagen durch die radikale Ausbeutung der Böden, die Vergiftung des Wassers, die Zerstörung der Biodiversität und die Vernichtung des Regenwaldes ruiniert. Das ungute Bauchgefühl treibt sie, Alternativen zu suchen. Und sie finden sie: Sie befreien Böden von ihren Asphalt- und Betondecken, wandeln versiegelte Randflächen in Streifen mit Blumen, Sträucher und Bäumen um und ziehen dort, wo es geht, sogar Obst und Gemüse. Nicht nur auf Dachgärten, in Klein- und Hausgärten, sondern auch in bisher eher weniger bekannten Formen wie Gemeinschaftsgärten (Community Gardens), in Solidarischer Landwirtschaft (Community Supported Agriculture, CSA) und in Selbsterntegärten testen Städter ihren grünen Daumen.

Versickern statt versiegeln – Hilfe für den Boden

Die Folge der über Jahrzehnte fehlgeleiteten Landwirtschaftspolitik sind Überdüngung, die Belastung der Gewässer, das Höfesterben und letztlich irreführende Werbung und Preisdumping. Völlig legal im Rahmen der derzeitigen Gesetze macht sich die Politik, längst eng verwoben mit der Agrar- und Lebensmittellobby, zum Handlanger eines zerstörerischen Umgangs mit unseren Ressourcen. Während das Trinkwasser, das die Wasserwerke verlässt, zu 99 Prozent die gesetzlichen Auflagen einhält[608], lässt die ökologische Qualität der Oberflächengewässer stark zu wünschen übrig. 87 Prozent erhielten in einer Untersuchung des Bundesumweltministeriums keine guten Noten: 30 Prozent wurden als mäßig beurteilt, 34 Prozent als unbefriedigend und 24 Prozent als schlecht. Beängstigend ist auch der frevlerische Umgang mit dem Boden. Seit Jahren beobachten Fachleute, dass die Bodenfruchtbarkeit sukzessive nachlässt. Ein fruchtbarer, lebendiger Boden ist aber das wichtigste Kapital der Landwirtschaft und eine Grundlage dafür, dass auch in Zukunft genügend und qualitativ hochwertige Lebensmittel produziert werden können. Doch unser Boden ist ein sensibler Organismus, der auf rabiate Eingriffe empfindlich reagiert. Die Dimensionen der Bodenflora und -fauna wie auch die Wertigkeit des Bodens sind den wenigsten von uns klar:

- »In einer Handvoll leben mehr Lebewesen und Organismen, als es weltweit Menschen gibt.
- Das Gewicht der Mikroorganismen in einem Hektar Boden ist das gleiche wie das von 20 Kühen.
- Alle Organismen aus einem Kubikmeter Boden aneinandergereiht entsprechen der fünffachen Entfernung der Erde zum Mond.«[609]

Dieser Organismus wird durch die stark technisierte und intensivierte Landwirtschaft enorm in Mitleidenschaft gezogen: Ein ungebremster Einsatz von Pestiziden und Düngemitteln, die Dauerbearbeitung mit schweren Maschinen und einseitige Fruchtfolgen können zwar kurzfristig Rekordernten einfahren, auf Dauer aber führen sie zum Verlust der Bodenfruchtbarkeit. Die mittlerweile flächendeckende Zerstörung von Feldrandgehölzen, das Umbrechen von Dauergrünland für den Maisanbau und das Trockenlegen von Wiesen forciert nicht nur das Artensterben (zum Beispiel zeigen Bestandsbeobachtungen, dass 26 von 30 Feldvogel-Arten von starken Rückgängen gebeutelt sind; seit 1980 hat sich in Europa ihr Bestand halbiert[610]). An vielen Standorten gerät der

Boden aus dem Gleichgewicht und verliert seit Jahren schleichend sein Ertragspotenzial, dem die Landwirte mit noch mehr Dünger und Pflanzenschutz entgegenzutreten versuchen. Eine Abwärtsspirale, an deren Ende ein Boden-Burn-out steht: Wind und Wasser tragen den fruchtbaren Humus fort, er versalzt, laugt aus, ist von Schotter durchsetzt. Ist dieser Verlust erst eingetreten, kann man ihn kaum mehr ausgleichen, denn es dauert 100 Jahre, bis ein Zentimeter Humus entsteht. Ein einziger Platzregen reicht aus, um so viel Boden von einem unbewachsenen flachen Hang zu schwemmen, wie sich in mehreren hundert Jahren gebildet hat. In Deutschland sind bereits mehr als 30 000 Quadratkilometer Boden degradiert, das sind mehr als neun Prozent der Gesamtfläche. Betrachtet man den Verlust des fruchtbaren Bodens allein durch Erosion, wird das Ausmaß noch deutlicher: 24 Milliarden Tonnen – mehr als drei Tonnen pro Weltbürger und Jahr.[611] Acker- und pflanzenbauliche Maßnahmen verschärfen außerdem die Versauerung des Bodens. Beispielsweise entziehen physiologisch sauer wirkende Düngemittel wie Harnstoff, Ammoniumsulfat oder Bor-Ammonsalpeter dem Boden Kalk. Die Abfuhr von Ernteprodukten, die sogenannten Ernteentzüge, tun ein Übriges. In unserem Nachbarland Polen, zweitgrößter Roggenproduzent Europas, zeigen heute schon 35 Prozent der Landfläche Versauerungserscheinungen.[612]

Hinzu kommt der permanente Rückgang der landwirtschaftlichen Nutzfläche durch Siedlungsbau und Verkehr. Wir versiegeln unsere Nahrungsgrundlage: Bis heute liegen weltweit etwa zehn Millionen Hektar Ackerfläche unter Beton und Asphalt begraben. Einem gleichen Trend folgt Deutschland, denn seit Jahren schmilzt auch hier die unversiegelte Fläche. Die Zahl schwankt von Jahr zu Jahr, liegt aber stets erschreckend hoch: zwischen 70 und 120 Hektar pro Tag – umgerechnet 100 bis 170 Fußballfelder täglich. Die Ursachen dafür sind im Wesentlichen in unserer Kurzsichtigkeit zu suchen und im legislaturperiodischen Denken und Handeln einer allein dem Wachstumswahn verpflichteten Politik. So vollzieht sich beispielsweise die Siedlungsentwicklung nach wie vor flächenintensiv, nicht nur, weil die Bodenpreise im Umland relativ günstig sind und der Eigenheimbau gefördert wird. Ausufernde Straßenbauprogramme, die Vernachlässigung des öffentlichen Nahverkehrs, der Rückbau der Schienenverbindungen und steuerliche Vergünstigungen für Pendler in Form von Kilometer- und Entfernungspauschalen sind Maßnahmen, die den massiven Flächenverbrauch vorantreiben, statt ihn zu begrenzen. Brach- und Wohnflächen in der Stadt bleiben wegen ihrer hohen Kosten ungenutzt, dafür muss das Straßennetz der autoorientierten Siedlungsstruktur immer weiter angepasst werden.[613] Statt den Bodenpreis nach seinem ökologischen Wert als begrenzte und durch nichts zu ersetzende Ressource zu bemessen, wird er ausschließlich nach dem derzeitigen monetären Verwertungskalkül gebildet.

Der Bund ist ebenso in die Pflicht genommen wie die Städte, Gemeinden, Unternehmen und jeder Einzelne. Denn Boden ist kostbar. Er bildet ein wirkungsvolles Filter- und Reinigungssystem und schützt damit das Grundwasser. Dagegen sind versiegelte Flächen tote Flächen: Durch die fehlende Vegetation ist die Luft staubiger und trockener, weil es keine Pflanzen gibt, die Wasser verdunsten können; Luftschadstoffe und Stäube können nicht mehr gefiltert werden. Das Niederschlagswasser fließt oberflächlich ab und belastet die Kanalisation und Kläranlagen. Zusätzlich gelangen verschmutzte Abwässer in Bäche und Flüsse.

Erkannt ist das Problem schon, wie die Gründung des Boden-Bündnisses »European Soil and Land Alliance (ELSA) e.V.«, das sich aktiv für den nachhaltigen Umgang mit dem Boden einsetzt, zeigt. Vor Ort wäre es Aufgabe der Städte und Gemeinden, das Boden-Bewusstsein zu fördern, da sie einen unmittelbaren Zugang zu lokal verfügbaren Flächen und deren Nutzern haben. Ziel müsste eine Reduzierung möglichst vieler geplanter und bereits versiegelter Flächen sein, und als oberster Grundsatz müsste gelten, nur dort zu versiegeln, wo es absolut notwendig ist. Ansonsten gibt es jede Menge Alternativen. Fast überall finden sich Plätze, die nicht permanent genutzt werden. Unser aller Hang zum reinlichen, kehrfähigen Belag ist denkbar schädlich – und könnte so leicht einer neuen Neigung weichen: Gartenzugänge, Garagenzufahrten, Treppenbereiche, auch Stellplätze für Mülleimer, Sitzecken, ebenerdige Terrassen oder Grillplätze nicht wie üblich zu asphaltieren oder zu pflastern, sondern je nach Nutzungsintensität mit Wiesenflächen, Schotterrasen, einem Kiesbelag, Rasengittersteinen oder wenigstens mit unregelmäßig geformtem, großfugigem Pflaster auszulegen, damit das Wasser in den Boden eindringen kann. Selbst kleinere Grünflächen können das Dilemma lösen, wenn es genug davon gibt. Eng vernetzt und sinnvoll angeordnet, tragen sie nämlich in ihrer Summe zu einer Verminderung des typischen Wärmeinsel-Effektes bei. Alte Bäume mit ihren großen Kronen schaffen zudem behagliche Bereiche, reduzieren Windgeschwindigkeiten und den Schadstoffgehalt der Luft, und niedriges Grün bringt die Artenvielfalt zurück in die Stadt und sorgt für mehr Lebenswert: Anstelle von Rasen- und Koniferenwüsten könnten pflegeleichte Stauden und Sträucher, wo möglich sogar Gemüse und Beerenobst treten. In diesem Zusammenhang kommen Vorgärten eine bedeutende, von den meisten Städten und Gemeinden aber meist enorm unterschätzte Bedeutung zu.

Treibende Kraft ist oft das bürgerschaftliche Engagement. In ganz Deutschland gibt es bereits Projekte, die sich dem Boden und seiner Wertschätzung widmen – meist sind Anwohner die Initiatoren, wie im Verein »URBANES WOHNEN« in München, der Natur, Kultur und Nachbarschaft miteinander verbinden will. Er betreut die »Aktion Grüne Gartenhöfe« und die »Grüne Achse Schwabing« und setzt in Kooperation mit der Stadt das stadtweite »Urbane NaturNetz München« um.[614]

Ein zweites Beispiel ist die »Stiftung trias«, die Gruppen fördert, die anders leben wollen: Der Umgang mit Grund und Boden spielt dabei eine Rolle und auch, wie sich Ökologie in den Alltag integrieren lässt oder welche neuen Formen des Wohnens es gibt. Die Ziele sind gemeinnützig und werden zusammen mit Kooperationspartnern realisiert.[615] Dass die Wertschätzung für den Boden sich für eine Stadt rechnen und sie für Bewohner wie Besucher nicht nur optisch und klimatisch, sondern sogar kulinarisch aufwerten kann, zeigt das Beispiel der »Essbaren Stadt Andernach«. Nach einer Idee des Geo-Ökologen Lutz Kosack hat sich das rheinische 30 000-Seelen-Städtchen in eine Gartenoase verwandelt. Überall locken Weintrauben, Erdbeeren und Tomaten die Passanten, eine Kostprobe zu nehmen – Pflücken ist hier ausdrücklich erwünscht. Nachdem die Schmutzecken von störendem Belag befreit, aufgeräumt, umgegraben, bepflanzt und damit aufgewertet waren, breitete sich essbares Grün bis in jeden Winkel der Stadt aus. Inzwischen stehen auf einem Fünftel der Grünanlagen Obstbäume,

Gemüse und Beerensträucher. Besonders die heimischen Gewächse und die Sortenvielfalt liegen der Stadtverwaltung am Herzen: Neben Katzenminze, Mangold oder Grünkohl wuchsen in einem Jahr auf ungezählten Beeten 300 Tomatensorten, im nächsten Jahr 100 Bohnensorten. Die Pflege beträgt nur noch ein Zehntel der früheren Kosten; nicht nur Angestellte, sondern auch Langzeitarbeitslose und andere Freiwillige arbeiten mit. Selbst der anfänglich befürchtete Vandalismus blieb aus, und die Bewohner sind stolz auf ihre Heimatstadt. Gelohnt haben sich der Erfindungsreichtum und die progressive Umsetzung der Ideen also in vielfacher Hinsicht. Andernach ist inzwischen bundesweit bekannt und hat gleich im ersten Jahr, 2010, die Goldmedaille beim bundesweiten Wettbewerb »Entente Florale« gewonnen. Die Jury lobte insbesondere die gemeinschaftliche Initiative von Verwaltung, Politik, Wirtschaft und Bürgern. [616]

Gemeinschaftsgärten (Community Gardens)

Die Idee, in der Stadt zu gärtnern, ist so alt wie die Sehnsucht nach Ursprünglichkeit. Doch bis vor wenigen Jahrzehnten beschränkte sich das Stadtgrün auf Parkanlagen, in denen die Menschen ihrer Lust an frischer Luft frönen konnten, oder auf Kleingartenanlagen, in denen jeder für seinen eigenen Bedarf säte und erntete. Das änderte sich, als in den 1970er-Jahren die Community Gardens in New York entstanden: Anwohner benachteiligter Wohngegenden hatten sich zusammengetan und besetzten brachliegende Grundstücke, auf denen sie vor allem Gemüse zur Selbstversorgung anbauten. Seitdem gibt es ungezählte Projekte dieser Art überall auf der Welt. In Deutschland waren es bosnische Flüchtlingsfrauen, die 1996 zusammen mit Mitarbeitern des Migrationszentrums Göttingen ein ähnliches Ziel verfolgten. Das Projekt der »Internationalen Gärten« nahm seinen Anfang: Eine 900 Quadratmeter große Baulücke wurde gepachtet, zwölf Familien aus sechs Ländern bearbeiteten gemeinschaftlich den Boden, halfen sich bei der Gartenarbeit und in Alltagsangelegenheiten. Zur Verständigung bedienten sie sich der Sprache ihrer neuen Heimat. Von Göttingen aus breiteten sich die Interkulturellen Gärten in ganz Deutschland aus. Seit 2003 übernimmt die bundesweite Koordinationsstelle Stiftung Interkultur Aufgaben wie

Wissenstransfer, Erfahrungsaustausch und Vernetzung in den Bereichen Fundraising, Fortbildung und Öffentlichkeitsarbeit.[617]

In Gemeinschaftsgärten begegnen sich Menschen, die sonst nur wenig miteinander zu tun haben – nicht nur aufgrund ihrer ethischen Herkunft, sondern auch wegen ihres Alters, ihrer beruflichen Situation oder ihres Familienstandes. Hier jätet der Philosophiestudent neben der Eisenbahnerwitwe, kümmert sich eine Bankangestellte um den fünfjährigen Sohn einer alleinerziehenden Philippinin, während diese ein Hochbeet mit frischem Komposter versorgt, und ein muslimischer Familienvater sortiert die Samenpäckchen nach Pflanzenart und Standortansprüchen. Auch bieten Gemeinschaftsgärten im Gegensatz zu Kleingartenvereinen ein gewisses Maß an Unabhängigkeit: Hier gibt es zwar auch Regeln, aber die sind nicht unbedingt in Stein gemeißelt. Für mobile Menschen oder solche, deren Lebensentwürfe noch nicht so gefestigt sind, können Gemeinschaftsgärten gleichzeitig den Wunsch nach Unabhängigkeit und dem nach Selbstversorgung und sinnstiftender Tätigkeit befriedigen. Inzwischen gibt es Hunderte solcher Gärten in Deutschland, eine Übersicht hat die »Anstiftung & Ertomis« ins Netz gestellt.[618] Zu den bekanntesten zählen der Nachbarschaftsgarten in Leipzig, das Kölner NeuLand, das Allmende Kontor und der Prinzessinnengarten in Berlin sowie das »O'pflanzt is« in München. So verschieden die Menschen, die sich in Gemeinschaftsgärten zusammenfinden, so vergleichbar sind die positiven Effekte. Bereiche, die von Verfall bedroht sind, werden plötzlich attraktiv, junge Leute ziehen zu, alte Häuser werden instand gesetzt, Gastronomie siedelt sich an.[619] Das Land gemeinsam zu bewirtschaften stärkt nachbarschaftliche Beziehungen und fördert den sozialen Frieden. Konflikte können aufgearbeitet werden und Ressentiments beseitigt, denn wer zusammen in der Erde wühlt, der kommt ins Gespräch. Daher können Gemeinschaftsgärtner viel mehr als nur Möhren ernten. Sie setzen Zeichen gegen Ausgrenzung und Vorurteile, und sie wehren sich gegen eine Verwaltung, die sich einem renditeorientierten Verwertungsdenken unterwirft oder sich lediglich mit Fragen des arealen »Aufhübschens« befasst, statt den Bedürfnissen der Bürger nachzuspüren und sich an den Interessen der Bewohner an einer vielfältigen städtischen Lebenswelt zu orientieren.

Solidarische Landwirtschaft

Der Aktivurlaub auf dem Bauernhof machte den Anfang: Bergbauern suchen immer wieder Freiwillige, die gegen freie Kost und Logis mit Hand anlegen, um eine Zeit lang Bäume zu setzen oder einen beschädigten Hühnerstall zu reparieren; der Deutsche Alpenverein gibt Listen mit entsprechenden Vermittlerorganisationen heraus. Ob aus Neugierde oder Abenteuerlust – Büromenschen wie Freigeister eint die Freude am Aktiven; in einem von Sitzen, Konformität und Verfügbarkeit geprägten Alltag lockt die Aussicht darauf, im wahrsten Sinne des Wortes etwas bewegen zu können. So sind auch die Angebote von Landwirten vor Ort auf fruchtbaren Boden gefallen, bei Saat, Pflege und Ernte selber Hand anzulegen. In den vergangenen Jahren erlebte das Mitarbeiten vor den Toren der Städte einen Boom, der nicht nur der neuen Sinnsuche, sondern auch den Zweifeln an der modernen Lebensmittelproduktion geschuldet ist. Denn die Verbraucher lassen sich nicht mehr so leicht aufs Glatteis führen: Dotterblumenbestückte, sattgrüne Wiesen und Fachwerkgebälk vor lichtblauem Himmel auf den Verpackungen können nicht mehr darüber hinwegtäuschen, wie unsere Nahrungsmittel wirklich produziert werden; ganz zu schweigen von der Frage, in welchem Land sie unter welchen Bedingungen gewachsen, geerntet und verarbeitet worden sind. Selbst das Vertrauen jener schwindet, die sich bis vor Kurzem noch auf den Wochenmärkten mit Obst und Gemüse versorgt haben – in der Überzeugung, den regionalen Anbau und die regionalen Erzeuger zu unterstützen. Sie wissen nun, dass das pralle Sortiment vom Großmarkt stammt und nur ein Bruchteil der Produkte auf den Feldern des Landwirtes gewachsen ist, der hier die Waren feilbietet. Längst ist die Verbindung zwischen den Produzenten und den Verbrauchern abgerissen. Während die eine Seite ihrer Perspektiven beraubt ist, ehedem hauptberufliche Bauern ihren Betrieb im Nebenerwerb bewirtschaften und (im EU-Schnitt) 40 Prozent des bäuerlichen Einkommens aus Fördermitteln bestreiten, sinkt auf der anderen Seite die Wertschätzung, und die Entfremdung zur Nahrung wächst ebenso rapide wie jene zu unseren Lebensgrundlagen. Da hilft es nur, sich ein Bild zu machen und, wenn möglich, selbst Hand anzulegen.

Das Konzept der solidarischen Landwirtschaft (Community Supported Agriculture, CSA) funktioniert deutschlandweit bereits an rund 40 Orten: zum Beispiel in Osnabrück, wo der Hof Pente (http://hofpente. de/) seine Investoren regelmäßig mit Produkten beliefert, in Fuhlhagen bei Hamburg am Buschberghof (http://www.buschberghof.de/), der 2009 Preisträger des Förderpreises Ökologischer Landbau des Bundesministeriums für Ernährung und Landwirtschaft war, oder bei der SoLaWi Initiative Stuttgart (http://www.solawis.de/). Solidarische Landwirtschaft – das heißt: Interessenten aus der Region verpflichten sich für ein Jahr, einem bestimmten Hof Obst, Gemüse, Käse oder Fleisch abzunehmen, indem sie monatliche Beiträge zwischen 25 und 100 Euro bezahlen. Mit diesem Geld kann der Landwirt fest rechnen, was ihn vor Preisschwankungen und Ernteausfällen schützt. Für ihren Obolus erhalten die Geldgeber jede Woche Kisten mit Produkten der Saison entweder direkt vor Ort oder an einer der Verteilstationen.[620] Die solidarische Landwirtschaft kann in vielerlei Hinsicht punkten. So werden die erzeugten Lebensmittel nicht mehr über den Markt vertrieben, wodurch Vermarktungskosten und lange Transportwege wegfallen. Auch ist das Sortiment vielfältig: Im Falle des Hofes Pente sind das beispielsweise 60 verschiedene Gemüsearten, dazu Eier, Honig, Fleischprodukte und allerlei Brotsorten – sämtlich in Demeter-Qualität. Die Geldgeber erhalten hochwertige, regional erzeugte Nahrungsmittel und können über ihre Ernährungsentscheidung Betriebe vor dem Exodus bewahren, die Kulturlandschaft mitgestalten und einen Beitrag zu Umweltschutz und Arterhalt leisten.

Je nach Kapazität kann ein Hof mehrere Hundert Menschen ernähren – eine Überlebenschance für kleinere Betriebe und ein Gegenkonzept zur globalisierten, industriellen Nahrungsmittelproduktion, die ohnehin am Ende ihres Wachstums angekommen zu sein scheint. Trotz steigender Investitionen gehen nämlich vielerorts die Erträge zurück oder haben ein Plateau erreicht: Das betrifft insgesamt 31 Prozent des weltweiten Angebots an Reis, Weizen und Mais, berichten Forscher der University of Nebraska-Lincoln (UNL).[621] Offenbar erreichen viele Feldfrüchte eine Leistungsgrenze – ein physiologisch-physikalisches Limit, ab dem auf der jeweiligen Fläche nicht mehr wächst als möglich. Selbst gentechnisch veränderte Pflanzen können die Situation nicht verbessern. Während transgener Mais das derzeitige Ertragspotenzial nicht manipulierter Sorten halten kann, ist der Ertrag transgener Zuckerrüben um fünf bis acht Prozent niedriger, bei Gensoja sind es sechs bis zehn Prozent weniger. Dafür leidet die Artenvielfalt: An den Rapsfeldrändern wurden 44 Prozent weniger Blütenpflanzen und 24 Prozent weniger Schmetterlingsarten gezählt, bei den Zuckerrüben ging die Zahl der Blütenpflanzenarten um 34 Prozent zurück. Hinzu kommt, dass auf den Gentechnikflächen noch mehr Pestizide eingesetzt werden als ohnehin schon auf konventionellen Äckern: 13 Prozent waren es allein in den USA.[622] Dass Monsanto im Jahr 2013 den mit 250 000 Dollar dotierten »World Food Prize«, die wichtigste Ehrung für die Verbesserung der weltweiten Versorgung mit Lebensmitteln, erhalten hat, spricht Bände. Ein umstrittener Agrarkonzern, der sein gentechnisch verändertes Saatgut vertreibt und die Bauern in Kanada, den USA, Brasilien und Argentinien in die Abhängigkeit zwingt, indem sie das passende Pestizid gleich mit einkaufen müssen, wird für seine Genmanipulationen ausgezeichnet – ein sicheres Zeichen dafür, wie um die Akzeptanz von gentechnisch veränderten Pflanzen vor allem im skeptischen Europa gekämpft wird.

Im Gegensatz zu Megakonzernen, die sich redlich mühen, sich als Welternährer zu präsentieren, in Wirklichkeit aber an der Armut vieler und an der massiven Umweltzerstörung Milliarden verdienen, können Alternativkonzepte vor Ort tatsächlich die Probleme der Landwirtschaft lösen helfen. Die einzige Form von Hunger, den die Konzerne stillen, sei daher nicht »der Hunger in der Dritten Welt, sondern der Hunger der Aktionäre«, resümiert die schwedische EU-Kommissarin Margot Walström,[623] und der Weltagrarrat (International Assessment of Agricultural Knowledge, Science and Technology for Develompment, IAASTD) sieht in seinem Bericht von 2013 die Zukunft der Landwirtschaft in einer Rückbesinnung auf natürliche, regionale und nachhaltige Produktionsweisen.[624] Jean Ziegler, bis 2008 UN-Sonderberichterstatter für das Recht auf Nahrung, gibt zu bedenken, dass »schon heute die Weltlandwirtschaft problemlos zwölf Milliarden Menschen – ohne Gentechnik etc. – ernähren könnte«[625]. Ähnlich urteilt sein Nachfolger Olivier de Schutter, der in seinem Bericht die Agro-Ökologie für fähig hält, die Nahrungsmittelproduktion in ganzen Regionen, die mit ständigem Hunger kämpfen, in fünf bis zehn Jahren verdoppeln zu können.[626]

Natürlich geht es in Deutschland nicht um die Bekämpfung des Hungers – vielmehr muss sich unsere Gesellschaft zunehmend mit dem Gegenteil davon auseinandersetzen: mit den Problemen der Überernährung und Überproduktion, die neben anderen Ursachen auch Folgen einer überdimensionierten, fehlgeleiteten Landwirtschaft sind. Dass jede Form von Bodenbewirtschaftung in den Naturhaushalt eingreift, liegt nahe. Nur: Ökolandbau tut das schonender. Positive Effekte auf die Nährstoffbilanzen, die Wasserspeicherkapazität und die Mikroflora und -fauna sind das Ergebnis. Wo Obst und Gemüse biologisch erzeugt werden, wo beim Anbau von Ackerfrüchten und bei der Haltung von Tieren Stoffkreisläufe im Vordergrund der Bewirtschaftung stehen, leben mehr Feldvögel, blühen mehr Wildblumen, sind die Gewässer sauberer – und mit der Artenvielfalt steigt der Erholungswert der Kulturlandschaft für den Menschen. Wenn es dann noch gelingt, bis dahin unbedarfte Esser für die Nahrungsmittelproduktion zu sensibilisieren und sie daran zu beteiligen, dürfte der erste Schritt zur Behebung der schlimmsten Auswüchse des derzeitigen Megakonsums wie die Missachtung gegenüber unserer Nahrung, der Hang zu Ramschprodukten und die Wegwerfmentalität getan sein.

Die Grüne Welle geht von der Stadt aus. Regionalität ist laut Ökobarometer 2013 vor allem Städtern wichtig, und besonders die Jüngeren unter den Konsumenten kaufen gerne Bio.[627] Der Wunsch vieler Städter, regionale und ökologisch erzeugte Produkte zu kaufen, erschöpfte sich über viele Jahre darin, die Wochenmärkte der Bauern nach Bio-Obst und -Gemüse abzuklappern. Zunächst reagierten die Handelsketten auf die Öko-Lust ihrer Kundschaft, später eröffneten findige Aktivisten dem Trend neue Chancen. Mittlerweile sind die Kooperationen zwischen Landwirten und Städtern so vielfältig wie die Titel, unter denen sie firmieren. Die »Genussgemeinschaft Städter und Bauern«, ein Slow-Food-Projekt für München und Umgebung (http://www.genussgemeinschaft. de/), ist eine ehrenamtliche Initiative, die von der Stadt München für die Projektleitung und für die Beratung interessierter Landwirte, die sich anschließen wollen, bezuschusst wird. Sie arbeitet als eine Art Städter-Bauern-Koalition. Die Städter zeichnen eine zeitlich begrenzte Anleihe auf einen Bauernhof; auf diese Anleihe erhalten sie vom Bauern Zinsen in Form von Milch, Fleisch, Käse oder anderen Produkten. Nach Ende der Laufzeit können die Geldgeber entscheiden, ob sie ihr Kapital dem Bauern weiter leihen oder es sich ausbezahlen lassen. Dank medialer Unterstützung durch den *Münchner Merkur* und die *Süddeutsche Zeitung* kamen allein zwischen Oktober 2010 und Juli 2011 auf diese Weise insgesamt 99 500 Euro von 99 Geldgebern zusammen.[628] In der Genussgemeinschaft sind derzeit mehr als ein Dutzend Einkaufsgemeinschaften registriert, von denen jeden Monat etwa 50 Teilnehmer bei verschiedenen Anbietern bestellen, die ebenfalls auf den Seiten der Gemeinschaft zu finden sind. Betriebe können sich kostenlos registrieren; eine Gebühr wird (noch) nicht erhoben.

Eine andere Richtung hat eine Initiative in Sachsen eingeschlagen. Hier arbeiten Gärtner mit gepachteten Flächen und eigenen Gewächshäusern für Mitglieder, die sie monatlich dafür bezahlen. Rund 120 Menschen sind nötig, um »deinHof – Solidarische Gemüsekoop Dresden« (http://www.dein-hof.de/) unterhalten zu können, zwischen 55 und 70 Euro pro Monat für die Pflanzen, die Arbeitsstunden der Gärtner, Versicherungen, landwirtschaftliche Gerätschaften und Maschinen. Im Gegenzug erhalten die Unterstützer ihren jeweiligen Ernteanteil. Angebaut wird – wie übrigens bei der Münchner Genussgemeinschaft auch – nach ökologischen Maßstäben. Außerdem können die Mitglieder von deinHof, falls sie das wünschen, auch selbst mit anpacken und ihre Ernte einholen. Noch stehen die Dresdner ganz am Anfang: Einige Gewächshäuser bei Cossebaude betreiben sie bereits, seit April 2014 gibt es Gemüse in den Verteilstationen Radebeul und Dresden.

Selbsterntegärten

Pioniere auf dem Gebiet der Selbsterntegärten waren die Österreicher. Ende der 1980er-Jahre, nach dem Schock der Tschernobyl-Katastrophe, entwickelte die Wienerin Regine Bruno im Rahmen eines Volkshochschulkurses das Konzept[629], das ein deutscher Professor, der damals an der Universität für Bodenkultur in Wien arbeitete, schließlich mit an die Universität Kassel brachte, wo es zunächst Studenten und Mitarbeiter als angewandtes Forschungsprojekt betrieben. Ein Jahr später erhielt es in Frankfurt/Main beim Wettbewerb »Denke lieber ungewohnt« der IKEA Stiftung ein Preisgeld von 25 000 Euro und findet seitdem immer mehr Anhänger.

Sie sind nicht immer leicht zu finden, die Selbsterntegärten der Republik, aber das Internet, Foren, Blogs und Mund-zu-Mund-Propaganda tragen zur Publicity bei. Manchmal bestellen Biohöfe wie der Klefhof Overath im Rheinland an mehreren nahegelegenen Orten Land für Hobbygärtner (»Gartenglück«, http://gartenglueck.info/Kontakt-zum-gartengl.71.0.html), manchmal sind es Initiatoren, die sich um die Vermittlung kümmern, wie zum Beispiel die »Ackerhelden« mit Bio-Selbsterntegärten in Berlin, Nordrhein-Westfalen und Bremen (http://www.ackerhelden.de/). Wer den Werdegang verfolgt, dem wird schnell klar, dass der Siegeszug nicht aufgehalten werden kann. Beispielsweise haben es die Selbsterntegärten von »Meine Ernte« (http://www.meine-ernte.de) fünf Jahre nach dem Start im Jahr 2009 bereits zu einigem Erfolg gebracht. Bis heute gärtnern mehr als 2 000 »Meine Ernte«-Aktivisten an 24 Standorten in ganz Deutschland[630] und bringen ihr eigenes Gemüse auf den Teller. Vielleicht wird es dank Selbsterntegärten einmal möglich sein, dass Städte ihren Nahrungsmittelbedarf wieder mehr aus ihrem Umland decken.

Das Prinzip von Selbsterntegärten ist einfach: Landwirte bereiten die Flächen für den Anbau vor, säen und pflanzen darauf Gemüse und Blumen in langen, parallelen Reihen und unterteilen die Gesamtfläche in einzelne Parzellen. Eine Saison lang können diese dann von den Hobbygärtnern gepflegt, beerntet und immer wieder nachgesät werden. Wassertanks, Gerätehütte und Utensilien zur Bearbeitung stellt ebenfalls der Landwirt zur Verfügung; die Pächter zahlen je nach Größe der Zelle zwischen 145 Euro für 45 Quadratmeter und 329 Euro für 85 Quadratmeter (Stand 2014). Jeder Gärtner verpflichtet sich, Schädlinge und Unkraut mechanisch fernzuhalten und kein Gift einzusetzen. Drohen einem Anfänger die Unkräuter über den Kopf zu wachsen, steht ihm der Profi mit Rat und Tat zur Seite. Für Neulinge, die sich einmal im Gärtnern ausprobieren wollen oder Menschen, die öfter umziehen, bieten Selbsterntegärten den Vorteil, sich nicht – wie in Kleingartenanlagen üblich – über längere Zeiträume binden zu müssen, denn die Vereinbarung gilt jeweils nur für eine Saison, kann auf Wunsch aber verlängert werden. Das Gärtnern mit den Parzellennachbarn empfinden viele als bereichernd: Man fachsimpelt, tauscht überzähligen Salat gegen Zwiebeln oder verschenkt das, was man selbst nicht braucht. Für den Landwirt bieten Selbsterntegärten nicht nur den Vorteil, neue Kunden für seine anderen Produkte zu gewinnen, sondern auch, dass die Mieter für die Fläche zahlen und nicht für die Ernte, sodass die natürlichen Widrigkeiten wie Witterung und Schädlingsbefall nicht die Einnahmen des Bauern schmälern, sondern den Erfahrungsschatz des Hobbygärtners bereichern: Der Stadtmensch wird zum Koproduzenten und investiert sein Geld in die regionale Wertschöpfung.

So manchem ist die Idee der Selbsterntegärten schon deshalb sympathisch, weil der Eigenanbau die Haushaltskasse entlasten kann. 70 Quadratmeter genügen, um einen beträchtlichen Teil des Obst- und Gemüsebedarfs decken zu können – das gute Gefühl, sich dadurch ein wenig mehr Unabhängigkeit zu verschaffen und nicht mehr als ohnmächtiger Verbraucher zum Spielball der Marktinteressen zu werden, ist dabei inklusive.[631] Wer Landwirte vor Ort unterstützt – sei es durch den Einkauf ab Hof oder das Mieten von Selbsterntegärten –, wird wirtschaftspolitisch aktiv. Denn staatliche Förderprogramme wie auch Produktionsrichtlinien bevorzugen große Höfe: Zum Beispiel wird der Umbau eines Kuhstalls nur bezuschusst, wenn er nach Einschätzung der Bürokraten effizient genug ist – wodurch große Agrarunternehmen ihren Wettbewerbsvorteil gegenüber kleineren Höfen kontinuierlich ausbauen können. So können Verbraucher denjenigen helfen, die von Staat und EU vernachlässigt werden, und gleichzeitig ein Zeichen setzen für einen Wandel in der Landwirtschaft, der ihnen letztlich selbst zugutekommt.

Baumpatenschaften

Engagement auf kleinstem Raum – so könnte man die Patenschaft für einen Baum nennen. Viele Städte bieten mittlerweile ihren Bewohnern an, sich für das Pflanzen und den Erhalt von Bäumen einzusetzen. Die Anwohner pflegen die Bäume, wässern sie bei Bedarf und verschönern den Bodenbereich mit robustem Grün wie Lavendel, Storchschnabel, Fetthenne oder Tagetes. Stadtguerillas[632] sind die Pioniere der grünen Welle – sie säen und pflanzen überall dort, wo niemand sich bislang

Grün vorstellen konnte: auf Verkehrsinseln, plattgetretenen Baumscheiben, vermüllten Ecken, Rasenwüsten. Die Verwaltungen vor allem in den Citys haben erkannt, dass sich mit der Sehnsucht nach grüner Abwechslung nicht nur Ausgaben sparen, sondern Kleinklima, Stadtbild, Image und die Bindung des Menschen an sein Umfeld erheblich verbessern lassen. Bäume sind ein wichtiges gestalterisches, klimatisch wertvolles Element, das die Behörden mancherorts mit Baumsatzungen zu schützen wissen. Inzwischen zählt Hannover mehr als 400 Baumpaten, Leipzig wirbt als »baumstarke Stadt«, und überall in Berlin sind »Schattenspender« und »Baumstumpfersetzer« am Werk.

Frei nach dem geflügelten Wort des Heiligen Franz von Assisi, »Auch wenn ich wüsste, dass morgen die Welt zugrunde ginge, pflanzte ich heute noch einen Apfelbaum«, finden sich zunehmend Menschen, die ein Zeichen setzen und gleichzeitig zu mehr Natürlichkeit zurückfinden wollen. Das Pflanzen eines Baumes ist seit alters her ein symbolischer Akt, denn ein Baum steht für das Leben an sich, für den Lebensweg eines Menschen, für Erfolg, Widerstandsfähigkeit, Hartnäckigkeit, Beständigkeit und Hoffnung. Nicht zuletzt deshalb, weil Bäume Wind und Wetter trotzen, nach den unwirtlichen Monaten des Winters im Frühjahr doch wieder Blüten ansetzen und Früchte ausbilden, wird ein Baum alten Traditionen nach zu besonderen Anlässen gepflanzt: zur Hochzeit, zu Kommunion oder Konfirmation, zur Geburt eines Kindes oder zur Taufe. Pate für einen Obstbaum zu sein heißt nicht nur, sich an seinem Wachsen und Gedeihen zu erfreuen, sondern oft auch, die Früchte genießen zu können. Im Land der tausend Kochshows entdecken einstige Fertiggerichte-Junkies Mus, Marmelade und Eingewecktes neu: Sie kombinieren Birnen mit Mangos zu exotischen Brotaufstrichen, zaubern aus Äpfeln Chutneys oder kreieren Konfitüren aus Kirschen, Tonkabohnen und Chili. Aber auch, wer die Früchte nicht verwerten will, kann einen Obstbaum adoptieren. Der Boomgarden-Park im niedersächsischen Helmste zum Beispiel, der auf einem etwa vier Hektar großen Areal entsteht, ist ein Refugium für mehrere Hundert alte Apfel- und Birnensorten. Apfelbauer Eckart Brandt aus Großwörden hat sie in 30 Jahren zusammengetragen. Für einen Beitrag von 150 Euro, angelegt auf zehn Jahre, sorgt der Baumpate für die fachgerechte Pflege und Versorgung des jungen Baumes; die Nutzungsrechte verbleiben beim Betreiber des Parks. Als Dank für die Spende wird am Pflanzpfahl ein persönliches Namensschild angebracht.

Zahlreiche Baumschulen, aber auch der Naturschutzbund Deutschland (NABU) offerieren Patenschaften in Variationen. Manchmal wird ein Baum nur gesponsert, ein anderes Mal wünscht der Pate auch Mitarbeit bei der Pflege. Es gibt auch Anbieter, die das Obst des Baumes ernten und an den Baumpaten versenden, oder sie verarbeiten die Früchte zu Most, Dörrobst oder anderen Produkten. Wiederum andere organisieren zusätzlich Blüten- und Pflückfeste. In der Regel bekommt der Pate eine Urkunde, auf dem unter anderem Sorte und Standort vermerkt sind, der Baum wird mit dem Namen des Paten gekennzeichnet und kann, je nach Vereinbarung, während des ganzen Jahres besucht und im Herbst abgeerntet werden. Nicht selten lassen sich die Besitzer der Streuobstwiese einiges einfallen, damit sich die Paten wohlfühlen. Gemähte Wege oder Mulchstreifen sorgen dafür, dass niemand bei Regenwetter feuchte Füße bekommt, und eine Sitzecke oder eine Bank laden zum Verweilen ein.

Wer einen Obstbaum unter seine Fittiche nimmt, sollte sich für eine alte Sorte entscheiden und einen Hof, der nach Ökorichtlinien wirtschaftet. Auf diese Weise tut man gleichzeitig etwas für den Erhalt der Genressourcen und für die Umwelt, denn herkömmliches Obst wird zwischen 15 und 25 Mal pro Saison gespritzt – meist handelt es sich dabei um einen Cocktail aus mehreren Pestiziden. Welche Sorte es letztendlich sein soll, will gut überlegt sein, denn es liegt in der Natur der Sache, dass eine Baumpatenschaft Bindungsfähigkeit voraussetzt und man von »seinen« Früchten nicht enttäuscht werden möchte. So mannigfach die teils wohlklingenden, teils putzigen Namen, so unterschiedlich sind nämlich die Verwendungszwecke und die Standortansprüche. Am besten, man informiert sich vorab im Internet bei den ökologischen Anbauverbänden (Bioland, demeter, Naturland, EU-Bio unter https://www.gartenrundbrief.de/biogarten_baumschulen.php), beim Pomologenverband (http://pomologen-verein.de/alte-obstsorten.html) oder direkt bei den Erzeugern vor Ort, ob als Apfel die Ananasrenette, der Geflammte Kardinal, der Herrnhut, die Gewürzluike oder einer der vielen anderen infrage kommt oder man sich doch eher für eine alte Birnensorte wie Claps Liebling, Gute Luise, die Welsche Bratbirne oder die Köstliche von Charneux entscheidet.

Obstbaumpatenschaften sind ein gutes Mittel, der Sorteneinfalt Paroli zu bieten. Während nämlich die deutsche Gartenbaugeschichte auf schätzungsweise 10 000 Apfel- und Birnensorten zurückschauen kann, beherrschen heutzutage wenige Sorten die Supermarktregale, Baumschulen und gewerblichen Obstplantagen. Der Genpool ist in erschreckendem Ausmaß geschrumpft. Grund dafür sind nicht Apfelwickler oder Birnenrost, sondern landwirtschaftspolitische Entscheidungen.

Moderne Nieder- und Halbstämme sind weniger arbeitsintensiv als die Hochstämme der alten Sorten mit ihren ausufernden Kronen, und sie bringen schon ab dem dritten bis fünften Standjahr Ertrag, während die Hochstämme dafür nicht selten zehn Jahre benötigen. Daher gab es schon in den 1920er-Jahren Bestrebungen, unter dem Prädikat »Reichs-Obstsorten« nur noch drei Sorten anzubauen. Der einschneidende »Emser Beschluss« des damaligen Bundeslandwirtschaftsministeriums aus dem Jahr 1953 besiegelte schließlich das Schicksal der alten Sorten. Der Prämisse, wonach »Streuanbau, Straßenanbau und Mischkultur ... zu verwerfen«[633] seien, folgten radikale Umstrukturierungsmaßnahmen hin zu obstbaulichen Monokulturen. Um den Erwerbsanbau vor unliebsamen Konkurrenten zu schützen, setzte die Europäische Gemeinschaft dem anhaltenden Sortenruin noch die Krone auf: In den 1970er-Jahren zahlte sie Rodungsprämien für Hochstammobst. Heute ist die Sortenvielfalt bereinigt, und zwar auf niedrigstem Niveau. In den Statistiken tauchen zwar um die 25 Sortennamen auf, aber der Blick in die Supermarktregale lehrt uns, wie es in Wirklichkeit um die Sortenvielfalt bestellt ist. Dort findet man bestenfalls Elstar, Golden Delicious, Cox Orange, Granny Smith, Jonagold, Pink Lady, Gloster oder Braeburn.[634] Mit dem Verschwinden der vielen Tausend Sorten blieben die charakteristischen Merkmale hinsichtlich Geschmack, Konsistenz und Einsatzzweck auf der Strecke und wurden auf dem Altar von Ertragsmaximierung und Normierung geopfert. Über die Jahre schien der Verlust niemanden zu stören, doch seit im Zuge des Klimawandels die Tendenz zunimmt, dass sich der Frühling um Wochen nach vorne verschiebt, die Temperatur innerhalb kurzer Zeit steigt, um dann wieder plötzlich zu fallen, sommerliche Hagelschläge zunehmen, lange Trockenperioden

den Boden ausdörren oder die Blätter im Herbst wochenlang nass sind, ohne zwischenzeitlich zu trocknen, besinnt man sich der alten Sorten, ihrer Widerstandsfähigkeit und speziellen Anpassung. Schon heute leiden die Obstregionen der Republik besonders im Süden unter den sich verschärfenden Bedingungen, und die Hochleistungssorten reagieren empfindlich. Woher also züchterischen Ersatz schaffen, wenn die Liste der bedrohten Nutzpflanzensorten länger und länger wird?

Sollten sich Baumpatenschaften für Verbraucher wie für Landwirte und Gärtner als attraktiv und lukrativ erweisen, besteht eine Chance. Denn vereinzelt gibt es sie noch, die alten Sorten. Sie stehen oft unbeachtet auf Streuobstwiesen, an Feldrainen, in Hausgärten und Hinterhöfen. Im bayerischen Landkreis Weißenburg-Gunzenhausen beispielsweise hatte sich der Landschaftspflegeverband Mittelfranken 2001 über Stock und Stein »bis in die letzten Winkel der Dörfer und Fluren«[635] auf die Suche gemacht und war tatsächlich auf mehr als 200 historische und zum Teil vom Aussterben bedrohte Apfel- und Birnensorten gestoßen. Der Kartierung folgte eine praxisorientierte Zusammenarbeit der Gesellschaft für Pomologie und Obstsortenerhalt, einer Baumschule und der Landwirtschaftlichen Lehranstalten Triesdorf, die sich eine Weiterzucht der alten Sorten auf die Fahnen geschrieben hatte. Seit 2008 stehen mehr als 100 der damals gefundenen alten Sorten als junge Bäume auf einem eigens eingerichteten 2,5-Hektar Areal, der Obstarche in Spielberg. Die Mutterbäume, als Hochstämme gezogen, sollen das Überleben der alten Sorten sichern. Projekte wie diese mehren sich, denn langsam wird auch den Verantwortlichen in Politik und Verwaltung klar: Es ist fünf vor zwölf, und genetische Vielfalt, die einmal verloren gegangen ist, bleibt es für immer.

ANMERKUNGEN

1 Das Statistik-Portal: http://de.statista.com/statistik/daten/studie/75611/umfrage/um satz-der-deutschen-ernaehrungsindustrie-seit-2008/
2 Bundesvereinigung der Deutschen Ernährungsindustrie: Konjunkturbericht der Ernährungsindustrie 01/2014
3 WWF-Studie: Fleisch frisst Land. 2011, http://www.wwf.de/fileadmin/fm-wwf/Publi kationen-PDF/WWF_Fleischkonsum_web.pdf
4 Die Zeit online vom 11.2.2013: http://www.zeit.de/digital/datenschutz/2013-02/lobbyplag-datenschutz und LobbyPlag: Die Copy & Paste-Gesetzgeber aus Brüssel: http://gutjahr. biz/2013/02/lobbyplag/
5 Christine Chemnitz, Tobias Reichert: Von Fleisch und Fairness – Innovationen für eine ökologische EU-Agrarpolitik. 15.3.2011 Heinrich-Böll-Stiftung, http://www.boell.de/de/ oekologie/oekologie-gesellschaft-innovationen-fuer-eine-oekologische-eu-agrarpolitik-11473.html
6 Tobias Chmura:: EU-Agrarpolitik, Entwicklung über die Jahrzehnte. BR Bayern 2 vom 19.12.2013, http://www.br.de/radio/bayern2/sendungen/notizbuch/agrarpolitik-europa-entwicklung-100~_page-10_-da59fa8141a5545e768a75f01172e3d27d2e4800.html
7 BAS: rund 132 000 Euro, RWE rund 426 000 Euro, Eon rund 102 000, Rheinmetall rund 10 000 Euro
8 Süddeutsche online vom 26.4.2014, http://www.sueddeutsche.de/wirtschaft/landwirt schaft-das-sind-die-groessten-empfaenger-von-eu-agrarsubventionen-1.1943758-2
9 Mitteldeutsche Zeitung vom 5.11.2013: http://www.mz-web.de/wirtschaft/eu-agrar-sub ventionen-bauern-bekommen-rund-280-euro-je-hektar-und-jahr,20642182,24906834.html
10 Reinhild Benning, Bund für Umwelt und Naturschutz (BUND), http://www.sueddeut sche.de/wirtschaft/landwirtschaft-das-sind-die-groessten-empfaenger-von-eu-agrarsub ventionen-1.1943758-2
11 foodwatch: https://www.foodwatch.org/de/informieren/lebensmittelbuch/aktuelle-nach richten/truegerische-landidylle-staatliche-kommission-erlaubt-irrefuehrende-werbung/
12 Grievik, OECD Conference to Explore Changes in the Food Economy, The Hague, 6.–7. Februar 2003
13 Das Statistikportal: http://de.statista.com/statistik/daten/studie/258495/umfrage/umsatz-der-weltweit-fuehrenden-lebensmittelkonzerne/
14 Associated British Foods, Coca Cola, Danone, General Mills, Kellogg's, Mars, Mondelez International (ehemals Kraft Foods), Nestlé, PepsiCo, Unilever
15 Oxfam fact sheet Lebensmittelkonzerne und Landarbeiter/innen, http://www.oxfam.de/ sites/www.oxfam.de/files/factsheet_btb_dt.pdf
16 Zahlen aus 2007 bzw. 2008, Bund für Umwelt und Naturschutz, http://www.bund. net/themen_und_projekte/landwirtschaft/subventionen_umlenken_alt/exportsub ventionen/
17 Kurier.at vom 15.2.2013, http://kurier.at/lebensart/gesundheit/studie-attacke-gegen-nah rungskonzerne/3.496.546
18 The Lancet vom 23.2.2013: volume 381, issue 9877, http://www.thelancet.com/journals/ lancet/article/PIIS0140-6736%2812%2962089-3/abstract

19 Spiegel onlline vom 27.8.2008: Fettwarnung: Krankenkassen fordern Lebensmittelampel, http://www.spiegel.de/wirtschaft/soziales/fettwarnung-krankenkassen-fordern-le bensmittelampel-a-645286.html

20 Stern online vom 16.3.2010: Lebensmittellobby erringt Etappensieg, http://www.stern. de/wirtschaft/news/ampel-kennzeichnung-lebensmittel-lobby-erringt-etappensieg-1551400.html

21 Abgeordneter Carl Schlyter (Grüne/EFA): http://www.euractiv.de/wahlen-und-macht/ar tikel/lobby-schlacht-um-lebensmittelampel-003262

22 *Spiegel online* vom 16.6.2010: http://www.spiegel.de/wirtschaft/unternehmen/eu-absage-an-lebensmittel-ampel-gruen-gelb-stopp-a-701085.html

23 Lobbypedia, nach Angaben des Europäischen Parlaments: https://lobbypedia.de/wiki/ Portal_Lobbyismus_in_der_EU

24 LobbyControl hat einen aktuellen Stadtführer über den Lobbyismus im Brüsseler Europa-Viertel herausgegeben: LobbyPlanet, https://www.lobbycontrol.de/lobby-planet-bruessel/

25 Nach: Thomas Leif,»In der Lobby brennt noch Licht: Lobbyismus als Schattenmanage ment in Politik und Medien«, netzwerk recherche e.V. , Wiesbaden 2008

26 *Spiegel online* vom 17.3.2011: http://www.spiegel.de/wirtschaft/soziales/preisabsprachen-kartellwaechter-brummen-dr-oetker-und-co-strafe-auf-a-751533.html

27 Spiegel online vom 31.1.2013: http://www.spiegel.de/wirtschaft/unternehmen/kartel-lamt-will-60-millionen-euro-von-ritter-sport-nestle-und-kraft-a-880729.html

28 Top agrar vom 8.11.2012: http://www.topagrar.com/news/Home-top-News-Kalifornier-wollen-keine-GVO-Kennzeichnung-988735.html, sowie vom 11.1.2013: http://www.top agrar.com/news/Home-top-News-Washington-koennte-GVO-Kennzeichnung-auf-Le-bensmitteln-bekommen-1032668.html und Top agrar vom 6.6.2013: http://www.topagrar. com/news/Home-top-News-Novum-in-den-USA-Connecticut-koennte-Gentechnik kennzeichnung-einfuehren-1160765.html

29 Umfrage der Initiative: Label it WA, http://www.non-gmoreport.com/subscribers/2013/ february/files/inc/ca55bb9b6e.pdf

30 transgen Transparenz Gentechnik: http://www.transgen.de/aktuell/1750.doku.html

31 DW vom 17.2.2014: http://www.dw.de/freihandelsabkommen-nachteil-f%C3%BCr-b%C3%BCrger/a-17428258

32 2011/292/EU vom 31.3.2011

33 EU-Drucksache 18/1187 vom 3.12.2013: Mitteilung des Senats Bremen auf eine Anfrage der Fraktionen Bündnis 90/Die Grünen und der SPD, Drucksache 18/1187

34 Ebenda

35 »Merkel warnt vor Scheitern von Freihandelsabkommen«, dpa-AFX vom 20.3.2014

36 Die Bundesregierung vom 18.6.2013: https://www.bundesregierung.de/Content/DE/ Infodienst/2013/06/2013-06-17-freihandelsabkommen/2013-06-17-freihandelsabkom men.html

37 Bundesministerium für Wirtschaft: http://www.bmwi.de/DE/Mediathek/monatsbe-richt,did=556912.html?view=renderXmlKapitel

38 Europäische Kommission vom 20.12.2013: http://trade.ec.europa.eu/doclib/press/index. cfm?id=1010&serie=714&langId=de sowie Memo 13/211 vom 12.3.2013, http://europa.eu/ rapid/press-release_MEMO-13-211_en.htm

39 *Süddeutsche.de* vom 11.11.2013

40 Alexander Ulrich, parlamentarischer Geschäftsführer der Linken, vom 21.10.2013: http://www.linksfraktion.de/im-wortlaut/freihandelsabkommen-gefaehrdet-sozial-um-weltstandards/

41 *Süddeutsche.de* vom 11.11.2013: http://www.sueddeutsche.de/wirtschaft/freihandelsab kommen-zwischen-usa-und-eu-es-geht-um-mehr-als-nur-zoelle-1.1815472

42 Ecologic Institut der EU: http://www.ecologic.eu/de/1125

43 *Die Zeit* vom 27.7.2000: http://www.zeit.de/2000/31/200031.multisserie_4_ne.xml

44 http://www.denkgut.org/videos-hintergr%C3%BCnde/der-monsanto-konzern/

45 Name des Gesetzes: HR 933 Consolidated and Further Continuing Appropriations Act 2013

46 https://www.radio-utopie.de/2013/09/26/monsanto-protection-act-u-s-senat-beerdigt-selbstermaechtigungsgesetz-fuer-agrarchemie-giganten/

47 Frankfurter Allgemeine online vom 19.2.2014: http://www.faz.net/aktuell/wirtschaft/wirtschaftspolitik/freihandelsabkommen-eu-versichert-kein-hormonfleisch-nach-europa-12809488.html

48 Geo.de vom 20.12.2013: http://www.geo.de/GEO/natur/green-living/freihandelsabkom men-ttip-mit-demokratischen-prinzipien-nicht-vereinbar-76778.html

49 Verbraucherzentrale Bundesverband: http://www.vzbv.de/12494.htm

50 Werner Rügemer, »Privatisierung als neoliberale Staatsumgründung und die Alternative einer kooperativen Ökonomie«, in: Horst Müller (Hrsg.), *Die Übergangsgesellschaft des 21. Jahrhunderts*. BoD Norderstedt 2007 Alternative Ökonomie, sowie http://www. praxisphilosophie.de/ruegemer_uebergang.pdf

51 DW vom 17.2.2014: http://www.dw.de/freihandelsabkommen-nachteil-f%C3%BCr-b%C3% BCrger/a-17428258

52 http://www.wissenschaftsmanufaktur.net/freihandelsabkommen

53 Corporate Europe Observatory vom 6.3.2014: http://corporateeurope.org/pressre-leases/2014/03/new-report-how-eu-us-trade-deal-risks-expanding-fracking

54 Personen oder Gruppen, die ein Interesse am Ergebnis eines Projekts oder Verlauf eines Prozesses haben

55 Österreichisches Parlament, Anfrage der Abgeordneten Kathrin Nachbaur und Kathrin Ulla Weigerstorfer an den Bundesminister für Wissenschaft, Forschung und Wirtschaft: http://www.parlament.gv.at/PAKT/VHG/XXV/J/J_00977/fname_341906.pdf

56 Anfrage der Abgeordneten Nachbaur, Weigerstorfer an den Bundesminister für Wissenschaft, Forschung und Wirtschaft, Österreich 977/JXXV.GP vom 6.3.2014

57 Deutsche Wirtschaftsnachrichten vom 22.12.2013: http://deutsche-wirtschafts-nachrich ten.de/2013/12/22/freihandel-deutschland-muss-verbraucher-schutz-an-globale-behoer de-abgeben/

58 Süddeutsche de. vom 30. April 2012: http://www.sueddeutsche.de/wirtschaft/vorwuerfe-gegen-discounter-aldi-torpedierte-betriebsrats-wahlen-1.1345069

59 taz vom 20.4.2004: http://www.taz.de/1/archiv/archiv/?dig=2004/04/20/a0223

60 Ver.di: http://www.verdi.de/themen/arbeit/++co++dbe5c296-9a99-11e1-5d54-0019b9e321 e1

61 Focus online vom 7.11.2013: http://www.focus.de/finanzen/news/fanfocus/tid-34493/ dominanz-der-discounter-deutsche-lieben-aldi-und-zeigen-rewe-die-kalte-schulter_ aid_1148959.html

62 Amtsblatt der Europäischen Union 2013/C 327/05

63 *Focus* 18/1997: http://www.focus.de/finanzen/news/handel-ohne-moos-nix-los_aid_1650 62.html

64 Bundeskartellamt Pressemitteilung vom 1.6.2013

65 http://www.costa-blanca-forum.de/viewtopic.php?f=199&t=3775

66 Die Welt online vom 11.2.2014:, http://www.welt.de/wirtschaft/article124761031/Melitta-droht-Millionenstrafe-wegen-Kaffeekartell.html sowie Focus money online, http://www. focus.de/finanzen/news/unternehmen/verbotene-preisabsprachen-melitta-muss-55-millionen-euro-strafe-zahlen_id_3607279.html sowie Süddeutsche online vom 17.5.2010, http://www.sueddeutsche.de/wirtschaft/kartellamt-und-preisabsprachen-grossrazzia-bei-rewe-und-edeka-1.58762

67 Bundeskartellamt Pressemitteilung vom 24.7.2013: http://www.bundeskartellamt.de/
SharedDocs/Meldung/DE/Pressemitteilungen/2013/24_07_2013_Edeka.html sowie
Bun-
deskartellamt 1.6.2013, http://www.bundeskartellamt.de/SharedDocs/Interviews/DE/
dpa%20-%20Kartellamt%20besorgt%20%C3%BCber%20Konzentration%20im%20
Lebensmitteleinzelhandel.html

68 Philip Kotler, Friedhelm Bliemel, *Marketing-Management*, Stuttgart 2001

69 *Focus Magazin* 18/1997: http://www.focus.de/finanzen/news/handel-ohne-moos-nix-
los_aid_165062.html

70 LebensmittelZeitung: http://www.lebensmittelzeitung.net/business/daten-fakten/ran
kings/Top-Einzelhaendler-Welt-2014_467.html

71 *Focus* 9/2005:http://www.focus.de/finanzen/news/handel-schlacht-ums-regal_aid_210
458.html

72 Wolfgang Fritz et al., *Die Discountisierung der Gesellschaft*, Gernsbach 2007,

73 Wolfgang Fritz, Die Aldisierung der Gesellschaft, http://www.wiwi.tu-bs.de/marketing/
service/download/art/aldi.pdf

74 *Der Handel* vom 23.3.2009: https://www.derhandel.de/news/finanzen/pages/Konsum
klima-Der-Trend-geht-zu-Aldi-%26-Audi-859.html

75 Zitiert nach: Christina Kaindl, *Strategien gegen Handelsmarken im Lebensmitteleinzelhan
del*. Diplomarbeit 2005

76 Martina Schneider, *Welche Marke steckt dahinter?* Südwest Verlag 2013

77 *Frankfurter Rundschau* vom 13.3.2009: http://www.fr-online.de/wirtschaft/hausmarken-
das-grosse-umraeumen,1472780,3332166.html

78 topagrar online vom 22.3.2013: http://www.topagrar.com/news/Home-top-News-EWSA-
warnt-vor-Marktmacht-im-Einzelhandel-1065788.html

79 Swisscofel 3.2.2012: http://www.swisscofel.ch/de/news/detailansicht-international.html?
no_cache=1&duid=15685

80 *Focus Magazin* Nr.18/1997

81 Zitiert nach: Christiane Wahlers, *Private Selbstregulierung am Beispiel des Kapitalmarkt-
rechts*, V&R unipress 2011

82 Zitiert nach: Verbandsgemeinde Flammersfeld: http://www.vg-flammersfeld.de/index.
php?id=friedrich-wilhelm-raiffeisen

83 Gabriele Stöger, Von den Springquellen des genossenschaftlichen Reichtums, http://
versorgerin.stwst.at/artikel/aug-31-2013-1654/von-den-springquellen-des-genossenschaft
lichen-reichtums-1

84 http://www.giebelkreuzregime.at/index.php?sid=item&iid=1

85 Vgl. Gabriele Stöger, Von den Springquellen des genossenschaftlichen Reichtums,
http://versorgerin.stwst.at/artikel/aug-31-2013-1654/von-den-springquellen-des-genos
senschaftlichen-reichtums-1; apa.ots, http://www.ots.at/presseaussendung/OTS_200
90219_OTS0217/strache-demokratiegefaehrdende-raiffeisen-verflechtungen-in-
oesterreichischer-medienlandschaft; http://www.banken-volksbegehren.at/banken/195-
machtfaktor-raiffeisen

86 Deutsche Wirtschaftsnachrichten: http://deutsche-wirtschafts-nachrichten.de/2013/
09/27/wer-wirklich-regiert-oesterreichs-version-von-goldman-sachs-heisst-raiffeisen/
comment-page-3/

87 Ebenda

88 Ebenda

89 Machtfaktor Raiffeisen: http://www.banken-volksbegehren.at/banken/195-machtfaktor
-raiffeisen

90 Kobuk.at: http://www.kobuk.at/2013/06/news-beugt-sich-dem-machtfaktor-raiffeisen/

91 Input-Industrie: z.B Landtechnik, Futtermittel, Pflanzenzucht, Tierzucht, Düngemittel,
Pflanzenschutzmittel, Veterinärmedizin

92 Genossenschaften in Deutschland: http://www.genossenschaften.de/raiffeisen-genos senschaften

93 *Wirtschaftswoche* vom 2. April 2012: http://www.wiwo.de/politik/deutschland/geldan lage-sparer-entdecken-die-genossenschaftsbanken/7063260.html

94 Deutscher Raiffeisenverband: http://www.raiffeisen.de/uebersicht-der-genossen schafts sparten/ware/

95 DRGV: http://www.dgrv.de/de/mitglieder/regionalzentralen/hauptgenossenschaften. html

96 ZG Raiffeisen: http://www.zg-raiffeisen.de/wir-ueber-uns/das-unternehmen/das-unternehmen-auf-einen-blick/

97 Raiffeisen Präsident Manfred Nüssel in einer Pressemeldung zur Europawahl vom 27.2.2014: http://www.raiffeisen.de/2014/02/eu-politik-hat-wachsende-bedeutung-fuer-agrarwirtschaft/

98 Deutscher Raiffeisenverband (DRV) vom 16.12.2013: http://www.raiffeisen.de/2013/12/nuessel-fuer-enge-ressortuebergreifende-zusammenarbeit/

99 *Frankfurter Rundschau* vom 5.9.2013

100 Ausschuss für Ernährung und Landwirtschaft

101 *Wochenblatt für Landwirtschaft & Landleben* vom 29.10.2012

102 NDR Fernsehen: Interessenkonflikte beim »Landvolk«? vom 24.3.2013

103 Deutscher Bundestag, Franz-Josef Holzenkamp (CDU): http://www.bundestag.de/bundestag/abgeordnete18/biografien/H/holzenkamp_franz_josef.html

104 Deutscher Bundestag, Norbert Schindler (CDU): http://www.bundestag.de/bundestag/abgeordnete18/biografien/S/schindler_norbert.html

105 *Wochenblatt für Landwirtschaft & Landleben* vom 29.10.2012

106 Gesellschafter: Deutscher Raiffeisenverband (DRV), Deutscher Bauernverband (DBV), Verband der Fleischwirtschaft (VDF), Bundesverband der Deutschen Fleischwaren-industrie (BVDF), Handelsvereinigung für Marktwirtschaft (HfM), Bundesausschuss Obst und Gemüse (BVEO), Zentralverband Gartenbau (ZVG), Union der Deutschen Kartoffelwirtschaft (UNIKA), Deutscher Fruchthandelsverband (DFHV), Verbond van Belgische Tuinbouwveilingen (VBT), Dutch Produce Association (DPA)

107 WLV Homepage: http://www.wlv.de/der_wlv/verband/auftrag_ziele_wlv.php

108 *Westdeutsche Zeitung* 21.9. 2011: http://www.wz-newsline.de/home/panorama/bio-gas-kraftwerk-gift-und-galle-gegen-guelle-1.771829 sowie *Westfälische Nachrichten* 28.6.2013, http://www.wn.de/Muensterland/2013/06/Rekord-Anlage-in-Velen-geplant-Zu-wenig-Guelle-Europas-groesster-Biogas-Anlage-droht-offenbar-das-Aus

109 Kreisverband aktuell: http://www.wlv.de/kv-aktuell/borken/2013/11/KV-Aktuell_Win-terversammlungen_2013_2014.pdf

110 Thomas Leif, Rudolf Speth (Hrsg.), *Die fünfte Gewalt – Lobbyismus in Deutschland*, VS Verlag für Sozialwissenschaften 2006

111 Pressemitteilung September 2012: http://f-ostendorff.de/webseiten/agrarhaushalt/pressemitteilungen/einzelansicht/article/fuer-transparenz-und-entflechtung-in-der-agrarpolitik.html

112 Deutscher Raiffeisenverband (DRV): http://www.raiffeisen.de/2014/02/globale-wettbe werbsfaehigkeit-staerken-2/

113 Marita Vollborn, Vlad Georgescu, *Die Joghurtlüge*, Campus Verlag 2006

114 Keine Gebühren für amtliche Lebensmittelkontrollen, Pressemitteilung des Handels-verbandes Deutschland (HDE) vom 19.2.2014: http://www.einzelhandel.de/index.php/presse/aktuellemeldungen/item/123703-keine-geb%C3%BChren-f%C3%BCr-amtli-che-lebensmittelkontrollen.html

115 1969 verabschiedet, Novelle 2013. Das Gesetz fördert die Entstehung und Erweiterung von Erzeugergemeinschaften sowie längerfristige partnerschaftliche Beziehungen

zwischen Erzeugergemeinschaften und Unternehmen des Handels sowie der Be- und Verarbeitung.

116 Eckehard Niemann in: Thomas Leif, Rudolf Speth (Hrsg.), *Die stille Macht: Lobbyismus in Deutschland*, Opladen 2003

117 Ebenda

118 Ebenda

119 Ebenda

120 Ab 2012 Präsident des europäischen Bauernverbandes

121 Bund für Umwelt und Naturschutz: Subventionsansprüche der Spitzenfunktionäre des Deutschen Bauernverbandes (DBV) und der Deutschen Landwirtschaftsgesellschaft (DLG), http://www.bund.net/fileadmin/bundnet/publikationen/landwirtschaft/20071211_landwirtschaft_subventionsansprueche_recherche.pdf

122 Ebenda

123 Kiran Klaus Patel, *Europäisierung wider Willen: Die Bundesrepublik Deutschland in der Agrarintegration der EWG 1955–1973*, München 2009

124 STV: Sortenschutzinhaber (Firmenliste): http://www.stv-bonn.de/Sortenschutzin haber

125 AbL Mehr über den Nachbau: http://www.abl-ev.de/themen/recht-auf-nachbau.html

126 Das Umweltinstitut München e.V.: http://www.umweltinstitut.org/themen/gentech nik/terminator-technologie.html

127 Ebenda

128 Deutsche Wirtschaftsnachrichten vom 7.5.2013: Drei Konzerne beherrschen den Markt für Lebensmittel, http://deutsche-wirtschafts-nachrichten.de/2013/05/07/saatgut-drei-konzerne-bestimmen-den-markt-fuer-lebensmittel/

129 *Die Welt* vom 17.10.2013: http://www.welt.de/print/welt_kompakt/print_wirtschaft/article120973791/Landwirte-warnen-vor-Patentierung-von-Pflanzen-und-Tieren.html

130 FAO: The international treaty on plant genetic resources for food and agriculture, http://www.planttreaty.org/sites/default/files/ACFS-7b_Report%20FINAL.pdf

131 *Deutsche Wirtschafts Nachrichten* vom 7.5.2013: http://deutsche-wirtschafts-nachrich ten.de/2013/05/07/saatgut-drei-konzerne-bestimmen-den-markt-fuer-lebensmittel/

132 *Frankfurter Allgemeine Zeitung* vom 10.9.2001: http://www.faz.net/aktuell/gesellschaft/genmanipulation-patent-auf-turbo-lachse-130322.html

133 Susanne Gura, »Agropoly. Die Macht der Konzerne über die Lebensmittelproduktion«,Vortrag auf der INKOTA Herbsttagung am 15. Oktober 2011 in Hirschluch

134 Informationsdienst Gentechnik vom 31.10.2013: http://www.keine-gentechnik.de/news-gentechnik/news/de/28305.html

135 Susanne Gura, »Agropoly. Die Macht der Konzerne über die Lebensmittelproduktion«, Vortrag auf der INKOTA Herbsttagung am 15. Oktober 2011 in Hirschluch

136 Informationsdienst Gentechnik vom 31.10.2013: http://www.keine-gentechnik.de/news-gentechnik/news/de/28305.html

137 Susanne Gura, »Das Tierzucht-Monopoly«, in: *Kritischer Agrarbericht* 2008

138 *Hamburger Abendblatt* vom 1.3.2007, sowie Susanne Gura, »Das Tierzucht-Monopoly«, in: *Der kritische Agrarbericht* 2008

139 Ebd. Susanne Gura, »Das Tierzucht-Monopoly«, in: *Kritischer Agrarbericht* 2008

140 Weitere Geschäftsfelder: Tierernährung, Getreidelagerung, Lebensmittelzusatzstoffe functional food, Pilzzucht, Impfstoffe

141 Susanne Gura, »Agropoly. Die Macht der Konzerne über die Lebensmittelproduktion«, Vortrag 15. Oktober 2011

142 Susanne Gura, »Das Tierzucht-Monopoly«, in: *Kritischer Agrarbericht* 2008

143 Bund für Umwelt und Naturschutz (BUND): Subventionsansprüche der Spitzenfunktionäre des Deutschen Bauernverbandes (DBV) und der Deutschen Landwirtschaftsgesellschaft (DLG), sowie NDR Fernsehen: Interessenkonflikte beim »Landvolk«? vom 24.3.2013

144 top agrar: http://www.topagrar.com/news/Home-top-News-Konzentration-in-der-Fleisch
     branche-haelt-an-130069.html sowie ISN Interessengemeinschaft der Schweinehalter
     Deutschland, http://www.schweine.net/bild-der-woche/isn-schlachthofranking-top-4-
     schlachten-bereits-me.html
145 »Das Prinzip Hase und Igel bringt Erfolg am Markt«, *Bauernblatt* vom 10.7.2009
146 top agrar online vom 19.3.2014: Behörden sollen Tierzahl vorschreiben dürfen, http://
     www.topagrar.com/news/Home-top-News-Niedersachsen-Behoerden-sollen-Tierzahl
     -vorschreiben-duerfen-1373460.html
147 Ebenda
148 »Fleisch-Lobby setzt sich bei der EU durch«, N 24, Meldung vom 6.12.2013
149 NWZ online vom 27.11.2013: http://www.nwzonline.de/politik/niedersachsen/locke
     rungen-am-laufenden-band_a_10,4,3166354844.html
150 EU will Schlachthöfe sich selbst kontrollieren lassen, http://tierhilfe-sueden.de/de/
     html/schlachthof_08.html
151 NDR.de vom 27.11.2013: http://www.ndr.de/regional/niedersachsen/oldenburg/hoff
     rogge113.html
152 Wikipedia: Drehtür-Effekt, http://de.wikipedia.org/wiki/Dreht%C3%BCr-Effekt
153 https://lobbypedia.de/wiki/Seitenwechsler_im_%C3%9Cberblick
154 Meine Landwirtschaft 4.12.2013: http://www.meine-landwirtschaft.de/aktuell/nach
     richten/news/de/28428.html
155 Björn Radke, »Ein Schlachthof in Deutschland«, SozialismusArchiv 13.3.2014
156 Stuttgarter Zeitung.de vom 23.10.2013: http://www.stuttgarter-zeitung.de/inhalt.
     fleischindustrie-schlachtbranche-beugt-sich-wachsendem-druck.d0f903a0-845f-47a1-
     8af9-e77cd8c76240.html
157 Erste Stufe: 7,75 Euro ab Juli 2014, vierte und letzte Stufe: 8,75 Euro
158 Susanne Gura, »Agropoly. Die Macht der Konzerne über die Lebensmittelproduktion«,
     Vortrag INKOTA Herbsttagung vom 15. Oktober 2011. Allein die Agrarsubventionen in
     den OECD-Ländern betragen 240 Milliarden Euro pro Jahr.
159 Detlef Groß, DLR Westerwald-Osteifel: Wirtschaftlichkeit der Schweinemast bei
     hohen Getreidepreisen. Stand 22.3.2011: http://www.dlr.rlp.de/internet/global/themen.
     nsf/ALL/D46411D11E8F518BC1257370003457AE?OpenDocument
160 Agrarmarkt Informations-Gesellschaft mbH: http://www.ami-informiert.de/ami-ma
     erkte/ami-einzelmeldung/article/eu-schweinepreise-erreichten-2013-rekordniveau.
     html
161 Schlachtschwein: http://www.agrarheute.com/schlachtschweine-preis-weiterhin-kon
     stant-bei-1-65-euro/kg-sg
162 3.4.2008: Forderung nach 70 Euro Ferkelpreis und 2 Euro/kg Schlachtschweinepreis,
     http://www.agrarheute.com/?redid=210723&layout=print
163 DasErste.de Sendung vom 4.9.2013: Knallhart kalkuliert: Was kostet ein Schwein?,
     http://www.daserste.de/information/wissen-kultur/w-wie-wissen/sendung/2012/
     knallhart-kalkuliert-was-kostet-ein-schwein-100.html
164 Judith Beile, Stefan Klein, Klaus Maak, *Zukunft der Fleischwirtschaft*, Edition der Hans-
     Böckler-Stiftung 2007
165 BUND, Endstation Mensch: Die Nutzung der Nanotechnologie in Lebensmitteln,
     2008, www.bund.net/.../nanotechnologie/20080311_nanotechnologie_lebensmittel_
     studie.pdf
166 BUND, Endstation Mensch: Aus dem Labor auf den Teller. Die Nutzung der Nano-
     technologie im Lebensmittelsektor, 2008, http://www.bund.net/fileadmin/bundnet/
     publikationen/nanotechnologie/20080311_nanotechnologie_lebensmittel_studie.
     pdf
167 Food Standards Agency, Nanofoods unwrapped: Issue 02 summer 2010, multime-
     dia,food.gov.uk/multimedia/pdfs/.../bitesummer10.pdf

168 Marita Vollborn, Vlad Georgescu, *Die Joghurt-Lüge. Die unappetitlichen Geschäfte der Lebensmittelindustrie*, Frankfurt/New York 2006
169 Ebenda
170 Peter Wick et al., »Barrier Capacity of Human Placenta for Nanosized Materials«, in: *Environmental Health Perspectives*, Volume 118, Number 3, March 2010
171 http://erj.ersjournals.com/content/34/3/559
172 Berlin.de: Meldung vom 21. Oktober 2009 10:32 Uhr
173 Scharf, Piechulek, von Mikecz, Effect of Nanoparticles on the Biochemical and Behavioral Aging Phenotype of the Nematode *Caenorhabditis elegans*, ACS Nano 2013 Dec 23; 7(12):10695-10703: http://pubs.acs.org/doi/abs/10.1021/nn403443r
174 Forschungsreport Ernährung/Landwirtschaft/Verbraucherschutz. 2/2013. Senat Bundesforschung, Bundesministerium für Ernährung, Landwirtschaft und Verbraucherschutz.
175 Ebenda
176 Ebenda
177 BAuA und ITEM veröffentlichen Abschlussbericht zu toxischen Potenzialen von Nanopartikeln mit modifizierten Oberflächen, Oktober 2013: http://www.nano-sicherheit. de/dynasite.cfm?dsmid=10892
178 Donaldson et al., Carbon nanotubes introduced into the abdominal cavity of mice show asbestos-like pathogenicity in a pilot study, 20. Mai 2008: http://www.nature.com/ nnano/journal/v3/n7/abs/nnano.2008.111.html
179 A review of carbon nanotube toxicity and assessment of potential occupational and environmental health risks, Crit Rev Toxicol. 2006 Mar; 36(3):189–217: http://www.ncbi. nlm.nih.gov/pubmed/16686422
180 LifeGen.de, Meldung vom 22.11.2011
181 F. Schwab et. al., Are Carbon Nanotube Effects on Green Algae Caused by Shading and Agglomeration? Environmental Science & Technology, DOI: 10.1021/es200506b
182 9. Mai 2013 Coordination gegen Bayer-Gefahren: Bayer beendet Geschäft mit Kohlenstoff-Nanoröhrchen.
183 Pressemitteilung der Europäischen Kommission vom 8.12.2013: »Klonfleisch und neue Lebensmittel: EU-Kommission will mehr Rechtssicherheit«
184 Ebenda
185 *Spiegel online* vom 14.6.2012
186 Deutscher Bundestag. Drucksache 18/1118.
187 Ebenda
188 Deutscher Tierschutzbund, *Die Haltung von Legehennen*, Broschüre 1104/02/08
189 Niedersächsisches Landesamt für Verbraucherschutz und Lebensmittelsicherheit: http://www.laves.niedersachsen.de/portal/live.php?navigation_id=20137&article_ id=91150&_psmand=23
190 Bundespresseportal: http://bundespresseportal.de/niedersachsen/item/15111-nieder sachsen-will-bundesweiten-verzicht-auf-das-schnabelk%C3%BCrzen-bei-legehennen-bis-2016-agrarminister-christian-meyer-eingriff-ist-schmerzhaft-und-inakzeptabel. html
191 Landesamt für Umwelt, Landwirtschaft und Geologie Sachsen-Anhalt, Abt. Tierische Erzeugung. Manfred Golze:»Gezielte Legepause oder induzierte Mauser und deren Nutzungsmöglichkeiten«, 24.8.2009
192 Schweizer Radio und Fernsehen vom 19.4.2011: Legehennen als Wegwerfware, http:// www.srf.ch/konsum/themen/konsum/legehennen-als-wegwerfware
193 Schweizer Radio und Fernsehen vom 19.4.2011: »Legehennen als Wegwerfware«, http://www.srf.ch/konsum/themen/konsum/legehennen-als-wegwerfware
194 Walter Hess, 28.6.2009: Wo die Moral versagt: Suppenhühner für die Biogasanlage, http://www.textatelier.com/index.php?id=996&blognr=2990

195   A. Bruce Webster, »Physiology and behaior of the hen during induced moult«, Poullvy Science 82/2003, S. 992–1002

196   Landesamt für Umwelt, Landwirtschaft und Geologie Sachsen-Anhalt, Abt. Tierische Erzeugung. Manfred Golze: Gezielte Legepause oder induzierte Mauser und deren Nutzungsmöglichkeiten, 24.8.2009

197   EU-Richtlinie 1999/74 EG bzw. Paragraph 13b TierSchNutzV

198   Bernhard Hörning, Qualzucht bei Nutztieren – Probleme und Lösungsansätze, 15.8.2013, Studie in Auftrag der Grünen Bundestagsfraktion: http://fostendorff.de/fileadmin/datensammlung/dateien/Qualzucht_bei_Nutztieren_Hoerning_15_8_.pdf

199   http://www.provieh.de/downloads_provieh/Provieh_informationen_Kleingruppenhaltung%20-%20Onlineversion.pdf

200   Die Klage erfolgte durch die genannten Bundesländer beim Bundesverfassungsgericht. Bei einer Normenkontrolle wird überprüft, ob Rechtsnormen mit höherrangigem Recht vereinbar sind.

201   Bernhard Hörning, Beurteilung der Tiergerechtigkeit der »Kleingruppenhaltung« von Legehennen unter Berücksichtigung rechtlicher und ökonomischer Aspekte. Gutachten im Rahmen des Normenkontrollverfahrens vor dem Bundesverfassungsgericht. 2009, http://www.rlp.de/fileadmin/mufv/img/inhalte/tiere/Gutachten_LH_Hoering_2009.pdf

202   Christiane Kepler, Gutachten zum Risiko von Federpicken und Kannibalismus in der Kleingruppenhaltung nach der Tierschutz-Nutztierhaltungsverordnung, http://mulewf.rlp.de/fileadmin/mufv/img/inhalte/tiere/Gutachten_LH_Keppler.pdf

203   Detlef W. Fölsch, Iris Weiland, Die Artwidrigkeit der »Kleingruppenhaltung« von Legehennen. http://www.provieh.de/downloads_provieh/Provieh_informationen_Kleingruppenhaltung%20-%20Onlineversion.pdf

204   Tierschutzbund.de: http://www.tierschutzbund.de/legehennen.html

205   Ebenda, Justiz- und Innenministerium hatten »verfassungsrechtliche Bedenken« gegen den Kompromiss angemeldet – die Übergangsfrist sei zu kurz.

206   Pressemitteilung Nr. 345 vom 23.3.2012

207   Bundesministerium für Ernährung und Landwirtschaft: http://www.bmelv.de/DE/Landwirtschaft/Tier/TierzuchtTierhaltung/_texte/HaltungLegehennen.html

208   Ebenda

209   Die Steine helfen, im Muskelmagen das Futter zu zermalmen.

210   Durchführungsbestimmungen. Verordnung (EG) Nr. 889/2008 der Kommission vom 5. September 2008, Artikel 19 und 43

211   WDR 17.10.2013: http://www1.wdr.de/fernsehen/regional/westpol/sendungen/sbkuekentoetung102.html

212   Falko Kaufmann, Robby Andersson, Eignung männlicher Legehybriden zur Mast. Fakultät für Agrarwissenschaften und Landschaftsarchitektur an der Hochschule Osnabrück, Report vom 3.6.2013: http://opus.bsz-bw.de/fhos/volltexte/2013/12/

213   Bundesministerium für Ernährung und Landwirtschaft, Pressemitteilung Nr. 236 vom 19.8.2013

214   Falko Kaufmann, Robby Andersson, Eignung männlicher Legehybriden zur Mast. Fakultät für Agrarwissenschaften und Landschaftsarchitektur an der Hochschule Osnabrück, 3.6.2013: http://opus.bsz-bw.de/fhos/volltexte/2013/12/

215   Wie Masthühner erreichen Stubenküken nach etwa einem Monat ihr gewünschtes Schlachtgewicht.

216   B.I.D. Bruderhahn Initiative Deutschland: http://www.bruderhahn.de/das_garantieren_wir.html

217   Pressemeldung aid-infodienst, Ausgabe Nr. 50/11, 14.12.2011

218   Leo Frühschütz, Alternativen zur Küken-Tötung. Erschienen in: *BioHandel* 9/210: http://www.tierzuchtfonds.de/fileadmin/files/tierzuchtfonds/BioHandel_09_10_Alternative_K%FCken-T%F6tung.pdf

219 hr online: http://www.hr-online.de/website/rubriken/ratgeber/index.jsp?rubrik=55919& key=standard_document_36882226 und gesundheit.de, http://www.gesundheit.de/ ernaehrung/naehrstoffe/mineralstoffe-und-spurenelemente/zink-ein-lebensnotwendiges-spurenelement

220 B. Spindler, J. Hartung, Abschlussbericht zur Untersuchung Besatzdichte bei Masthühnern entsprechend der RL 2007/43/EG, http://www.tierschutz-landwirtschaft.de/ Gutachten_Hartung_Spindler_2010.pdf

221 Provieh Verein gegen tierquälerische Massentierhaltung: http://www.provieh.de/ node/10340

222 Bündnis 90 Die Grünen, Kreisverband Dachau: http://www.gruene-dachau.de/pages/ presse/mitteilungen-2010/pressemitteilung-vom-02.11.2010.php

223 Albert Schweitzer Stiftung: http://albert-schweitzer-stiftung.de/tierschutzinfos/massentierhaltung/entenmast

224 Ebd.

225 Kuratorium für Technik und Bauwesen in der Landwirtschaft: http://www.ktbl.de/ index.php?id=610 sowie Marktinfo Eier & Geflügel (MEG) in: agrarheute.com, http:// www.agrarheute.com/gaensemarkt

226 NDR vom 12.12.2013: http://www.ndr.de/ratgeber/kochen/warenkunde/gans6.html

227 http://www.infoseite-polen.de/newslog/?p=8129

228 http://www.gutegans.de/de/news-/art,127,gnsezucht-in-der-welt-seit-der-zhmungbis-zum-qafp-system.html sowie http://www.guteganse.de/de/junge-hafermastgans/ aufzucht/

229 Proplanta Informationszentrum für die Landwirtschaft, Mitteilung vom 10.11.2013

230 Je nach Herkunft unterscheiden sich die Angaben. Der Landesverband Bayerische Geflügelwirtschaft gibt das Schlachtalter von 17 bis 24 Wochen an: http://www.lvbgw.de/ index.php/gefluegel-huehner-eier-ei-infos/gefluegel-huehner-eier-enten-gaense.html

231 Zusammensetzung z. B.: Mais, Weizen, Soja (auch Gentech), Fett, Säureregulatoren, Phosphate, Salz (um die Wasseraufnahme zu steigern), Vitamine, Mineralstoffe sowie Zusatzstoffe.

232 pro iure animalis: http://www.pro-iure-animalis.de/dokumente/fakten_stopfleber_ www.pdf

233 Deutscher Tierschutzbund: Enten und Gänse. 1142/05/13

234 Zitiert in: Christian Sailer,»Straffreie Qualzucht für Feinschmecker«, http://www. kanzlei-sailer.de/straffreie-qualzucht-fuer-feinschmecker-010305.pdf

235 Stopfleberfarmen: Eine Recherche von animalEQUALITY, http://www.stopfleber.org/ experten-stopfleber.php

236 Gerd Braune,»Gänseleber in Ottawa«, Handelsblatt vom 12.1.2011

237 Europa: Polen, Österreich, Tschechien, Dänemark, Niederlande, Deutschland, Italien, Luxemburg, Schweden, Großbritannien, Norwegen, Schweiz, Finnland, Irland. Außerhalb: Argentinien, Israel, Kalifornien seit 2012.

238 Internetauftritt der Bundeskanzlerin: http://www.direktzu.de/kanzlerin/messages/ stopfleber-foie-gras-50507, Antwort auf die Anfrage von Sybille Streubel, BUND Dortmund

239 Strafgesetzbuch § 27

240 Strafgesetzbuch § 26, vgl. auch Christian Sailer, Straffreie Qualzucht für Feinschmecker, http://www.kanzlei-sailer.de/straffreie-qualzucht-fuer-feinschmecker-010305.pdf

241 Ebd.

242 EGV Artikel 28

243 EGV Artikel 30

244 Christian Sailer, Straffreie Qualzucht für Feinschmecker, http://www.kanzlei-sailer. de/straffreie-qualzucht-fuer-feinschmecker-010305.pdf

245 Auswärtiges Amt: http://www.auswaertiges-amt.de/DE/Aussenpolitik/Laender/Laenderinfos/Frankreich/Bilateral_node.html
246 Spiegel online: http://www.spiegel.de/wirtschaft/soziales/fehde-um-foie-gras-wie-die-stopfleber-die-achse-paris-berlin-bedroht-a-777324.html
247 Ebd.
248 http://www.vier-pfoten.de/files/Germany/Nutztiere/PDFs/121107_SchwarzeListe_dt.pdf
249 Vier Pfoten: http://www.vier-pfoten.org/de/kampagnen/nutztiere/gaense-lebendrupf/
250 Artikel 3 der Richtlinie 98/58/EG des Rates vom 20. Juli 1998 über den Schutz landwirtschaftlicher Nutztiere: »Die Mitgliedsstaaten treffen Vorkehrungen dahingehend, dass der Eigentümer oder Halter alle geeigneten Maßnahmen trifft, das Wohlergehen seiner Tiere zu gewährleisten und um sicherzustellen, dass den Tieren keine unnötigen Schmerzen, Leiden oder Schäden zugefügt werden.«
251 EFSA Mitteilung vom 27.11.2010, aus Proplanta Informationsdienst für die Landwirtschaft: http://www.proplanta.de/Agrar-Nachrichten/Tier/EFSA-prueft-Tierschutzaspekte-der-Federgewinnung-von-lebenden-Gaensen_article1290829983.html
252 Stiftung Warentest, Bettdecken im Test. Kuschlig-warm dank Tierquälerei? 1.11.2013: http://www.test.de/Bettdecken-im-Test-Kuschlig-warm-dank-Tierquaelerei-4622395-0/
253 Stellungnahme zu Veröffentlichungen der Stiftung Warentest. Bettfedernindustrie wehrt sich gegen Branchenverurteilung. Pressemitteilung des vdfi vom 20.12.2013
254 Verband der Deutschen Daunen- und Federn-Industrie: http://www.vdfi.de/
255 www.vdfi.de
256 Presseinformation der EDFA vom 10.11.2010: http://www.textination.de/daunapedia/press_details.php?id=7&lang=de
257 Antwort des EDFA auf eine Anfrage, 7.2.2014
258 Ebd.
259 Fakt vom 17.1.2012
260 Fakt vom 17.1.2012, Archiv: http://archive.is/DprSm
261 kreiszeitung.de 20.7.2009 sowie 7.10.2010: http://www.kreiszeitung.de/lokales/niedersachsen/ein-bedeutungsloses-verbot-417290.html, sowie 8.10. 2010: http://www.kreiszeitung.de/lokales/niedersachsen/embryonen-gaumenfreude-952514.html, sowie na-presseportal 3.11.2010: http://www.presseportal.de/pm/17477/1710548/schwarzer-tag-fuer-den-tierschutz-laecherliche-geldstrafe-fuer-gaensequaeler-schwerk, sowie presseportal vom 7.10.2010: http://www.presseportal.de/pm/17477/1694817/gefluegelhof-schwerk-nach-lebendrupf-jetzt-ekel-eier-vier-pfoten-fordert-endgueltige-schliessung
262 Süddeutsche Zeitung vom 26. November 2010, sowie SWR vom 22.11.2010
263 Almuth Hirth et al., Tierschutzgesetz. Kommentar, München 2007
264 Geflügeljahrbuch 2008, Stuttgart 2007
265 DESTATIS: Vom Erzeuger zum Verbraucher. Fleischversorgung in Deutschland 2008, https://www.destatis.de/DE/Publikationen/Thematisch/LandForstwirtschaft/ViehbestandTierischeErzeugung/Fleischversorgung1023202089004.pdf?__blob=publicationFile
266 wing. Wissenschafts- und Informationszentrum Nachhaltige Geflügelwirtschaft, Daten und Fakten zur Geflügelwirtschaft – Putenhaltung, Universität Vechta 2010
267 Bundesministerium für Ernährung, Landwirtschaft und Verbraucherschutz (Hrsg.), Statistisches Jahrbuch über Ernährung, Landwirtschaft und Forsten 2008, Wirtschaftsverlag NW GmbH, Bremerhaven, S. 140
268 Bezirksregierung Weser-Ems – Tierschutzdienst Niedersachsen – Tierschutzrelevante Mindestanforderungen für die intensive Putenmast: http://www.laves.niedersachsen.de/servlets/download?C=12602914&L=20
269 proplanta. Agrar-Informationszentrum für die Landwirtschaft 40 Jahre Putenmarkt in

Deutschland: http://www.proplanta.de/Agrar-Nachrichten/Tier/40-Jahre-Putenmarkt-in-Deutschland-Vom-saisonalen-Erzeugnis-zum-ganzjaehrigen-Kuechenhit_article 1277707208.html

270 Olga Ermakow, *Ergebnis der Fleischuntersuchung bei Puten aus ökologischer und konventioneller Haltung. Institut für Lebensmittelhygiene der Veterinärmedizinischen Fakultät der Universität Leipzig*, Dissertation 2012: http://www.qucosa.de/fileadmin/data/qucosa/documents/8860/Dissertation_Ermakow_Olga_2012.pdf

271 Bernd Benedikt Große Liesner, Vergleichende Untersuchung zur Mast- und Schlachtleistung sowie zum Auftreten primär nicht-infektiöser Gesundheitsstörungen bei Puten fünf verschiedener Linien, http://elib.tiho-hannover.de/dissertations/grosselienerb_ss07.html

272 Reinhard Fries, Volker Bergmann, Karsten Fehlhaber, *Praxis der Geflügelfleischuntersuchung*, Hannover 2001, sowie Petra Strassmeier, *Einfluss von Strukturelementen, Futterzusammensetzung und Witterung auf das Verhalten von gemischt gehaltenen BIG SIX und Kelly Bronze Puten in der Auslaufhaltung.* Dissertation 2007, Tierärztliche Fakultät der Ludwig-Maximilians-Universität München

273 ProVieh Informationspapier Puten sowie Petra Strassmeier, *Einfluss von Strukturelementen, Futterzusammensetzung und Witterung auf das Verhalten von gemischt gehaltenen BIG SIX und Kelly Bronze Puten in der Auslaufhaltung*, Diss. 2007, Tierärztliche Fakultät der Ludwig-Maximilians-Universität Müchen

274 Jan Grossarth, Zehnmal Antibiotika in dreimonatigem Leben, in: *Frankfurter Allgemeine Zeitung* vom 30.11.2011: http://www.faz.net/aktuell/wirtschaft/wirtschaftspolitik/putenmast-zehnmal-antibiotika-in-dreimonatigem-leben-11546842.html

275 http://www.qucosa.de/fileadmin/data/qucosa/documents/8860/Dissertation_Ermakow_Olga_2012.pdf

276 ProVieh: Informationspapier Puten, http://www.provieh.de/downloads_provieh/Informationspapier_Puten_280413.pdf

277 Hybrid Info Sheet: Aggressives Verhalten bei Puten und die Einflüsse von Futternährwert und Futterrezeptur, http://www.hybridturkeys.com/de-de/hybrid-resources/infosheets/~/media/Files/Hybrid/Hybrid%20Library/German/Aggressive-Behaviour-in-Turkeys_GER_Final.ashx

278 Bundesanstalt für Landwirtschaft und Ernährung. Rote Liste gefährdeter einheimischer Nutztierrassen in Deutschland. Ausgabe 2010: http://www.genres.de/fileadmin/SITE_GENRES/downloads/publikationen/rote_liste.pdf

279 PIGPOOL Das Schweineforum: http://www.pigpool.de/infopool-schwein/stallbau-und-planung/erfolgreiche-stallkonzepte-wegweiser-fuer-qualitativ-hoechstwertige-schweineproduktion/did_2052793.html

280 PIGPOOL das Schweineforum: http://www.pigpool.de/infopool-schwein/fruchtbarkeitsstoerungen/besamungszeitpunkt/-brunstsynchronisation/did_2051628.html sowie Tipps und Tricks bei der Besamung der Sau, http://www.szv.at/fachinfos/besamung/, sowie :http://www.landwirt.com/Tipps-zur-richtigen-Schweine-Besamung,11484, Bericht.html

281 Statistisches Bundesamt: http://www.schweine.net/deutschland_zahl_der_betriebe_mit_schweinehaltung.html

282 Bernhard Hörning, *Zum Einsatz von Hormonen in der intensiven Sauenhaltung – Kurzfassung. Studie im Auftrag des Bundes für Umwelt und Naturschutz (BUND)*, Hochschule für nachhaltige Entwicklung Eberswalde 2013

283 *Fleischatlas 2014*

284 Bundesministerium für Umwelt, Naturschutz, Bau und Reaktorsicherheit: http://www.bmub.bund.de/themen/gesundheit-chemikalien/gesundheit-und-umwelt/chemikaliensicherheit/reach/

285 topagrar.online: http://www.topagrar.com/news/Schwein-News-Schwein-BMEL-Hor moneinsatz-absolut-legal-1324439.html

286 Deutscher Bauernverband e.V.: http://www.bauernverband.de/hormoneinsatz-in-der-sauenhaltung

287 Niedersächsisches Ministerium für Ernährung, Landwirtschaft und Verbraucher-schutz: http://www.ml.niedersachsen.de/portal/live.php?navigation_id=1810&article_id=121465&_psmand=7

288 Christian Jaun,»Abgangsrate bei Jungsauen«, *Vital aktuell*, November 2011

289 http://www.agrikontakt.de/pdf/Vortraege/AgKon-Wirtschaftlichkeit_Klauen_081217.pdf

290 top agrar 7/2013: http://viehvermarktung-online.de/Downloads/top_agrar7-13.pdf

291 Infobrief zur ADN Genetik Nr. 6/Dezember 2001

292 *Schweinezucht aktuell* 32/2008

293 Bernhard Hörning, Qualzucht bei Nutztieren, Berlin/Eberswalde, 15.8.2013, www.gruene-bundestag.de/...az/.../Qualzucht_bei_Nutztieren.pdf

294 www.bewital-agrar.de

295 Landwirtschaftlicher Informationsdienst Schweiz: http://www.lid.ch/de/medien/mediendienst/artikel/infoarticle/23261/

296 Christian Jaun,»Abgangsrate bei Jungsauen verringern«, *Vital Aktuell*, November 2011

297 Bernhard Hörning, Qualzucht bei Nutztieren, Berlin/Eberswald, 15.8.2013, www.gruene-bundestag.de/...az/.../Qualzucht_bei_Nutztieren.pdf

298 Mastitis: Entzündung des Gesäuges, Metritis: Entzündung der Gebärmutter, Agalak-tie: keine bzw. unzureichende Milchproduktion

299 http://www.lfl.bayern.de/mam/cms07/ite/dateien/26178_holzfasern.pdf sowie http://www.landwirt.com/schweineberichte/MMAErkrankung,6,Sauen-brauchen-Rohfaser-im-Futter.html. Rohfaserreiche Futtermittel, die dem Landwirt sonst zur Verfügung stehen, sind für tragende Sauen nicht unproblematisch: Weizenkleie hat einen hohen Phosphatgehalt, getrocknete Zuckerrübenschnitzel enthalten zu viel Kalium und Kalzium, und Hafer kann mit Pilzen belastet sein.

300 Zeit online vom 5. Juni 2012: http://www.zeit.de/wissen/umwelt/2012-05/untersca etztes-tier-schwein; Welt online vom 15.1.2012: http://www.welt.de/wissenschaft/article13813590/Schweine-sprechen-ihre-eigene-Sprache-Und-bellen.html, sowie: https://www.vebu.de/tiere-a-ethik/tiere-und-tierhaltung/schweine?format=pdf

301 Bioland-Interview mit Agrarbiologe Rudolf Wiedmann: http://www.bioland.de/im-fokus/interviews/detail/article/hausschweine-unterscheiden-sich-kaum-von-wildfor men.html

302 Roland Weber, Matthias Schick,»Neue Abferkelbuchten ohne Fixation der Muttersau«, *FAT-Berichte* Nr. 481/1996

303 Kannibalismus bei Schweinen – was tun?: http://www.bioaktuell.ch/de/tierhaltung/schweine/schweinekannibalismus.html

304 http://www.diss.fuberlin.de/diss/servlets/MCRFileNodeServlet/FUDISS_derivate_000000003024/05_vbhs.pdf?hosts=

305 Ferkelmanagement: http://www.animal-health-online.de/ferkel/

306 Roland Weber et al.,»Ferkelverluste in Abferkelbuchten«, *FAT-Berichte* Nr. 656/2006

307 Roland Weber, Matthias Schick,»Neue Abferkelbuchten ohne Fixation der Muttersau«, *FAT-Berichte* Nr. 481/1996.

308 Hochschule für Wirtschaft und Umwelt Nürtingen-Geislingen, Raidwanger Abferkel-bucht: http://www.nuertingersystem.de/die-raidwanger-abferkelbucht-in-der-praxis/,

309 *Tierärztliche Umschau* Heft 1–2/2013: http://www.provieh.de/downloads_provieh/Jaeger-Projekt%20intakter%20Ringelschwanz.pdf

310 Zitiert nach: ProVieh, Entscheidender Durchbruch für heile Ringelschwänze: 27.3.2013, http://www.provieh.de/node/11283

311 Ebenda
312 Bayerisches Fernsehen: Neue Wege in der Ferkelzucht, http://www.br.de/fernsehen/ bayerisches-fernsehen/sendungen/unser-land/landwirtschaft-und-forst/beschaefti gung-fuer-schweine100.html
313 Deutsche Gesetzgebung: Tierschutz-Nutztierhaltungsverordnung
314 http://www.landwirt.com/schweineberichte/WomitSchweineamliebstenspielen,1,Be schaeftigungsmaterial-fuer-Schweine.html
315 Bayerisches Fernsehen: http://www.br.de/fernsehen/bayerisches-fernsehen/sendun gen/unser-land/landwirtschaft-und-forst/beschaeftigung-fuer-schweine100.html
316 Schweizer Tierschutz (STS): Alternativen zum Schwanzcoupieren bei Schweinen. Merkblatt, http://www.tierschutz.com/publikationen/nutztiere/infothek/pflege/mb_ pflege_g.pdf
317 Tierschutzgesetz vom 25. Mai 1998
318 Schweinefreunde.de-Forum: http://freiland-schweine.de/forum/Wbb2/portal.php
319 http://www.tierschutz-landwirtschaft.de/html/zahnekurzen.html
320 Bundesamt für Veterinärwesen BVT, Fachinformation Tierschutz Nr. 8.7_(1)_d/13.Mai 2009
321 Michael Götz, Alternativen zum Entfernen der Zahnspitzen bei Ferkeln. STS Merk blatt, www.tierschutz.com/publikationen/nutztiere/.../mb_pflege_e.pdf
322 Sächsische Landesanstalt für Landwirtschaft, *Erprobung von Alternativen zum prophy laktischen Einsatz von Antibiotika in der Ferkelfütterung*, Dresden 2002
323 Konventionelle Schweinebestände häufiger MRSA-belastet, http://www.agrarheute. com/mrsa-studie-514413
324 Bundesinstitut für Risikobewertung (BfR), Tagungsband: Antibiotikaresistenz in der Lebensmittelkette, 2013, sowie http://www.topagrar.com/news/Home-top-News-Resistenzen-gegen-wichtige-Reserveantibiotika-in-Staellen-entdeckt-1303005.html
325 Monensin-Natrium (Rinder), Salinomycin-Natrium (Ferkel, Mastschweine), Avilamy cin (Schweine, Ferkel, Hähnchen, Truthähne), Flavophospholipol (Kaninchen, Lege hennen, Masthähnchen, Truthähne, Ferkel, Schweine, Kälber, Mastrinder)
326 Verordnung (EG) Nr. 183/2003 Artikel 11 Absatz 2
327 Interview GEO mit Dr. Hermann Focke, Träger des Tierschutz-Forschungspreises der Freien Universität Berlin, http://www.geo.de/GEO/natur/oekologie/massentierhal tung-antibiotika-in-der-tiermast-viertel-nach-zwoelf-70654.html?p=2
328 http://www.bossow.de/Schweine/Bibliothek/texte/PPE_2.htm
329 M. Wendt,»Epidemiologische Untersuchungen zum Vorkommen von Lawsonia intra cellularis Infektionen in Schweinebeständen«, *Tierärztliche Praxis*, 34 (G) 2006
330 http://www.animal-health-online.de/ile/
331 http://www.pigpool.de/partnerpool/neue-studie-belegt-prrs-impfstoff-bringt-signifi kante-leistungssteigerung-in-aufzucht-und-mast/did_2053651.html
332 Video siehe http://www.pig-vision.com/2009/07/01/x15-wird-ohne-betaubung-kas triert-ein-normaler-vorgang-in-der-tiernutzungsindustrie/
333 Z. B. agrarheute.com, https://agrarheute.landlive.de/boards/thread/18177/page/1/
334 EU-Richtlinie 2001/88/EG
335 Stifterverband für die deutsche Wissenschaft: Ländercheck Lehre und Forschung im föderalen Wettbewerb, http://www.laendercheck-wissenschaft.de/drittmittel/drittmit tel_allgemein/index.html, sowie Destatis Pressemitteilung vom 18.2.2014
336 J. Baumgartner et al.: *Aktuelle Aspekte der Kastration männlicher Ferkel. 2. Mitteilung: Alternativmethoden zur chirurgischen Kastration und zusammenfassende Bewertung*. Department für Öffentliches Gesundheitswesen in der Veterinärmedizin und dem Klinischen Department für Tierzucht und Reproduktion der Universität Wien. 2004, sowie Rico Thun, Klinik für Fortpflanzungsmedizin, Universität Zürich, Schweiz, auf einem Pfizer-Symposium 2006, http://www.svsm.ch/docs/IPVS_06.pdf

337 https://www.aid.de/landwirtschaft/schweine_ferkelkastration.php, sowie Elisabeth Brigitte Lauterbach, *Schlachtkörperzusammensetzung und -qualität von Mastebern*, Dissertation. Ludwig-Maximilians-Universität München 2012

338 Elisabeth Brigitte Lauterbach: *Schlachtkörperzusammensetzung und -qualität von Mastebern*, Dissertation. Ludwig-Maximilians-Universität München, 2012

339 Bayerische Landesanstalt für Landwirtschaft: Energie- und Nährstoffversorgung in der Jungebermast, http://www.lfl.bayern.de/ite/schwein/027539/

340 D. Mörlein,»Reine Männersache? Chancen und Risiken der Ebermast aus sensorischer Sicht«, *Schweinezucht aktuell* 42/2013

341 http://www.fisaonline.de/index.php?lang=dt&act=projects&p_id=2432 sowie iq Agrar service GmbH,»Ebergeruch über Fleischsaftproben ermittelbar«, http://www.iq-agrar.de/ebergeruch_ueber_fleischsaftproben_ermittelbar.html

342 Andreas Stärk,»Ebermast – ein Zukunftskonzept für Deutschland?«, Vortrag Fachtagung Schweineproduktion 2013, http://www.oekosozial.at/uploads/tx_osfopage/Staerk.pdf

343 Eckhard Meyer et al., *Fütterungs- und Haltungsanforderungen an eine wirtschaftliche Ebermast*. Schriftenreihe des Landesamtes für Umwelt, Landwirtschaft und Geologie, Heft 22/2013

344 Betäubt und behandelt, *Bauernzeitung*, 5. Woche 2009

345 Pressemitteilung des Forschungsinstituts für die Biologie landwirtschaftlicher Nutztiere vom 11.12.2002, http://idw-online.de/de/news57191

346 https://www.aid.de/landwirtschaft/schweine.php

347 Abschnitt 1: allgemeine Bestimmungen, Abschnitt 5 Schweinehaltung

348 Ernst-Günther Hellwig,»Wie erkenne und bekämpfe ich Streptococcen-Infektionen?«, Vortrag. Agrar- und Veterinärakademie Horstmar-Leer, www.landwirt.com

349 Pressemitteilung der Arbeitsgemeinschaft für artgerechte Nutztierhaltung e.V. vom 27.11.2013

350 *Die Zeit* vom 29.12.1995: http://www.zeit.de/1996/01/Menschen_sind_senkrechte_Schweine

351 Umweltbundesamt: http://www.umweltbundesamt.at/fileadmin/site/daten/PRTR/REP-0164_Kapitel_9.pdf

352 Henning Bossow, Tierarzt, http://www.bossow.de/Schweine/Bibliothek/texte/Stallwetterkontrolle.htm

353 Öffentlicher Gesundheitsdienst Baden-Württemberg: http://www.gesundheitsamt-bw.de/oegd/Gesundheitsthemen/Arbeitsmedizin/StaatlicherGewerbearzt/Biologische-Belastungen/Seiten/Schweinezucht.aspx

354 FAT-Berichte Arbeitszeitbedarf und Arbeitsbelastung in der Schweinehaltung, Nr. 650/2006

355 Öffentlicher Gesundheitsdienst Baden Württemberg: http://www.gesundheitsamt-bw.de/oegd/Gesundheitsthemen/Arbeitsmedizin/StaatlicherGewerbearzt/Biologische-Belastungen/Seiten/Schweinezucht.aspx

356 Landwirtschaftskammer Niedersachsen: http://www.topagrar.com/news/Schwein-News-Schwein-Stallklima-in-der-Mast-verbessern-LWK-Niedersachsen-sucht-Betriebe-1343597.html

357 Boehringer Ingelheim: Atemwegserkrankungen bei Schweinen – ökonomische Bedeutung, http://www.tiergesundheitundmehr.de/atemweg/atemwegsbroschuere_schwein.pdf

358 Arbeitsgemeinschaft für artgerechte Nutztierhaltung e.V.: http://www.tierschutz-landwirtschaft.de/html/schweine.html

359 Bernhard Hörning,»Qualzucht bei Nutztieren«, Berlin/Eberswalde 15.8.2013

360 Ebenda

361 Arbeitsgemeinschaft Deutscher Rinderzüchter, http://www.milchland-niedersachsen. de/downloadcenter/dateien/Landwirte/ADR-Hintergrundinformationen-zur-Rinder zucht_130823.pdf

362 PROVIEH: http://www.provieh.de/node/11315

363 Bernhard Hörning,»Qualzucht bei Nutztieren«, Berlin/Eberswalde, 15.8.2013

364 Ebenda

365 Tagesanzeiger Schweiz: http://www.tagesanzeiger.newsnet.ch/wissen/natur/Leistungs stress-schlaegt-Kuehen-auf-den-Magen/story/22197648

366 Infoblatt Klauengesundheit: http://www.infofarm.de/datenbank/medien/162/klauen gesundh_skami.PDF

367 topagrar vom 28.6.2013: http://www.topagrar.com/news/Rind-Rindernews-Wieder- mehr-Kuehe-in-Deutschland-1187898.html

368 http://www.agrinet.de/I-Team/MLP%20Daten%20nutzen.pdf

369 PROVIEH: http://www.provieh.de/node/11315

370 animal health online: http://www.animal-health-online.de/gross/2012/04/27/bald- kein-kraftfutter-mehr-fuer-bio-kuhe/20907/

371 WWF: http://www.wwf.de/themen-projekte/landwirtschaft/produkte-aus-der-land wirtschaft/genmanipuliertes-soja/

372 BMELV: Gentechnik und Lebensmittel: Die wichtigsten Fakten. Fragen und Antwor- ten zum Einsatz von Gentechnik in Lebensmitteln, http://www.bmel.de/SharedDocs/ Downloads/Landwirtschaft/Pflanze/GrueneGentechnik/OhneGTSiegel/Hintergrund InformationenOhneGTSiegel.pdf?__blob=publicationFile

373 Bundesregierung: http://www.bundesregierung.de/Webs/Breg/DE/Themen/Tipps- fuer-Verbraucher/1-Ernaehrung-und-Gesundheit/1/_node.html

374 Greenpeace vom 22.9.2010: http://www.greenpeace.de/themen/gentechnik/gen-milch- darf-als-solche-benannt-werden

375 Tiergesundheit und mehr – Online-Kundenzeitschrift von Boehringer Ingelheim Vetmedica GmbH: http://www.tiergesundheitundmehr.de/aktuell/r_kolostrumver sorgung_0212.html

376 http://www.landwirt.com/rinderberichte/Kaelber_besaugen,1,.html

377 HNA.de: http://www.hna.de/lokales/fritzlar-homberg/ramschpreise-stierkaelber-3435 681.html

378 Ochsen sind kastrierte Rinder.

379 Mastrinderhaltung Merkblatt Nr. 112, Tierärztliche Vereinigung für Tierschutz e.V.: http://www.tierschutz-tvt.de/merkblaetter.html?&eID=tx_rtgfiles...

380 Naturland: Mutterkuhhaltung, http://www.naturland.de/oeko_mutterkuehe.html

381 Kälberhaltungsverordnung: http://www.alf-mb.bayern.de/pflanzenbau/23470/linkurl_0 _2.pdf

382 Jakob Murgg, *Vollmilch-Kälbermast: Eine Analyse von Felddaten zur Erforschung der Ursachen für eine dunkle Kalbfleischfarbe.* Masterarbeit an der Universität für Bodenkul- tur, Wien 2010

383 P. A. Dufey:»Eisenversorgung beim Mastkalb, Teil II, Vergleich der Fleischqualität von anämischen und nicht-anämischen Kälbern«, Eigenössische Forschungsanstalt für viehwirtschaftliche Produktion, Posieux, in: Landwirtschaft Schweiz, Band 4 (3), 1991

384 Margit Velik, Kalbfleischfarbe bei Vollmilchmast, www.raumberg-gumpenstein. at/.../1048-kalbfleischfarbe-bei-vollmilchmast-maahmen-zur-verhinderung-dunkler- fleischfarbe.html

385 Schweizer Radio und Fernsehen SWF vom 25.9.2012: http://www.srf.ch/konsum/the men/umwelt-und-verkehr/kaelber-leiden-fuer-weisses-fleisch, sowie Susanne Bandi, BVET, Kälbermast – gesündere Tiere dank Raufutter und Wasser

386 agrarheute.com: http://www.agrarheute.com/eu-rindermarkt-oktober-13

387 meine Milch, http://www.meine-milch.de/artikel/privater-verbrauch

388   Arla kauft RTRS-Zertifikate für die gesamte Sojamenge in seinem Kuhfutter, Pressemitteilung vom 25.2.2014 09:44 CET

389   No Patents on Seeds, http://www.no-patents-on-seeds.org/de/information/aktuelles/ neues-patent-fuer-firma-bayer-verstoesst-gegen-gesetz

390   Ebenda

391   Bayer CropScience erhält Zulassung für Liberty-Link-Sojabohnen in Argentinien, Pressemitteilung vom 19.11.2011

392   Bayer CropScience erhält Zulassung für Liberty-Link-Sojabohnen in Argentinien, Pressemitteilung vom 19.11.2011

393   LifeGen.de, Meldung vom 20.12.2010

394   US-Landwirtschaftsministerium genehmigt Baumwoll-Technologie GlyTol® von Bayer CropScience, Pressemitteilung vom 22.5.2009

395   Aigner genehmigt Freisetzung von Amflora, Pressemitteilung Nr. 071 vom 27.04.09, http://www.bmelv.de/cln_154/SharedDocs/Pressemitteilungen/2009/071-AI-Am flora.html.

396   BASF Plant Science entdeckt geringfügige Vermischung in Amflora-Kartoffeln in Schweden, Pressemitteilung vom 6.9.2010.

397   Weltweit erster trockentoleranter Mais rückt der Markteinführung einen Schritt näher, Pressemitteilung vom 7.1.2009

398   Marita Vollborn, Vlad Georgescu, Die Joghurt-Lüge, Frankfurt 2006

399   Ebenda

400   Französische Botschaft Berlin, Pressemitteilung des CNRS, 21.06.2013, http://www. wissenschaft-frankreich.de/de/naturwissenschaften/rucklaufige-bienenzahlen-gefa ehrden-die-landwirtschaftliche-produktion/

401   Analysen des Julius Kühn-Instituts zu Bienenschäden durch Clothianidin. Pressemitteilung vom 10.6.2008

402   EU verstärkt den Kampf gegen rätselhaftes Bienensterben, Pressemitteilung vom 6.12.2010

403   Analysen des Julius Kühn-Instituts zu Bienenschäden durch Clothianidin, Pressemitteilung vom 10.6.2008

404   CBG Network: http://www.cbgnetwork.org/2511.html

405   Analysen des Julius Kühn-Instituts zu Bienenschäden durch Clothianidin, Pressemitteilung vom 10.6.2008

406   Presseinformation vom 29. Oktober 2010: Coordination gegen BAYER-Gefahren. Neues Buch zu den Ursachen von Bienen- und Vogelsterben in Europa. Hoher Pestizideinsatz führt zu Insektensterben/Autor fordert Verbot von Neonicotinoiden/meist verkaufte Bayer-Produkte betroffen, Titel:»A disaster in the making«

407   CBG: Strafanzeige gegen Bayer, Pressemitteilung vom 13. August 2008

408   LifeGen.de: Genfood: Imkerverbände erheben schwere Vorwürfe gegen Schavan, Meldung vom 22.5.2009

409   Bioland begrüßt EuGH Urteil zum Honig, Pressemitteilung vom 6.9.2011

410   ARD Wissen vor acht, Sendung vom 8.8.2013: Die Welt der Bienen, http://www. daserste.de/information/wissen-kultur/wissen-vor-acht-natur/sendung-natur/die-welt-ohne-bienen-102.html

411   »Ohne Bienen kein menschliches Leben«, WAZ vom 2.7.2013

412   Lebensmittelkontrolle versagt bei Geflügelfleisch aus Brasilien. Pressemitteilung vom 17.7.2006

413   Stern online vom 10.März 2013: www.stern.depanonwia/lebensmittelkontrolle-in-deutschland-loechrig-wie ein-schweizer-käse-1549299.html

414   DIHK: Stellungnahme zur Bundesverbändeanhörung zur Entwicklung eines bundeseinheitlichen Modells zur Veröffentlichung der Ergebnisse amtlicher Betriebskontrollen, Berlin 25.1.2011

415 Ebenda
416 Bundesamt für Verbraucherschutz und Lebensmittelsicherheit (BVL), Berichte zur Lebensmittelsicherheit 2012/Bundesweiter Überwachungsplan 2012
417 Ebenda
418 Ebenda
419 http://mercurypolicy.org/wp-content/uploads/2009/02/MercuryInFishFullReport Final021009.pdf
420 Pressemitteilung des DNR vom 10.2.2009
421 »Quecksilbervergiftung«, http://de.wikipedia.org/wiki/Quecksilbervergiftung#cite_note-16
422 Katalyse Institut: Umweltlexikon Online, http://www.umweltlexikon-online.de/RUB werkstoffmaterialsubstanz/Quecksilber.php
423 Die Senatsverwaltung für Gesundheit, Umwelt und Verbraucherschutz, Berlin, Pressemitteilung vom 12.12.2008
424 Umweltbundesamt: Dioxine, http://www.umweltbundesamt.de/themen/chemikalien/dioxine
425 Ebenda
426 Ebenda
427 PETA: Eier-Recherche 2012 über Bio-, Boden- und Freilandhaltung, http://www.peta.de/eierrecherche2012#.U48Wxfl_vTo sowie *Weser-Kurier* vom 11.12.2013
428 PETA steht für People for the Ethical Treatment of Animals, nach eigenen Angaben mit drei Millionen Unterstützern die größte Tierschutzorganisation der Welt
429 *Weser-Kurier* vom 11.12.2013
430 *Schrot&Korn*, 03/2013
431 Der KAT-Verein für kontrollierte alternative Tierhaltungsformen wurde 1995 gegründet und zählt bis jetzt 350 Packstellen, 160 Mischfutterbetriebe und 2500 Legebetriebe mit über 5000 Stellen aus der EU und der Schweiz.
432 Verbraucherzentrale Hamburg, Pressemitteilung vom 11. Januar 2014
433 foodwatch: Ein Hintergrundpapier zum Lebensmittel Ei. Aktualisierte Fassung von 2012, http://www.foodwatch.org/uploads/media/hintergrund_eier_kaefi geier_20120400.pdf
434 *Ernährungsumschau* vom 16.4.2012
435 Laut Bund Ökologische Lebensmittelwirtschaft gab es 2012 rund 250 000 Öko-Schweine.
436 EG Nr. 889/2008
437 »Ökoschwein haben«, in: *dlz primus schwein*, September 2011
438 Ebenda
439 Stiftung Warentest,»Fleisch. Bio versus konventionell: Schweine würden Bio kaufen«, Mitteilung vom 23.10.2003
440 Karl Kempens, Referatsleiter des Fachbereichs Ökologischer Landbar der Landwirtschaftskammer Nordrhein-Wetfalen in einem Interview mit *dlz primus schwein* vom September 2011
441 Glykogen: in menschlichem und tierischen Organismus vorliegende Speicherform von Kohlenhydraten (vergleichbar mit der Stärke in Pflanzen)
442 Zum Beispiel in Getreide, Sojabohnen, Erdnüssen
443 Zum Beispiel in Spinat, Rhabarber, schwarzem Tee
444 Claus Leitzmann, Markus Keller, *Vegetarische Ernährung*, Stuttgart 1996, 2003
445 SwissMilk Schweiz: http://www.swissmilk.ch/fileadmin/filemount/fachinformation-einfluss-der-proteine-auf-die-kalzium-bilanz-ernaehrungswissenschaft-de.pdf
446 http://www.freynutrition.de/naehrstoff-protein-eiweiss.html
447 Stellungnahme des DGE Arbeitskreises »Sport und Ernährung«: Proteine und Kohlenhydrate im Breitensport, http://www.dge.de/modules.php?name=News&file=article&sid=283

448 Fraunhofer-Institut für Grenzflächen- und Bioverfahrenstechnik (IGB), Pressemitteilung vom 15. Januar 2014: https://www.dge.de/modules.php?name=News&file=article&sid=283, sowie http://www.igb.fraunhofer.de/content/dam/igb/de/documents/pressemitteilungen/2014/Whey2Food_Part%20B_20130927_Final.pdf

449 EU-Projekt »Wheylayer«, u.a. Fraunhofer-Institut für Verfahrenstechnik und Verpackung IVV, Pressemitteilung vom 2.1.2012: http://www.fraunhofer.de/de/presse/presseinformationen/2012/januar/folienbeschichtung.html, sowie http://www.lebensmittelcluster.at/fileadmin/user_upload/dokumente/Infos_ueber_LM/Molke.pdf

450 MEG ist eine Milcherzeugergemeinschaft für deutsche Milchproduzenten. Das EMB ist eine Interessenvertretung für europäische Milcherzeuger mit Mitgliedern aus 14 europäischen Ländern. Es repräsentiert rund 100000 Milcherzeuger.

451 In Kilogramm angegeben; offizielle Lesart nicht Liter

452 Bundesverband Deutscher Milchviehhalter: http://bdm-verband.org/html/index.php?module=News&func=display&cat=35&sid=406

453 topagrar online: http://m.topagrar.com/news/Rind-Rindernews-BDM-51-Cent-fuer-Sueddeutschland_1126499.html

454 Unter den ersten 20 sind noch zwei weitere deutsche Unternehmen: die Theo Müller Gruppe sowie Hochwald.

455 Deutsches Milchkontor GmbH

456 Pressemeldung vom 7.3.2013, http://www.bauernverband.de/milch-keine-rueckkehr-staatlichen-marktverwaltung

457 *Lebensmittelpraxis* vom 19.6.2013: http://www.lebensmittelpraxis.de/handel/management/8738-fusionen-und-export-sind-heil-der-molkereiindustrie.html

458 BDM Mitteilung vom 16.9.2009: http://bdm-verband.org/html/index.php?module=News&func=display&cat=35&sid=61

459 *Tagesspiegel* vom 5.9.2009: http://www.tagesspiegel.de/wirtschaft/milchquote-rebellion-im-bauernverband/1594468.html

460 merkur-online.de vom 1.6.2007: http://www.merkur-online.de/aktuelles/leserbriefe/bayern-region/hoefesterben-wird-beschleunigt-306102.html

461 http://www.agrarheute.com/meyer-unterstuetzt-bonus-malus-idee

462 Deutscher Bauernverband: Ernährungswirtschaft. Situationsbericht 2012/2013 Landwirtschaft und Gesamtwirtschaft, http://www.bauernverband.de/14-ernaehrungswirtschaft-581169

463 Leistungsbilanzüberschuss: Festgelegt ist ein europäischer Vergleichswert von sechs Prozent der Wirtschaftsleistung (Mittelwert für drei Jahre). Laut Statistikbehörde Eurostat betrug er für Deutschland 2010 bis 2012 6,5 Prozent.

464 http://www.business-on.de/deutscher-export-us-regierung-kritisiert-die-deutsche-aussenhandelspolitik-_id44233.html

465 *Zeit online:* http://www.zeit.de/wirtschaft/2013-11/aussenhandel-deutschland-eu-kommission sowie Spiegel online http://www.spiegel.de/wirtschaft/unternehmen/auswaertiges-amt-kritisiert-deutschen-exportueberschuss-a-955056.html

466 http://www.agrarheute.com/agrarexport-deutschland-540243

467 CESinfo Group Munich: http://www.cesifo.de/de/ifoHome/publications/working-papers/CESifoWP/CESifoWPdetails?wp_id=19077486

468 *Das Parlament* 44/28.10.2013: http://www.das-parlament.de/2013/44/WirtschaftFinanzen/47597684.html

469 *Focus* vom 19.12.2013: http://www.focus.de/finanzen/news/staatsverschuldung/schulden-gehen-zurueck-staat-baut-40-milliarden-euro-miese-ab_id_3493694.html

470 Landwirtschaftlicher Informationsdienst Schweiz LID.CH: http://www.lid.ch/de/medien/dossier/artikel/infoarticle/24161/

471 Zitiert nach: Landwirtschaftlicher Informationsdienst Schweiz, LID.CH: http://www.lid.ch/de/medien/dossier/artikel/infoarticle/24161/

472   Dairy World, ZMB Zentrale Milchmarkt Berichterstattung GmbH: http://www.milk.
      de/pages/de/Marktinformation.htm, sowie Bundesanstalt für Landwirtschaft und
      Ernährung, http://www.ble.de/DE/08_Service/03_Pressemitteilungen/Archiv2010/
      Meldungen/100928_Molkereistruktur.html
473   aiz.info vom 29.3.2010: http://aiz.info/?id=2500%2C%2C%2C2028%2C%2C%2C%2C
      Y2lkPTEwODgxMTA%3D
474   Cattle.de: Das Onlinemagazin für Rinderhalter: http://www.cattle.de/aktuelles/news/
      2392-milchindustrie-steht-zur-cma-und-zmp-magdeburg
475   Wikipedia: http://de.wikipedia.org/wiki/Absatzf%C3%B6rderungsfonds_der_deut
      schen_Land-_und_Ern%C3%A4hrungswirtschaft#Rechtsfragen
476   Eigentlich: Absatzförderungsfonds der deutschen Land- und Ernährungswirtschaft
477   taz vom 21.1.2005: http://www.taz.de/1/archiv/archiv-start/?ressort=sw&dig=2005%2F
      01%2F21%2Fa0159&cHash=6e55a974b722d5e083441c6ab82f8a14
478   Bundesvereinigung der Deutschen Ernährungsindustrie, Pressemitteilungen vom
      17.1.2007 und 14.1.2009: http://www.bve-online.de/presse/pressemitteilungen/pm-
      070117 und http://www.bve-online.de/presse/pressemitteilungen/pm-140109
479   Pressemitteilung des Bundesverfassungsgerichts 10/2009 vom 3.2.2009: http://www.
      bundesverfassungsgericht.de/pressemitteilungen/bvg09-010.html
480   Spiegel online vom 3.2.2009: http://www.spiegel.de/wirtschaft/urteil-gegen-agrar-
      marketingverband-cma-muss-bauern-120-millionen-euro-zurueckzahlen-a-605207.
      html
481   Ebenda
482   Ebenda, Taz vom 21.1.2005
483   Kleine Anfrage der Abgeordneten Dr. Kirsten Takann, Karin Binder, Roland Claus,
      Alexander Süßmair und er Fraktion Die Linke 17/14060 vom 18.6.2013
484   Antwort der Bundesregierung auf die Kleine Anfrage (17/1406) 17/14339 vom 5.7.2013
485   Horizont.net vom 19.3.2010: http://www.horizont.net/aktuell/marketing/pages/protec
      ted/Nach-dem-CMA-Aus-Initiative-Milch-plant-grosse-Imagekampagne_90986.html
486   Lobbyverflechtungen in der deutschen Landwirtschaft. Studie des NABU: http://www.
      glus.org/fileadmin/downloads/studiege.pdf und Pressemitteilung des Bundesministe-
      riums für Ernährung und Landwirtschaft Nr. 20 vom 20.1.2014
487   Zeit online vom 14.4.2009: http://www.zeit.de/online/2009/16/genmais-reaktionen
488   Die Falschaussagen der Agro-Gentechnik-Befürworter, Stand 2009: http://keine-gen
      technik.de/fileadmin/pics/Informationsdienst/Schul-Seiten/09_08_komm_pro_aus
      sagen.pdf
489   Protokoll der Plenarsitzung des Bundestages vom 26.3.2009, 16/214: http://dip21.
      bundestag.de/dip21/btp/16/16214.pdf und Blog Campact vom 24.4.2009, http://blog.
      campact.de/2009/04/peter-bleser-cdu-mdb-campact-ist-grune-tarnorganisation-lesen-
      sie-unsere-antwort/
490   BMEL Pressemitteilung des Parlamentarischen Staatssekretärs beim Bundeslandwirt-
      schaftsminister, Peter Bleser, MdB, vom 20.1.2014
491   Schulmilch-Beihilfen-Verordnung vom 8.11.1985, Novelle durch Artikel 3 vom
      10.3.2009
492   VO (EG) Nr. 657/2008
493   Ebenda
494   VO (EWG) Nr. 1080/77
495   Max Rubner-Institut: Ergebnisbericht Einflussfaktoren auf die Nachfrage nach Schul-
      milch in Nordrhein-Westfalen 2011, http://www.mri.bund.de/fileadmin/Institute/EV/
      Schulmilch/Schulmilch_NRW_020212.pdf
496   Das Schulmilchprogramm. EU: http://ec.europa.eu/agriculture/drinkitup/the_
      school_milk_programme_de.htm

497 Bundesministerium für Ernährung und Landwirtschaft: Schulmilchprogramm vom Kindergarten bis zum Abitur, http://www.bmelv.de/DE/Ernaehrung/GesundeErnaeh rung/KitaSchule/_Texte/Schulmilch.html

498 *Zeit online* vom 12.2.2013: http://www.zeit.de/studium/uni-leben/2013-02/datenfael schung-forschungsbetrug-plagiat-naturwissenschaft

499 *Die Welt* vom 19.8.2010: http://www.welt.de/wirtschaft/article9082943/Deutsche-sind-Weltmeister-im-Mineralwasser-trinken.html

500 Milkipedia: http://www.meine-milch.de/milkipedia/konsummilch

501 Die Lebensmittelwirtschaft e.V. Förderer: http://www.lebensmittelwirtschaft.org/ver ein/foerderer/

502 Milchindustrieverband: http://www.milchindustrie.de/aktuelles/aktuelle-infos/bier-und-milchprodukte-am-wertvollsten-fuer-deutsche-verbraucher/

503 Science ORF.at: http://science1.orf.at/science/news/39305 und Johannes Gutenberg Universität Mainz, Pressemitteilung vom 28.8.2009, https://www.uni-mainz.de/presse/31628.php

504 Joghurt entsteht durch Lactobacillus bulgaricus und Streptococcus thermophilus.

505 Dickmilch entsteht durch Streptococcus lactis, S. cremoris oder S. thermophilus.

506 Für Buttermilch wird unter anderem Lactococcus lactis eingesetzt.

507 In Weißbrot kann Lactose zugesetzt sein.

508 Verbraucherzentrale Hamburg: http://www.vzhh.de/ernaehrung/257198/laktosefrei-glutenfrei-eine-werbestrategie.aspx

509 Verbraucher Zentrale Hamburg: Häufige Irrtümer bei Lactoseintoleranz, http://www.vzhh.de/ernaehrung/257318/10%20Irrt%C3%BCmer%20Laktose.pdf

510 Ebenda

511 EU 1169/2011

512 Glutenhaltige Getreide, Krebstiere/Krebstiererzeugnisse, Fisch/Fischerzeugnisse, Erd nüsse/Erdnusserzeugnisse, Soja/Sojaerzeugnisse, Milch/Milcherzeugnisse, Schalen-früchte, Sellerie/Sellerieerzeugnisse, Senf/Senferzeugnisse, Sesam/Sesamerzeug nisse, Lupinen/Lupinenerzeugnisse, Weichtiere/Weichtiererzeugnisse, Schwefeldi oxid, Sulfit

513 http://www.ernaehrung.de/tipps/laktoseintoleranz/lakto13.php und http://www.lakto sefreiheit.de/laktosegehalt-von-milchprodukten.htm

514 Schon in den 1990er-Jahren wurde mit 40 Prozent aller eingesetzten Enzyme mit solchen »filamentösen« Pilzen produziert – von Waschmitteln bis hin zu Lab für die Käseherstellung.

515 Die Experimentalgruppe bekommt die allergieauslösende Substanz, die Kontroll-gruppe erhält ein Placebo (ohne Wirkstoff). Doppelblind bedeutet: Weder der Ver-suchsleiter noch die Studienteilnehmer wissen, wer zur Experimentalgruppe gehört und wer in die Kontrollgruppe.

516 European Food Information Council EUFIC: http://www.eufic.org/article/de/expid/basics-nahrungmittelallergien-lebensmittelintoleranzen/

517 Deutsches Ernährungsberatungs- und Informationsnetz: http://www.ernaehrung.de/tipps/nahrungsmittelallergien/allergie13.php

518 BfR-Stellungnahme 021/2009 vom 13.2.2009: http://www.bfr.bund.de/cm/343/bfr_sieht_forschungsbedarf_zum_einfluss_der_milchverarbeitung_auf_das_aller-gene_potenzial_von_kuhmilch.pdf

519 Forschungsinstitut für Kinderernährung Dortmund: Ernährungsplan erstes Lebens-jahr, http://www.fke-do.de/index.php?module=page_navigation&index%5Bpage_navi gation%5D%5Baction%5D=details&index%5Bpage_navigation%5D%5Bda ta%5D%5Bpage_navigation_id%5D=62 sowie optimierte Mischkost, http://www.fke do.de/index.php?module=page_navigation&index%5Bpage_navigation% 5D%5Baction%5D=details&index%5Bpage_navigation%5D%5Bdata%5D%5Bpage_ navigation_id%5D=63

520 Johanna Wack, *Allergieprävention im Säuglings- und Kleinkindalter – Entwicklung von Ernährungsinformationsmaterial*, Diplomarbeit an der Hochschule für Angewandte Wissenschaft Hamburg, Fachbereich Ökotrophologie, 25.8.2009

521 *Die Welt* vom 12.7.2013: http://www.welt.de/gesundheit/article117978174/Warum-das-Sonnenvitamin-fuer-uns-so-wichtig-ist.html

522 IGF 1 ist eine Art Kommunikationsmittel von Körperzellen.

523 Max Rubner-Institut Conference 2013: Gesundheitliche Aspekte von Milch und Milchprodukten, http://www.mri.bund.de/no_cache/de/startseite/mrc-13-ergebnisse.html und Ärzteblatt.de 23/2009, http://www.aerzteblatt.de/archiv/66143/Groessenentwicklung-und-Pubertaet-bei-deutschen-Kindern-Gibt-es-noch-einen-positiven-saekularen-Trend-Milchkonsum-Wesentlicher-Faktor-der-Groessenentwicklung

524 *Osnabrücker Zeitung* vom 29.5.2012: http://www.noz.de/deutschland-welt/politik/artikel/222999/medizin-professor-warnt-zu-viel-milch-schadet-der-gesundheit

525 Entscheidender Risikofaktor für Herzkrankheiten, charakterisiert durch Fettleibigkeit, Bluthochdruck und hohe Blutfettwerte

526 Leserbrief Bodo Melnik zum Beitrag »Größenentwicklung und Pubertät bei deutschen Kindern – Gibt es noch einen positiven säkularen Trend?«, in: *Deutsches Ärzteblatt*, Jg. 106, Heft 40, 2,10.1009

527 Deutsche Wirtschaftsnachrichten: http://deutsche-wirtschafts-nachrichten.de/2013/11/30/studie-warnt-milch-macht-dick-und-haesslich/, sowie Leserbrief an den *Spiegel* vom 25.6.2012: http://www.spiegel.de/spiegel/print/d-86570500.html

528 Max Rubner-Institut: http://www.mri.bund.de/fileadmin/Veroeffentlichungen/Verbraucherinformationen/MRI_Flyer_Milch_IGW11_web.pdf

529 G. Jahreis: »Milchfett in der Ernährung«, *Ernährung im Fokus* 04/10

530 Metaanalyse: Eine Reihe von Studien zum gleichen Forschungsthema wird analysiert. Mithilfe der Statistik soll eine Aussage auf der Grundlage der Primärdaten möglich werden.

531 Christin Arnold, Gerhard Jahreis, »Milchfett und Gesundheit«, in: *Ernährungsumschau* 4/11, https://www.yumpu.com/de/document/view/10985639/arnold-c-jahreis-g-2011-milchfett-und-gesundheit

532 Lebende Kulturen von Lactobacillus, Bifidobakterien u. a. in Quark, Kefir, Joghurt, manchen Käsesorten (wie auch in Sauerkraut)

533 Deutsche Gesellschaft für Ernährung DGE: Stellungnahme »Milch und Krebs«, 2001, http://www.dge.de/modules.php?name=News&file=article&sid=304

534 *bild der wissenschaft* vom 6.8.2005: http://www.wissenschaft.de/home/-/journal_content/56/12054/1034261/

535 World Cancer Research Fund (WCRF) und American Institute for Cancer Research: Ernährung, körperliche Aktivität und Krebsprävention – eine globale Perspektive. Zusammenfassung, http://www.dge.de/pdf/ws/WCRF-Report-summary-de.pdf

536 Furosin ist das Ergebnis einer sogenannten Maillard-Reaktion aus Proteinen mit Zucker.

537 Max Rubner-Institut: Lebensmittellexikon online: http://www.lebensmittellexikon.de/e0001410.php, http://www.mri.bund.de/fileadmin/Veroeffentlichungen/Verbraucherinformationen/MRI-Flyer-Milch-ESL.pdf, http://www.hansano.de/aktuelles/neuigkeit.php?id=39

538 Rothkötter-Gruppe: 2009 Jahresumsatz 570 Mio Euro, Platz 4 der Top 10 in der Geflügelwirtschaft, 2012 Jahresumsatz: 818 Mio Euro, Platz 2

539 Christian Meyer (Bündnis 90/Die Grünen) am 11.2.2008: http://www.christian-meyer-gruene.de/im-landtag/artikel/artikel/rede-zweite-beratung-haushalt-2009-ernaehrung-landwirtschaft-verbraucherschutz-und-landesentw.html

540 Strukturdaten Wietze: http://www.wietze.de/wirtschaft/strukturdaten/ sowie http://www.deutschland123.de/wietze-arbeitslosigkeit

541 Schlachthof Haren, Sendung Monitor vom 24.11.2011

542 Sitzung des Niedersächsischen Landtages am 11.11.2011, Anfrage der Abgeordneten Christian Meyer und Enno Hagenah (Grüne): http://www.mw.niedersachsen.de/portal/index.php?navigation_id=5459&article_id=100403&_psmand=18

543 BUND Subventionen für die industrielle Fleischerzeugung in Deutschland: http://www.bund.net/fileadmin/bundnet/publikationen/landwirtschaft/20110800_landwirtschaft_studie_subventionen_massentierhaltung.pdf

544 Ebenda

545 *Neue Osnabrücker Zeitung* vom 27.6.2013: http://www.noz.de/deutschland-welt/politik/artikel/186/2706-ein-agrar

546 Marthin Khor et al., *Konsum, Globalisierung, Umwelt, McPlanet.com Das Buch zum zweiten Kongress von Attac, Greenpeace und BUND*, VSA 2005, http://www.vsa-verlag.de/nc/detail/artikel/konsum-globalisierung-umwelt-1/

547 Greenpeace: Erdöl – Gefahr für Umwelt, Klima, Menschen. Die schmutzige Spur des schwarzen Goldes, http://gruppen.greenpeace.de/wuppertal/service_files/infoliste_files/meere_oel_offshore/erdoel_hintergrund_august_2002.pdf

548 Marthin Khor et al., *Konsum, Globalisierung, Umwelt. McPlanet.com Das Buch zum zweiten Kongress von Attac, Greenpeace und BUND*, 2005, http://www.vsa-verlag.de/nc/detail/artikel/konsum-globalisierung-umwelt-1/

549 Global Marshall Plan: http://www.globalmarshallplan.org/gro-konzerne-spielen-l-nder-bei-der-unternehmensbesteuerung-aus-und-zahlen-kaum

550 *Industrie Magazin* vom 22.7.2013: http://www.industriemagazin.at/a/standortdebatte-google-co-die-gerissenen-steuertricks-der-grosskonzerne

551 foodwatch Satzung: http://www.foodwatch.org/de/ueber-foodwatch/der-verein/vereinssatzung/

552 foodwatch Finanzen: http://www.foodwatch.org/de/ueber-foodwatch/der-verein/finanzen/

553 Ebenda

554 Verbandsklagerecht: Damit hat ein Verein das Recht auf eine Klage, um nicht die Verletzung der eigenen Rechte, sondern die Verletzung der Rechte Dritter geltend zu machen.

555 *Die Zeit* vom 15.1.2009: http://www.zeit.de/2009/04/P-Bode

556 *Wirtschaftswoche* vom 6.11.2010: http://www.wiwo.de/politik/deutschland/lebensmittel-aigner-kritisiert-konzerne-spekulanten-und-verbraucherorganisation/5695562.html

557 Future Food: http://www.futurefood.org/index_de.php

558 *GEO* vom 25.6.2012: http://www.geo.de/GEO/natur/oekologie/fleischkonsum-und-klima-wir-muessen-weg-von-der-tierhaltung-71985.html

559 Transparency International Deutschland: http://www.transparency.de/Initiative-Transparente-Zivilg.1612.0.html

560 Eine Übersicht bietet http://www.wir-haben-es-satt.de/start/netzwerk/traegerinnen/

561 Wir haben es satt: http://www.wir-haben-es-satt.de/start/home/

562 Mathias Binswanger, Globalisierung und Landwirtschaft. Mehr Wohlstand durch weniger Freihandel, http://pur.wzw.tum.de/fileadmin/user_upload/Bilder/Aktuelles/Binswanger_Freihandel.pdf

563 ProVieh Jahresbericht: http://www.provieh.de/downloads_provieh/images/PROVIEH_Jahresbericht_2012.pdf

564 Greenpeace, World Wide Fund for Nature (WWF), BUND, Deutscher Tierschutzbund, Atmosfair

565 http://www.topagrar.com/news/Schwein-News-Schwein-Initiative-Tierwohl-Elefantenrunde-einigt-sich-1359002.html

566 Topagrar.com vom 7.3.2014: http://www.topagrar.com/news/Home-top-News-Initiative-Tierwohl-Landwirtschaft-entwickelt-die-Tierhaltung-weiter-1364992.html

567 AbL: http://www.abl-ev.de/

568 Ebenda

569 Agrar-Koordination – Forum für internationale Agrarpolitik e.V.: http://www.agrar koordination.de/ueber-uns/selbstdarstellung.html

570 Aachener Erklärung vom 2.7.1987: http://www.agrarbuendnis.de/fileadmin/Daten-KAB/AB-Aktuelles/Aachener_Erkl_rung.pdf

571 No patents on seeds: http://www.no-patents-on-seeds.org/de/information/aktuelles/demokratiefreie-zone-europaeisches-patentamt

572 *Focus:* http://www.focus.de/wissen/technik/gentechnik/tid-18141/patente-auf-leben-wenn-der-mensch-gott-spielt_aid_505182.html

573 Euripides (480–407 v. Chr.), griechischer Tragödiendichter

574 H. Brandt: Kosten und Auswirkungen der Gemeinsamen Agrarpolitik (GAP) in Deutschland. Gutachten im Auftrag von Oxfam Deutschland e.V., Berlin 2004

575 http://www.focus.de/wissen/wwf-studie-deutschland-und-sein-wasserverbrauch_aid_422999.html

576 *Spiegel online:* http://www.spiegel.de/wissenschaft/natur/wwf-studie-kritisiert-raub bau-an-der-natur-a-833141.html

577 »Proceedings der US-Nationalen Akademie der Wissenschaften (PNAS)«, in: *Die Welt* vom 16.4.2013, http://www.welt.de/wissenschaft/article115339609/Das-grosse-Arten sterben-mit-Zeitverzoegerung.html

578 Welternährungsorganisation FAO: http://www.aid.de/landwirtschaft/biodiversitaet.php

579 Christine Ax, Friedrich Hinterberger, *Wachstumswahn*, Kiel 2013

580 *Spiegel online:* http://www.spiegel.de/kultur/literatur/streitschrift-wachstumswahn-von-christine-ax-friedrich-hinterberger-a-938306.html

581 Quelle: Krankenkasse Barmer GEK

582 Stiftung Deutsche Depressionshilfe: http://www.deutsche-depressionshilfe.de/stif tung/wissen.php

583 Quelle: Krankenkasse DAK Gesundheit, Statistisches Bundesamt

584 *Spiegel online:* http://www.spiegel.de/wissenschaft/mensch/neue-volkskrankheit-men schen-in-reichen-laendern-leiden-haeufiger-an-depressionen-a-776751.html

585 *Spiegel online:* http://www.spiegel.de/kultur/literatur/streitschrift-wachstumswahn-von-christine-ax-friedrich-hinterberger-a-938306.html

586 Bundesministerium für Ernährung, Landwirtschaft und Verbraucherschutz: https://www.zugutfuerdietonne.de/uploads/media/Studie_Faktenblatt_01-1_01.pdf

587 Fraunhofer-Projektgruppe für Wertstoffkreisläufe und Ressourcenstrategie (IWKS), Universität Gießen, Presseinformation vom 7.1.2014; Bundesministerium für Ernäh rung, Landwirtschaft und Verbraucherschutz; Essen im Eimer – die große Lebensmit telverschwendung, http://www.filmeeinewelt.ch/deutsch/files/40214.html

588 Verringerung von Lebensmittelabfällen – Identifikation von Ursachen und Hand-lungsoptionen in Nordrhein-Westfalen, https://www.fh-muenster.de/isun/downloads/Studie_zur_Verringerung_von_Lebensmittelabfaellen_-_Kurzfassung_klein.pdf, sowie Pressemitteilung des Ministeriums für Landwirtschaft, Natur- und Verbrau cherschutz Nordrhein-Westfalen, http://www.umwelt.nrw.de/ministerium/service_kontakt/archiv/presse2012/presse120321.php

589 Verbraucherzentrale Nordrhein-Westfalen: Umfrage zur Lebensmittelverschwendung, Pressemitteilung vom 21.3.2012, http://www.vz-nrw.de/Umfrage-zur-Lebens mittelverschwendung-Mehr-Unkenntnisse-zum-richtigen-Umgang-mit-Haltbarkeit-und-Lagerhaltung-als-ueber-das-Mindesthaltbarkeitsdatum

590 Zitiert aus: *Die Zeit* vom 11.9.2013: http://www.zeit.de/wissen/umwelt/2013-09/un-lebensmittel-verschwendung-umwelt

591 AFP vom 9.10.2013

592 Lexikon der Nachhaltigkeit: http://www.nachhaltigkeit.info/artikel/nachhaltige_land wirtschaft_1753.htm

593 Weltagrarbericht 2013: http://weltagrarbericht.zs-intern.de/themen-des-weltagrarberich
tes/wasser.html, Misereor – Ihr Hilfswerk: https://www.misereor.de/blog/2013/03/16/
david-gegen-goliath-ein-kampf-um-die-wurde/
594 Berlin.de – eine Initiative der Senatsverwaltung für Justiz und Verbraucherschutz:
http://www.berlin.de/wertewochen/was-sind-die-weltweiten-folgen-der-lebensmittel
verschwendung/, sowie Weltagrarbericht, http://www.weltagrarbericht.de/themen-
des-weltagrarberichtes/weltmarkt-und-handel.html
595 http://www.wien.gv.at/umweltschutz/abfall/lebensmittel/fakten.html
596 Taste the Waste, Planet Schule: http://www.planet-schule.de/sf/php/02_sen01.
php?sendung=8459, sowie Tristram Stuart, *Für die Tonne – wie wir unsere Lebensmittel
verschwenden*, Zürich 2011
597 Wikipedia: Foodsharing.de, http://de.wikipedia.org/wiki/Foodsharing.de
598 http://foodsharing.de/
599 *Die Welt* vom 13.12.2012: http://www.welt.de/regionales/koeln/article111994751/Food
sharing-Essen-verschenken-statt-wegwerfen.html
600 aid: https://www.aid.de/verbraucher/saisonkalender_app.php
601 apotheken.de: https://www.apotheken.de/news/article/nicht-hungrig-einkaufen/
602 Wertvolle Tipps zur Lagerung gibt es unter anderem beim Bayerischen Rundfunk:
http://www.br.de/fernsehen/bayerisches-fernsehen/sendungen/gesundheit/themen
uebersicht/ernaehrung/obst-gemuese-lagern100.html oder bei der *Frankfurter Rundschau*: http://www.fr-online.de/gesundheit/-weniger-wegwerfen-lebensmittel-vorraete-
richtig-lagern,3242120,24303410.html.
603 https://www.zugutfuerdietonne.de/neuigkeiten/meldungen/artikel/mehr-als-200-
beste-reste-rezepte-online/
604 *Süddeutsche Zeitung* vom 25.1.2014: http://www.sueddeutsche.de/wirtschaft/zuckerge
halt-in-lebensmitteln-wie-suess-1.1871674
605 ttz Bremerhaven: http://www.vdoe.de/fileadmin/redaktion/download/jahrestagung/2010/
vortraege/freitag/s4_1430_buchecker.pdf
606 Stern TV vom 2.9.2009: http://www.stern.de/tv/sterntv/geschmackstest-mit-kindern-
wenn-aepfel-wie-nudeln-schmecken-1506768.html
607 agrarheute.com vom 5.9.2013: http://www.agrarheute.com/lebensmittelstudie-562202
sowie Pressemitteilung vom 16.3.2010, http://www2.bve-online.de/presseservice/pres
semitteilungen/pm_100316/
608 *Die Zeit* vom 19.1.2012: http://www.zeit.de/wissen/umwelt/2012-01/trinkwasser-quali
taet-deutschland
609 agrarheute.com vom 7.1.2.2012: http://www.agrarheute.com/bodenfruchtbar-
keit-536099
610 Naturschutzbund Deutschland (NABU) und Bundesamt für Naturschutz (BfN), Studie
von Birdlife International, European Bird Census Council
611 agrarheute.com vom 7.1.2.2012: http://www.agrarheute.com/bodenfruchtbar-
keit-536099
612 G. W. J. van Lynden, Soil Degradation in Central and Eastern Europe. Report 2000/05,
http://www.isric.org/isric/webdocs/docs/SOVEUR_Rep2000_05.PDF
613 Wikipedia: Flächenverbrauch, http://de.wikipedia.org/wiki/Fl%C3%A4chenverbrauch
614 Urbanes Wohnen: http://www.urbanes-wohnen.de/typo3/uw/index.php?id=850
615 Wohnprojekte-Portal: http://www.wohnprojekte-portal.de/startseite.html
616 SWR vom 21.3.2013: http://www.swr.de/odysso/andernach-die-essbare-stadt/-/id=104
6894/did=10981612/nid=1046894/bc45up/index.html sowie Heise vom 23.2.2014,
http://www.heise.de/tp/artikel/41/41066/1.html
617 www.stiftung-interkultur.de
618 http://www.anstiftung-ertomis.de/urbane-gaerten/gaerten-im-ueberblick
619 Karen Meyer-Rebentisch, *Das ist Urban Gardening! Die neuen Stadtgärtner und ihre
kreativen Projekte*, München, 2013

620 *Süddeutsche Zeitung* vom 20.1.2014: http://www.sueddeutsche.de/news/wissen/um
welt-solidarische-landwirtschaft-eine-idee-keimt-auf-den-aeckern-dpa.urn-newsml-dpa-
com-20090101-140120-99-01750

621 Nature communications: http://www.nature.com/ncomms/2013/131217/ncomms3918/
full/ncomms3918.html

622 Reset times for a better world: http://reset.org/knowledge/gruene-gentechnik-%E2%
80%93-was-bringt-die-zukunft sowie Umweltinstitut München e.V., http://umweltin
stitut.org/fragen--antworten/gentechnik/gentechnik-in-der-landwirtschaft-26.html

623 Informationsdienst Gentechnik: http://www.keine-gentechnik.de/dossiers/hunger-
und-gentechnik.html

624 Weltagrarbericht: http://www.weltagrarbericht.de/

625 Global Marshall Plan: http://www.globalmarshallplan.org/jean-ziegler-un-sonderbe
richterstatter-f-r-das-recht-auf-nahrung

626 Informationsbrief Weltwirtschaft und Ernährung: http://www.weltwirtschaft-und-ent
wicklung.org/wearchiv/042ae69eaa0dc670b.php

627 Ökobarometer 2013 des Bundesministeriums für Ernährung: Landwirtschaft und Verbraucherschutz (BMELV)

628 *brandeins Wirtschaftsmagazin:* http://www.brandeins.de/archiv/2012/das-gute-leben/
bauern-schlau.html

629 Speiseräume Stadt/Ernährung: http://speiseraeume.de/selbsterntegaerten/

630 »Meine Ernte«, Pressemitteilung vom 25.2.21024, http://www.meine-ernte.de/presse
mitteilungen.html

631 Speiseräume Stadt/Ernährung: http://speiseraeume.de/faq-urbane-landwirtschaft/

632 Tipps Guerilla-Gärtner unter http://www.guerillagaertner.com/tipps/

633 Marita Vollborn, Vlad D. Georgescu, *Prima Klima,* Köln 2008

634 Ebenda

635 Landschaftspflegeverband Bayern: http://www.die-natur-gewinnt-immer.de/index.
php?id=169

REGISTER

Abhängigkeit der Bauern 23, 38, 50, 180, 190, 193, 240, 310

AbL – Arbeitsgemeinschaft bäuerliche Landwirtschaft 53, 193, 235, 274, 283 f.

Absatzmärkte 31, 238

Abschleifen der Zähne 150, 152

Absetzferkel 156, 165 f.

Ackerfläche 291, 293, 303

Aggression 93, 97, 127, 143, 167

Agitatoren 49

Agrargenossenschaft Rhönperle 9

Agrarlobby 44, 46, 96, 167, 170, 285

Agrarproduktion 8

Agrarsubventionen 8, 15, 274 f.

Agrarüberschüsse 50

Agrobusiness 10, 37, 41, 47, 51, 60, 180

Agrogiganten 189, 194

Agrokonzerne 19, 50, 193, 195, 200

Aktionsbündnis Bio-Schweinehalter Deutschland 221

Akzeptanz der Verbraucher 35, 116, 162, 192, 310

Aldi-Prinzip 28

»Aldisierung« 34

Alleinvertretungsanspruch 53

Ambivalenz 10

Ampel-System für Lebensmittel 16, 278

Amputationsverbot, angebliches 184

Amtsveterinär 122, 152

Antibiotika 48, 68, 74, 102, 127 f., 138, 151, 153–156, 168, 170, 173, 206, 223, 281, 301

Anti-Tierschutzpreis 121

AOK – Allgemeine Ortskrankenkasse 16

Arbeitsgemeinschaft für artgerechte Nutztierhaltung 151, 167

Artenvielfalt 305, 311

– schrumpfende 9, 310

Aufklärung der Verbraucher 15, 260, 276

Auslese 56

Ausmerzrate 137

B.I.D – Bruderhahn Initiative Deutschland 102

BASF 9, 18, 25, 58, 192, 194 f.

BAuA – Bundesanstalt für Arbeitsschutz und Arbeitsmedizin 73

Bauernhöfe 15, 38, 87, 284

Baumpatenschaften 314, 316–318

Baumwolle 189, 196

Baumwollregionen 193

Bayer CropScience 19, 190–193, 202

BDI – Bundesverband der Deutschen Industrie 26, 51

Behörden 18, 20, 24, 27 f., 40, 49, 63, 74, 80–82, 84, 118, 122, 184, 194, 196, 202, 212, 239, 243, 301, 315

Beihilfen 9, 232 f.

Bertelsmann 21–23

Berufsverband der Kinder- und Jugendärzte 16

Besamung, künstliche 131, 133, 135, 172

Besatzdichte 106 f., 125, 184, 219

Betäubung, fehlende 117, 147, 152, 159 f., 162, 181, 219

Betäubungsanlage 165

Betäubungsmittel 161

Betonspaltenboden 149, 184

Bettfedern 120

Bettfedernindustrie 120 f.

Bewegungsdrang 143, 182

Bienenkrankheiten 201

Bienenschäden 201

Bienensterben 200–204

Billigpreissortiment 28

Bio-Discountware 213

Biohaltung von Hennen 127 f., 181, 215

Bioland 97, 193, 203, 214, 219, 316

Biomarken 220 f.

Biopute 127 f.

Blumenwiesen 10

BMEL – Bundesministerium für Ernährung und Landwirtschaft 10, 177, 246, 265, 290

Bodenflora 302